JN446831

제2판

수학교육 평가론

고상숙 · 고호경 · 박만구 · 한혜숙 · 홍예윤 지음

불법복사는 지적재산을 훔치는 범죄행위입니다.
저작권법 제136조(권리의 침해죄)에 따라 위반자는 5년 이하의 징역
또는 5천만원 이하의 벌금에 처하거나 이를 병과할 수 있습니다.

KM 경문사

머리말

평가는 교육의 질을 결정하고 학생의 진로에 영향을 미치며 나아가 미래 교육의 방향뿐만 아니라 나라의 정책에도 영향을 미친다. 이렇듯 평가가 지니는 힘은 대단하므로 시대에 맞는 바람직한 평가가 시행되는 것이 무엇보다 중요하다. 개개인 누구든 평가를 통하지 않고 상위 학교에 진학하지를 못하며 상위 수준에 진급하지 못한다. 이처럼 우리가 사회의 구성원으로 사는 한 어느 집단 내에서 주어진 역할에 대한 평가를 벗어나지 못하므로 평가에 잘 대응하려고 노력하며 평생을 산다하여도 과언이 아니다.

과거 산업시대 대량생산과 소비에 맞춰 일률적이고 단편적인 지식만으로도 삶이 영위되었던 것과는 크게 다르게 21세기에서는 소비에 의해 파괴된 자연을 원상복귀하고자 하는 시도가 일반화되고 있다. 전 사회 영역에서 다중적이며 긍정적 효과를 꾀하는 아이디어의 싸움, 창의적인 신소재 개발 등 어느 때보다도 우리가 부딪히고 있는 문제에 대해 문제해결에 도전적이고 능통한 창의적인 인재를 찾는 작금의 시대의 요구에 맞게 인재를 양성하고 배치하여야 한다. 이에 따라 전통적으로 행해온 우리의 평가의 문제점을 진단하고 개선하여 이 시대가 요구하는 평가방안을 마련하는 것은 무엇보다 시급한 일이다. 이 시대가 학생의 다양한 능력을 요구하기 때문에 다양한 능력을 평가할 수 있는 방안을 마련하여야 한다.

일반적으로 평가는 학생들은 얼마나 잘 배우고 있는가와 교사는 어느 정도 효과적으로 잘 가르치고 있는가와 같은 학교교육의 근본적인 질문에 답을 찾고자 하였다. 첫째 질문에 답하고자 우리나라는 국가학업성취도검사, 연합고사 등과 같은 외부평가체제가 자리잡게 되었고, 내부평가로는 학생의 사고과정을 물을 수 있는 주관식 평가문항에 관심을 집중하게 되면서 서술형 평가문항으로 평가수행에 필요한 요소들을 연구하기 시작하였다. 특히 수준별 교수학습이 꾸준히 강조되면서 제7차 개정교육과정에서부터 익힘책이 중등수학으로 확대 제공되었고 수준별 교수 학습과 병행하는 수준별 평가의 효과적인 수행을 안내하는 연구가 필요하게 되었다. 이에 대한 평가방안으로써 현재 과정중심의 평가에 대한 연구에 관심이 모아지고 있으나 아직 구체화되었다고 보기는 이르다.

둘째 질문에 답을 얻기 위해선 평가이론과 실제를 접목할 수 있는 현장의 "좋은 수업"을 찾아 모니터링하고 교사의 학생 평가 전문성을 키우고 보상할 수 있는 체제를 구축하는 것이 필요하다. 이를 위해 교육정책 기관을 중심으로 꾸준한 연구가 필요하며, 물론 예비 교사와 현장 교사교육의 교육과정(curriculum)에서 전문가에 의한 평가론의 체계적이고 실속있는 운영이 병행되어야 한다.

평가에 대한 역사적인 문서로 1989년 전미수학교사협의회(NCTM)가 "학교수학의 교육과정과 평가에 대한 규준집"를 발간하고 이의 후속으로 1995년 "학교수학의 평가에 대한 규준집"을 제안함에 따라 그동안 몇몇 전문가에 의해 지엽적으로 다루어지던 수학교육에서의 평가가 수학교과의 특성을 살린 평가 기틀을 마련하였다. 나아가 NCTM은 1999년 평가의 초, 중, 고 핸드북 시리즈, 2005년 평가견본(Assessment sampler) 시리즈를 통해 수학교육에서의 평가의 방향을 제시하고 있다. 우리나라는 이런 시대적 변화를 반영하고자 교육과학기술부를 중심으로 제7차 수학교육과정에서 10단계 수준별 교육과정을 도입하고 그 이후 익힘책을 제공하여 수준별 교수·학습을 안내하여 결과뿐만 아니라 과정을 중시하는 수행평가에 대한 중요성을 인식하고 다양한 연구를 시도하였다. 그러나 우리나라처럼 교과영역을 학년별 통합적 체제로 운영하고 있는 교육과정에서 수준별 교수학습에 따른 적절한 평가방안을 모색하는 일은 그리 쉬운 일이 아니다. 또한 평가가 제대로 시행되려면 평가에 대한 불신의 원인을 제거하고 안내할 수 있어야 하는데 입시위주의 과다경쟁 구조의 일선 교육현장에서는 수준별 교수학습의 실행마저 미숙한 마당에 여전히 수행평가는 괄목할만한 성장을 이루지 못한 체 유명무실하게 운영되었고 그 의미가 퇴색되었다고 할 수 있다.

이런 시점에 평가목적에 따라 결과중심과 과정중심, 규준지향평가와 준거지향평가 등의 여러 평가유형의 장단점을 인지하고 평가의 의미를 극대화할 수 있는 방안 마련을 위해 노력하여야 한다. 따라서 본 서가 이런 진행형의 평가체제를 구축하고 안내하는데 부족하나마 조금이라도 기여할 수 있길 바란다. 또한, 본 서가 평가의 아이디어를 구하는 교사에게 평가를 위한 안내서가 되길 원하며, 미래 수학교사를 꿈꾸는 예비 수학교사에게도 풍부한 지식을 제공하는 평가의 지침서가 되길 기대한다.

편집자 고상숙

차례

01 수학교육에서 평가

02 우리나라 수학교육에서 평가의 오늘과 내일

03 수학교육에서 국제적 평가동향

04 초등수학 과정중심 평가

05 중등수학 과정중심의 평가

06 정의적 영역평가

07 테크놀로지를 활용한 과정중심 평가

부록

01 수학교육에서 평가

1.1 평가의 원리

수학교육에서 평가는 역사적 문서인 NCTM(1989) 규준집에서 교육과정과 평가에 대한 주요 방향이 언급되면서 1990년대 이후 관심을 끌게 되었다. 평가는 중요한 수학의 학습을 뒷받침해야 하며 교사와 학생 모두에게 유용한 정보를 제공해야 한다(NCTM, 2000, p. 22). 즉 수학 학습의 평가는 학생 개개인의 수학 학습과 전인적인 성장을 돕고 교사의 교수 활동과 수업 방법을 개선하는 데 활용된다(교육과학기술부, 2008). 평가의 원리와 규준을 제시하고 있는 NCTM(1989, 1995, 2000)과 한국교육과정평가원(2004)을 토대로 모든 수준의 평가에 적용할 수 있는 기본적인 평가의 원리인 공정성, 개방성, 수학학습의 향상, 일관성, 적절한 평가 방법, 추론성에 대해서 살펴보고자 한다.

〈표 1〉 수학 평가에서 강조점의 변화(NCTM, 1989, p. 191 수정함)

강조되는 측면	약화되는 측면
• 학생들의 전반적인 수학적 힘을 평가한다.	• 단지 학생들의 특정한 사실에 대한 지식과 독립적인 기능만을 평가한다.
• 미리 정해진 기준에 의하여 학생들의실행을 비교한다.	• 다른 학생들의 실행과 비교하여 학생들의 실행을 비교한다.
• 교사들을 지지하고 그들이는 정보로 판단하는 것에 대하여 신념을 제공한다.	• "교사가 검증한" 평가 체제로 설계한다.
• 평가의 과정이 공개적이고, 참여적이고, 역동적이다.	• 평가의 과정이 비밀스럽고, 배타적이고, 고정적이다.
• 학생들에게 전반적인 수학적 힘을 보여줄 수 있는 기회를 다양하게 제공한다.	• 학생들에게 자신들의 수학적 지식을 보여 줄 수 있는 한 가지 방법으로 제한한다.
• 무엇을 평가하고 어떻게 평가할 것인가에 대한 공유된 비전을 개발한다.	• 개별적인 평가를 개발한다.
• 평가의 결과가 모든 학생들이 자신들의 잠재력을 발휘할 수 있는 기회를 가질 수 있도록 한다.	• 평가를 통하여 수학을 학습할 수 있는 기회를 제한하거나 선정하기 위하여 사용한다.

• 교육과정 및 수업과 부합하는 평가를 한다.	• 교육과정 및 수업과는 독립적인 것으로 평가를 취급한다.
• 증빙에 대한 다양한 자료에 근거하여 판단하는 것에 기초한다.	• 증빙에 대한 제한적이거나 단일의 자료에 근거하여 판단하는 것에 기초한다.
• 학생들을 평가 과정의 능동적인 참여자로 본다.	• 학생들을 평가의 대상으로 본다.
• 평가를 지속적이고 반복적으로 실시해야 하는 것으로 본다.	• 평가를 간헐적이고 결론적으로 실시해야 하는 것으로 본다.
• 평가의 결과에 부합하는 수학 학습과 관련되는 점을 모두 가지고 있다.	• 평가의 결과에 부합하는 몇몇의 사항만을 가지고 있다.
• 학생이 수학에 대하여 알고 있는 것이나 생각하는 방법에 대하여 평가한다.	• 학생이 수학에 대하여 알지 못하는 부분에 대하여 평가한다.
• 평가는 수업의 일부로 통합한다.	• 평가는 단지 점수를 주기 위하여 정답의 개수를 세는 것에 불과하다.
• 수학의 폭넓은 영역에 초점을 두고, 수학에 대한 총체적인 관점에서 평가한다.	• 내용과 행동의 이원분류 방식에 의하여 조직된 다수의 특정 기능에 초점을 둔다.
• 수학적 아이디어를 적용해야 하는 문제 상황을 개발한다.	• 한두 가지의 기능을 요구하는 문장제나 연습문제를 사용한다.
• 지필 시험, 구두 시험, 시연 등 다양한 평가 방법을 사용한다.	• 주로 지필 시험만을 사용한다.
• 평가에 계산기, 컴퓨터, 조작 자료를 사용한다.	• 평가 과정에서 계산기, 컴퓨터, 조작 자료의 사용을 금지한다.
• 수업의 평가는 수업의 결과, 과정, 교수에 관한 정보들을 체계적으로 수집하여 평가한다.	• 수업의 평가는 학생의 시험 결과만으로 평가한다.
• 표준화된 성취도 검사는 수업 결과를 나타내는 여러 지표 중의 하나로 사용한다.	• 표준화된 성취도 검사는 수업 결과를 나타내는 유일한 지표로 사용한다.

위 표에서 강조되는 측면을 살펴보면 '결과만이 아니라 과정 중시', '수업과 평가의 통합', '단편적 지식을 묻는 폐쇄형의 문제보단 맥락적인 개방형 문제사용', '다양한 평가유형 사용', 그리고 '평가에서 테크놀로지 활용' 등을 포함하고 있어 현재 2009 개정 교육과정에서 논의되고 있는 주제와 매우 흡사함을 알 수 있다.

1. 공정성

교사가 평가 방법을 선택할 때에는 학생 개개인의 다양한 특성, 경험, 특별한 요구 사항 등을 고려해야 한다. 교사는 모든 학생들에게 그들이 알고 있는 것과 할 수 있는 것을 분명하고도 완전히 표현할 수 있는 다양한 기회를 갖도록 해주어야 하며, 모든 학생들이 높은 수준의 성취를 이루도록 기대해야 한다. 즉 공정한 평가가 되기 위해서 학생들에게 다양한 표현의 기회를 제공해야 하고, 학생 개개인의 개인차를 고려한 판단이 이루어져야 하며 평가자의 편향성이 배제되어야 한다.

1) 다양한 표현의 기회 제공

공정한 평가가 이루어지기 위해서는 학생들에게 자신의 수학적 힘을 보여줄 수 있는 충분한 기회를 제공해야 한다. 각각의 학생들은 자신이 알고 있는 것과 할 수 있는 것을 다양한 방법으로 보여주기 때문에 평가는 각 학생들이 가장 잘 표현할 수 있는 방법을 통해서 자신의 수학적 힘을 보여주도록 표현의 다양성을 허락해야 한다. 예를 들면, Kolmogorov(1980)는 학생들이 자신의 수학적 영재성의 다양한 측면을 드러낼 수 있는 충분한 기회를 가지도록 하기 위해, 수학 경시대회의 문제들을 기하학, 대수학, 조합수학의 세 영역으로 나누어 출제하여, 각 영역에서 한 문제씩 선택하여 골고루 풀도록 하였다. 이것은 학생들이 자신의 수학적 힘을 표현할 수 있는 기회를 다양한 학습주제를 통해 보장하려고 시도했던 전형적인 예라고 볼 수 있다.

2) 개인차를 고려한 판단

학생 개개인은 다양한 가정적, 사회적, 경제적, 문화적 배경을 가지고 있으며, 개개인의 정신적, 신체적 상태 및 경험도 다양하다. 이러한 요인들은 학생들이 평가 상황을 수용하고 적절한 반응을 나타내는데 중요한 영향을 끼친다. 따라서 학생의 수학 학습에 대한 공정한 추론 및 판단을 위해서는 학생들의 개인차를 고려해야 한다. 예를 들어, 학업성취에는 학생의 가정적, 경제적 배경이 커다란 영향을 미칠 수 있다. 어떤 학생은 과외나 학원과 같은 보충교육을 통한 반복학습을 통해 높은 학업성취를 보였다고 하고, 다른 학생은 어떤 보충교육도 받지 않고 정규 수학수업에서 다른 학생들보다 빨리 심도 있게 수학을 배워서 높은 학업성취를 보였다고 하자.

이들 두 학생이 유사한 수준의 학업성취를 보였다고 하여, 이들의 수학적 재능에 대해 같은 판단을 내릴 수는 없을 것이다. 결국, 개인차를 평가에 어떻게 반영할 것인가에 대한 평가자의 주의 깊은 관심이 요구된다.

3) 평가자의 편향성 배제

평가자들은 다양한 사회적, 경제적 배경 및 경험을 가지고 있기 때문에, 평가 대상에 대해 선입견을 가질 수도 있으며, 평가 방법을 선정하며 평가 자료를 수집하고, 이것에 가치를 부여하는 과정에서 개인적인 편향성을 나타낼 수 있다. 예를 들어, '남학생이 여학생들보다 논리적 사고력이 우수하다'거나 '도시 학생들이 농촌 학생들보다 문제해결력이 우수하다'는 개인적인 편향성으로 인하여, 체계적인 자료 수집 및 합리적인 추론의 과정이 영향을 받을 수 있다. 평가자의 편향성을 배제하고 공정한 평가가 이루어지려면, 평가자는 각각의 학생을 각 집단의 전형적인 특징 속에서 보는 것을 지양하고, 각각의 학생을 고유한 특성 개체로 보아야 한다.

또한 평가자의 평가 관점 또는 측정 방법에 대한 일관성도 필요하다. 예를 들면, 서술형 문항에 대한 답을 평가자가 이틀에 거쳐서 채점을 한다면 첫째 날과 둘째 날의 점수 부여가 달라질 수도 있다. 따라서 평가자는 평가 관점 또는 측정 방법에 대해서도 일관성을 유지하도록 노력해야 한다.

2. 개방성

평가가 학생들의 수학 학습을 개선하고 교수학적 결정 및 사회적으로도 의미 있는 결론을 도출하기 위한 가치 있는 도구가 되기 위해서 평가는 개방되어야 한다. 평가의 개방성은 '평가에 관련된 정보의 개방성', '평가 참여의 개방성', '수정 및 개선에 대한 개방성'으로 나누어 살펴볼 수 있다.

1) 평가에 관련된 정보의 개방성

평가 방법, 평가 내용, 평가 결과의 해석 등과 같은 평가와 관련된 다양한 정보는 학생, 교사, 학부모 및 평가에 관심 있는 사회의 모든 구성원에게 개방되어야 한다. 더불어 학생들이 성공적으로 평가를 수행하기 위해서는 학생들은 무엇이 평가되는지 알아야 하며, 학습한 지식과 능력을 표현하는 방법을 알아야 하며, 평가 결과 및 그 활용방안에 대해서도 알고 있어야 한다. 그렇지 않은 경우에 학습평가는 학생들의 수학 학습 개선에 긍정적인 영향을 끼치기 어렵다.

2) 평가 참여의 개방성

평가는 관심 있는 전문가들, 특히 교사의 참여가 보장되어야 한다. 평가 참여의 개방성을 통해, 평가의 내용, 평가의 방법, 평가 결과에 바탕을 둔 추론에 대해 사회적인 합의 및 공감대를 형성할 수 있으며, 결국 평가 내용 및 결과 해석에 대해 사회적으로 합의된 가치를 부여할 수 있게 된다.

3) 수정 및 개선에 대한 개방성

평가는 평가 과정에 대한 지속적인 수정 및 개선 과정에 개방적이어야 한다. 평가 과정에서의 결점을 계속 조사하며, 평가 방법 및 평가 과정은 수학교육과 관련된 다양한 변화와 조화를 이루도록 개선되어야 한다.

3. 수학 학습의 향상

평가는 단순히 학생들에게 실시되는 것이어서는 안 된다(NCTM, 2000). 오히려 평가는 학생들을 위해 실시되어야 한다. 즉 평가는 학습과정에 통합된 일부분으로 학생들의 수학 학습에 대한 현재 상태를 기술할 뿐만 아니라, 학생들의 학습을 안내하고 향상시킬 수 있어야 한다. 좋은 평가는 여러 가지 방식으로 학생의 학습을 향상시킬 수 있다. 평가에 사용된 과제는 어떤 종류의 수학 지식과 수행이 가치 있는지에 대한 메시지를 학생들에게 전달할 수 있으며 그것은 학생들이 학습을 할 때 어떤 부분에 더 노력을 기울여야 하는지에 대해서 결정할 때 영향을 줄 수 있다. 평가를 통해 제공되는 피드백은 학생들이 목표를 세우고, 자신의 학습에 관한 책임감을 가지며, 더 독립적인 학습자가 되도록 도울 수 있다. 예를 들면, 채점 준거표는 교사의 입장에서는 복잡한 과제에 대한 학생의 대답을 분석하고 기술하며 학생의 성취 수준을 정하는데 도움이 될 수 있으나 학생의 입장에서는 완전하고 정확한 해답의 특징을 이해하는데 도움을 줄 수 있다. 또한 평가 과제에 대한 훌륭한 답안이 갖추어야 하는 준거를 공개적으로 토론할 때 학생들은 다른 사람이 제안한 아이디어와 자신의 생각에 대하여 스스로 평가하고 반성할 수 있는 능력과 성향을 계발할 수 있다(NCTM, 2000).

평가가 학생들의 수학 학습의 향상으로 이어지기 위해서 교사는 다음의 2가지 사항을 적극적으로 고려해야 한다.

1) 교수·학습의 개선을 위한 의사소통의 기회 제공

평가는 교사와 학생간의 의사소통 과정이다. 의사소통 활동을 통해서 교사는 학생들이 알고 있는 것, 할 수 있는 것에 대한 체계적인 정보를 얻으며, 학생은 교사가 교육적으로 가치 있게 여기는 것들에 대한 포괄적인 정보를 얻을 수 있다.

한국교육과정평가원(1999, p. 20)에 의하면, "수학 과목의 평가 활동이 학생들의 기본적인 학습능력, 학습동기, 선수학습의 정도 등에 대한 정보를 제공해 주어야 하고, 학습 과정에서 학습 단위의 구조에 따른 오류를 확인하여 그에 적절한 교수·학습 방법 및 다른 대안들을 모색하기 위한 지침이나 방향을 제공해야한다"고 하였다. 결국, 평가는 교수·학습 과정에서 교사가 형식적인 또는 비형식적인 방법으로 학생과 의사소통할 수 있는 기회를 제공해 주며, 이를 통해 교사는 학생의 학습활동에 대한 폭넓고 체계적인 정보를 수집하고, 학습활동의 향상을 위한 의미 있는 교육적인 결정의 근거를 가지게 된다. 한편, 학생은 평가과정에서 교사와의 의사소통 활동을 통해, 교육적으로 가치 있는 수학적 대상, 구체적인 수학적 활동, 수학적 사고의 방법, 수학학습의 방법 등에 대한 정보를 얻을 수 있다.

2) 자기주도적인 학습자 육성

학생은 평가과정에서 자신의 학습 과정에 대해서 반성하고, 자신이 알아야 하는 것과 할 수 있어야 하는 것들을 이해하게 되며, 수학 학습에서 중요한 방법 및 수학적 활동의 방향에 대한 정보를 얻게 된다. 이를 통해 학생들은 자기주도적인 학습자가 될 수 있는 기회를 가질 수 있다. 특히, 교사는 학생들에게 학습평가의 목표 및 구체적인 기준들, 예시적인 평가문항들을 미리 제공함으로써, 학생들이 자기주도적인 학습의 경험을 가질 수 있도록 도울 수 있다.

4. 일관성

일관성은 평가도구의 선택 및 개발, 평가 자료의 사용에 있어서 결정적인 사항이다. 학생들의 수학 학습에 대한 평가가 의미 있게 이루어지고 더 나아가 평가로부터 의미 있는 추론을 이끌어내기 위해서는 평가 방법과 과제가 교육과정과 일관성이 있어야 한다. NCTM(1989)에서 평가 방법과 과제는 '교육목표, 목적 및 수학 내용', '상대적인 강조점, 과정 및 관계성', '교수 방법 및 활동'의 세 가지 측면에서 일관성이 있어야 한다고 제안하였다. 만약, 평가 방법과 과제가 교육목적, 목표, 내용, 수학 프로그램에서의 강조점, 교육방법 등을 반영하고 있지 않다면, 학생들이 교육과정의 내용을 얼마나 알고 있는가에 대한 정보는 거의 얻을 수 없다.

1) 교육과정의 목표, 목적 및 수학 내용과의 일관성

교육과정과 평가도구 사이의 일관성은 단순히 평가도구의 목적과 내용을 교육과정의 목적, 내용과 비교하는 것만으로는 충분하지 않다. 개별적인 문항들이 측정하려고 하는 수학 내용을 어느 정도 측정하고 있는지가 조사되어야 한다. 예를 들면, 둘레의 개념에 대한 학생들의 지식을 평가하는 것이 목표일 때 평가 과제로 아래의 [그림 1]과 같은 문항을 제시했다면 이 평가 과제는 교육과정의 목표와는 일관되지 않는 적절하지 못한 과제이다. 왜냐하면 학생들은 도형의 둘레의 개념에 대한 이해 없이도 문제에서 주어진 정보를 활용하여 정확한 답을 제시할 수도 있기 때문이다. 아래의 문제를 보고 학생들은 단순히 모든 숫자를 더하여 답을 제시할 수도 있다.

아래 도형의 둘레의 길이를 구하면?

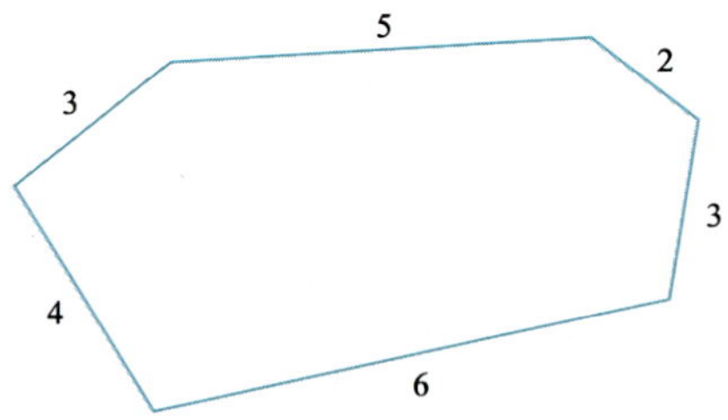

그림 1 둘레의 개념에 대한 학생들의 지식을 평가하는 좋지 못한 과제(NCTM, 1989, p. 194)

[그림 1]에서 제시한 과제를 [그림 2]와 [그림 3]과 같이 변형시킨다면 도형의 둘레의 개념에 대한 학생들의 지식을 평가하기 위한 보다 바람직한 유형의 과제가 될 수 있다.

둘레의 길이가 23cm 이고 변이 6개인 불규칙 다각형을 그려보시오. 각 변의 길이를 나타내시오.

그림 2 둘레의 개념에 대한 학생들의 지식을 평가하는 좋은 과제(NCTM, 1989, p. 194)

아래 직사각형의 둘레의 길이를 구하는 방법으로 옳은 것은?

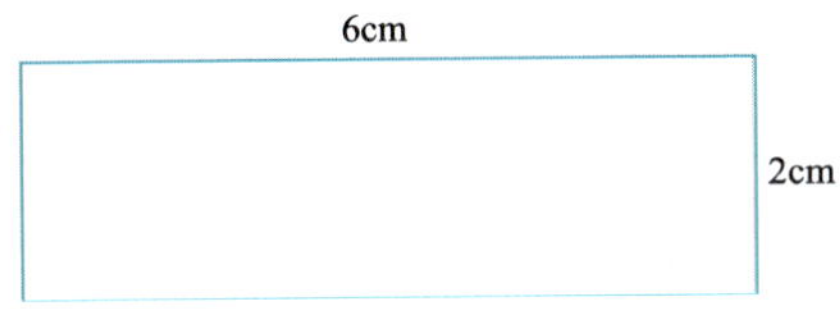

(1) 6cm + 2cm
(2) 2(6cm + 2cm)
(3) (6cm + 2cm)/2
(4) 6cm + 2cm + 6cm

그림 3 둘레의 개념에 대한 학생들의 지식을 평가하는 좋은 과제

또 다른 예로, [그림 4]에서 제시한 과제는 '적당한 도구를 사용하여 길이 또는 거리를 재는 능력'을 평가하는 문항으로는 부적당하다. 이러한 능력을 평가하기 위해서는 각 학생들이 적당한 측정 도구를 선택하고, 올바르게 사용하고, 결과를 바르게 읽을 줄 아느냐에 대한 정보가 필요하다. 그러나 [그림 4]에서 제시한 과제를 [그림 5]와 같이 변형시킨다면 평가의 목적에 더 부합되는 과제가 될 것이다. [그림 5]의 과제는 학생들로 하여금 연필의 길이를 구하기 위해서 어떤 수학이 필요한가를 생각하게 하고, 적당한 측정 도구를 선택하고, 실제로 측정 활동을 통해서 연필의 길이를 직접 구하도록 하는 과제이다.

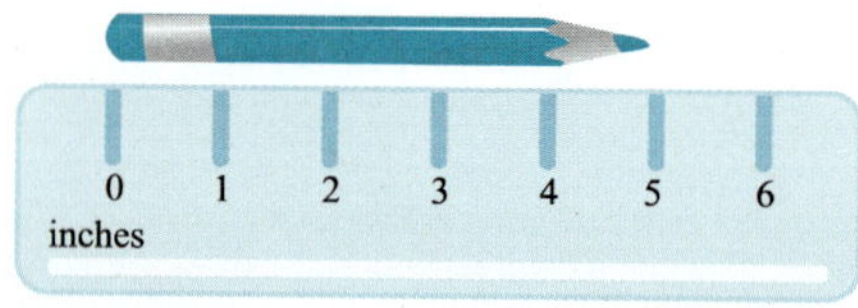

연필의 길이는?

그림 4 측정을 평가하는 좋지 못한 과제(NCTM, 1989, p. 194)

아래 그림에서 제시된 연필의 길이를 구하고 어떻게 구했는지 설명하시오.

그림 5 측정을 평가하는 좋은 과제

2) 상대적인 강조점, 과정 및 관계성

일관성의 정도는 평가가 다양한 과정, 내용에 대해 어느 것을 상대적으로 얼마나 강조하고 있느냐에 관련된다. 예를 들면, 계산 문항은 많지만 문제해결 문항이 적은 평가도구는 문제해결과 추론을 강조하는 교육과정과 일관성이 있다고 볼 수 없다. 이와 비슷하게, 수학적 지식의 통합을 강조하는 교육과정과 일관성이 있는 평가도구는 그런 통합을 요구하는 과제를 포함하고 있어야 한다.

따라서 교육과정과 일관성이 있는 평가도구는 교육과정에서 강조하는 내용을 반영한 문항을 포함하고 있어야 한다.

3) 교수 방법 및 활동

평가는 교수 방법 및 활동과도 일관성이 있어야 한다. 수학 교수·학습 시에 복잡한 계산 수행, 수학적 개념·원리·법칙의 이해, 문제해결력의 향상을 위하여 계산기, 컴퓨터, 교육용 소프트웨어 등과 같은 공학도구나 다양한 교구의 활용이 권장되고 있다. 이러한 도구들을 교수·학습 과정에서 활용했을 경우, 이들의 사용이 평가의 목적에 위배되지 않는다면 학생들은 평가 과정에서 그러한 도구들을 사용할 수 있어야 한다. 예를 들어, 수업 시간에 문제해결을 위해 계산기의 사용을 허용했다면, 문제해결의 평가에서도 계산기의 사용이 허용되어야 한다. 이와 비슷하게, 수학적 개념에 대한 학생들의 이해가 구체물의 사용과 밀접히 관련된다면 평가하는 동안 학생들의 이해 여부를 알아보기 위해 구체물의 사용을 허락해야 한다.

그러나 적당한 평가도구를 선택하기 위해서는 계산기, 컴퓨터, 교구 등의 사용이 허용되어져야 하는지 여부보다 더 많은 것을 생각해야 한다.

5. 적절한 평가 방법

평가의 목적은 평가에 사용할 질문의 종류, 평가유형, 평가방법, 평가결과의 활용을 규정하게 된다. 어떤 평가에서 얻은 자료를 다른 목적의 평가에 사용한다면, 그 평가로부터 얻은 정보는 가치 없거나 쓸모가 없게 될 수 있다. 또한 정보 수집을 위해 사용되는 방법은 학생의 발달 단계에 적합해야 한다. 즉 평가방법 및 평가도구는 얻고자하는 정보의 유형, 정보의 사용, 학생의 발달 단계와 성숙도에 근거하여 선택되어야 한다.

6. 추론성

평가는 평가 목적에 따른 증거를 수집하고, 수집한 증거에 기초하여 추론(inference)을 하는 과정이다. 올바른 추론은 증거가 얼마나 적절하고 관련성이 있는가에 의존한다. 또한 수집한 증거에 대한 추론은 그 증거를 해석하고 사용하는 사람의 판단에 많이 좌우되므로 교사는 편향된 추론이 이루어지지 않도록 유의해야 한다.

1) 다양한 출처로부터 증거 수집

일반적으로, 학생들의 학습에 대한 추론은 그들의 인지활동을 직접적으로 관찰할 수는 없으므로 학생들의 수행에 관련된 증거를 토대로 이루어진다. 학생들의 학습에 대한 타당한 추론은 다양한 출처로부터 얻은 평가 정보를 수렴함으로써 이루어질 수 있으므로 교사는 학생들의 수행과 관련된 가능한 많은 증거를 다양한 방법을 통해서 수집해야 한다. 따라서 학생 평가는 객관식 문항이나 단답형 문항과 같은 전통적인 도구뿐만 아니라 관찰, 인터뷰, 개방형과제, 여러 가지 다른 종류의 수학적 사고를 요구하는 과제, 같은 수학적 개념이나 과정을 다양한 문제 상황에서 제시하는 과제, 확장된 문제해결 프로젝트, 포트폴리오와 같은 다양한 상황 및 방법을 통해서 수집한 증거를 토대로 이루어져야 한다.

2) 편향된 증거의 가능성

추론의 타당성을 위협하는 요인으로는 수집한 증거의 잠재적인 불공정성과 증거 수집 및 계량화 과정에서 평가자의 잠재적인 편향성을 들 수 있다. 예를 들면, 프로젝트나 포트폴리오 등과 같은 평가는 학교 정규 수업시간 뿐만 아니라 방과 후에도 학생들이 평가에 관련된 수학적 활동을 수행하는 것을 허락한다. 그러면 학생들은 과제를 부모, 형제, 학원의 선생님 등과 함께 수행할 가능성이 있으며, 이로부터 얻어진 학생의 수행에 관한 증거는 학생의 수학적 활동에 대한 올바른 추론의 바탕이 되기는 어렵다. 평가자는 학생의 수행에 관한 다양한 증거들이 가지고 있는 잠재적인 불공정성을 염두에 두고, 올바른 추론이 이루어질 수 있도록 노력해야 한다.

평가자는 다양한 방법으로 학생들에 대한 정보들을 수집하며, 일정한 측도를 이용하여 이들에 대한 계량화를 시도하게 된다. 인터뷰, 관찰을 통해 학생의 수행에 대한 정보를 수집하는 과정에서 평가자에 따라 편향된 정보를 수집하거나 중요한 정보를 놓쳐버릴 가능성이 있다. 그리고 수집한 정보의 계량화 과정에서도 평가자에 따라 다양한 수치를 얻을 수 있다. 이와 같은 증거 수집 및 계량화 과정에서의 잠재적인 편향성은 학생의 수행에 대한 올바른 추론에 큰 영향을 줄 수 있으므로, 평가가 이루어지기 전에 평가자는 평가 방법에 대한 충분하고 적절한 훈련을 받을 필요가 있다.

1.2 평가의 목적

평가를 계획할 때 교사가 가장 먼저 고려해야 하는 것은 평가의 목적이 무엇인지를 결정하는 것이다. 평가는 다양한 목적에서 이루어질 수 있는데 NCTM(1995)에서는 평가의 여러 가지 목적을 [그림 6]과 같이 네 가지 측면으로 범주화하여 제시하였다. 이 절에서는 NCTM(1995)에서 제시한 평가의 네 가지 목적에 대해서 살펴보자.

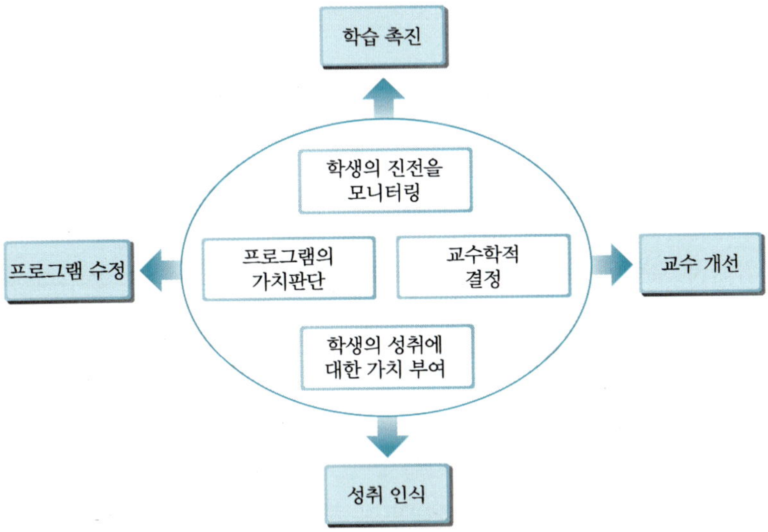

그림 6 평가 목적과 평가 결과(NCTM, 1995, p. 25)

Note: 타원 안에 4가지 평가목적이 기술되어 있고 평가 수행 후 결과는 타원 밖 사각형안에 기술되어 있다.

1) 학습 목표에 대한 학생들의 진전에 대한 모니터링

각각의 학생은 학습 목표를 향해 어떻게 진전해 가는가?

평가는 학습 목표에 대한 학생들의 진전 상황을 모니터링(monitoring students'

progress)하기 위해서 수행될 수 있다. 높은 기대치를 세워 놓은 후에 각각의 학생과 교사에게 이러한 목표를 향한 얼마나 진전해 가는지에 대한 피드백을 제공하기 위해서 증거가 수집되어야 한다. 피드백은 각 학생들의 수학적 힘의 성장을 촉진하기 위해 사용되어진다. 모니터링은 지속적으로 이루어져야한다. 증거의 수집 과정이 때로는 비형식적이고 자연스럽게 이루어질 수도 있으나 때로는 형식적으로 이루어질 수도 있다. 따라서 평가 결과는 잠정적이기는 하지만 각 학생에게 중요한 진단적인 피드백을 충분히 제공한다.

평가가 학생들의 학습 목표로의 진전 상황을 파악하기 위한 목적으로 행해진다면 그 결과는 학생들의 성장을 촉진시킬 수 있다.

2) 교수학적 결정

교수학적 결정을 내리기 위해서 학생들의 진전에 대한 증거를 어떻게 사용할 수 있을까?

평가는 교사가 교수학적 결정(making instructional decision)을 내리기 위한 정보를 얻기 위해서 수행될 수 있다. 교사는 학생들의 학습을 더욱 용이하게 하도록 교수과정을 개선하기 위해서 교수과정에서 얻어진 다른 정보들과 함께 학생들의 수학적 이해에 대한 증거를 사용한다. 교사는 학생들이 수학에 대해서 무엇을 알고 있고 무엇을 할 수 있는지에 대해서 가장 잘 평가할 수 있는 사람이다.

평가가 교수학적 결정을 내리기 위한 자료 수집의 목적으로 행해진다면 그 결과는 수업의 개선 방향을 제시하여 학생들의 학습을 더욱 향상시킬 수 있다.

3) 학생들의 성취에 대한 가치 부여

학생들은 학습 목표에 도달했는가?
각 학생들의 이해 정도는 학생들이 도달해야 할 성취 목표와 비교했을 때 어떠한가?

평가는 특정한 시기에 학생들의 성취에 대한 가치를 부여(evaluating students' achievement)하기 위해서 수행될 수 있다. 일정한 간격으로 각 학생의 성취에 대한 다양한 증거 자료들이 공식적으로 요약되어 보고된다. 선택된 증거의 소재는 계획된 것이라야 하고, 학생들의 성취를 공개하고 그 성취도가 목표의 어느 위치에 도달하였는지에 대한 정보를 제공하기 위해서 평가 결과에 대한 보고는 공식적으로 이루어진다.

평가가 학생의 성취에 대한 가치를 부여하기 위해서 행해진다면 그 결과 학생은 자신의 학업 성취도를 인식할 수 있다.

4) 프로그램 평가

학생들에 대한 기대 및 목표와 관련해서 수학 프로그램이 잘 운영되고 있는가?

마지막 평가의 목적은 프로그램에 대한 가치를 평가(evaluation programs)하는 것이다. 다른 자료뿐만 아니라 학생들의 성취에 대한 증거는 교수 프로그램이 모든 학생들이 수학에 대한 높은 기대치에 도달하게 하는지에 대한 판단을 내리는데 사용된다.

평가가 프로그램에 대한 가치를 판단하기 위한 목적으로 행해진다면 그 결과는 프로그램의 개선 또는 질적 향상을 초래할 수 있다.

1.3 평가의 절차

평가는 각 학교현장의 상황과 교사의 교수·학습적 의도에 따라 다양한 형태로 시행되므로 모든 상황에 적용 가능한 평가의 과정이나 절차를 규명하는 것은 쉽지 않는 일이다. 이 절에서는 NCTM(1995), 고상숙 외 다수의 연구진이 참여한 한국교육과정평가원(2004), 그리고 문음사(2008)가 제시한 일반적인 평가의 절차에 대해서 살펴보고자 한다. 평가를 수행하는 절차는 교사의 평가전문성이 발휘되는 기능적인 측면이다.

1. NCTM(1995)

NCTM(1995)은 평가의 과정을 중요한 결정을 내려야 할 필요가 있는 시점을 나타내는 상호 관련이 있는 4단계로 볼 수 있다고 하였다. 아래의 [그림 7]과 같이 평가의 4단계는 '평가 계획', '증거 수집', '증거 해석', '결과 사용'이다. 평가의 목적에 따라 각 절차에서 중요한 측면들이 달라지지만 모든 수학 평가는 동일한 4단계를 포함한다.

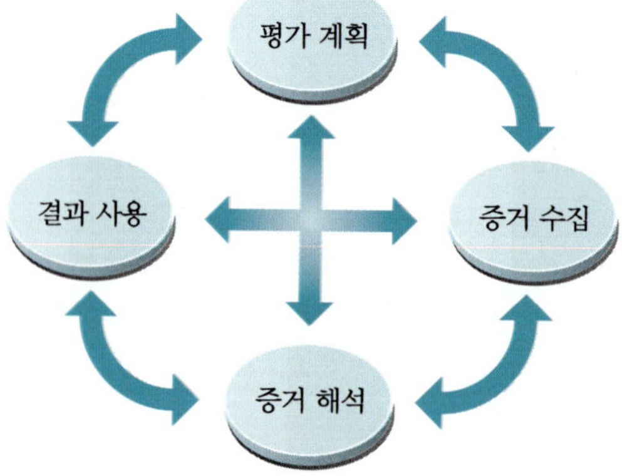

그림 7 평가의 4단계(NCTM, 1995, p. 4)

평가의 절차를 4단계로 구분한 것이 임의적이지만 이러한 구분이 평가의 절차를 더 명확하게 이해하는데 도움이 된다. 그러나 실제로 평가를 수행하는데 있어서 이 4단계는 상호적이고 단계 간 구분이 뚜렷하지 않다. 또한 [그림 7]에서도 알 수 있듯이 평가를 일정한 순서에 따른 선형적인 형태로 진행할 필요는 없다. 즉 평가를 수행하는 절차에서 평가의 목적이나 필요에 따라서 평가 절차의 순서가 임의로 바뀔 수 있다.

평가 절차의 각 단계는 다음과 같이 그 단계에서 발생할 수 있는 결정과 행동에 의해서 특징지어질 수 있다.

1) 평가 계획 단계

- 평가의 목적은 무엇인가?
- 평가 활동에서 강조점과 균형을 이루어야 할 점은 무엇인가?
- 증거를 수집하고 해석하는데 어떤 방법을 사용할 것인가?
- 수행 활동을 판단하기 위해서 어떤 기준을 사용할 것인가?
- 판단을 요약하고 결과를 보고하기 위해서 어떤 형식을 사용할 것인가?

2) 증거 수집 단계

- 과제나 활동을 어떻게 만들거나 선택할 것인가?
- 학생들을 활동에 참여시키기 위해서 어떻게 절차를 선택할 것인가?
- 판단되어야 할 수행에 대한 증거를 만들고 보전하는 방법은 무엇인가?

3) 증거 해석 단계

- 증거의 질이 어떻게 결정되는가?
- 수행한 것에 대한 이해는 증거로부터 어떻게 추론되는가?
- 수행들을 판단하기 위해서 어떤 구체적인 판단 기준이 적용되는가?
- 판단 기준이 적절하게 적용되는가?
- 판단들을 결과로서 어떻게 요약할 것인가?

4) 결과 사용 단계

- 결과를 어떻게 보고할 것인가?
- 결과로부터 어떻게 추론할 것인가?
- 추론을 토대로 어떤 행동을 할 것인가?
- 이 결과가 후속 수업과 평가에 반영되는 것을 어떻게 확신할 수 있는가?

NCTM(1995)은 평가의 목적과 절차의 관계를 [그림 8]과 같이 제시하였다.

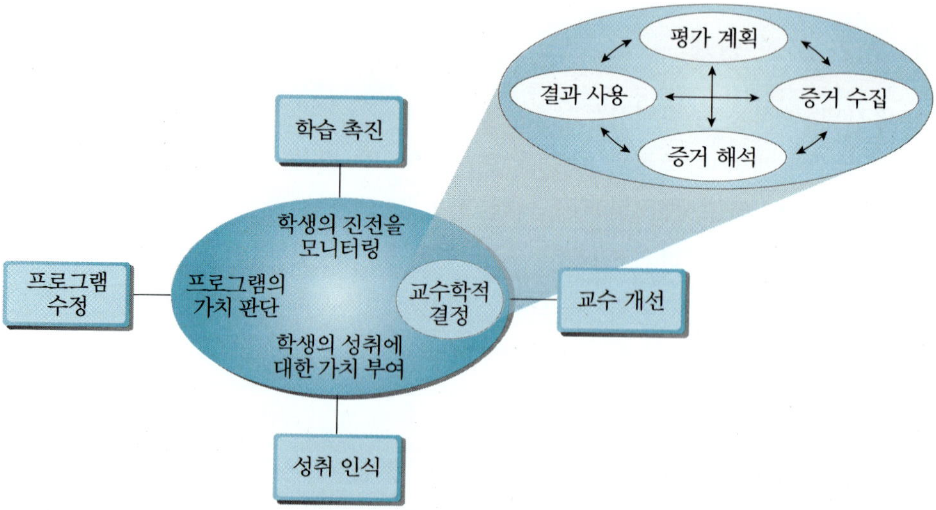

그림 8 평가의 4가지 목적과 평가 절차의 관계(NCTM, 1995, p. 27)

2. 한국교육과정평가원(2004)[1)]

평가란 인간의 행동을 변화시키는 주된 매개체이다. 학생의 학습과정과 밀접히 관련된 평가의 일차적 역할은 학습자의 인지적 성취를 판정하고 보상하며 성공과 실패를 판단하는 것이다. 교육적 평가의 기능은 이 같은 학업성취에 영향을 미칠 뿐만 아니라 정의적 특성 형성에도 큰 영향을 미친다. 평가를 수행해나갈 때 수학

1) 이 2004 연구보고서로 아웃라인을 설정하고 세부적인 내용은 저자의 의도에 따라 수정·보완이 이루어졌다.

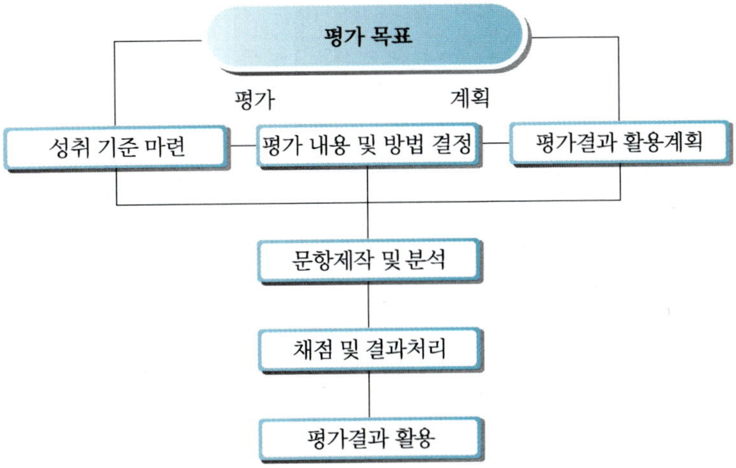

그림 9 평가 절차

교육의 특성을 고려하여 다음과 같이 평가 절차의 순서를 구성한다.

1) 계획(평가 목표, 내용 및 방법 선정, 성취 기준 마련, 결과 활용 계획)

평가는 NCTM(1989) 이후 수업과 통합이 더욱 강조되고 있으므로 평가를 계획할 때 먼저 수업에서 무엇이 행해졌는지를 정리하여야 할 필요가 있다. 물론 평가의 종류에는 특별한 형식을 취하지 않는 관찰, 면담, 경청, 학생과 상호작용 등의 비형식적 평가와 숙제, 시험, 퀴즈, 프로젝트 등과 같은 형식적 평가가 있다. 이 두 평가 모두 평가방법 측면에서 재분류될 수도 있다. 모든 평가에서 교사는 평가의 결과를 놓치지 않기 위해 기록하는 습관을 갖는 것이 좋다.

신현성(2004)은 평가 목표에 대한 가장 강조되는 측면은 학습되어야 할 주제의 특수화에 있다고 하였고 다음과 같은 기준으로 목표가 진술되어야 함을 묘사하고 있다.

예시

모눈종이를 이용하여 $y=ax^2$의 그래프는 $a>0$일 때 아래가 볼록한 그래프, $a<0$일 때 위가 볼록한 그래프이며, a 값의 절대값이 커짐에 따라 그래프의 폭이 좁아짐을 설명할 수 있다.
위의 예에서 "모눈종이를 이용하여"는 접근방법을 기술하고 있고, 평가 수단으로는 주관식 지필검사를 생각해볼 수 있다.

그림 10 평가 목표

(1) 평가의 목표에 따라 학생이 도달해야하는 성취 기준을 마련하여야 한다.

위 기준의 평가 목표에서 몇 개의 목표를 나열한 것에 불과하다면 이 각각에 대해 수학학습의 특성 기준을 제시하여야 하므로 수학의 위계성을 따라 특성을 단계적으로 조직할 수 있다. 예를 들어, 평가의 내용범주에서 언급되었듯이 수학교육학적 속성에 해당하는 학생의 수학적 힘을 개발하는 것이 수학교육의 목표이므로 문제해결, 창의력, 의사소통, 추론, 개념, 절차, 그리고 수학적 성향을 목표로 하는 성취기준을 마련할 수 있다. 여기서 성취기준과 다음 문항제작 과정에서 구성되는 문항 당 평가기준에 대한 차이점을 인식하는 것은 중요하므로 아래에 제시한다.

* 성취 기준과 평가 기준

준거지향평가의 기준을 개발하는 과정은 현행 국가 교육과정에 기초한 상세화된 교수·학습 목표 체계로서 수학과 교수·학습 활동에서 실질적인 기준이나 지침의 역할을 할 수 있는 '성취 기준'과 각 교과별 평가 활동에서 실질적인 기준이나 지침 역할을 할 수 있도록 학생들의 성취 수준을 몇 단계로 나누어 각 단계에서 요구되는 특성을 명료화한 '평가 기준'을 개발하는 과정, 그리고 평가 결과에 대한 등급 판정과 평가 결과의 보고 방식에 대한 방안을 상세화하는 '등급화 방안'의 개발 과정으로 하나의 일련의 절차로 이루어진다.

'성취 기준'(achievement standards)[2]이란 각 교과별 교수·학습 활동에서 실질적인 기준이나 지침의 역할을 수행할 수 있도록 현행 국가 수준의 교육과정에 기초한 상세화된 교수·학습 목표나 내용을 진술한 것을 말한다. 성취기준은 마땅히 성취해야 할 목표를 진술한다는 점에서는 성취 목표(achievement goals)와 비슷하나, 수학교과의 체계화된 내용 가운데 각 학년 수준에서 '최소 어느 수준에서 어느 수준까지 어느 정도 깊이 있게' 가르쳐야 하는가에 대한 합의된 진술을 의미한다는 점에서 구분된다. 성취 기준을 국가적으로 합의하여 개발하는 목적은 성글게 짜여진 교육과정 상의 목표와 내용이 뜻하는 바를 구체적으로 정하고, 거기에 포함된 의미를 학생들이 달성해야 할 능력과 특성의 형태로 구체적으로 진술하여 교사와 학생들에게 그들이 무엇을 가르치고 무엇을 배워야 하는지를 명료하게 제시하기 위함이라고 할 수 있다.

---

2) 우리나라의 2009 개정 수학과 교육과정에서는 학년군(학교급)별 성취 기준, 영역 성취 기준, 학습내용 성취 기준을 제시하고 있다.

'평가 기준'(assessment standards)은 성취 기준을 평가 상황으로 끌어와 구체적으로 도움을 줄 수 있는 형태로 변형시켜 놓은 것으로, 학생들이 성취한 수준을 예를 들어 상·중·하의 단계로 나누어 판정하기 위한 기준으로 이용되는 진술문이라고 할 수 있다.

성취 기준과 평가 기준을 비교하여 보면, 두 기준이 포함하는 수학과의 내용 및 대상은 동일하지만 성취 기준은 해당 학년 학생들이 반드시 성취해야 할 수학 내용과 행동의 범위를 진술한 것인 반면, 평가 기준은 학생이 성취 기준이 포함하는 내용과 행동에 관해 학습한 후 보이게 될 성취의 수준을 그 정도에 따라 구분하여 진술한 것이라고 할 수 있다. 이런 의미에서 성취 기준과 평가 기준은 밀접하게 관련되어 있으며 평가 상황에서 지침 역할을 하는 것이 궁극적으로는 평가 기준이지만 평가 기준을 개발하기 위해서는 반드시 성취 기준이 먼저 구체적이고 명료하게 제시되어야 할 것이다. 평가, 특히 수준별 평가는 이러한 명확한 평가 기준이 먼저 산정된 이후 이에 따라 제작된 다양한 평가도구로 평가를 실시하여 산출한 결과를 기록, 보관, 전달하는 방안이라고 할 수 있다.

우린 여기서 국가 수준에서 개발되는 평가 기준의 의미, 특히 성취 기준과 평가 기준의 관계를 면밀히 검토할 필요가 있다. 기존 연구에서 개발된 성취 기준과 평가 기준의 실질적인 내용에 큰 차이를 드러내지 못한다는 지적이 많다. 그러나 이는 평가 기준의 정의가 잘못 되었다든지 혹은 평가 기준을 잘못 개발했기 때문에 나타난 문제라고 해석해서는 안되며 학교 교수·학습 및 평가 활동의 지침으로서 성취 기준과 평가 기준을 국가 수준에서 개발할 때 나타날 수밖에 없는 평가 기준 설정의 한계로 해석할 수 있다. '준거'와 '분할점(선)'의 의미를 포함한 평가 기준을 개발하기 위해서는 구체적인 평가 상황이나 평가도구(문항)가 전제되어야 한다. 그러나 모든 학교에 적용할 수 있는 평가 상황이나 평가도구를 표준화시켜 구체화할 수 없기 때문에, 특정 능력 수준(예, 상/중/하)을 명료한 진술문, 즉 평가 기준을 제시하기는 매우 어렵다. 따라서 학교의 실제 교수·학습 및 평가 상황을 고려할 때 좀 더 적합하고 명료한 평가기준이 설정될 수 있기 때문에 학교의 교육환경을 최대한 고려하여 실질적인 바람직한 평가 상황을 모색하고 그에 근거한 평가 기준을 설정하여야 한다.

일반적으로 평가에 사용할 수 있는 문항 수나 문항 요소가 극히 제한적일 경우 중과 하, 또는 중과 상을, 즉 학교 교육과정을 충실히 이수한 보통의 학생에게 기대할 수 있는 수준(중)과 그 이하나 그 이상을 성취한 수준을 구분할 수 있는 진술이 형용사나 부사를 사용하여 표현할 수밖에 없는 경우가 많다. 이런 경우 명사화하여 할 수 있음/할 수 없음 경우로 표현하는 것이 더 적절할 수 있다. 그러나 이러한 평가 기준은 성취 기준으로 대신할 수 있기 때문에 그러한 제한성에 얽매일 필요는 없다.

한편 성취 여부만을 묻는 도달/미달(pass/fail)의 평가기준 경우, 상/하로 진술하자는 주장도 있다. 그러나 평가 하고자 하는 성취 기준은 학교 교육과정을 정상적으로 이수한 학생으로부터 기대하는 수준에 맞춘 경우가 대부분이기 때문에 상/하의 진술은 적절하지 않고 오히려 그 성취 기준이 중 수준에서 요구하는 능력이라고 간주되기 때문에 중-상, 또는 중-하 구분이 더 타당하다고 할 수 있다. 하지만 중-상으로 할 때 하수준은 존재하지 않은 것인가 하는 의구심을 주기 때문에 성취 여부를 묻는 평가기준은 도달/미달로 진술하는 것이 큰 무리가 없어 보인다.

문제해결을 위한 성취 기준[3)]

- 문제를 구성할 수 있다.
- 문제해결에 필요한 전략 또는 다양한 전략을 선택할 수 있다.
- 선택한 전략을 사용하여 문제를 풀 수 있다.
- 문제결과를 증명하고 해석할 수 있다.
- 해를 일반화할 수 있다.

그림 11 문제해결 성취기준

(2) 평가의 목표에 따라 평가의 내용과 방법을 결정하여야 한다.

수학교육학적 속성에 해당하는 학생의 수학적 힘을 개발하는 것이 수학교육의 목표라고 할 때, 문제해결, 창의력, 의사소통, 추론, 개념, 절차의 각 영역에 대한 내용을 구성할 수 있다.

창의력 문항 예시

직각기둥 모양의 투명한 수조(水槽)에 물이 조금 채워져 있다. 물이 든 수조의 밑면

3) 여기서 문제해결의 요소별보다는 "문제해결력을 기를 수 있다"라고 총체적인 성취기준으로 진술할 수도 있다. 다음 절차인 문항제작의 채점화에서 평가기준은 상, 중, 하 와 같은 구분으로 점수화를 안내하고 있다는 점이 성취기준과 가장 큰 차이점이다.

의 한 모서리를 테이블에 고정한 상태에서 수조를 기울이면, 직육면체의 면들과 물의 표면에 의해 다양한 크기의 몇 가지 기하학적인 모양이 만들어진다. 그 모양과 크기는 기울기의 정도에 따라 변할 것이다. 이들의 모양과 크기와 관련하여 불변의 관계(규칙)를 가능한 많이 발견하여 모두 적어라(Hashimoto, 1997).

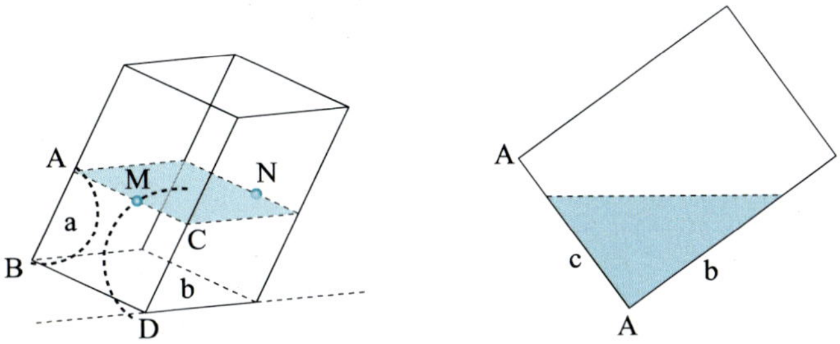

그림 12 창의력 영역의 예시

(3) 평가 목표, 내용에 따라 자료 수집방법이 선정되어야 한다.

자료 수집 방법은 명확히 구분하기는 어렵지만 일반적으로 지필 검사체제로 인식되는 전통적 평가와 이에 대응하여 새로운 평가체제로 인식되는 수행평가로 구분되는데, 이들 평가에 사용되는 도구로는 검사지, 기록지, 점검표(체크리스트, 〈표 2〉 참조)로 구성할 수 있다. 전자의 체제에선 단순 암기력, 이해력에 초점을 두고 평가를 수량화하고 선발, 분류, 배치 등을 목적으로 하는 경우가 많다. 반면, 후자의 체

〈표 2〉 문제해결 체크리스트

문제해결 점검표 예시[4]															
학생	문제구성			전략 선택			바른 실행			증명·해석			일반화		
	상	중	하	상	중	하	상	중	하	상	중	하	상	중	하
철수		√ 9		√ 9				√ 9			√ 9				√ 9
영희	√ 9				√ 9		√ 9			√ 9			√ 9		
소라			√ 9		√ 9		√ 9				√ 9			√ 9	
정연		√ 9			√ 9				√ 9			√ 9			√ 9
정수	√ 9				√ 9		√ 9			√ 9				√ 9	
…															
Note: 체크마크 옆의 숫자는 과제번호를 나타낸다.															

4) 앞의 [그림 11]의 성취기준에 따라 체크리스트 구성

제에선 생활에서 얻은 다양한 정보를 주어진 상황에 적용한다든지, 수학적 언어를 사용하여 주어진 상황, 또는 아이디어를 간결하고 정확하게 전달한다든지, 창의적 사고를 요구하는 상황을 잘 처리한다든지, 정보통합과 수학적 성향 등을 평가한다(신현성, 2004). 즉 다양한 평가방법으로는 지필 검사, 관찰, 면담법, 질문지법, 포트폴리오, 학생자기평가, 소집단 평가 등을 들 수 있다.

관찰은 학생으로부터 자료를 얻는데 가장 쉽게 사용할 수 있는 방법이며 가장 보편적인 방법이다, 교사는 학생을 개별로나 그룹단위로 늘 관찰하게 된다. 이때 객관적이고 정확한 관찰을 하기 위해서는 관찰 속에 일어나는 현상을 그대로 기술할 수 있는 체크리스트, 평정척도, 일화기록법 등을 이용하여 관찰지를 작성하고 때에 따라선 비디오 촬영이나 녹음기로 학생의 구술을 담아 녹취하여 평가하기도 한다. 평정 척도법은 3, 5, 7, 9단계의 척도에 따라 주어진 항목을 평정하도록 하는 방법이다. 일화 기록법은 평정척도와 같이 상대적 비교를 하는 것도 아니고 실험과 같이 어떤 특정한 조건 밑에서 일어나는 행동에 대해 국한시켜 기록하는 것도 아니다. 한 개인을 상황 또는 사건을 관찰하면서 질적으로 기술하는 것이므로 어떤 특정한 형식이 필요한 것은 아니나 자료의 분류를 용이하게 하기 위해 교사가 자신만의 조직화된 일화기록표를 만들어 사용할 수도 있다.

교수학적 진단 목적 하에 학생에게서 얻어진 자료는 첫째, 학생의 수학적 지식, 기술에 대해 학습 과제, 교수, 학습 환경의 효과를 조사하기 위해, 둘째, 학생의 필요에 더욱 적합한 수업을 만들기 위해, 셋째, 모든 학생이 수학적 힘을 획득하고 있다는 것을 확인하기 위해 사용되어야 한다. 교수학적 개선을 위한 질적 향상은 부분적으로 그들의 평가의 질에 달려있으며, 수업 중에 일어나는 목적에 맞는 자료수집에 달려있다. 다시 말해, 다음과 같은 기준을 제시할 수 있는데 이를 수용하는 평가 종류는 형성평가가 이에 해당한다고 볼 수 있다.

* 평가가 정해진 검사만을 의지하지 말고 매 순간 교수학적 결정을 내리기 위한 자료를 제공하는 수업과 통합이 되어야 한다.
* 수업의 효과를 결정하기 위해 지필검사 위주에서 벗어나 다양한 평가의 형식이나 내용으로부터 증거를 수집해야 한다.
* 수업 설계에 있어 학습 진도에 초점을 두었던 방식에서 벗어나 학생의 향상에 초점을 두는 장기적 목적을 향해 모든 학생의 발달에 대한 증거를 수집해야 한다.

(4) 평가 목표에 따라 평가결과의 활용방안을 세운다.

NCTM(1999)도 평가란 학생의 수학 학습에 관해 정보를 모아 문서화하고, 학생, 부모, 다른 교사, 상담교사, 그리고 행정가들과 정보와 기대치에 대한 의사를 교환하고, 끝으로 수업을 안내하고, 향상시키고, 그 기회를 더 많이 제공하고자 평가를 실시한다고 하였다.

이런 평가의 역할에 따라 결과를 어디에 활용할 것인지 미리 계획하여야 한다. 첫째, 어떤 목표에 어느 정도의 성취를 보였는지 판단함으로써 목표성취의 가부, 성공, 유보, 실패 등의 판단이나 양적 연속적 판단(100점, 90점, 80점 등)을 해야 한다. 이 경우 가능하면 목표의 유목에 따라 세분화된 판단을 하는 것이 이상적이며 단일 점수나 등급으로 표시하지 않는 것이 바람직하다.

둘째, 한 학급을 다른 학급과 비교하거나 학교와 학교 간, 국가와 국가간, 전년도와 금년도의 비교 또는 학업성적과 다른 여러 가지 변인과 비교 연구를 해야 할 필요가 있다. 이 같은 경우에는 목표지향 평가(절대평가)도 필요하지만 본질적으로 규준지향 평가(상대평가)에 의한 성적 표시방법이 더욱 효과적이다. 이 경우는 학생과 학생사이의 성적의 상대적 서열을 비교하려는 데 목적이 있는 것이 아니라 학생과 부모, 다른 교사들과 정보를 교환하는 데, 그리고 행정적 목적, 프로그램 개발과 연구, 정책결정에 필요한 정보를 획득하는 데 있음을 간과해서는 안된다.

셋째, 교수·학습에 대한 진단적인 목적을 성취하기 위해서는 목표지향 평가, 규준지향 평가의 형식에서 특성을 혼합하여 사용하면서 진단 평가, 형성 평가, 총합평가로 구분된 평가의 종류에서 그 효과를 더 쉽게 파악할 수 있다.

2) 문항제작 및 문항분석

(1) 문항제작

a. 문항유형

평가 문항에는 일반적으로 객관식과 주관식으로 불리는 두 가지 유형이 있으며 각각을 선택형과 서술형 문항이라고 부를 수 있다. 문항 유형은 평가의 목표와 학생에게 요구되는 조건에 따라 구별된다. 특히, 과정중심 평가에 대해 많은 논의가 이루어지고 있는 요즘, 본서에서 일반적으로 교육 평가론에서 거론되는 위의 선택형과 서술형 문항과 구별되게 준비한 것은 '제시된 질문의 제한 정도'에 따라 문항을 분류하는 추세가 급증함에 따라 이들을 개발할 필요성이 요구되고 있기 때문에 폐쇄형, 준개방형, 개방형의 문항들이 함께 제시되었다. 수행평가에서는 주로 학생의 구체적인 반응과 풀이 과정에서 나타난 수학적 사고의 정도를 파악할 수 있어 수학교육학적 속성에서 논의한 문제해결력, 창의력, 의사소통능력, 추론능력을 평가하는 유형으로 구성한다.

〈표 3〉 준개방형 문항 예시

준개방형 예제

다음 진술의 진위를 밝히고 만약 진이면 그 진술을 증명하고 위이면 반례를 제공하시오.

(1) 함수 식 $y=ax^2+bx+c$를 갖는 모든 이차함수는 x-절편과 y-절편을 가진다.
(2) 대칭을 이루기 때문에 이차함수는 항상 두 개의 x-절편을 가진다.
(3) 이차방정식의 한 근이 무리수일 경우에 다른 한 근도 무리수이다.
(4) 어떤 이차방정식은 하나의 허근과 하나의 실근을 가질 수 있다.

일반적으로 선택형 문항은 그 문항형식 자체가 구조화, 객관화되어 있다는 것이 특징이다. 그러기 때문에 정답을 문항 속에서 확인, 선택, 인지하는 능력이 주된 형식이 된다. 따라서 선택형 문항으로서는 자칫하면 단순한 상기나 기억, 단편적인 지식, 개념의 상기에 치우친 문항을 제작할 가능성이 있다. 교사는 선택형 문항이 갖는 장점과 단점을 비교하면서, 장점을 살리고 단점을 극복하는데 주의한다. 서술형은 서답형이라고도 하며 학생들이 문제의 답을 직접 서술하는 형태이다. 단답형, 완성형, 논술형의 문항형식이 이에 속한다. 흔히 이 같은 형식을 통틀어 주관식(subjective type)이라 지칭하기도 하는데, 이는 학생의 반응을 채점할 때 주관적 기준에 의해서 하기 때문에 붙여진 명칭이다. 그러나 서술형이 주관적인 채점을 허용한다는 의미를 객관적 채점은 하지 않아도 되는 것으로 해석해서는 안 된다. 서술형의 채점도 어디까지나 객관적 채점에 접근하려는 것의 측정의 이상이다. 서술형 중에서 단답형과 완성형은 문항형식이나 문항제작의 방법이 비슷하며 실제 요구하는 정신기능도 비슷하다. 역시 교사는 서술형의 장, 단점을 잘 이해하는 것이 필요하다.

* 선택형: 진위형, 배합형, 선다형
* 서술형: 단답형, 완성형, 논술형
* 질문의 제한 정도에 따른 문항: 폐쇄형, 준개방형, 개방형

b. **채점기준**

문항유형의 구성비율을 평가의 종류와 평가의 목표에 따라 결정하고 만들어진 각 문항당 성취기준에 따른 평가기준, 채점기준을 마련하여 평가 틀을 구성하여 채점의 공정성을 최대한 확보한다.

채점방법은 평가기준에 따라 크게 분석적 방법(analytical method)과 총체적 방법(holistic method)의 두 가지 입장이 있다. 전자는 기준을 요소별로 분석해서 배점하고 그 기준에 의해 채점한 다음, 종합하는 방법이며, 후자는 답을 한 개의 단위로 보고 전체적인 관점에서 채점하려는 입장이다. 분석적 방법은 각각의 점수가 학생의 산출물에서 단일 요소에 초점을 두기 때문에 세부적인 정보를 제공하지만 전반적인 질은 평가하지 않는다. 총체적 방법은 답안지를 질적으로 보아 채점하고자 할 때, 대인비교를 해서 서열을 결정하려고 할 때 유효하다. 또한 반응의 자유가 아주 커서 도저히 분석적으로 채점하기 곤란한 경우에는 총체적 방법이 유효하다. 채점기준표를 개발하는 단계는 다음과 같다. 아래에 제시된 예제들은 교사가 채점기준표를 마련하고자 할 때 안내 역할을 하기위해 제시되었다. 물론 교사가 의도한 평가의 목표와 교실 상황에 따라 채점기준표의 대안적 응용이 가능하다.

첫째, 먼저 인정할 수 있는 정답과 인정할 수 없는 정답, 두 가지로 구분하여 2점짜리 채점표를 작성하고 난 후 가능한 범주를 더 부과한다.

둘째, 몇몇 학생의 자료를 읽고서 수행 정도에 따라 순위를 정하고, 과거에 순위를 결정하기 위해 어떤 목표를 사용해왔는지 생각해본다. 그리고 이 채점표에 이들 목표를 사용해본다.

셋째, 동료 교사와 함께 학생의 몇 개의 자료를 채점해보고 어떤 목표가 중요한지 토의한다.

넷째, 채점표를 만드는 데 학생을 참가시켜서 무명의 학생 자료 샘플을 읽고 중요한 목표를 결정하게 한다.

* 교사는 평가 목표에 의해 마련된 성취기준을 바탕으로 구체화된 평가기준과 채점 기준표를 작성할 수 있다.
* 채점 기준표에 의한 분석적 점수화와 총체적 점수화를 적절하고 융통성 있게 사용할 수 있다.
* 학생의 원점수를 표준 점수화하여 전체 집단 속에서 학생의 서열을 구할 수 있다.

* 문항의 난이도, 변별도, 반응도를 중심으로 문항분석을 하여 평가결과를 해석할 수 있다.

b-1. 분석적 점수화(예시)

문제해결 평가기준의 각각에 점수가 2점씩 부여되며 총 10점 만점의 채점기준표이다.

〈표 4〉 문제해결력 채점기준표[5)]

평가요소	평가기준	점수화
문제이해	모델이나 다이아그램으로 제시한 답으로 보아 문제의 완전한 이해	2
	문제를 나타내는 방법의 선택에서 잘못이해	1
	이해의 증거가 거의 보이지 않음	0
전략선택	정답으로 유도하는 정확한 전략을 선택	2
	비능률적이거나 오점을 나타낼 가능성이 있는 전략의 선택	1
	부적절한 전략 선택	0
전략실행	약간의 오류 또는 무오류로 올바른 전략의 실행	2
	부분적 전략/올바른 실행 또는 올바른 전략/부분적인 실행	1
	부적절한 전략에 부적절한 실행 또는 올바른 전략/부적절한 실행	0
반성	자신의 풀이를 검토하고 다른 방법을 찾거나 일반화 함	2
	자신의 풀이만 검토한 경우	1
	자신의 풀이에 대한 검토가 없는 경우	0
표현력	채점하기에 수학적 기호사용이 정확하고 명료하게 표현함	2
	약간의 부주의로 인해 읽거나 이해하기에 시간이 걸림	1
	답안을 이해하기 어려움	0

5) 윗 절에서 언급한 평가목표에 따라 성취기준이 마련되고 그 성취기준에 따라 평가기준이 마련된다. 여기서 반성과 표현력은 문제해결의 일반화로 재편성될 수 있다.

b-2. 총체적 점수화(예시)

〈표 5〉 총체적 점수화에 따른 채점 기준표

평가기준	점수화
뛰어난 풀이, 특별한 통찰력과 의미 있는 일반화	5
학생 스스로의 수정에 의해 고쳐질 수 있는 사소한 실수	4
교사의 피드백 도움으로 수정 가능, 문제를 해결하기에 충분한 수학적 힘있음	3
일부분만 성취됨, 수정하기엔 더 많은 가르침이나 대화가 필요함	2
교육과정에서 다뤄진 부분들을 나타내나 성공의 가능성은 없음, 일관성이 없음	1
답안이 공란으로 남거나 기호나 용어가 주어진 문제와 관련이 없음	0

(2) 문항분석 - 변산도, 난이도, 변별도

이렇게 제작된 문항은 표본집단을 중심으로 다음과 같은 문항분석을 실시하여 그 결과를 반영한 수정·보완된 문항을 구축하여야 한다. 그렇게 하여야 모집단을 위한 본 검사에 대비할 수 있다.

문항은 한 검사를 구성하는 요소이며 단위이고 세포이다. 한 검사가 의도한 제대로의 기능을 다 하느냐 못하느냐는 그 속에 포함되어 있는 문항 하나하나가 제대로 되어 있느냐에 달려 있다. 그러므로 한 검사의 좋고 나쁜 정도나 그 적절성을 검증하기 전에 그 속에 포함되어 있는 문항을 검증하는 작업이 선행되어야 한다. 검사 속에 포함된 문항이 어떤 특정 교과의 내용과 행동 목표 전부를 대표하는 것은 아니다. 검사 속에 있는 문항은 문항 모집단을 가장 잘 대표할 수 있을 만한 문항을 논리적으로 표본했을 뿐이다. 예컨대, 수학 검사라고 지칭할 때 그 속에 담긴 문항이 수학능력을 전부 대표하고 있는 것은 아니며, 수학능력이라는 능력 모집단을 가정하고 그것을 가장 잘 대표한다고 추정되는 문항을 뽑았을 뿐이다.

그러므로 모집단에서 선택한 표본이 제대로 그 능력을 대표할 만한 문항으로 구성되어 있지 않으면 실제 고사니 시험이니 하는 것은 부질없는 일을 하는 셈이다. 그러므로 문항이 제대로의 바라는 바 기능을 충실히 하고 있는지를 알아보는 것이 검사 점수를 산출하여 '성수 70점, 영희 80점'이라고 판정할 때 있을 수 있는 오류를 범하지 않는 필수의 선행 작업이 된다. 뿐만 아니라 한 번 힘들여 만든 문항은 쓰고 버릴 것이 아니라, 다음에도 유효적절하게 이용할 수 있도록 해야 한다. 새롭고 좋은 문항을 만드는 데는 시간적 소비와 정신적 노력이 많이 든다. 이러한 문항들은 한번 쓰고 버리기 보다는 저장했다가 유효하게 다시 쓰기 위한 문항은행 혹은 문제은행제도의 설치를 위해서도 문항분석은 필수의 선행조건이 된다.

이외 하나의 검사가 성취의 정도만을 짐작하는 것이 아니라 미래의 성과를 예측할 수 있는 예언의 역할을 하기 위해서는 문항과 준거와의 상관이 제시되고, 문항이 준거를 잘 예언하고 있다는 증거가 제시되어야 한다. 이와 같이 문항에 관한 다양한 분석을 하는 절차를 **문항분석**이라고 한다. 문항분석은 총합평가의 문항인 경우와 형성평가, 진단평가인 경우 접근방법이 달라지며, 비록 같은 통계치를 얻어도 그것을 해석하는 기준은 달라진다. 문항난이도 및 문항변별도는 주로 총합평가에 관련되는 문항의 특성이라면, 문항 반응분포 및 문항 반응 유형의 특성은 주로 형성평가 및 진단평가에 관련되는 특성으로 분류할 수 있다. 그러나 뚜렷하게 구분되는 것은 아니며, 요컨대, 어떤 목적에 따라 그것을 이용할 것인가에 따라 그 의미와 해석이 달라질 뿐이다. 또한, 목표지향 평가를 위한 검사 문항과 규준지향 평가를 위해 제작된 문항의 특성은 달라서 문항분석에 대한 관점은 목표지향(절대평가)과 규준지향 측정(상대평가)이 서로 다르다. 문항분석을 한다는 본질적 목적에서는 같지만 문항이 가져야 할 요구조건에서는 두 평가관이 전혀 다른 관점에서 접근한다. 목표지향 평가에서도 규준지향 측정에서 중요시하는 문항난이도나 문항변별도의 개념이 필요 없는 것은 아니며, 이것들에서 얻는 결과를 적절한 보조정보로 사용할 수 있다는 점에 유의하면서 이해해야 한다. 이 같은 관점을 이해하기 위해 두 평가관이 변산도를 어떻게 보고 있는냐를 미리 알아 두는 것이 도움이 된다.

a. 변산도와 문항분포

변산도는 측정점수의 분포 범위를 지시해 주는 통계치로서 목표지향 평가와 규준지향 평가 사이의 차이를 가장 예리하게 구별하는 개념이다. 규준지향 측정의 의미는 기본적으로 한 점수와의 상대적 거리 혹은 차이에 있기 때문에 변산도가 크면 클수록, 즉 표준편차 혹은 변량이 크면 클수록 의미있다고 해석한다. 변산도의 크기는 다른 모든 측정학적 특징인 문항 양호도, 신뢰도, 타당도를 결정하는 기초가 된다. 그렇기 때문에 규준지향 측정에서 변산도는 문항의 양호도를 높이며, 높은 신뢰도, 높은 타당도를 얻기 위한 필요 조건이다.

이에 반해 목표지향 측정(절대평가)에서는 변산도 자체에 별로 관심이 없다. 한 점수의 의미는 다른 점수와의 비교에 있는 것이 아니라 교수목표라는 기준 혹은 표준에 비추어 판단하는데 의미가 있다. 그러므로 어떤 측정에서건 변산은 있게 마련이지만 그것이 목표지향 측정의 필요조건은 아니다. 예컨대 측정 결과에서 개인차의 범위, 즉 변산도가 줄어들기를 바라기 때문에 측정에서 나타나는 변산도는 오히려 바람직하지 않는 것으로 해석한다.

규준지향 측정을 목적으로 문항을 제작하는 사람은 어떤 희생을 치르더라도 변산도를 늘이기 위해 최선을 다한다. 매우 어려운 문항이나 너무 쉬운 문항은 '의도적으로' 제외시키려고 한다. 중간 정도의 어려운 문항이 많아야 변산도가 커지기 때문이다. 선택형 문항인 경우에는 답안의 매력을 높이기 위해 고심한다. 이것 또한 변산도를 높이는 원인이 되기 때문이다. 또 가능하면 문항의 수를 늘이려고 한다. 이 또한 $(p+q)^n$ 에서 $n \to \infty$ 에 가까울수록, 즉 문항의 수가 많아질수록 정상분포에 가까워지기 때문이고, 분포에서 변산도가 가장 큰 것은 정상분포의 경우이기 때문이다.

이에 반해 목표지향 측정을 위한 문항 제작자는 다른 원칙에 따라 문항을 제작한다. 이들의 문항 제작의 원칙은 문항이 목표행동을 정확히 반영하고 있느냐는 것을 확인하는 데 있다. 문항이 어렵건 쉽건, 변별력이 있건 없건 그런 것에 관계없이 그 문항이 수업에서 설정한 목표를 잘 대표하고 있느냐에 최대의 관심이 있다.

이와 같이 목표지향 측정과 규준지향 측정의 경우 문항분석을 하는 입장은 서로 다르다. 여기에서는 먼저 고전적 측정이론에 기초를 둔 규준지향 측정에서 중요시하는 문항난이도, 문항변별도, 문항반응분포 등을 논의하고, 목표지향 측정을 위해 이용되고 있는 대안적 문항 분석 방법은 따로 제시한다.

b. 문항난이도

문항난이도(item diffculty)란 '한 문항의 어려운 정도', '한 문항에 학생들이 정답을 한 확률'로 정의한다. 학생은 집단이 A 문항에는 30%가 정답을 맞히는데, B문항에는 50%가 정답을 맞힌다면 A 문항은 B문항보다 어려운 문항이라고 할 수 있다. C문항은 정답률이 0%, D문항은 100%라면 C문항은 너무 어려워 한 사람도 정답을 못했다는 말이며, D문항은 너무 쉬워서 모두가 맞혔다는 뜻이 된다.

이와 같이 문항난이도(문항곤란도 라고도 함)는 0~100%에 이르기까지의 범위를 갖고 있다. 그러나 문항의 난이도는 집단이 다름에 따라 변한다. 한 개인에 대한 문항난이도란 존재하지 않는다. 개인에 대해 알 수 있는 것은 그 문항에 정답을 했느냐 오답을 했느냐는 것이다. 문항난이도란 집단의 표준편차와 평균에 의해 결정되는 통계치이다.

그런데 문항난이도를 계산하기 전에 반드시 각 문항에 대한 추측요인의 교정을 해야 한다. 검사 전체의 점수를 가지고 한 개인의 점수를 교정하거나 하지 않는 것은 그 서열에 별 차가 없기 때문에 추측을 심하게 하는 것을 막는 효과밖에 없다. 그러나 문항난이도 산출에서는 문항 하나하나의 어려운 정도를 밝히려는 것, 즉 문항에 정답을 하는 확률을 산출하는 데 있기 때문에 답안의 선택이 두 개인가 세 개인가에 따라 추측을 하여 맞을 가능성, 확률은 전혀 달라진다. 이러한 추측 가능성의 정도를 각 문항마다 고려해 주어야 한다.

또한 검사 전체에 대한 개인의 점수를 계산할 때는 미달 항도 오답으로 계산한다. 시도를 했건 못했건 결국 답을 구하지 못한 것이기 때문에 오답으로 간주해야 한다. 그러나 문항분석을 할 경우에는 한 문항이 어느 정도 어려운가의 정도로 알려는 것이기 때문에 그 문항에 반응하지 아니한 학생의 수는 제외해야 한다. 왜냐하면 그 중에는 반응을 했더라면 맞을 사람도 있을 것이고, 틀린 사람도 있을 것이기 때문이다. 이와 같이 반응하지 아니한 수(NR)는 제외하는 것이 진짜 문항난이도를 계산할 수 있는 기초가 된다. 그러나 중간 중간에 비워놓고 지나간 것(omit:O)은 모두 오답(W)으로 취급한다. 예컨대, 다음과 같은 두 개의 답안지가 있다고 가정하자.

← 시간이 시도를 못한 문항 →

(A)	문항:	(1)	(2)	(3)	(4)	···	(41)	(42)	(43)	(44)	(45)	(46)	(47)	(48)	(49)
	채점:	○	○	○	○		○	○	×						
(B)	문항:	(1)	(2)	(3)	(4)	···	(41)	(42)	(43)	(44)	(45)	(46)	(47)	(48)	(49)
	채점:	○		×	×	···		×	○	○	×			×	

A의 경우 (44)번 문항 이후는 시도를 못한 것으로 미달항(NR)인 것을 알 수 있으며, B의 (2)(41)(46)(47)(49)는 시도는 하지 않았으나 이것은 중간에 비어 있는 것(O)이기 때문에 오답으로 계산한다.

b-1. 문항난이도 계산

문항난이도 계산의 가장 일반적 공식은 다음과 같다(Davis, 1951. p. 280).

$$P = \left(\frac{R - \dfrac{W}{Ki - 1}}{N - NR} \right) 100 \quad \cdots\cdots \ (1)$$

P: 문항난이도 지수

R: 정답 수

N: 답을 한 전체 학생 수(=사례 수)

NR: 각 문항의 미달 항 학생수

Ki: 답안의 수

W: 오답수($= W + O$)(손대어 틀린 것과 가운데 비어있는 것을 포함)

예를 들어, 다음과 같은 문항의 반응이 나왔다고 하자. 이 문항의 난이도 계산은 다음과 같다.

〈25번 문항〉

	①	40
*	②	150
	③	20
	④	60
	NR	30
		300

(*표는 정답)

〈문항난이도 계산〉

$$P(25) = \left(\frac{150 - \dfrac{120}{4-1}}{300 - 30}\right)100$$

$$= \left(\frac{150 - 40}{270}\right)100$$

$$= 41\%$$

배합형의 문항난이도 계산은 공식 (1)에서 Ki를 배합형의 답안에 있는 항목 수로 보아 계산하면 된다. 이때 질문에 있는 항목 중 각각은 답안에 있는 항목 중 두 개 이상에 관련되는 것이어야 한다. 이것을 계산하기 위해서 질문의 각 항목마다 답안에 어떻게 반응되었는지 분포를 내어야 한다. 보기를 아래에 든다.

1. 피타고라스
2. 데카르트
3. 파스칼

Ⅰ. 좌표평면
Ⅱ. 직각삼각형
Ⅲ. 사이클로이드

답안 \ 질문	1	2	3
Ⅰ	10	*75	40
Ⅱ	*80	15	5
Ⅲ	10	10	*55
계	100	100	100

전체 1의 P

$$P=\left(\frac{80-\frac{20}{2}}{100-0}\right)100$$

$$=\left(\frac{70}{100}\right)100$$

$$=70\%$$

전체 2의 P

$$P=\left(\frac{75-\frac{25}{2}}{100-0}\right)100$$

$$=\left(\frac{75-12.5}{100}\right)100$$

$$=32.5\%$$

b-2. 문항난이도의 의미

한 검사 속에 포함되어있는 문항의 난이도는 바로 그것 자체로 직설적 의미를 갖는다. 즉 어떤 문항이 어려운 문항이며 어떤 문항이 쉬운 문항인가를 쉽게 짐작할 수 있는 준거가 된다. 그러나 규준지향 측정과 목표지향 측정의 경우 문항난이도를 보는 시각, 해석, 이용방법에서는 차이가 있다.

규준지향 측정에서는 학생의 능력을 올바르고 정확하게 변별하는 것이 즉 개인차를 자세하게 측정하는 것이 주된 목표의 하나이다. 그러기 위해서 검사 속에 포함된 문항 하나하나가 센티미터의 눈금처럼 정확한 눈금의 역할을 해주지 않으면 안된다. 아주 쉬운 문항난이도를 갖는 문항은 능력이 낮은 학생의 동기를 유발을 위해, 그리고 어려운 문항난이도를 갖는 문항은 상위능력을 가진 학생의 성취감을 고무시키기 위해 포함시키는 것이 좋다. 어느 정도의 문항난이도가 바람직한가에 대해서는 일치된 바 없지만, 대개 20%~80% 범위 사이의 문항난이도를 가지고 평균난이도가 50% 정도에 머무르는 것이 이상적이다. 규준지향 측정을 위한 검사의 난이도는 넓은 범위에 걸쳐 있는 것이 바람직하다. 검사를 구성할 때에는 각문항의 난이도의 정도에 따라 문항 수를 적절히 배열하는 것이 좋다. 예컨대, 60개 문항으로 된 검사라면 대부분의 문항이 50% 정도의 문항난이도를 갖고, 20% 이하나 80% 이상의 난이도를 갖는 것이 상대적으로 적은 비율을 차지하도록 하는 것이 바람직

하다

목표지향 측정에서는 본질적으로 문항난이도가 전혀 문제되지 않는다. 문항이 아주 어려워서 모든 학생이 실패 할 수도 있고, 너무 쉬워서 모든 학생이 정답을 할 수도 있다. 형성평가에서 중요시하는 것은 각 문항이 의도했던 교수목표를 충실히 평가하고 있느냐에 집중된다. 그러므로 모든 학생들이 목표를 충실히 학습했으면 문항난이도는 p=100이 될 것이고 반 정도의 학생이 목표를 학습했으면 p=50이 되고, 모든 학생이 목표 성취에 실패했으면 p=0이 될 것을 예상한다. 그러므로 목표지향 평가에서는 '문항이 얼마나 어려운가'라는 견지에서 문항난이도를 해석하지 않고, '어느 정도의 학생이 목표를 달성했느냐로 본다. 규준지향검사에서는 p=100이거나 p=0일 때 문항이 어딘가에 잘못되어 있다고 보는 반면, 목표지향검사에서는 p=100이면 교수·학습이 성공한 증거로 보고, p=0이면 목표달성을 위해 교수·학습과정을 개선해야 할 증거로 본다.

c. 문항변별도

문항 타당도(item validity)는 '문항이 무엇을 측정하고 있느냐, 측정해야 할 것을 측정하고 있느냐, 학생의 능력을 변별하는 힘이 있느냐'는 개념으로 표현할 수 있다. 아무리 그럴듯하고 좋은 문항이라고 하더라도 타당도가 없는 문항은 아무 소용없다. 이 같은 문항 타당도의 개념 중에 한 문항이 학생의 능력 상하를 얼마나 예리하게 변별하는 능력이 있느냐를 보는 것을 **문항변별도**라고 하고, 계산되어 나온 수치를 변별도 지수라고 부른다.

만약 검사 총점에서 높은 점수를 받은 학생(상부 집단)과 총점이 낮은 학생(하부 집단)으로 양분했을 때, 상부 집단의 학생이 각 문항에서 정답을 맞히는 확률은 하부 집단의 학생이 정답을 맞히는 확률보다 의미있게 높아야 할 것이다. 만약 이런 확률에서 차이가 없다면 그 문항은 상하집단을 변별하는 데 아무 구실을 못하는, 즉 변별력이 없는 문항이 된다. 심하게는 어떤 문항에서 상부 집단의 정답률이 하부 집단의 정답률보다 의미있게 작다면, 그 문항은 어딘지 이상한 데가 있는 문항이라고 할 수밖에 없다.

이와 같이 검사의 총점이라는 '내적 준거'에 의해 문항의 타당도를 보고자 하는 것이 문항변별도의 특징이다.

c-1. **문항변별도 계산**

문항변별도를 계산하는 가장 일반적인 공식을 Johnson(1951)이 제시했으며 ULI 지수라고 했으나 여기에서는 보편적으로 부르는 변별도 지수로서 *D.I.*라고 부르기로 한다.

$$D.I. = \frac{RU - RL}{f} \quad \cdots\cdots \ (2)$$

$D.I.$: 문항변별도 지수

RU, RL: 각각 상위집단, 하위집단의 정답자 수

f: 각 집단의 학생 수

이 공식은 가장 간편한 방법이다. 만약 전체 학생을 두 집단으로 나누면 $f = \frac{N}{2}$가 되며, 셋으로 나누면 $f = \frac{N}{3}$이 된다. 그러나 보편적으로 사용하고 있는 것은 전체 학생 수에서 상위집단 27%, 하위집단 27%로 나누는 방법이다. 이 경우는 $f = .27N$이 된다.

이 공식을 사용해서 학생을 상하 반으로 나누는 경우와 상위 27%, 하위27%로 나누는 경우의 두 가지를 직접 계산해 보자. 우선 검사 총점에 따라 상하집단으로 나눈 다음, 각 문항에 대해 정답, 오답한 학생 수를 기입한다. 그것이 다음에 있는 문항 1, 2, 3의 사간표이다. 이 사간상관표만 자세히 살펴보아도 문항변별도의 성질을 대략 짐작할 수 있다.

문항 1

		오	정	
검사총점	상위집단	90	60	150
	하위집단	50	100	150
		140	160	300=N

문항 2

		오	정	
검사총점	상위집단	75	75	150
	하위집단	75	75	150
		150	150	300=N

문항 3

		오	정	
검사총점	상위집단	40	110	150
	하위집단	120	30	150
		160	140	300=N

문항 1은 검사총점이 높은 상위집단에서 정답을 한 수보다 오답을 한 수가 더 많다. 반대로 하위집단에서는 이 문항에 정답을 한 사람이 많고 오답을 한 사람이 적다. 어딘지 좀 이상한 문항이다. 이 문항은 검사총점(시험성적)에서 우수한 사람이 잘 떨어지고 검사총점(시험성적)이 낮은 사람이 잘 맞히는 문항'인 셈이다. 이런 문항이 바람직하지 못하다는 것은 자명하다.

문항 2는 상위집단에서나 하위집단에서나 맞고 틀리는 비율이 똑같다. 물론 꼭 이렇게 정확히 같아지는 일을 드물지만 대개 비슷한 비율이 되는 문항은 이에 준한다. 이 문항의 성격은 상위, 하위를 변별하는 데 아무런 구실도 못하는 문항이다. 이런 문항은 있으나 없으나 마찬가지다. 역시 좋은 문항은 되지 못한다.

문항 3은 상위집단에서 이 문항에 정답을 한 수가 오답을 한 수보다 많고, 하위집단에서는 반대로 오답을 한 수가 정답을 한 수보다 많다. 이렇게 상위집단을 분명히 변별해 내는 문항이 좋은 문항이다.

이렇게 보면, 어느 문항이 변별력이 있고, 없는지를 알 수 있다. 이것을 공식 (2)를 이용하여 문항변별도 지수를 계산해 보면 분명히 그 뜻이 양적으로 드러난다.

문항 1 $D.I. = \dfrac{60-100}{150} = \dfrac{-40}{150} = -.37$

문항 2 $D.I. = \dfrac{75-75}{150} = \dfrac{0}{150} = 0$

문항 3 $D.I. = \dfrac{110-30}{150} = \dfrac{80}{150} = .53$

변별도 지수 $D.I.$는 상관계수와 마찬가지로 -1.00에서 $+1.00$ 사이에 분포된다. 그 중 $-$부호가 붙은 것은 〈문항 1〉에서 보듯이 아예 쓸모없는 지수이며, 〈문항 2〉에서 보듯이 영의 지수 혹은 영에 가까운 지수도 거의 변별의 역할을 못하는 문항이다. 변별도 지수는 +의 부호를 가지면서 그 값이 크게 나오면 나올수록 바람직하다.

다음 문항 4는 전체 집단을 상위 27%, 하위 27%로 나눈 경우의 예이다.

문항 4

		오	정	
	H	10	71	81(27%)
검사총점	M	79	59	138(46%)
	L	76	5	81(27%)
		165	135	300=N

$$D.I. = \frac{71-5}{81} = \frac{66}{81} \fallingdotseq .81$$

변별도 지수는 문항이 학생능력의 상하를 얼마나 예리하게 변별하느냐는 대충의 짐작은 해 주지만, 어느 정도 '통계적으로 의미있게' 변별하는지는 판단할 수 없다. 이것을 분명하게 검증하기 위해서는 엄밀한 공식을 써야 한다. 그러나 대개 $D.I. = .20$이면 그 문항의 변별도가 있다고 해석해도 무방하다. 지수 .20은 그 변량 $(D.I. = .04)$이 4%로서 통계적으로 '4% 수준에서 의미있는' 정도가 된다.

$D.I. \geq .20$ 이상이 의미있는 변별도 지수라는 기준은 대략적인 판단기준에 불과하며, 한 문항의 변별도 지수가 어느 정도 통계적으로 유의한지를 알기 위해서는 통계적 검증 절차를 거쳐야 한다. 이를 위해 공식 (3)과 공식 (4)를 제시한다.

$$Z_{D.I'} = \frac{PU - PL}{\frac{1}{f}\sqrt{RU + RL - \frac{RU^2 + RL^2}{f}}} \quad \cdots\cdots \ (3)$$

여기에서

PU: 상위집단 중에서 정답을 맞힌 비율

PL: 하위집단 중에서 정답을 맞힌 비율

RU: 상위집단의 정답을 맞힌 비율

RL: 하위집단의 정답을 맞힌 비율

공식 (3)은 Johnson(1951)이 제안한 공식을 황정규(1998)가 표준점수의 개념에 비추어 변형시킨 것이며, $Z_{D.L}$값이 1.96 이상이면 5% 수준에서, 2.58 이상이면 1%수준에서 통계적으로 유의하다는 판단을 내릴 수 있다.

Guilford(1954)는 상하집단의 수를 2라 했을 때 사용할 수 있는 χ^2방법을 제시하고 있다.

$$\chi^2 = \frac{N(PU - PL)^2}{4pq} \quad \cdots\cdots \ (4)$$

N: 상하집단의 학생 수 합계

$$p = \frac{PU + PL}{2}$$

$$q = 1 - p$$

χ^2는 $df = 1$인 경우의 값

c-2. **문항변별도의 의미**

문항변별도는 규준지향 검사에서나 목표지향 검사 모두에 유용하게 쓰일 수 있는 문항의 특징이다. 규준지향 검사에서는 총점에서 성적이 높은 학생과 낮은 학생을 분명히 가려낼 수 있는 문항으로 구성되어 있는 것이 필수이다. 만약 이 같은 기능을 제대로 못하는 문항이 많이 섞여 있으면 그만큼 규준지향 평가의 타당성은 낮아진다.

마찬가지로 목표지향 평가에서도 총점에서 성적이 좋은 학생(성공학생)과 낮은 학생(실패학생)을 잘 변별할 수 있는 문항으로 검사가 구성되어 있을 필요가 있다. 실제 한 학습과제에서 성공한 학생은 각 문항에서 성공할 확률이 클 것이고, 한 학습과정에서 실패한 학생은 그만큼 각 문항에서의 성공률이 적을 것이다. 그러나 목표지향 평가에서 문항변별도를 이용하는 목적은 어떤 문항이 학습에서의 성공자와 실패자를 잘 구별하느냐에 관심이 있다. 이것을 교수목표와 관련시키면, 학습 실패자와 성공자를 잘 변별하는 목표가 어느 것인지를 확인하는데 중요한 정보를 제공한다.

3) 채점

채점은 앞 절의 문항제작과 분석을 통해 보완된 채점기준표에 따라 채점을 하여야하는데 이 과정에서 채점의 일관성과 공정성은 중요하다. 채점자 간의 일관성은 주관식 문제와 객관식 문제(선다형 등)를 막론하고 채점자 간의 협의를 통해 채점자간의 관점의 차이를 최소화하여야 하는데 이 때 서로 간의 점검(cross-checking)하는 절차를 거치는 것이 좋다. 일반적으로 서로 간 점검의 결과를 평균으로 환산하여 산출한다. 여기서 채점자 간의 차이를 줄이는 데 가장 중요한 역할을 하는 것이 역시 평가기준에 따라 점수화를 안내하는 채점기준표이다. 채점기준표가 잘 마련되어 있으면 이런 관점의 차이를 줄이는데 세부적인 방안으로 접근할 수 있기 때문이다.

4) 평가결과 활용

얻어진 평가 결과를 어떻게 활용할 것인가 하는 것은 평가의 목적에 의해 결정된다. 평가의 목적에 대해 NCTM(1995)에서 주장한 학생의 진전 정도를 모니터링, 교수학적 결정, 학생들의 성취도 결정, 끝으로 프로그램의 평가를 위한 것으로 삼았다. 여기서 학생의 진전을 모니터하는 것과 학생의 성취도 평가를 위한 평가 자료는 각 개별학생의 수행에 관한 것이고, 정보는 자료를 제공한 그 해당 학생에 관하여 결정을 내리기 위해 모아진다. 나머지 다른 두 가지 목적-교수학적 결정과 프로그램 평가-을 위해서 구하는 자료는 학생의 수행으로부터 얻어지나, 정보는 많은 다른 결정을 내리기 위해 여러 학생들 간 또는 집단 간에 걸쳐 모아진다는 차이점을 인식하고 얻어진 평가결과를 적절한 양식에 기술하고 보고해야 한다. 과정중심 평가는 학생의 학습진전 정도를 모니터링하는 것과 수업의 교수학적 결정을 평가목적으로 할 때, 결과중심 평가는 학생의 평가 사전 사후를 비교해서 향상도를 반영한 학생의 성취도 결정과 실행했던 프로그램 평가를 목적으로 할 때 주로 사용할 수 있다고 본다.

3. 문음사(2008)

문음사(2008)의 "수학교육학신론"에서는 평가의 절차를 일정한 순서로 진행되는 6단계(평가의 목적 설정 → 평가 영역 및 목표 선정 → 평가틀 개발 → 평가도구 개발 → 평가 실시 → 채점 및 결과 보고)로 제시하였다. 평가의 각 단계에서 구체적으로 수행되어야 하는 활동들은 다음과 같다.

1) 평가 목적 설정 단계

이 단계에서 교사는 어떤 목적으로 평가를 수행할지에 대해서 결정해야 한다. 예를 들면, 교수학적 결정을 내리기 위한 자료를 얻기 위한 목적으로 평가를 수행할지, 또는 학생들의 학습 과정을 모니터링 하기 위한 목적으로 평가를 수행할지 등과 같이 구체적인 평가의 목적을 설정해야 한다.

2) 평가 영역 및 목표 선정 단계

이 단계에서는 앞 단계에서 결정한 평가 목적에 따라 평가하고자 하는 영역을 선정하고 해당 영역의 교육 목표가 무엇인지 확인해야 한다.

3) 평가틀 개발(평가 방법 선정) 단계

이 단계에서는 평가틀을 개발하고 구체적인 평가 방법을 결정해야 한다. 평가틀은 평가 영역의 교육 목표를 분석하여 이를 잘 반영할 수 있도록 설정된 행동 영역과 내용 영역, 평가 목표, 평가 문항 유형, 그리고 각 요소별 문항 출제 비율 등을 포함하는 포괄적인 개념이다.

4) 평가도구 개발 단계

이 단계에서는 평가 문항 및 모범 답안과 채점 기준을 개발해야 한다.

5) 평가 실시 단계

이 단계는 평가를 실시하는 단계이고 평가를 실시한 후에는 가채점을 통하여 사전에 준비한 채점 기준 및 예상 답안의 적절성에 대한 검토가 이루어지고 이를 수정, 보완하여 실제 채점에서 사용하도록 준비한다.

6) 채점 및 결과 보고 단계

이 단계에서는 채점이 이루어지며 그 결과는 평가의 목적에 따라 적절한 방법으로 기록하여 보고한다.

1.4 평가의 유형

제7차 교육과정 이후 문제해결력, 의사소통력, 추론력 등 과정중심적 행동영역을 평가하는데 서술형, 또는 개방형의 주관식 문항제작에 관심이 높아지기 시작하였지만 학습에서 객관식을 포함한 다양한 문항들의 검사지를 구성하고 문항별 의미를 찾는 것은 여전히 중요하다. 이 부분에서는 수학 평가의 유형을 평가 시기, 평가 방법, 그리고 평가결과 해석기준에 따라서 분류를 하고 각 유형별로 샘플을 소개한다.

1. 평가 시기에 따른 유형

학습자에 맞는 적절한 학습시기를 결정하는 것만큼 적절한 평가의 시기를 결정하는 것은 쉬운 일이 아니다. 그러나 다양한 시기에 효과적으로 평가하는 것이 필요한데 일반적으로, 본 수업의 시작 전의 진단평가, 본 차시 수업의 이해도를 묻는 형성평가, 그리고 단원의 마지막에 전반적인 이해도를 묻는 총합평가로 나눌 수 있다.

1) 진단평가

진단 평가(diagnostic evaluation)란 학생의 학습 사항에 대한 지식이나 이해도를 알기 위한 것으로, 현재 학생이 알고 있는 것과 결함이 있다면 그 원인은 무엇인가 확인하고 후속 학습의 준비 또는 지도계획을 세우는데 자료로 사용하기 위한 것이다. 이 평가는 흔히 학년, 학기, 단원, 또는 한 차시의 수업을 시작하기 전에 사용한다. 진단평가에서는 이미 학습한 내용에 대한 이해도를 알아보는 것이므로 문제는 어렵지 않게 하고 각 문항에 대한 오답 분석에 중점을 둘 필요가 있다. 학생별로 문항 카드를 작성하여 보관해 두면 학생의 차후 교정 지도에 도움이 될 수 있다.

2) 형성평가

형성 평가(formative evaluation)란 주로 수업의 진행 중에 개별로 또는 집단으로 시행하는 것이 보통인데, 오류의 원인을 수업 중에 찾아내어 교사가 교수의 방향이나 방법, 그리고 내용의 수준에 대한 반성 자료를 얻기 위한 것이다. 교사의 발문과 학생들의 응답 사이에서도 평가가 즉시적으로 이루어질 수 있고 이것도 형성평가의 한 방법으로 생각할 수 있다. 교사는 학생들이 과제를 해결하는 동안 돌아다니면서 학습의 장애를 확인한다든가, 손을 들어 반응을 확인한다든가, 간단한 쪽지 시험을 본다든가 하는 다양한 방법을 사용할 수 있다. 이것은 또한 학습 진행 과정 중 학생들에게 적절한 피드백을 제공할 수 있기 때문에 학습 결손을 수시로 해소시켜 줄 수 있다. 이를 효과적으로 수행하기 위해서는 교사가 미리 평가할 항목이나 방법을 명시해 둘 필요가 있다. 수학 교사용지도서 등에 나와 있는 자료를 참고하는 것도 한 가지 방법이 될 것이다.

3) 총합평가

총합평가(summative evaluation)란 어떤 단원이나 영역을 지도한 후 그 지도한 내용의 목표에 비추어 학생들에게 충분히 이해가 되었는지 그리고 교사의 입장에서 지도상에서 반성할 내용은 무엇인지를 확인하기 위하여 시행하는 평가이다. 이 평가는 학년, 학기, 또는 단원의 마지막 단계에서 학생들의 전체적인 이해도를 측정하여 학생, 교사, 학부모, 그리고 기타 관련된 사람들에게 학생들의 성취도에 대한 종합적인 정보를 제공한다. 이 평가 결과는 학습 결과의 결손을 파악하도록 하여 다음 단원, 다음 학기, 다음 학년의 수학 수업을 계획하기 위한 기초 자료로 사용할 수 있다.

이상의 3가지의 시기에 따른 평가 방법을 알아보았는데, 이 세 가지 평가는 서로 엄격하게 구별된다기보다는 서로 상보적인 관계로 볼 필요가 있다. 즉, 총합평가의 결과는 다음 학기의 진단을 위한 자료로 사용할 수 있다.

〈표 6〉은 진단평가, 형성평가, 총합평가의 특징 및 차이점을 종합적으로 비교해 놓았다.

〈표 6〉 진단평가, 형성평가, 총합평가의 비교(성태제, 2010)

구분	진단평가	형성평가	총합평가
시기	• 교수·학습 시작 전	• 교수·학습 진행 도중	• 교수·학습 완료 후(예: 학습 단위, 학기, 학년의 끝)
목적	• 학생 특성 파악에 따른 적절한 교수법 투입	• 교수·학습 진행의 적절성 • 교수법 개선	• 교육목표 달성 여부 판정 • 학생의 정적 판정 • 교육 프로그램 선택 결정 • 책무성
평가방법	• 비형식적, 형식적 평가(예: 관찰 및 체크리스트, 표준화 학력검사 등)	• 수시평가 • 비형식적, 형식적 평가	• 형식적 평가(예: 전국단위학업성취도 검사)
평가주체	• 교사 • 교육내용전문가	• 교사	• 교육내용전문가 • 평가전문가
평가기준	• 준거참조	• 준거참조	• 규준 또는 준거참조
평가문항	• 준거에 부합하는 문항	• 준거에 부합하는 문항	• 규준참조: 다양한 난이도 • 준거참조: 준거에 부합하는 문항

2. 학습지도 목표의 분류에 따른 유형

평가의 관점은 지도의 목표에 따라서 결정된다. 지도 목표는 일반적으로 이해(지식), 기능(기술), 태도(관심 또는 성향), 수학적 사고에 대한 것으로 각 목표에 대한 평가의 방법을 간단히 살펴보면 다음과 같다(현종익, 2011 참고).

1) 지식(이해)의 평가

이해(지식)의 측면에 대한 평가는 수량이나 도형에 대한 기초적인 지식, 개념이나 원리, 법칙, 수학적인 용어나 기호 등에 대한 이해 등을 들 수 있다. 그 상세 내용을 보면 다음과 같다.

(1) 어떻게 인식하고 있는가?

교사는 아동의 심리 및 발달 단계의 특징을 알고 이에 적절하게 지도할 필요가 있다.

(2) 기초적인 개념을 어떻게 이해하고 있는가?

교사는 일반적이고 추상적인 개념을 얼마만큼 이해하고 있는가를 확인해야 한다. 예를 들면, 도형을 돌리면서 점대칭도형에 대하여 겹치는지 정도까지 확인하여 알 수 있는 정도의 수준에 있는 학생이 있는가 하면 점대칭도형의 성질을 이해하는 학생도 있다.

(3) 기초적인 지식, 용어, 기호를 바르게 이해하는가?

학생들의 경우 기초적인 지식, 용어, 기호에 대하여 오개념이나 불완전한 지식을 가지고 있는 경우도 있으므로 이들에 대한 평가도 중요하다. 이를 평가하기 위하여 일반적으로 지필평가를 이용하지만 다음의 대안적인 평가를 실시할 수 있다.

① 관찰 평가: 수업 중 학생의 표정, 몸짓, 태도 등을 관찰하여 평가할 수 있다. 개별적인 관찰을 위해서는 과제 수행 중 순회를 하면서 개인적인 과제 수행을 관찰할 수 있다.

② 질문 평가: 관찰로 충분하지 않은 경우 적절한 질문을 하면서 이해를 깊게 할 수 있다. 이때, 학생들이 답하는 반응은 학생들의 이해도를 판단하는데 중요한 단서가 된다.

③ 구두 발표 평가: 학생들로 하여금 구두로 발표하거나 설명하도록 요구하면서 어떤 용어나 기호 그리고 사고 과정을 보여 주는가를 관찰할 수 있다.

④ 토의 및 면담에 의한 평가: 소집단으로 토의를 시키거나 필요시 개별적인 면담을 하여 취약한 부분을 관찰할 수도 있다. 특별히 풀이 과정만을 보고는 어떻게 생각하여 풀었는지를 모를 수 있지만 면담을 통하여 좀더 상세한 정보를 얻을 수 있다. 학생들 스스로 자기평가나 동료 평가를 하도록 할 수도 있다.

2) 기능(능력)의 평가

기능(능력)의 평가는 수나 식을 바르게 계산할 수 있는지, 길이나 무게 등을 바른 방법으로 측정할 수 있는지, 그리고 그래프나 도형을 바르게 그릴 수 있는지 알아보는 것이다. 구제적인 문제의 장면에서 과제를 해결할 수 있는 힘을 일반적으로 능력이라고 하고, 문제 해결하는 능력을 표면화 하는 것을 기능(능력)이라고 한다. 지식과 이해는 기능의 기반이 되며, 행동의 정형화(정확성, 신속성, 활용성 등)의 방향이 된다. 이 기능의 평가도 지필 평가로 가능하지만 점검표, 작업 관찰 노트, 작품, 보고서 확인 등의 방법을 쓸 수 있다.

3) 태도(관심)의 평가

수량이나 도형에 대하여 어떤 관심을 가지고 있는지 문제해결에 대하여 자주적이고 합리적으로 처리하려는 태도를 가지고 있는지 알아보는 평가이다. 이 분야의 평가는 지필평가로도 가능하지만 오히려 관찰평가, 질문지 평가, 일화기록법, 저널 점검, 면담 등의 자연스런 과정 속에서 판단하는 것이 필요하다.

4) 수학적 사고의 평가

수학적 사고에 대한 평가는 단순하지 않다. 수학적 사고는 다음의 3가지에 의하여 평가할 수 있다.

① 사고의 양식

- 추상화와 형식화
- 일반화와 특수화
- 통합적 사고와 확장적 사고
- 계통적 사고와 논리적 사고
- 단순화의 사고와 구조화의 사고
- 함수적 사고와 집합적 사고

다음은 수학적 문제해결을 하는 동안에 학생들이 하는 사고이다.

- 직관적 사고 (통찰적 사고)
- 유추적 사고 (귀납적 사고)
- 연역적 사고와 귀납적 사고
- 해석적 사고와 총체적 사고
- 적용적 사고와 응용적 사고

• 검증, 실증, 관점을 변환하는 데 적용되는 사고

② 사고의 내용

수학의 기본이 되는 내용에 대한 이해가 중요하다. 이 기본이 되는 내용은 단편적인 수학 지식에 대한 것을 포함하여 수학의 기본적인 구조에 대한 것을 말한다.

③ 평가의 방법

내용은 간단한 지식 및 기능에 대한 것뿐만 아니라 어떻게 이해하고 있고 사용하고 있는지의 관점에서 평가할 필요가 있다. 수학적 사고에 대한 평가는 교사가 수업 중 과제를 해결하는 중에 보이는 지필 반응, 구두 발언, 표정 등을 포함한 태도면도 포함하여 생각할 필요가 있다. 좀더 상세한 분석을 위해서는 개인면담, 소집단 토론 등을 하도록 하면서 정보를 수집할 수 있다.

3. 평가 방법에 따른 유형

수학과에서 평가라고 하면 전통적으로 가장 많이 사용하고 있는 객관식 선다형의 지필평가 방법을 생각하게 된다. 이는 '모든 교육의 산물은 측정될 수 있다'는 행동주의적 관점에 기반을 둔 것으로 학습 과정보다는 그 결과에 초점을 둔 평가라고 할 수 있다. 물론 현재에도 이 방법은 평가 문항의 채점의 편리성으로 인하여 여전히 많이 사용하고 있는 방법이다. 그러나 이 방법은 수치화나 상대적인 비교에서는 효율적이지만 수학의 과정인 사고과정, 문제해결과정, 학생들의 태도를 포함한 정의적인 측면에서의 평가에서는 미흡한 방법이다. 앞에서도 언급하였듯이 수학과에서의 평가는 학생들의 상대적인 위치를 파악하기 위한 것도 있지만 교수에 활용하는 측면도 큰 부분을 차지한다. 학생의 머릿속에서 어떤 생각을 하는지는 간접적인 방법으로 추정해 볼 수밖에 없다. 따라서 다양한 평가 방법을 사용하여 평가 할 필요가 있다.

평가 방법에 따른 평가에는 지필평가, 구술평가, 토론형 평가, 실험·실습법, 면담법, 관찰법, 자기평가, 동료평가, 보고서법, 일지쓰기, 포트폴리오 이용법, 수행평가 등이 있으며, 각각 장단점을 가지고 있으므로 일관성, 타당성, 신뢰성 있는 평가를 위하여 다양한 평가 방법을 고려해 볼 수 있다.

1) 지필평가

지필평가는 가장 보편적인 평가 방법으로 교사가 평가 문항을 종이에 써서 출제하는 평가 방법이다. 수학과의 지필평가는 편리하게 시행할 수 있고 평가 결과를 저장하기에 편리한 장점이 있다. 그리고 전통적으로 절차적인 기능이나 암기된 공식이나 규칙에 초점을 맞추어 왔으나, 최근에는 개념 이해와 수학적인 과정들을 겨냥한 다양한 지필 평가들이 개발되고 있다. 지필평가에서도 고차원저인 사고 과정을 평가할 수 있도록 양질의 평가 문한을 개발하고 다양한 형식의 지필평가를 사용한다면 학생들의 수학적 시고나 과정에 대한 효율적인 정보 수집의 방법이 될 수 있다.

지필평가는 문항을 제시하는 형태나 답을 어떻게 요구하느냐에 따라서 선택형(진위형, 선다형, 배합형)과 주관형(완성형, 단답형, 서술형 또는 논술형)이 있다. 진위형의 경우 주로 일기 능력이 부족한 저학년 학생들의 경우 이용할 수 있으며 채점도 간단하다. 그러나 단편적인 지식을 물어볼 가능성이 크고 문항을 이해하지 못하더라도 50%를 맞출 확률이 있어 학습 동기를 감소시킬 우려가 있다. 선다형의 경우 채점의 용이성 등이 있지만, 좋은 문항을 만드는 것이 쉽지 않으며 매력적인 오답을 만드는데 출제자가 많은 노력이 요구된다. 배합형의 경우 수학적 사실뿐만 아니라 개념적 지식과 절차적 지식을 물을 수 있고 채점도 신뢰롭다. 그러나 정교하게 배합하지 않으면 배합에 따라서 답을 추측할 가능성이 높아져 단편적인 지식을 묻게 될 위험이 있다.

[선택형 평가 예시]

□ 진위형 평가의 예 (1학년 1학기 교과서, p. 17 변형)

• 그림을 보고 알맞은 곳에 ○표 하시오.

지우개는 풀보다 (많습니다, 적습니다).

□ 선다형 평가의 예 (2학년)

• 숫자 9가 나타내는 수가 가장 작은 것은 어느 것입니까? (   )

① 1392 ② 6945 ③ 9123 ④ 8709

□ 배합형 평가의 예 (4학년)

• 〈보기〉에서 사다리꼴을 모두 고른 것은 어느 것입니까? (   )

〈보 기〉

ㄱ.평행사변형 ㄴ. 사각형 ㄷ. 마름모 ㄹ. 직사각형 ㅁ. 정사각형

① ㄱ, ㄷ ② ㄱ, ㄴ, ㄷ ③ ㄱ, ㄹ, ㅁ ④ ㄱ, ㄷ, ㄹ, ㅁ

[주관형 평가 예시]

□ 완성형 평가의 예(4학년 1학기 수학교과서, p. 91)

• 등식이 성립하도록 안에 +, −. ×, ÷의 기호를 알맞게 넣으시오.

5 □ 7 □ 6 □ 3=33

□ 단답형 평가의 예 (5학년 1학기 교과서, p. 91)

• 4t까지 실을 수 있는 트럭이 있습니다. 이 트럭에 한 개의 무게가 40kg인 상자를 몇 개까지 실을 수 있습니까?

□ 서술형 평가의 예 (6학년 1학기) (남승인 외, 2009)

◆ 주제 : 하루의 계획

1. 관련 영역
   - 수와 연산 • 도형과 측정 • 통계와 확률 • 문제 해결과 수학적 추론
   - 수학적 의사소통
2. 평가 문항
   ① 하루의 일과 필요한 시간을 설명하기 위한 그래프를 그리시오.
   ② 계산 과정을 제시하시오.

③ 그래프를 선택한 이유를 쓰시오.

3. 준비물

그래프 용지(모눈종이), 자, 컴퍼스와 각도기, 계산기 등

4. 평가 관점

① 간단한 표를 만들었는가?

② 하루의 일과 중 주요 활동과 소비되는 시간을 계산하였는가?

③ 하루 일과에 소비되는 시간의 합이 24시간임을 알고 있는가?

④ 하루 일과를 설명하기 위한 그래프가 적절한가?

* 꺾은선그래프는 적절하지 않다.

⑤ 그래프를 선택한 이유가 타당한가?

⑥ 원그래프를 그리기 위해 중심각을 계산하였는가?

5. 풀이

학생들의 하루 일과는 다양하므로 다음은 하나의 예이다.

활동	시간	중심각
먹기	3	45
자기	8	120
학교	7	105
숙제	2	30
목욕, 옷입기등	2	30
텔레비전	2	30
합계	24	360

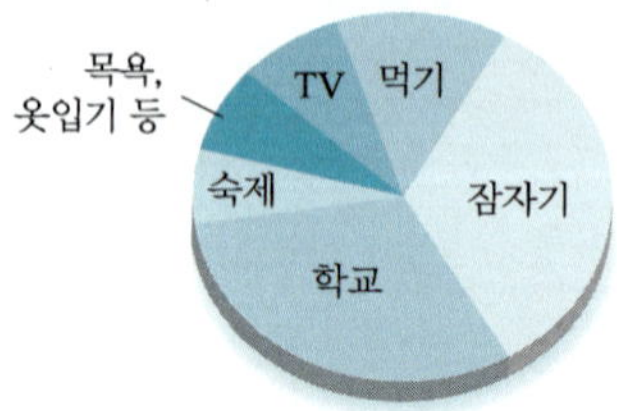

• 평가 기준표(Rubric)

범주 \ 수준	1수준	2수준	3수준	4수준
정보의 조직	매우 무질서하게 쓰여진 시간에 대한 정보	몇 개의 자료 조직은 분명하나 전체는 그렇지 못함	자료는 잘 조직됨	게다가 자료가 확실하게 나타남
그래프	선택된 그래프가 주제에 부적합하거나 빈약하게 작성됨	선택된 그래프가 적당하나 작성이 빈약함	적당한 그래프 형태와 적당한 작성	게다가 그래프가 매우 정확하고 깔끔하게 나타남

계산	계산상의 중대한 실수가 있음	계산상의 실수가 적음	계산상 거의 실수가 없음	계산상의 실수가 전혀 없음
설명 (의사 소통)	매우 혼란스러운 설명	이해하기에 힘든 설명	이해하기에 충분하고 명확한 설명	설명이 매우 명확하고, 다른 종류들의 그래프의 상대적인 장점에 대한 포괄적인 이해를 보인다.

□ 서술형 평가의 예(서울시교육청, 2학년)

곱셈식 3×5＝□를 이용하여 □를 구하는 이야기 문제를 만들고, □를 구해 봅시다.

(문제) ______________________________

____

____

(답) ______________________________

[예시 답안]

1. (문제) 초코렛이 한 봉지에 3개씩 5봉지에 담겨 있습니다. 초코렛은 모두 몇 개입니까?
   (답) 15개

2. (문제) 3명이 앉을 수 있는 의자가 있습니다. 의자 5개가 있다면 모두 몇 명이 앉을 수 있습니까?
   (답) 15개

3. (문제) 빵을 한 봉지에 3개씩 5봉지에 담았습니다. 빵은 모두 몇 개입니까?
   (답) 15개

4. (문제) 수건이 한 상자에 3개씩 5상자에 담겨 있습니다. 수건은 모두 몇 개입니까?
   (답) 15개

[채점 기준표]

평가기준	배점
곱셈식을 이용하여 문제를 바르게 만들고 답을 구한 경우	최상(10)
곱셈식을 이용한 문제 설명이 다소 부족하나 답을 구한 경우	상(8)
곱셈식을 이용하여 문제를 만들지 못했으나 답을 구한 경우	중(6)
곱셈식을 이용하여 문제를 만들지 못하고 답도 구하지 못한 경우	하(3)

2) 구술평가

구술평가는 자신이 알고 있는 것을 말해 보도록 함으로써 학생이 알고 있는 것을 알아보고자 하는 평가이다. 이 평가를 통하여 수학적 성향과 사고 과정, 학습 준비도, 이해력, 표현력, 판단력, 의사소통능력 등을 평가할 수 있다. 그러나 많은 학생의 경우 수학적 사고력이 뛰어나지만 말로 표현하는데 어려움을 가지고 있는 경우가 있으므로 성급한 판단은 위험하다. 교사는 지도하는 학생들에게 평상시에 자신의 생각을 자연스럽게 설명하도록 하는 습관을 들이도록 함으로써 자신들의 생각을 보다 더 잘 표현하고 설명하도록 할 수 있다.

다음은 구술평가의 한 예이다(남승인 외, 2009)

◆ 주제: 직육면체 쌓기(면접법에서도 활용 가능함)

1. 학년-단원: 6-가-5. 겉넓이와 부피
2. 평가의 관점 및 평가의 요소
   ① 주어진 직육면체 모형을 조작하여 다양한 직육면체를 구성할 수 있는가?
   ② 자신이 구성한 직육면체의 겉넓이를 계산하여 말할 수 있는가?
3. 평가문항

대화: 만나서 반갑습니다. 편안한 마음으로 같이 공부해 볼까요?
(학습자료 제시, 대면자와의 기초적인 레포 형성)

1. 이 직육면체 상자들을 면끼리 서로 붙여서 여러 가지 모형을 만들어 볼 수 있겠니?
2. 이 모형의 겉넓이를 구할 수 있겠니?
3. 직육면체 상자를 붙여서 만든 모형 중 겉넓이가 가장 클 때와 가장 작을 때의 경우는 언제이라고 생각하니?
4. 그것이 왜 가장 크거나 작은지 설명해 줄 수 있겠니?

4. 준비물 : 똑같은 크기의 직육면체 상자 4개(또는 8개)

5. 문항별 평가 요소

요소 / 문항번호	개념이해	조작활동절차	문제해결 전략	의사소통
1		○		
2		○		
3	○		○	
4			○	○

6. 평가의 절차 및 유의점
① 편안한 분위기를 조성하고 나서 학생에게 자료를 제시해 주고, 상황에 따라 질문을 하며 체크리스트를 작성할 수도 있다.
② 전체 체크리스트 항목에 기재된 내용을 기초하여 등급을 정한다.
③ 직육면체 상자를 이용하여 꼭 직육면체가 아닌 계단 모양과 같은 다양한 구조물을 만들 수도 있다.
④ 사고과정과 활동모습, 학생과의 대화 등을 비디오로 촬영하여 보다 정밀한 분석을 위한 자료로 활용한다.

3) 토론법

토론형 평가는 일반적으로 소집단 내에서 학생들이 토론하는 고정 속에서 학생들이 가지고 있는 수학적 사고력이나 문제해결 능력을 관찰에 의하여 평가하는 방법이다. 이는 찬반 토론법 또는 선호도 조사법을 사용하게 되는데, 찬반 토론법은 2개의 선택 중에서 어느 한 쪽을 선택한 후 자신들의 주장을 펴 나가면서 반박과 대응을 하는 방법으로 진행하도록 할 수 있다. 그리고 선호도 토론법은 여러 가지 선택 중에서 한 가지를 정하도록 하여 자신의 선택에 대하여 주장을 하고 서로 간에 주장

〈표 7〉 구술시험을 위한 일반적인 평가 기준표 (예시)

평가요소*	점수화**			비고
	상	중	하	
준비도 (구술시험을 위해 관련 자료 등 준비를 제대로 하였는가?)	2	1	0	
이해력 (질의한 내용을 제대로 이해하고 발표하는가?)	2	1	0	
조직력 (발표할 내용을 제대로 조직하여 체계적으로 발표하는가?)	2	1	0	
표현력 (자신의 의견을 제대로 표현하는가?)	2	1	0	
판단력 (주어진 시간 안에 적절히 발표하는가?)	2	1	0	
의사소통 능력 (다른 사람들의 시선을 끌면서 설득력 있게 발표하는가?)	2	1	0	
발표 태도 (다른 사람들 앞에서의 발표 태도는 바람직한가?)	2	1	0	
계				

* 평가 요소 간 가중치를 다르게 줄 수도 있음.

** 상 · 중 · 하 수준에 대해 그 내용을 구체적으로 진술하는 것이 바람직함.

과 반박을 하면서 다른 사람을 설득하는 방법이다. 이 과정에서 교사는 학생들이 토론을 위하여 준비한 자료의 다양성이나 충실성, 토론 내용의 충실성과 논리성, 창의력, 수학적 아이디어의 활용, 효과적인 의사전달, 반대 의견을 존중하는 태도, 토론 진행 방법 등을 총체적으로 평가한다.

다음은 찬반 토론을 위한 체크리스트 및 관찰 기록지의 한 예이다(남승인 외, 2009).

〈표 8〉 찬반 토론을 위한 체크리스트 및 관찰 기록지의 예

○학년 ○반 체크리스트 및 관찰 기록지									
평가요소 / 성명 · 관찰사항	창의력 및 논리력			의사전달 및 토론참여태도			지식의 적용		
	우수	보통	미흡	우수	보통	미흡	우수	보통	미흡
김 은 조	V				V		V		
관찰 사항									
신 동 현		V			V		V		
관찰 사항									
…									
관찰 사항									

※ 채점은 우수(2점), 보통(1점), 미흡(0점)으로 계산하되, 종합판정은 요소별 평균점수를 이용한다.

4) 실험 · 실습법

실험·실습법은 자연과학 분야에서 주로 활용하는 방법으로, 학생들이 직접 실험·실습을 하고, 그에 대한 과정이나 결과에 대한 보고서를 작성하여 제출한다. 실험·실습은 개인 단위로 실험·실습을 하게 할 수도 있고 소집단을 구성하여 공동 작업으로 하게 할 수도 있다. 이 방법은 실험·실습을 위한 기자재의 조작 능력이나 실험·실습 태도뿐만 아니라, 지식을 적용하는 능력이나 문제해결 과정에 대해서 포괄적이면서도 종합적으로 평가할 수 있다.

다음은 실험·실습법(6-1 비율그래프)의 한 예이다(6-1 수학교과서, p. 76 변형)

반지름이 10 cm인 원을 그림과 같이 잘라 모눈종이에 붙여 봅시다.

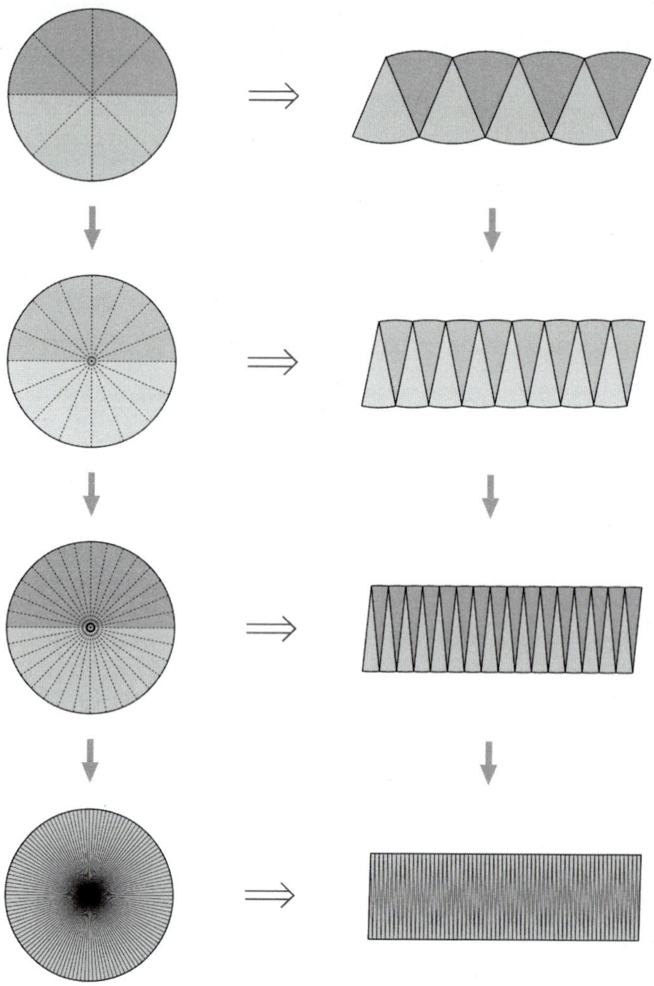

• 직사각형의 가로는 원의 어느 부분과 길이가 같습니까?

또 다른 예로 다음을 생각할 수 있다(6-1 수학교과서, p. 98)

탐구 **우리 반 학생들을 대상으로 우리의 생활 및 장래에 대해 알아 보기 위하여 주제를 정하고 자료를 수집하고 정리하여 발표해 봅시다.**

- 개인이 관심을 가진 주제를 정하고 여러 명이 팀을 이루어 해결해 보시오.
- 어떻게 하면 좋을지 토의해 보시오.
- 조사 방법 및 조사 계획을 세워서 활동해 보시오.
- 조사한 결과를 표로 정리해 보시오.

〈　　　　　　　　〉

구분							계
학생 수(명)							
백분율(%)							

- 띠그래프를 그리고 자료의 특징, 알게 된 점 등을 발표하여 보시오.

〈　　　　　　　　〉

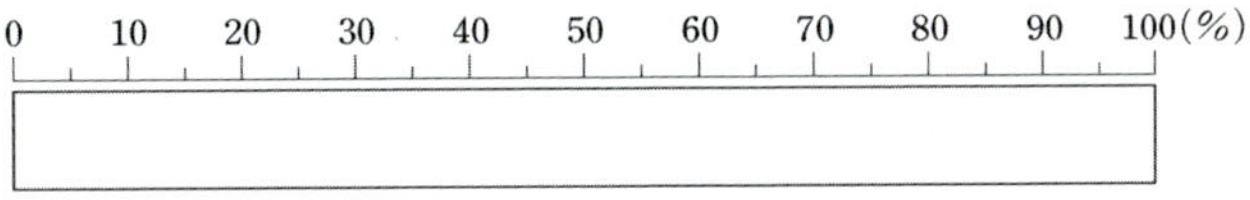

- 각 조에서 발표한 그래프를 가지고 다양한 문제를 만들어 해결해 보시오.
- 다른 조의 발표 내용들을 가지고 다양한 문제를 만들어 해결해 보시오.

※ 토론형으로 제시할 수도 있음.

5) 면담법

면담법은 교사가 학생들과 일대일로 대화를 하면서 학생의 수학적 사고 과정이나 문제해결의 과정을 보다 심층적으로 알아 볼 수 있는 평가의 방법이다. 면담은 미리 체계적이고 구조화를 하여 물을 수도 있지만 교사가 학생의 반응에 대하여 자연스럽게 응대를 하면서 반구조적 또는 비형식적인 자연스런 방법을 사용할 수 있다. 이 방법은 특정 학생의 특정 개념에 대한 추가적인 정보가 필요한 경우가 있을 때 아주 유용한 평가 방법으로 이 방법을 통하여 학생이 오답을 내는 원인을 알 수 있고 개인별로 상세한 수학적 성향을 알아볼 수 있는 기회를 제공한다. 면접은 짧게는 수 분에서 길게는 한 시간까지 할 수 있다. 그러나 다른 방법에 비하여 개별적으로 만나서 대화를 하게 됨으로 시간이 많이 소요되어 교사에게는 부담이 될 수 있다.

효과적인 면담을 위하여 교사는 질문할 것, 필요한 자료, 과제, 기록 방법 등 미리 준비할 필요가 있다. 그리고 학생이 이미 치른 지필평가의 정보를 준비하여 대화중에 오답의 이유 등을 알아낼 수도 있다. 면담의 시작은 학생과 자연스럽고 긴장을 풀 수 있는 대화에서부터 시작하여 학생이 긴장하지 않고 대화에 참여할 수 있도록 할 필요가 있다. 따라서 교사는 학생으로 하여금 정확한 답을 요구하기 보다는 자신의 사고 과정을 편안한 마음으로 설명하도록 격려할 필요가 있다.

다음은 3학년 1학기 두 자리 수의 뺄셈에서 면담법의 한 예시이다(3학년 1학기 두 자리 수의 뺄셈, 강완 외, 2009).

이름 ○○○ 일시 ○○년 ○○월 ○○일 ○○시

면담 제목 〈받아 내림이 있는 두 자리 수의 뺄셈〉

- 주의: 친구처럼 들어주자.
- 필요한 자료: 십 모형과 낱개 모형, 수학 공책
- 질문

(1) 수를 모형으로 나타낼 수 있는가?
(2) 십 모형과 낱개 모형의 관계를 아는가?
(3) 받아 내림이 있는 뺄셈을 수 모형으로 나타낼 수 있는가?

- 과제

(1) 7을 여러 가지 방법으로 나타내기
- 7을 낱개 모형으로 나타낼 수 있는가?
- 다름 방법으로 나타낼 수 있는가?

(2) 12를 여러 가지 방법으로 나타내기
- 10을 낱개 모형과 십 모형으로 나타낼 수 있는가?
- 12를 십 모형과 낱개 모형으로 나타낼 수 있는가?

(3) 12-7에서 받아 내림을 모형으로 설명하기
- 12에서 7을 어떻게 뺄 것인가?
- 수 모형으로 설명한 것을 그림으로 나타낼 수 있는가?
- 수 모형으로 설명한 것을 다른 방법으로 나타낼 수 있는가?

- 심화 과제

12-7을 다른 방법으로 설명하기

다음은 효과적인 면접을 위해서 교사들이 알아 두어야 할 일반적인 사항들이다 (van de Walle, 2003; 남승인 외, 2009).

① 학생이 말하는 것을 듣는 동안에 편안하고 자연스럽게 행동하라.

학생들은 선생님과 학습에 대하여 이야기하는 것을 어색하게 생각할 수도 있다. 학생들의 편안함을 느끼도록 취미나 일상의 생활과 관련된 개인적인 것에 대해 질문하는 것으로부터 시작하여 가능하다면 자연스럽게 반응하여 학생이 자신의 생각을 솔직하게 표현하게 하라.

② 단서를 제공하거나 답을 유도하려고 하지 말라.

'2+5=7이지?' '이것이 정말로 답이라고 생각하느냐?'처럼 답을 유도하거나 자신이 잘못 답했다고 생각하게 하여 답을 수정하게끔 유도는 질문은 피하는 것이 좋다. 답을 유도하는 이러한 질문은 이 학생이 정말로 생각하고 있는 것이 무엇인지를 알기가 어려울 뿐만 아니라 학생들은 면담자의 요구나 기대에 순응하기 위하여 자신의 생각을 솔직히 표현하지 않을 수 있다.

③ 학생에게 충분히 생각할 시간을 주라.

질문을 한 후에 학생이 생각할 수 있는 충분한 시간을 주라. 이렇게 되면 학생의 사고에 대한 보다 풍부한 평가 자료를 얻을 수 있다. 뿐만 아니라, 기다리는 동안에 면접의 전체적인 흐름을 짚어 보고 다음에 무엇을 어떻게 물을 것인지 생각할 수도 있다.

④ 학생이 설명하는 동안에 끼어들지 말라.

학생이 자신의 생각을 자유롭게 말하도록 하라. 중간에 질문을 하거나 학생이 사용하는 용어를 교정해 주는 것은 학생의 사고 과정을 방해한다.

⑤ 청유형보다는 명령형을 사용하라.

'무엇 무엇을 할 수 있겠느냐?' 식의 청유형보다는 '설명해 보아라'나 '해 보아라' 등의 명령형을 사용하는 것이 좋다. 학생들은 청유형의 질문을 받을 때 예나 아니오라고 답을 하고 가만히 있는 경우가 허다하다.

⑥ 학생에게 답의 타당성을 확인하게 하지 말라.

'이 답이 맞느냐?'는 반응 대신, 답의 옳고 그름에 관계없이 '음', '그래' 등으로 반응하라. 면접은 학생의 학습을 평가하는 것이 목적이지 개인 지도가 아니다. 그러므로 학생의 말을 잘 귀 기울여 들음으로써 학생의 이해와 사고를 판단할 수 있는 근거 자료를 얻어라.

⑦ 구두 반응뿐만 아니라 교구를 이용해 보라.

구두 반응뿐만 아니라 신체를 이용한 반응의 기회는 언어적 기능의 부족으로 인한 실패를 최소화시킬 수 있다. 이 경우 교사는 모든 교구를 사용할 수 있도록 준비해야 하며, 교구의 선택과 조작을 학생에게 일임해야 한다. 만일 어떤 교구를 어떻게 사용할지에 대한 지시나 안내는 오히려 학생의 행동을 제약할 수 있다.

6) 관찰법

관찰법은 학생들이 수학을 행하는 자연스런 상황 속에서 교사가 학생의 사고과정이나 수행의 과정을 관찰하여 평가하는 방법이다. 이 방법을 통하여 교사는 학생의 인지적인 능력뿐만 아니라 수학에 대한 태도나 신념과 같은 정서적인 측면에 대한 유용한 정보를 얻을 수 있다. 그러나 이때 주의할 점은 교사가 관찰을 하고 있다는 부담을 가능한 느끼지 않도록 해야 하고 기록에 얽매여 중요하게 관찰할 순서를 놓치지 않도록 해야 한다는 것이다.

〈표 9〉 관찰 목록의 예시 (강완 외(역), 1997, p. 26)

문제 해결 관찰 점검 목록

학생 ______________ 날짜 ______________

___ 1. 문제 풀기를 좋아한다.
___ 2. 다른 사람과 협력한다.
___ 3. 집단 해결 시에 아이디어를 제공한다.
___ 4. 한 문제를 끝까지 풀어 보려고 한다.
___ 5. 문제가 무엇에 대한 것인지 이해하고 노력한다.
___ 6. 문제를 풀 때 정보를 다룰 줄 안다.
___ 7. 어떤 전략이 유용한지 생각한다.
___ 8. 융통성이 있다 – 필요하다면 다른 전략을 이용하려고 한다.
___ 9. 답이 옳은지 검산한다.
__ 10. 풀이를 설명하고 분석할 수 있다.

〈표 10〉 관찰 등급 채점표의 예시 (강완 외(역), 1997, p. 27)

문제 해결 관찰 등급 채점표 학생 ______________ 날짜 ______________			
	자주	때때로	그렇지 않다.
1. 적절한 해결 전략을 선택한다.	____	____	______
2. 해결 전략을 정확하게 사용한다.	____	____	______
3. (교사의 도움 없이) 풀이가 막힐 때는 다른 전략을 쓴다.	____	____	______
4. 체계적 방법(문제를 분명히 하기, 필요한 정보를 확인하기, 계획 세우기, 풀어보기, 검산하기)으로 문제에 접근한다.	____	____	______
6. 자신감이 있다.	____	____	______
7. 문제를 풀어보려는 끈기가 있다.	____	____	______

학생 관찰은 수업을 진행하는 동안에 형식적 또는 비형식적으로 행할 수 있다. 그러나 사전에 무엇을 관찰할 것인지 생각한 다음 그에 따른 목록을 작성하고, 학생 개개인의 활동과 과제에 대한 반응을 이미 작성한 목록에 기입할 필요가 있다. 이와 같이 준비하여 의식적으로 학생들을 관찰하면 평소에 그냥 지나칠 수 있었던 것도 주목할 수 있고 학생들의 사고에 대한 평가 자료를 얻을 수 있다. 교사들은 학생 관찰 결과를 학생 개인의 카드를 사용하여 기록해 두면 시간에 따른 변화나 진보 정도를 볼 수 있다. 이 경우에는 학생 개인에 대한 사례들을 모을 수 있기 때문에 학부모와의 면담시 그 학생에 대한 학습 발달 상황을 잘 보여 줄 수 있다.

다음 표는 미리 정한 평가 규정을 사용하여 관찰 결과를 기록한 예이다(남승인 외, 2009).

〈표 11〉 관찰 평가기준표

관찰 내용 : 동분모 분수의 덧셈 날짜: 0000년 0월 0일	
우수함: 두 동분모 분수를 더할 수 있고, 답의 근거를 개념적 이해에 기초하여 설명할 수 있음	수진, 희재, 근희, 은혜, 상일
보통임: 동분모 분수 덧셈 문제의 답을 구하기는 하지만 왜 그런지를 설명하지는 못함	은지, 형진, 대수, 미애
노력을 요함: 혼동하고 있으며 별도 지도가 필요함	연길, 진후,

다음은 관찰을 돕기 위한 개인별 소견 기록 카드와 개인별 점검 목록표의 예이다(남승인 외, 2009). 관찰의 경우 학생 개인별 카드에 체크 목록을 만들거나 전체 학생들의 이름과 체크 목록을 함께 사용할 수 있다. 개인별 체크리스트는 개인의 취약점과 강점 등을 체크할 수 있다.

〈표 12〉 개인별 소견 기록 카드

학생 김 새 롬 날짜

소견 :

· 언제, 어떻게 규칙을 찾는지 알고 있다.
· 규칙을 찾을 때 표 만드는 것이 도움이 됨을 알고 있다.
· 문제를 푸는데 어려움이 있어도 계속 노력한다.
· 답이 맞는지 검토해 보도록 일러 줄 필요가 있다.

〈표 13〉 개인별 점검 목록표

학생 날짜

_____ 1. 문제를 풀기를 좋아한다.
_____ 2. 다른 사람과 협력한다.
_____ 3. 집단 해결 시에 아이디어를 제공한다.
_____ 4. 한 문제를 끝까지 풀어 보려고 노력한다.
_____ 5. 문제가 무엇에 대한 것인지 이해하려고 노력한다.
_____ 6. 문제를 풀 때 정보를 다룰 줄 안다.
_____ 7. 어떤 전략이 유용한지 생각한다.
_____ 8. 융통성이 있다 - 필요하다면 다른 전략을 이용하려고 한다.
_____ 9. 답이 옳은지 검산한다.
_____ 10. 풀이를 설명하고 분석할 수 있다.

〈표 14〉 관찰평가 체크리스트

○○초등학교　○학년　○반　○번　이름: ○ ○ ○　　(일자별 누가 기록)

영역	세 부 항 목	3/5	3/19	4/7	4/21	5/6			
자신감	어려운 문제도 두려워하지 않고 열심히 해결하려고 노력한다.				V				
	자신의 답이 옳다고 생각한다.	V							
	수학 문제해결에 자신감이 있다.			V					
인내심	시간이 오래 걸리는 문제도 끝까지 풀려고 애쓴다.								
	즉시 정답을 구하지 못할 때는 금방 포기해 버린다.								
	모르는 문제는 질문을 하며 알려고 한다.	V				V			
호기심	수학적 개념이나 원리에 대한 이유를 알고자 한다.		V			V			
	수학 문제 풀이를 좋아한다.	V				V			
	수학에 대한 관심이 많고 적극적이다.	V		V					
창의력 및 융통성	다른 사람에 비해 독특한 풀이를 한다.			V	V				
	수학 문제를 풀 때 가능한 한 간결한 방법으로 풀려고 한다.			V		V			
	여러 가지 방법으로 문제를 해결하려고 한다.			V		V			
반 성	자신의 생각과 문제 풀이에 대해 신중하게 검토한다.								
	문제를 풀고 나서 좀더 나은 풀이 방법을 찾으려고 한다.			V					
	문제 풀이 결과를 비슷한 상황에 적용한다.								
비고(관찰시점)		정기	수시	정기	수시	정기			

7) 자기평가

자기평가란 학생 스스로가 자신의 과제 수행에 대하여 평가하는 방법으로 수행과정이나 결과의 도출 과정에서 느끼고 얻게 된 정의적 태도 등에 대하여 정보를 얻을 수 있는 평가 방법이다. 자기평가 방법은 학생 스스로 자신이 알게 된 것과 더 알아야 할 것에 대하여 점검할 수 있는 기회를 줌으로써 학습에 보다 적극적인 참여자가 되도록 하는 효과를 가져 올 수 있다. 즉, 자기평가로 인하여 학습 준비도, 학습 동기, 성실성, 만족도, 다른 학습자들과의 관계, 성취수준 등에 대해 스스로 생각하고 반성할 수 있는 기회를 제공해 준다. 그러나 평가 결과는 결국 학생의 성취수준이나 평가 태도에 영향을 받으므로 평가 결과를 활용하는 데는 한계가 있다. 그럼에도 불구하고 학생의 자기평가는 교사로 하여금 교사가 학습자에 대한 관찰이나 평가가 타당하였는지를 비교·분석해 볼 수 있는 기회를 제공해 주게 된다는 점에서 가치가 있다. 수학에서 자기 평가는 자신의 풀이에 대하여 만족스럽지 못한 경우의 이유를 말하게 하거나 다른 사람들의 풀이 전략을 이해하는데 어려웠던 점이나 쉬운 점, 자신이 학급전체나 소집단에서 수학적으로 기여한 점, 문제의 수준이나 자신에게 있어서 어려운 정도 등 수학 학습과 관련하여 구체적으로 관련지어 체크하거나 기술하도록 하여야 상세한 정보를 얻을 수 있다.

〈표 15〉 자기 오류 분석을 위한 예시

내가 틀렸던 문제
무엇이 바른 답이고 틀린 부분은 어느 부분인가? 바른 풀이는 무엇인가? 앞으로 이런 실수를 하지 않으려면 어떻게 해야 하는지 쓰시오.

〈표 16〉 프로젝트에 대한 자기평가 예시

내가 선택한 프로젝트는 무엇이었는가?
이 프로젝트를 하기 전에 알지 못했던 것은 무엇인가?
이 프로젝트를 한 후에 새롭게 알게 된 것은 무엇인가?
내가 한 프로젝트의 점수를 낮은 점수를 1에서부터 5까지 표시하시오. 1 2 3 4 5

8) 동료평가

자기평가와 유사한 방법으로 동료평가는 상대방의 학습자를 서로 평가하도록 평가하는 것이다. 이 평가 방법은 상대 학습자들을 관찰하게 함으로써 자신을 반성하게 하고 보다 객관적으로 볼 수 있도록 한다. 이 평가는 서로에게 평가를 긍정적으로 받아들일 준비가 되어 있도록 신뢰감이 우선되어야 한다. 이 평가는 특히 학생 수가 많아서 담당 교사 혼자의 힘으로 모든 학생들을 제대로 평가하기 어렵다고 판단될 때, 자기평가 보고서와 동료평가 보고서를 이용하여 학생을 평가할 수 있을 것이다. 다음은 소집단에서의 동료 평가의 예시이다.

〈표 17〉 동료평가의 체크리스트 예시

순번	이름	평가 항목					
		문제해결에 도움이 되는 아이디어를 낸다.	자신의 생각을 논리적으로 설명한다.	수학과 다른 과목, 일상생활과의 관련을 볼 수 있다.	다른 친구의 설명을 존중한다.	다른 친구들이 생각하지 못하는 창의적인 생각을 한다.	전체적인 문제해결 과정에 적극적으로 참여한다.
1							
2							
3							
4							
5							
6							

9) 보고서법

보고서법이란 주어진 과제에 대하여 개별 또는 공동으로 자료를 수집하고 종합 정리하여 보고서를 작성하여 제출한 것을 교사가 평가하는 방법이다. 과제의 주제를 학생의 능력이나 흥미에 적합한 주제를 자신 스스로 선택하거나 교사가 지정해 줄 수도 있다. 이때, 수학적인 내용이나 사고를 동원하여 정리하는 과정에서 학생 자신의 수학 학습에 대하여 숙고할 수 있는 기회를 제공하게 된다. 보고서법을 흔히 프로젝트법이라고도 하며, 학생들은 연구를 수행하고 보고서를 작성하는 과정에서 연구하는 방법, 각종 정보를 수집하는 방법, 다양한 자료를 종합하고 분석하는 방법, 보고서 작성법 등도 익히게 된다. 보고서 발표회나 보고서의 상호 교환을 하도록 함으로써 그 과정에서 수학적인 반성을 하도록 할 수 있다. 교사는 보고서를 통하여 학생이 어떤 수학적 표현과 아이디어를 사용하였는지에 대한 정보를 얻게 된다. 그러나 수학과는 무관한 보고서가 되지 않도록 하거나 학생들의 학습에 도움이 되도록 하기 위해서는 교사의 적절한 지도가 있어야 한다.

10) 일지쓰기

일지쓰기는 저널쓰기라고도 하며 자신의 생각이나 느낌을 기록하는 쓰기의 한 형태로 자신의 학습과정을 반성하면 차후의 학습을 하는데 도움을 줄 수 있는 평가 방법이다. 일지쓰기를 어떻게 활용하느냐에 따라서 학생 혼자서 쓰는 기록으로서만이 아닌 교사와 학생, 학생과학생 간의 수학적인 대화의 장이 되도록 할 수 있다. 다음은 일지쓰기 과제의 예이다(강완 외, 2009).

수학 일지쓰기 과제의 예시

- 오늘 배운 도형 중에서 가장 좋아하는 도형에 대하여 써 보시오.
- 수학에서 내가 좋아하는 것을 써 보시오.
- 수학에서 내가 가장 알고 싶은 것을 쓰고, 그 이유를 써 보시오.
- 오늘 수학 문제를 풀다가 어려웠던 것을 써 보고, 어려운 점을 해결하기 위하여 무엇을 했는지 써 보시오.
- 오늘 수업을 듣게 될 후배들에게 충고하는 편지를 써 보시오.
- 오늘 수학시간에 배운 것 중에 내가 가장 중요하다고 생각하는 것을 쓰고, 그 이유를 써 보시오.
- 친한 친구 ○○가 결석을 했어요. 오늘 수학 시간에 배운 것을 ○○에게 설명하는 편지를 써 보시오.
- 곱셈은 덧셈과 어떤 점이 비슷한지를 그림이나 그래프를 이용하여 설명해 보시오.
- 13+8을 어떻게 계산하는지 수모형으로 설명하시오.
- 사각형의 넓이와 둘레의 길이를 예를 들어서 써 보시오.
- 분수와 소수의 같은 점과 다른 점을 써 보시오.
- 소수의 곱셈을 이해하는 데 가장 중요한 것은 무엇이라고 생각하는지 써 보시오.

한편 반성적 저널쓰기는 학생들로 하여금 성공과 실패의 확인뿐만이 아닌 창의적인 과정을 통해 어떻게 진행해왔는지에 대하여 비판적으로 반성하도록 한다.

프로젝트에 대한 반성적 저널의 예로 다음과 같이 제안할 수 있다.

여러분의 저널 안에 하루에 10분 동안 여러분의 생각을 다음의 각각에 대하여 일기처럼 기록하시오.

1. 나의 프로젝트 과제에 대한 여러 주제들을 어떻게 탐구해 보았나?
2. 나의 탐구 주제에 나는 어떤 발산적 사고의 예들을 사용했는가?
3. 나의 프로젝트 과제에서 그 주제를 어떻게 왜 선택했는가?
4. 나의 활동에서 독특한 특징은 무엇인가?
5. 내가 나의 활동을 수행하기 위해 사용한 재미있는 방법은 무엇인가?
6. 내가 가장 많이 생각한 것은 무엇인가?
7. 나는 내가 마주친 문제들을 어떻게 극복했는가?
8. 프로젝트 과제의 창조적인 부분을 완성했다는 것을 어떻게 알았는가?

11) 포트폴리오

포트폴리오(portfolio)는 학생의 학습과정에서 이루어지는 결과물들을 의도적이고 지속적으로 모은 작품집을 활용하는 평가의 방법이다. 이는 주로 미술 영역 등에서 활용되는 방법으로 수학 평가에 사용되기 시작한 것은 비교적 최근이다. 포트폴리오는 학습 과정에서 학생들의 노력, 진보 과정, 성취도를 보여주는 결과물의 모음집이라 할 수 있다. 수학 포트폴리오는 결과보다는 과정을 총체적으로 평가하는 방법으로 문제 해결, 프로젝트, 기록, 자기 평가, 보고서 등이 포함한다. 그리고 더 나아가 단순한 지필 결과물뿐 아니라 녹음 또는 녹화 테이프나 컴퓨터 디스크를 이용할 수도 있다. 포트폴리오는 장시간에 걸친 학생의 학습 과정을 보여주는 것으로, 무엇을 어떻게 모을 것인가, 어디에 보관할 것인가, 피드백 시기는 언제로 할 것인가, 결과물을 어떻게 활용할 것이가를 학생들과 공유할 필요가 있다. 이 평가 방법은 교사뿐 아니라 학생 자신에게 학습에 대한 정리나 반성의 기회를 제공해 준다. 더 나아가 작품에 대하여 다른 학생, 학부모 등과의 의사소통의 수단이 될 수 있다.

포트폴리오에 포함할 항목들이 정해지면 학생들은 항목별로 자신의 포트폴리오에 넣을 것들을 선택하도록 할 수 있는데 이는 학생들을 자신의 평가 과정에 적극적으로 참여시키는 방법이 될 수 있다. 다음은 어느 교사가 학생들에게 제출하도록 요구한 포트폴리오 항목들이다.

어느 교사가 정한 포트폴리오 항목 예시(Reys, et al., 2004)

이번에 포트폴리오를 채점할 때 꼭 있어야 할 것들

1. 숙제한 것 3가지
2. 수업 후에 배운 것에 대해 기록한 것 3가지
3. 쪽지 시험 본 것 2가지
4. 수업 시간에 공책에 기록한 것 2가지
5. 프로젝트 1가지
6. 그룹 활동의 예 1가지

위의 것들 이외에도 포트폴리오에 포함할 수 있다. 이번에 포함한 것들 가운데 5가지는 다음 번 포트폴리오 채점 때에 다시 제출할 수 있다.

수학과 포트폴리오의 유형으로는 쓰기 활동으로 수학 일기 쓰기, 수학 자서전, 교사에게 수학 편지쓰기, 자신의 수학학습 반성하기, 도표, 그래프, 다이어그램 등 다양한 도구를 사용하여 수학 문제해결을 하거나 기존의 문제를 다른 시각으로 보도록 하는 것, 며칠이나 몇 주에 걸쳐서 장기간 개인 또는 소그룹이 진행하도록 하는 프로젝트 결과물 내기 등이 있을 수 있다. 포트폴리오는 결과뿐만 아니라 과정을 효과적으로 평가할 수 있으며, 학생 스스로 반성하면서 과제를 만들어 가도록 하고, 작품을 통하여 학부모와의 면담을 통하여 학부모는 자녀들의 수학학습 활동을 이해하도록 하는데 실질적인 자료로 활용할 수 있다.

다음은 포트폴리오 평가 과제의 한 예이다(남승인 외, 2009).

포트폴리오 과제의 예

여러분의 생활주변에서 수학과 관련된 내용을 조사하여 수학이 우리 생활에서 어떻게 쓰이고 있는가를 살펴보고, 부족한 부분을 보충할 수 있게 하기 위해서 다음과 같은 자료집을 만들기로 합시다.

1. 5학년 2학기 수학 내용과 관련 있는 수학 자료를 수집하여 정리하는 순서는 다음과 같습니다.
   ① 다음 2가지 중 수집할 자료의 수학 내용(문제)을 정한다.
      * 내가 가장 자신 없는 수학 내용(문제)
      * 내가 가장 흥미를 느끼는 수학 내용(문제)

   ② 수집한 자료를 계속 모아서 정리할 수 있는 자료집(예, 스케치북)을 만든다.

③ 자료집의 제목을 정한다.

④ 수학 자료는 신문, 잡지 등 교과서가 아닌 모든 자료에서 내용이나 문제를 찾거나 사진 또는 그림을 찾는다.

⑤ 수집한 자료는 자료집에 정리한 후, 다음과 같은 방법으로 정리합니다. 교과서와 관련된 단원 이름 → 수집 날짜 → 수집 방법 → 담겨진 수학 내용(문제) 요약 → 풀이 → 알게 된 사실 → 선생님께 질문할 내용 → 선생님 말씀

⑥ 기간 : 9월 둘째 주 ~ 11월 넷째 주

⑦ 자료집의 점검: 2주마다 선생님과 면담할 것이며, 친구들에게 발표할 것이므로 미리 준비해야 합니다.

2. 평가기준은 다음과 같습니다.

① 적극적으로 자료를 수집하고 정리하였는가?

② 자신이 정한 수학 내용에 해당하는 자료를 수집하였는가?

③ 수집한 자료를 알아보기 쉽고, 체계적으로 정리하였는가?

④ 문제를 해결할 때 2가지 이상의 방법을 사용하였으며, 수집한 자료 사이에 어떤 관련이 있는지도 알아보았는가?

⑤ 발견한 수학적 사실, 풀이과정, 이유 등을 설명할 때 표, 그림, 그래프, 수학 기호 등을 적절히 사용하여 분명하게 나타내었는가?

⑥ 발표 시간에 친구들에게 설명을 잘 하였는가?

⑦ 선생님의 도움말이나 친구들의 자료집과 비교하여 개선할 점을 알고 있는가?

포트폴리오의 채점 방법으로 Lustig(1996)은 다음 표와 같은 포트폴리오 채점 방법을 제시하였다.

〈표 18〉 Lustig(1996)의 포트폴리오 채점표

점수	특징
매우 잘함	• 정해진 시간 안에 포트폴리오 안에 있어야 할 모든 과제물을 완수하여 포함시켰다. • 기재 사항 목록을 완벽하고 정확하게 채웠다. • 동료끼리 검토하고 공유하는 데 능동적이고 협력적으로 참여했다. • 포트폴리오 활동을 위해 정해진 수업 시간을 이용했다. • 개인적인 목적을 설정하고 그것을 향하여 학습활동을 한 증거자료를 보였다. • 개인적인 반성을 하는 시간을 가졌다. • 깔끔하고 잘 조직된 포트폴리오를 만들었다. • 포트폴리오 협의에 적극적으로 참여했다.
잘함	• 포트폴리오에 있어야 하는 모든 과제물을 완수하여 포함시켰다. • 기재 사항 목록을 완벽하고 정확하게 채웠다. • 동료끼리 검토하고 공유하는 데 능동적으로 참여했다. • 포트폴리오 활동을 위해 정해진 수업 시간을 이용했다. • 개인적인 목적을 설정하고 그것을 향하여 학습활동을 한 증거자료를 보였다. • 개인적인 반성을 하는 시간을 가졌다. • 잘 조직된 포트폴리오를 만들었다. • 포트폴리오 협의에 적극적으로 참여했다.
보통	• 포트폴리오에 있어야 하는 대부분의 과제물을 완수하여 포함시켰다. • 기재 사항 목록을 완벽하게 채웠다. • 동료끼리 검토하고 공유하는 데 참여했다. • 포트폴리오 활동을 위해 정해진 수업 시간을 대체로 이용했다. • 개인적인 목적을 설정하고 그것을 향하여 학습활동을 시도한 증거자료를 보였다. • 개인적인 반성을 했다. • 잘 조직된 포트폴리오를 만들었다. • 포트폴리오 협의에 참여했다.
노력을 요함	• 포트폴리오에 있어야 하는 과제물 일부를 완수하여 포함시켰다. • 때때로 기재 사항 목록을 채웠다. • 동료끼리 검토하고 공유하는 데 때때로 참여했다. • 포트폴리오 활동을 위해 정해진 수업 시간을 일부만 이용했다. • 개인적인 목적 일부를 설정했다는 증거자료를 보였다. • 약간의 개인적인 반성을 했다. • 적당히 조직된 포트폴리오를 만들었다. • 포트폴리오 협의에 참여했다.
매우 노력을 요함	• 포트폴리오에 있어야 하는 과제물 중 소수만을 완수하여 포함시켰다. • 기재 사항 목록을 거의 채우지 못했다.

4. 평가결과 해석의 기준에 따른 유형

평가결과를 해석하는 기준에 따른 유형으로는 규준지향평가(Norm referenced test), 준거지향평가(Criterion referenced test), 능력기준평가(Ability referenced test)와 성장지향평가(Progress referenced test)등으로 나눌 수 있다.

1) 규준지향평가

규준지향평가란 개인이 얻은 점수나 측정치를 비교집단의 규준에 비추어 상대적인 서열에 의하여 판단하는 평가를 말한다. 규준지향평가는 상대비교평가 또는 상대평가라 부르기도 한다. 규준지향평가에서는 학생들이 준거나 목표에 도달했는지의 여부보다는 서열이나 상대적 위치를 부여하여 분류하는 일에 중점을 두므로 학생들이 무엇을 얼마만큼 알고 있는가에 관심이 있는 것이 아니라 학생의 상대적 서열에 관심을 두게 된다(성태제, 2010).

이 평가 체제에서는 평가의 기준을 집단의 평균으로 두기 때문에 개인의 점수는 어디까지나 그 개인이 속한 집단의 평균과 표준편차에 의해 결정되고 해석된다.

2) 준거지향평가

규준지향평가가 학생들의 상대적 서열에 관심을 둔 평가라면 준거지향평가는 준거에 비추어 학생들이 무엇을 얼마만큼 알고 있느냐에 관심을 두는 평가이다. 준거지향평가는 절대지향평가로도 불린다. 준거지향평가에서 가장 중요한 요소는 영역과 준거인데 영역은 교육내용으로서 측정내용이 되고, 준거는 교육목표를 설정할 때 도달하여야 하는 최저기준이라고 할 수 있다(성태제, 2010).

준거지향평가는 평가의 준거를 교육을 통해 달성하려고 하는 수업 목표에 두는 것으로 교수·학습 방법의 개선 방향을 결정해주는 평가 체제라고도 할 수 있다(박도순 외, 2010).

3) 능력지향평가

개인 간의 비교, 개인의 성취와 어떤 준거와의 비교보다는 개인을 위주로 하는 평가로서 능력지향평가와 성장지향평가가 있다. 능력지향평가는 학생이 지니고 있는 능력에 비추어 얼마나 최선을 다하였느냐에 관심을 두는 개인을 위주로 하는 평가 방법으로 각 학생의 능력과 노력에 의하여 평가가 되는 특징을 지니고 있다(성태제, 2010). 예를 들면, 비록 열심히 최선의 노력을 다했으나 낮은 평가를 받은 학생의 경우 능력에 비하여 많은 노력을 발휘한 점을 고려하여 보다 높은 평가를 하고 반대로 능력이 탁월함에도 노력을 하지 않았다면 낮은 평가를 한다. 전자의 경우 그러한 평가 결과는 학생들의 학습 동기를 유발하게 하여 교육목표에 도달하도록 만들 수 있고, 후자의 경우는 경각심을 주어 최대한의 노력을 하게 만들 수 있다.

4) 성장지향평가

성장지향평가는 교육과정을 통하여 얼마나 성장하였느냐에 관심을 두는 평가로 최종 성취수준에 대한 관심보다는 초기 능력수준에 비추어 얼마만큼 능력의 향상을 보였느냐에 초점을 둔다. 그러므로 성장지향평가는 학생들에게 학업 증진의 기회 부여와 개인화를 강조하는 특징을 지니고 있다(성태제, 2010).

아래의 〈표 19〉에서는 규준지향평가, 준거지향평가, 능력지향평가, 성장지향평가의 특징을 비교하였다.

〈표 19〉 규준, 준거, 능력, 성장지향평가의 비교(성태제, 2010)

구분	규준지향평가	준거지향평가	능력지향평가	성장지향평가
강조점	• 상대적인 서열	• 특정 영역의 성취	• 최대 능력 발휘	• 능력의 변화
교육 신념	• 개인차 인정	• 완전학습	• 개별학습	• 개별학습
비교대상	• 개인과 개인	• 준거와 수행	• 수행정도와 소유 능력	• 성장, 변화의 정도
개인차	• 극대화	• 극대화하지 않으려고 함	• 고려하지 않음	• 고려하지 않음
이용도	• 분류, 선별, • 배치 행정적 기능 강조	• 자격 부여 • 교수적 기능 강조	• 최대 능력 발휘 • 교수적 기능 강조	• 학습 향상 • 교수적 기능 강조

정리하면서

01 다음 표는 수학과 평가에서 관심을 감소시켜야 하는 영역과 그에 대한 대안적 영역을 짝지은 것이다. ①, ②, ③, ④, ⑤에 들어갈 내용을 제시하고 왜 그렇게 생각하는지 이유를 설명하여라.

약화되는 측면		강조되는 측면
학생들이 무엇을 모르느냐를 평가함	→	①
평가를 하는 것은 단지 등급을 정할 목적으로 옳은 답의 개수를 세는 것임	→	②
한 두 가지의 기능만을 요구하는 연습문제나 문장제를 사용함	→	③
지필 검사만 이용함	→	④
평가 과정에서 계산기, 컴퓨터, 조작물을 배제함	→	⑤

02 오늘 수업의 학습 목표는 '이차함수의 최댓값과 최솟값을 구할 수 있다'였다. 김교사는 학생들이 학습 목표에 도달했는지 확인하기 위해서 다음과 같은 형성평가 문항을 제시하였다.

> **형성평가**
> 문항1. 정의역이 $X=\{x|0 \le x \le 5\}$일 때, $y=x^2+3$의 최댓값과 최솟값을 구하여라.

위의 문제가 학생들의 학습 목표의 달성을 판별할 수 있는 적절한 문항인지를 판별하고 그 이유를 평가의 원리와 관련지어 설명하시오.

03 아래의 표는 수학과 평가의 일반적인 절차를 6단계로 나눈 것이다. 각 단계의 특징에 대해서 설명하여라.

단계 1. 평가 목적 설정
↓
단계 2. 평가 영역 및 목표
↓
단계 3. 평가틀 제작
↓
단계 4. 평가도구 개발
↓
단계 5. 평가 실시
↓
단계 6. 채점 및 결과 보고

04 학교 현장에서 평가를 하고자 할 때, 가장 먼저 고려해야 할 것은 어떤 목적으로 평가를 할 것인가를 결정하는 일이다. 평가의 목적이나 시기에 따라서 평가는 진단평가, 형성평가, 총합평가로 구분할 수 있는데 각 평가의 목적과 시기에 대해서 설명하여라.

05 다음은 '평균'에 대한 이해 및 문제해결 능력을 평가하기 위한 문항과 그 문항에 대한 학생의 답안이다. 학생의 답안을 분석적 방법과 총채적 방법으로 채점하고자 할 때 각 채점 방법에 대한 채점기준표를 작성한 후 그 기준에 따라 학생의 답안을 채점하시오.

문항

어떤 네 수의 평균이 17이다. 그 네 수 가운데 세 수는 15, 18, 16이다. 나머지 한 수는 얼마인가? 풀이 과정을 모두 제시하고 구한 값이 답이 되는 이유를 설명하시오.

학생의 답안

〈답 안〉

먼저 알고 있는 세 수를 다 더한 뒤
네 번째 수를 찾기 위해
여러가지 수를 더해서 평균을 구해봤다.

15
16
18
―
49

49 + 17 = 56

4) 56 → 14 (4, 16, 16, 0)

49 + 20 = 69

4) 69 → 17 (4, 29, 28, 1)

답은 20이다.

(2009년 임용 모의평가 14번 문항의 일부)

06 1997년 12월 실시된 1998학년도 대비 [문제 3]

일반적으로 문제 풀이의 과정을 중시하여 채점하는 방법으로 '총체적 점수화 방법'과 '분석적 점수화 방법'을 들 수 있으며, 여기서 분석적 점수화 방법이란 풀이 과정을 몇 단계의 요소로 나누어 채점 요소를 세우고 각 요소에 점수를 할당하여(배점) 이것을 척도로 이용하는 방법을 말한다.

다음의 서술형 주관식 문항을 분석적 점수화 방법으로 채점하기 위한 모범답안(2점)과 이 답안을 10점 만점으로 하는 채점 기준 (즉, 채점 요소와 배점)을 제시하시오(4점). [총 6점]

[문제] A중학교의 작년의 학생 수는 1050명이고, 금년은 작년보다 남학생은 4% 증가하고, 여 학생은 2% 감소하여 전체적으로 9명이 증가했다. 금년의 남녀 학생 수를 각각 구하여라.

예시 답안

1) 모범답안 :

작년의 남학생 수를 x, 여학생 수를 y라 하면

$x+y=1050 \quad \frac{4x}{100}-\frac{2y}{100}=9 \quad \therefore x=500,\ y=550$

따라서, 금년의 남학생의 수: $500+\frac{4}{100}\times 500=520$(명)

금년의 여학생의 수 : $550-\frac{2}{100}\times 550=539$(명)

2) 채점 기준 - 10점 만점

채점 영역	채점 요소	배점
문제 이해	작년의 남학생 수를 x로 정하기 … ① 작년의 여학생 수를 y로 정하기 … ②	① 1점 ② 1점
계획 실행	$x+y=1050$ … ③ $\frac{4x}{100}-\frac{2y}{100}=9$ … ④	③ 1점 ④ 3점
답 구하기	금년의 남학생의 수: $500+\frac{4}{100}\times 500=520$(명) … ⑤ 금년의 여학생의 수 : $550-\frac{2}{100}\times 550=539$(명) … ⑥	⑤ 2점 ⑥ 2점
총 점		총 10점

문제 해설

주관식 서술형 문항의 채점법은 크게 '총체적 채점법'과 '분석적 채점법'으로 구분된다. '총체적 (전체적, holistic) 채점법'은 학생의 풀이를 전체적으로 보았을 때의 종합적인 인상을 바탕으로 채점하거나 문제를 해결하는 데 필요한 특정 사고 과정에 관한 기준에 따라 문제풀이 전체에 점수를 부여하는 방법을 의미한다. 이 채점법은 학생이 문제를 해결한 것에 대하여 하나의 수치를 만들어 내는 것으로 대규모의 평가에서처럼 비교적 빠르면서도 일관된 채점방법이 요구될 때 이용된다. '분석적 채점법'은 각 학생들의 활동에서 서로 다른 특징과 측면에 대해서 따로 채점하는 방법으로 문제 풀이 과

문제 해설	정을 몇 단계의 영역으로 나누고 각 단계(영역)에 점수를 할당하여 이것을 기준으로 채점하는 방법이다. 이 채점법은 전체적 채점법보다 더 많은 시간이 소요되지만 학생의 문제풀이에 대하여 더 자세한 정보를 제공하므로 진단평가나 학생들의 강점과 약점에 대한 구체적인 피드백이 필요할 때 이용된다.

참고문헌

강완, 김상미, 박만구, 백석윤, 오영열 (2009). 초등수학교육론. 서울: 경문사.

교육과학기술부 (2008). 중학교 교육과정 해설(III): 수학, 과학, 기술, 가정. 광주: 한솔사.

남승인, 류성림, 권성룡, 김남균, 신준식, 박성선, 박만구, 최근배, 권점례 (2009). 초등수학교육론. 서울: 경문사.

문음사 (2008). 수학교육학신론. 서울: 문음사.

박도순, 원효헌, 이원석 (2011). 교육평가. 서울: 문음사.

성태제 (2010). 현대교육평가(3판). 서울: 학지사.

신현성 (2004). 새 이론에 근거한 수학교육론. 서울: 경문사.

한국교육과정평가원 (2004). 수학교사의 학생평가 전문성 기준 및 모형 개발. 한국수학교육학회와 공동연구보고서, JRC 2004-12.

황정규 (1998). 학교학습과 교육평가. 서울: 교육과학사.

Charles, R., O´daffer, P., & Lester, F. (1987). *How to Evaluate Progress in Problem Solving.* 강완, 신혜진, 김진호 공저 (1997). 문제해결과정의 평가기법. 서울: 동명사.

Guilford, J. P. (1954). Psychometric methods, 2nd ed., New York: McGraw-Hill Book Co.

Hashimoto, Y. (1997). An example of lesson development. In J. P. Becker, & S. Shimada (Eds.) *The Open-Ended Approach: A New Proposal for Teaching Mathematics.* Reston, VA: National Council of Teachers of Mathematics.

Johnson, A. P. (1951). Notes on suggested index of item validity : The U-L index. *Journal of Educational Psychology*, 62, 499-504.

Kolmogorov. (1980). Mathematika-nauka and professiya. Moscow : Fiz-mat lit.

Lustig, K. (1996). *Portfolio Assessment: A Handbook for Middle Level Teachers.* Columbus: National Middle School Association.

National Council of Teachers of Mathematics. (1989). *Curriculum and Evaluation Standards for School Mathematics*. Reston, VA.: Author.

________________ (1995). *Assessment Standards for School Mathematics*. Reston, VA: Author.

________________ (2000). *Principles and Standards for School Mathematics*. Reston, VA: Author.

Reys, R., Lindquist, M., Lambdin, D., Smith, N., & Suyduam, M. (2004). *Helping Children Learn Mathematics.* Hoboken, NJ: John Wiley & Sons.

02

우리나라 수학교육에서 평가의 오늘과 내일

2.1 우리나라 교육과정에서 평가

평가[1]란 특정평가대상에 대해 교육적 결정을 내리기 위하여 정보를 수집하고 사용하는 과정으로, '학습을 진단하는 기능', '학습 진도 상황을 점검하는 기능', '학습을 촉진하는 기능', '학습 성취도를 결정하는 기능', '생활지도에 필요한 자료를 제공하는 기능' '학습 지도 개선에 필요한 자료를 제공하는 기능' 그리고 '시행하는 프로그램을 점검하는 기능'을 수행하는 것이다. 이와 같이 수학 교수 · 학습과 밀접한 관계가 있는 평가에 대한 이해를 돕기 위하여 본 장에서는 먼저 교육과정의 변화에 따라 평가의 변화를 살펴보는 것으로 시작하고자 한다.

일반적으로 평가는 교육과정이나 교수 · 학습에 대하여 후속적으로 행해지는 과정으로 보고 있지만, 전국단위의 학력평가, 입학시험이나 수능시험과 같이 고부담 평가인 경우에 교육과정에 영향을 주기도 한다([그림 1] 참고). 즉, 평가의 내용이나 유형이 어떠냐에 따라서 교육과정이나 학교에서의 교수학습을 왜곡시키기도 한다. 따라서 평가는 교육과정이나 교수·학습을 정상적으로 운영할 수 있는 방향으로 시행할 필요가 있다.

그림 1 고부담 평가의 교육과정에 대한 영향력(Popham, 1995, p.11)

---

1) **검사, 측정, 평가의 개념**

- 검사: 말하기나 쓰기로 (해)답을 요구하는 질문이나 문제지. '검사한다'라는 뜻의 검사(testing)는 검사지를 사용한다는 것.
- 측정: 여러 측정 도구를 사용하여 심리 특성의 반응 정도를 수량화하는 과정.
- 평가: 측정된 자료에 바탕을 두고 가치판단을 하는 과정.
  더욱 넓게는 평가도구나 기타 방법으로 정보를 수집하고 결과를 해석하는 전체 과정을 가리킨다.

1. 2015 개정에 따른 수학과 교육과정에서의 평가[2)]

2015 개정 교육과정의 특징은 핵심역량 신장이며, 핵심역량이란 '사회 공동체 구성원으로서의 역할을 성공적으로 수행하기 위해 학습자에게 요구되는 지식, 기능, 태도의 총체를 말하는 것으로 초 중등교육을 통해 모든 학습자가 길러야 할 기본적이고 필수적이며 보편적인 능력'(이광우, 2014, p. 32)이라고 설명하였다. 총론의 핵심역량은 자기관리역량, 정보처리역량, 창의적사고역량, 심미적감성역량, 의사소통역량, 공동체역량이며, 수학교과의 핵심역량은 문제해결역량, 추론역량, 창의·융합역량, 의사소통역량, 정보처리역량, 태도 및 실천역량이다.

〈표 1〉 2015 개정 교육과정 수학교과 핵심역량[3)]

핵심역량	의미	하위 요소
문제해결능력	해결 방법을 알고 있지 않은 문제 상황에서 수학의 지식과 기능을 활용하여 해결 전략을 탐색하고 최적의 해결 방안을 선택하여 주어진 문제를 해결하는 능력	문제 이해 전략 및 탐색, 계획 실행 및 반성, 협력적 문제 해결, 수학적 모델링, 문제 만들기
추론	수학적 사실을 추측하고 논리적으로 분석하고 정당화하며 그 과정을 반성하는 능력	관찰과 추측, 논리적 절차 수행, 수학적 사실 분석, 정당화, 추론 과정의 반성
창의·융합	수학의 지식과 기능을 토대로 새롭고 의미 있는 아이디어를 다양하고 풍부하게 산출하고 정교화 하며, 여러 수학적 지식, 기능, 경험을 연결하거나 수학과 타 교과나 실생활의 지식, 기능, 경험을 연결·융합하여 새로운 지식, 기능, 경험을 생성하고 문제를 해결하는 능력	독창성, 유창성, 융통성, 정교성, 수학 내적 연결, 수학 외적 연결 및 융합
의사소통	수학 지식이나 아이디어, 수학적 활동의 결과, 문제 해결 과정, 신념과 태도 등을 말이나 글, 그림, 기호로 표현하고 다른 사람의 아이디어를 이해하는 능력	수학적 표현의 이해, 수학적 표현의 개발 및 변환, 자신의 생각 표현, 타인의 생각 이해

2) 첫 번째 문구는 경기도교육청의 '2015 개정 교육과정에 따른 고등학교 수학과 교육과정의 이해' 에서의 내용을 정리하였음.

3) 박선화(2016). 2015 개정 수학과 교육과정의 수학 교과 역량의 의미. KSME 포럼 자료에 근거하여 재구성하였음.

〈표 1(계속)〉 2015 개정 교육과정 수학교과 핵심역량

핵심역량	의미	하위 요소
정보처리	다양한 자료와 정보를 수집 정리 분석 활용하고 적절한 공학적 도구나 교구를 선택 이용하여 자료와 정보를 효과적으로 처리하는 능력	자료와 정보 수집, 자료와 정보 정리 및 분석, 정보 해석 및 활용, 공학적 도구 및 교구 활용
태도 및 실천	수학의 가치를 인식하고 자주적 수학 학습 태도와 민주 시민의식을 갖추어 실천하는 능력	가치인식, 자주적 학습 태도, 시민의식

2015 수학과 교육과정 개정의 방향은 수학 교과 역량의 구현, 공학적 도구의 활용강조, 학습 부담경감 추구, 실생활 주임의 통계 내용 재구성, 학습자의 정의적 측면 강조의 5가지이다.

1) 평가방향[4)]

(1) 평가원칙

가. 수학과의 평가는 학생의 인지적 영역과 정의적 영역에 대한 유용한 정보를 수집·활용하여 학생의 수학 학습과 전인적 성장을 돕고 교사의 수업 방법을 개선하는 것을 목적으로 한다.

나. 수학과의 평가는 교육과정에 제시된 내용의 수준과 범위를 준수하고, 교육과정에 제시된 목표, 내용, 교수·학습과 일관성을 가져야 한다.

다. 수학과의 평가에서는 수학의 개념, 원리, 법칙, 기능뿐만 아니라 문제 해결, 추론, 창의·융합, 의사소통, 정보 처리, 태도 및 실천과 같은 수학 교과 역량을 균형 있게 평가한다.

라. 수학과의 평가는 학습자의 수준을 고려하고 평가 목적과 내용에 따라 다양한 평가 방법을 활용한다.

마. 평가 결과는 학생, 학부모, 교사 등에게 환류하여 학생의 수학 학습 개선을 도울 수 있게 한다.

4) 본 절은 2015 초중등학교 교육과정 총론 및 교과 교육과정 고시(교육부, 2015)에 근거하여 재구성하였음.

(2) 평가 방법

가. 수학과의 평가는 학습 결과 평가뿐만 아니라 과정 중심 평가도 실시하여 종합적인 수학 학습 평가가 될 수 있게 한다.

나. 수업의 전개 국면에 따라 진단평가, 형성평가, 총괄평가를 적절히 실시하되, 지속적인 평가를 통해 다양한 정보를 수집하고 수업에 활용한다.

다. 학생의 수학 학습 과정과 결과는 지필 평가, 프로젝트 평가, 포트폴리오 평가, 관찰 평가, 면담 평가, 구술 평가, 자기 평가, 동료 평가 등의 다양한 평가 방법을 사용하여 양적 또는 질적으로 평가한다.

① 지필 평가는 수학의 개념, 원리, 법칙을 이해하고 적용하는 능력과 문제 해결, 추론, 창의·융합, 의사소통 능력 등을 평가하는 데 활용할 수 있고, 선택형, 단답형, 서·논술형 등의 다양한 문항 형태를 활용한다.

② 프로젝트 평가는 수학 학습을 토대로 특정한 주제나 과제에 대해서 자료를 수집하고 분석, 종합, 해결하는 과정과 결과를 평가하는 방법으로, 문제 해결, 창의·융합, 정보 처리 능력 등을 평가할 때 활용할 수 있다.

③ 포트폴리오 평가는 일정 기간 동안 수학 학습 수행과 그 결과물을 평가하는 방법으로, 학생의 학습 내용 이해와 수학 교과 역량을 종합적으로 판단하고 학생의 성장에 대한 정보를 얻는 데 활용할 수 있다.

④ 관찰 평가, 면담 평가, 구술 평가는 학생 개인 및 소집단을 관찰, 학생과의 대화, 학생의 발표를 통해 학생의 이해 정도와 사고 방법, 수행 과정 등을 평가하는 방법으로, 의사소통, 태도 및 실천 능력 등을 평가할 때 활용할 수 있다.

⑤ 자기 평가는 학생 스스로 자신의 이해와 수행을 평가하는 방법으로, 문제 해결과 추론 과정의 반성, 자신의 생각 표현, 태도 및 실천 능력 등을 평가할 때 활용할 수 있다.

⑥ 동료 평가는 동료 학생들이 상대방을 서로 평가하는 방법으로, 협력 학습 상황에서 학생 개개인의 역할 수행 정도나 집단 활동에 기여한 정도를 평가할 때 활용할 수 있다.

라. 평가 내용이나 방법에 따라 학생에게 계산기, 컴퓨터, 교육용 소프트웨어 등의 공학적 도구와 다양한 교구를 이용할 수 있게 한다.

2. 2009 개정에 따른 수학과 교육과정에서의 평가[5)]

평가는 학생이 특정한 수학 내용을 학습한 후에 치르는 시험 이상의 것이어야 한다. 평가는 교수·학습 개선을 위한 피드백을 제공해야 하며, 또한 의미 있는 수학 학습을 뒷받침할 수 있어야 한다. 평가는 교사가 교수학적 결정을 내릴 때 정보를 주고 안내하는 교수 활동의 필수적인 부분이어야 한다. 또한 평가는 단순히 학생들에 대해 실시되는 것이어서는 안 되며 오히려 학생들을 위해 실시됨으로써 학생들의 학습을 안내하고 향상시킬 수 있어야 한다.

1) 평가의 목적

가. 수학 학습의 평가는 학생의 인지적 영역과 정의적 영역에 대한 유용한 정보를 제공하여 학생 개개인의 수학 학습과 전인적인 성장을 돕고 교사의 교수 활동과 수업 방법을 개선하는 데 활용되어야 한다.

평가의 목적은 교사와 학생 모두에게 유용한 정보를 제공함으로써 교수·학습 개선에 기여하는 데 있다. 평가를 통해 나타난 학생의 성취 정도는 학생이 이미 학습한 수학 내용을 어느 정도 이해하고 있는가를 확인하는 데 도움을 준다. 평가를 통해 학생이 이미 학습한 수학 내용 중에서 강점을 갖는 부분이 어디이며 취약한 부분이 어디인가를 확인할 수 있다. 학생은 평가 결과를 토대로 자신에게 취약한 부분으로 나타난 수학 내용의 학습에 더욱 집중할 필요성을 느끼게 된다. 또한 학생 자신이 강점을 갖는 수학 내용을 기초로 하여 더욱 고차원적인 수학 내용의 학습으로 진행해 갈 수도 있다.

교사는 평가 결과를 토대로 자신의 교수 방식을 개선할 수 있어야 한다. 평가의 중요한 목적 중의 하나는, 교사 자신의 교수 방식을 개선하기 위해 학생들의 학습 결과를 점검하는 것이다. 예를 들어, 교사는 평가 결과에서 나타난 학생들의 오개념을 자신의 교수 방식을 성찰하는 단서로 활용할 수 있다. 교사는 학생들의 오개념 분석을 통해, 교사의 어떤 교수 방식이 학생들의 오개념을 초래하는지 그렇지 않는지를 확인할 수 있다. 학생들이 왜 그와 같은 오개념을 나타내는지를 교사 자신의 교수 방식과 관련지어 분석함으로써 교수 방식을 개선할 수 있다.

---

5) 본 절은 2007 개정 교육과정 해설서에 근거하여 재구성하였음.

또한, 교사는 평가를 통해, 학생들이 학습의 결과로 실제로 가지고 있는 지식과 교사가 교수의 결과로 학생들이 가지고 있을 것으로 예상하는 지식 사이에 어느 정도의 거리가 존재하는지를 확인할 수 있다. 교사가 가르치면서 의도한 지식과 학생들이 실제로 학습한 지식 사이에 많은 차이점이 존재한다는 사실은 이미 여러 연구에서 확인되었다(Brousseau, 1997). 교사는 자신이 예상하는 지식과 학생들이 실제로 가지고 있는 지식 사이의 차이점이 어디에서 연유하는지를 분석할 필요가 있다. 이와 같은 분석을 통해 평가 결과를 교사 자신의 교수 과정에 반영하는 것은 매우 중요한 일이라고 할 수 있다.

나. 수학 학습의 평가에서는 학생의 인지 발달 수준을 고려하고, 교육과정에 제시된 내용의 수준과 범위를 준수한다.

아무리 훌륭한 평가 방식이라고 하더라도 학생의 인지 발달 수준과 교육과정의 수준을 고려하지 않는다면 그 타당성은 현저하게 떨어지게 마련이다. 학생의 인지 발달 수준을 고려한 평가를 시행하기 위해서는 이미 학생들의 인지 발달 수준을 고려하여 제시한 교육과정의 내용의 수준과 범위를 준수하는 것이 중요하다.

교육과정에 제시된 내용의 수준과 범위를 준수하지 않고, 상급 학년에서 학습할 내용을 활용하여 소위 선행의 '어려운' 문항을 학생들에게 제시하는 것은 바람직하지 않다. 학습한 수학 내용에 대한 학생의 심층적인 이해도를 확인하고자 한다면, 해당 학년에서 학습한 내용을 그 자체의 수준과 범위에서 더 깊게 다루는 문항을 활용해야 한다.

2) 평가의 방법

다. 수업의 전개 국면에 따라 진단평가, 형성평가, 총합평가 등을 적절히 실시하되, 지속적인 평가를 통하여 다양한 정보를 수집하고 수업에 활용한다.

진단평가는 학생의 선수 학습 내용을 확인하는 데에, 형성평가는 교수 · 학습을 안내하는 데에, 그리고 총합평가는 학생의 발전 상태를 확인하는 데에 그 목적이 있다. 진단평가는 수업의 시작 단계에서, 형성평가는 수업을 진행하고 있는 과정에서, 그리고 총합평가는 수업을 마무리한 상황에서 실시하는 것이 보통이다.

진단평가에서는 '해당 차시 수업을 위해 학생들이 선행적으로 필요한 기능과 지식을 가지고 있는가?', '학생들은 지도되어야 할 내용에 대해 어느 정도 알고 있는가?' 등을 평가한다. 진단평가는 학생이 이미 알고 있는 것을 확인하여, 교사가 학습을 위한 가장 효율적인 시작점에 학생을 배치할 수 있도록 도움을 준다.

형성평가에서는 '학생은 해당 수업에서 성취해야 할 목표를 향해 적절하게 진행하고 있는가?'를 주로 평가한다. 형성평가는 교사가 학생들의 진행 정도나 향상 상태를 확인하고 수업을 올바른 방향으로 진행하는 데에 도움을 준다.

총합평가는 한 시간의 수업이나 한 단원의 교수 활동에서 목표로 한 바를 학생들이 도달했는가를 결정하기 위해 수행된다. 교사는 총합평가를 통해 '학생들은 해당 수업을 통해 성취했어야 할 목표에 도달했는가?', '학생들이 수업에서 지도한 수학 내용을 알고 이해했는가?', '학생들이 수업에서 학습한 내용을 적용할 수 있는가?', '학생들이 다음에 다룰 수학 내용을 학습하기에 충분히 높은 수준에 도달했는가?' 등을 확인할 수 있다.

라. 수학 학습의 평가에서는 선택형 평가 외에도 서술형 평가, 관찰, 면담, 자기 평가, 프로젝트, 포트폴리오 등의 다양한 평가 방법을 활용하여 수학 학습을 종합적으로 평가한다.

지필평가는 학교 현장에서 가장 많이 활용되는 방법으로서, 교사가 종이에 평가 문항을 제시하고 학생들이 제시된 문항을 해결하는 방법이다. 지필평가 방법이 현재까지 학교 현장에서 가장 많이 활용되어 왔다는 이유로 지필평가 방법을 시대에 뒤떨어지거나 다소 미흡한 평가 방법으로 취급하는 것은 바람직하지 않다. 중요한 것은 지필평가 방법 그 자체가 아니라 지필평가에서 구현하고 있는 문항의 성격이라고 할 수 있다. 학생들의 수학적 사고 과정과 결과를 확인할 수 있는 질 높은 문항들이 지필평가에 담겨 있다면, 지필평가를 통해서도 충분히 의미 있는 평가를 수행할 수 있다.

서술형 평가는 결과만을 평가하는 것이 아니라 과정을 평가할 수 있다. 서술형 평가는 지필검사로 학생들의 사고력, 또는 문제 해결력 향상을 위한 학습 및 평가 활동을 위해서 풀이 과정에 중점을 두어 문제를 푸는 활동이 필요하고, 이러한 풀이 과정의 평가는 서술형 검사 양식에 의해 보다 적절히 이루어 질 수 있다. 또한 객관식 문항 위주의 지필 검사는 학생들의 비판적, 창의적 사고의 함양을 억제하고 잘못 된 학습 방법을 고찰시킬 가능성이 높은 반면, 서술형 문항의 지필검사는 주어진 문제를 수집하고 분석하며, 비판하고 종합하며, 해결 방안을 구안, 실험, 검증,

보고하는 등의 고등 정신 기능들을 평가하는 데 유용하다. 서술형 문항의 채점을 위한 채점기준은 주로 분석적 점수화 방법을 토대로 '문제 이해', '문제해결 과정', '답 구하기' 등의 과정이 반영되도록 작성한다. (작성 과정에서 각 문항의 배점과 채점요소별 배점은 평가 목적이나 목표에 따라 적절히 부여하도록 한다.)

또한 지필평가와 함께 관찰, 면담, 자기평가 등의 다양한 평가 방법을 조화롭게 활용함으로써 교수·학습과 관련된 다양한 정보를 얻는 것이 중요하다.

관찰법은 평가자가 수학적으로 사고하고 있는 개별 학생, 소집단의 학생, 또는 학급전체 학생에 대하여 관찰하면서 기록하는 방법이다. 관찰법은 수학적인 수행 능력과 같은 인지적 영역뿐만 아니라 수학에 대한 태도와 신념과 같은 정의적 영역을 평가할 수 있다는 장점이 있다(황혜정 외, 2001). 면담법은 학생들을 직접 면담함으로써 학생들의 수학적 사고 과정에 대한 정보를 얻는 방법이다. 학생 개별적으로 면담을 실시하여 학습 부진아를 진단하거나 학습 우수아를 확인할 수 있고, 또한 소집단별로 과제를 수행하는 자연스러운 분위기에서 면담을 실시하여 평가 목적에 부합하는 정보를 얻을 수도 있다. 관찰 및 면담의 기록 방법에는 일화기록법, 체크리스트법 등이 있다. 일화기록법은 한 개인을 대상으로 구체적인 행동 사례를 간략하게 기술하는 방법이고, 체크리스트는 관찰이나 면담하려는 행동 단위를 미리 분류하고 이것을 기초로 그러한 행동이 나타났을 때 표시하는 방법을 말한다.

자기평가는 학생이 수학을 학습하는 과정에서 자신의 발전 상황을 스스로 감독하고, 자신의 수학적 지식과 태도를 평가하는 과정이라고 할 수 있다(Kenney & Silver, 1993). 자기평가의 구체적 방법으로는 '학생 자신과의 대화'와 '학생 자신에게 질문하기' 등이 있다. '학생 자신과의 대화'는 자신을 쉽게 표현하는 쓰기 활동의 일종이며, 매시간 학생 스스로 자신의 수학 지식의 이해도 및 수학에 대한 태도를 짧은 형태로 기록하여 교사에게 제출하는 것으로 일종의 개인 일지라고 할 수 있다(Burton, 1985; 최승현, 1999에서 재인용). '학생 자신에게 질문하기'는 수학 문제를 해결하는 동안 학생들이 자기 자신에게 질문을 함으로써 자기를 감독하는 방법이다.[6)]

뿐만 아니라, 학생들이 자신이 학습한 것을 새로운 상황에 응용하기 위하여 지식의 통합을 요구하는 과제 평가로서 프로젝트와 포트폴리오를 활용할 수 있다. 이러한 평가 방법은 학생들에게 더욱 도전적인 과제를 제시하는 데 적합하며, 이를 위해서는 학습 목표에 부합된 수학적 기능, 개념, 절차를 포함하는 과제가 제시되어야 한다.

---

6) '학생 자신에게 질문하기', '학생 자신과의 대화'의 구체적 방법은 최승현(1999)을 참고할 수 있다.

3) 인지적 영역의 평가

마. 인지적 영역에 대한 평가에서는 학생의 수학적 사고력 신장을 위하여 결과뿐만 아니라 과정도 중시하여 평가하되, 수학의 교수·학습에서 전반적으로 요구되는 다음 사항을 강조한다.

(1) 수학의 기본적인 개념, 원리, 법칙을 이해하고 적용하는 능력

(2) 수학의 용어와 기호를 정확하게 사용하고 표현하는 능력

(3) 수학적 지식과 기능을 활용하여 타당하게 추론하는 능력

(4) 다양한 상황에서 발생하는 여러 가지 문제를 수학적으로 사고하여 해결하는 능력

(5) 생활 주변 현상, 사회 현상, 자연 현상 등의 여러 가지 현상을 수학적으로 관찰, 분석, 조직하는 능력

(6) 수학적 사고 과정과 결과를 합리적으로 의사소통하는 능력

(7) 수학적 지식과 기능을 바탕으로 창의적으로 사고하는 능력

인지적 영역의 평가는 학생들의 수학적 지식 및 수학적 사고 방식과 관련된 지적인 특성을 대상으로 한다. 인지적 영역에서는 학생들의 문제해결 과정과 문제해결 결과를 동시에 고려해야 한다. 문제해결의 결과만을 평가하는 것으로는 학생들이 해당 수학적 개념을 정확히 알고 있는지 확인할 수 없다. 그러나 학생들의 문제해결 과정에 대한 평가는 학생들의 오개념이 무엇이며 오개념이 어디에서 비롯되는가에 대한 구체적인 정보를 제공함으로써 교수·학습의 실질적 개선에 기여할 수 있다.

수학의 기본적인 개념, 원리, 법칙을 이해하고 적용하는 능력의 평가에서는, 학생들이 수학적 사실이나 수학적 절차 등을 의미 충실하게 이해하고 있는지에 중점을 두어야 한다. 수학의 기본적인 개념, 원리, 법칙 등을 의미 충실하게 이해하지 않고 단지 암기하고 있는 학생들은 자신들이 알고 있는 것을 언제, 그리고 어떻게 사용해야 하는지를 확신하지 못한다. 따라서 학생들이 단지 암기한 것을 기억하여 답을 제시할 수 있는 문항보다는 학생들의 의미 충실한 이해를 평가할 수 있는 문항을 제시해야 한다.

수학적 표현의 의미를 이해하고 정확하게 사용하는 능력의 평가에서는, 수학적 아이디어를 조직하고 기록하며 의사소통하기 위해서 표현을 만들고 활용할 수 있는지, 문제를 해결하기 위해서 수학적 표현을 선택하고 적용하며 변환할 수 있는지 등에 중점을 두어야 한다(NCTM, 1989).

수학적 지식과 기능을 활용하여 타당하게 추론하는 능력의 평가에서는, 귀납과 유추에 의해 수학적 법칙과 문제의 해법을 발견할 수 있는지, 수학적 추측을 만들고 조사할 수 있는지, 수학적 논쟁 능력을 개발하고 평가할 수 있는지, 다양한 유형의 추론 방법을 선택하고 사용할 수 있는지 등에 중점을 두어야 한다.

다양한 상황에서 발생하는 여러 가지 문제를 수학적으로 사고하여 해결하는 능력의 평가에서는, 수학과 다른 교과 상황에서 나타나는 문제를 해결할 수 있는지, 문제를 해결하기 위하여 다양하고 적절한 전략을 적용하고 채택할 수 있는지, 수학 문제해결 과정을 관찰하고 반성할 수 있는지, 문제해결을 통해 새로운 수학적 지식을 만들어낼 수 있는지 등에 중점을 두어야 한다.

생활 주변 현상, 사회 현상, 자연 현상 등의 여러 가지 현상을 수학적으로 관찰, 분석, 조직하는 능력의 평가에서는, 생활 주변의 현상을 포함한 다양한 현상을 모델링하고 해석하기 위해서 수학을 활용할 수 있는지에 중점을 두어야 한다. 학생들은 다양한 현상을 수학적으로 관찰, 분석, 조직하는 경험을 통해, 수학과 다른 학문과의 연결성을 인식할 수 있다.

조선시대의 화가 김홍도가 그린 '씨름'이라는 그림 속에 숨어 있는 수학을 찾아 말해 보시오.

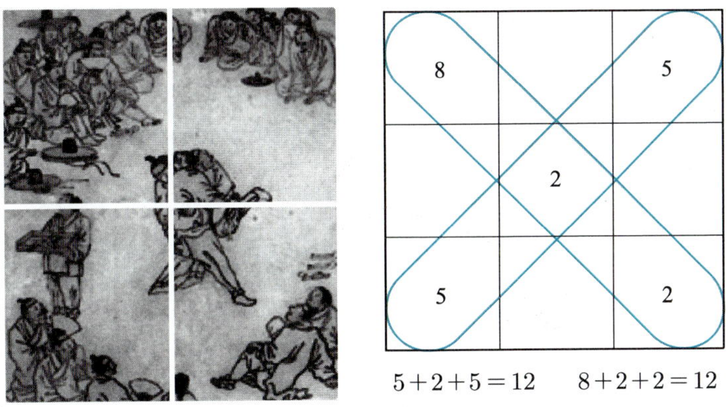

$5+2+5=12$ $8+2+2=12$

그림 2 그림 속의 수학을 소재로 한 교과 통합형 평가 문항[7)]

7) 이명옥과 김홍규 (2000), 명화 속 신기한 수학이야기(p. 19), 서울: 시공아트.

수학적 사고 과정과 결과를 합리적으로 의사소통하는 능력의 평가에서는, 의사소통을 통하여 학생 자신의 수학적 사고나 문제해결 과정을 조직하고 확고히 할 수 있는지, 학생 자신의 수학적 사고나 문제해결 과정을 학급 친구, 교사, 다른 사람들에게 일관적이고 명확하게 의사소통할 수 있는지, 다른 사람의 수학적 사고와 전략을 분석하고 평가할 수 있는지, 수학적 아이디어를 정확하게 표현하기 위하여 수학의 언어들을 사용할 수 있는지 등에 중점을 두어야 한다.

마지막으로 2009 개정 교육과정에서 가장 주안점을 두고 있는 것은 창의성이다. 따라서 학생들의 수학적 창의성을 향상시키기 위해서는 비정형 과제와 수학적 과정을 중시하는 과제를 제시하여 평가가 이루어져야 하며, 수학 학습 과정에서 만들어낸 산출물을 통한 평가, 수행평가를 통해 학생들의 창의적인 능력을 평가해야 한다(김도한 외, 2009).

학생들의 창의성을 향상할 수 있도록 교육과정 성취기준 · 평가기준 및 이에 따른 다양한 평가유형을 개발하여 보급하고 있다. 즉, 내용 측면에서는 실생활 연계형과 교과 통합형 등으로 새로운 시도를 하고 있고 방법 측면에서는 서술형과 과정탐색형 등을 권고 하고 있다. 다음은 교육과학기술부에서 제시한 교과통합형 평가 문항으로 제시한 예시이다.

4) 정의적 영역의 평가

바. 정의적 영역에 대한 평가에서는 학생의 수학에 대한 긍정적 태도를 신장시키기 위하여 학생의 수학에 대한 바람직한 가치관이나 수학 학습에 대한 관심, 흥미, 자신감 등의 정도를 파악한다.

인지적 영역이 수학적 지식 및 수학적 사고방식과 관련된 지적인 특성을 대상으로 한다면, 정의적 영역은 수학에 대한 전형적인 태도 및 감정 표현의 방식과 관련된 특성을 대상으로 한다. 수학에 대한 긍정적 태도나 바람직한 가치관은 수학 학습을 성공적으로 수행하여 수학에서 높은 성취를 이루는 데에 중요한 역할을 하며, 수학 교수 · 학습 활동에 활력을 줄 수 있다.

정의적 영역	세부 항목
수학에 대한 흥미와 호기심	• 수학을 하는 것을 즐거워한다. • 수학에서 배우는 것들에 대해 흥미가 있다. • 수학 수업 시간을 기다린다. • 수학에 대한 것을 읽기를 좋아한다. • 수학의 개념이나 원리를 알려고 한다.
수학에 대한 자신감	• 수학 공부에 자신감을 가지고 있다. • 수학에서 좋은 성적을 받을 것이라고 생각한다. • 수학에서 어려운 내용까지도 잘 이해할 수 있다. • 수학을 가장 잘하는 과목 중의 하나로 생각한다.
수학에 대한 불안	• 수학 수업이 어려울까봐 걱정한다. • 수학 성적이 나빠질까봐 걱정한다. • 수학 문제를 풀 때 긴장한다.
수학의 유용성 인식	• 수학이 우리의 생활에 많은 도움을 준다고 생각한다. • 수학이 사고력을 기르는 데 도움이 된다는 생각한다. • 수학이 나중에 공부하는 데 필요하므로 중요한 과목이라고 생각한다. • 수학이 나중에 직장 생활을 하는 데 도움이 된다고 생각한다.
과제집착력과 의지	• 수학 공부를 열심히 한다. • 수학 시간에 배운 내용을 확실히 알려고 노력한다. • 수학 문제를 풀 때, 답을 구할 때까지 중단하지 않고 열심히 하려고 노력한다. • 수학 공부를 잘하기 위해 계획을 세우고 스스로 노력한다.
창의적 사고	• 다른 사람의 방법을 그대로 따라하는 것보다는 스스로 생각하고 탐구한다. • 수학 문제를 풀 때 다른 사람과는 다른 독특한 방법을 찾아보려고 한다. • 수학 문제를 풀 때 한 가지 방법으로 해결하는 것보다는 다양한 방법을 찾아보려고 한다. • 수학 문제를 풀 때 내가 알고 있는 방법 중에 어떤 것이 더 적절한지를 생각한다.
수학 수업에의 참여	• 수학 수업 시간에 모둠 활동에 적극적으로 참여한다. • 수학 수업 시간에 다른 생각을 한다. • 수학 수업 시간에 발표를 많이 한다. • 수학 문제를 풀 때 아이디어를 다른 학생들과 공유한다.

5) 평가에서 공학적 도구의 활용

사. 수학 학습의 평가에서는 평가하는 학습 내용과 방법에 따라 학생에게 계산기, 컴퓨터, 교육용 소프트웨어 등의 공학적 도구와 다양한 교구를 이용할 수 있는 기회를 제공한다.

계산기, 컴퓨터와 같은 공학적 도구와 다양한 교구는 학교수학에서 다룰 수 있는 문제의 영역을 확대하는데 기여할 수 있다. 지금까지 학교수학에서는 해결 과정이 간단하거나 그 답이 비교적 간단한 수치로 나오는 문제를 주로 다루어왔는데, 해결 과정의 복잡함을 피하고 학생들에게 계산의 어려움을 가중시키지 않기 위해서였다. 이는 결국 적용 범위가 좁고 학생들이 실제로 접하는 다양한 현상과는 관련 없는 빈약하고 인위적인 문제만을 다루게 되는 결과를 초래하였다.

이러한 미흡한 상황은, 문제해결에서 문제의 본래 목적과 모순되지 않는 경우에 한해서 계산기, 컴퓨터와 같은 공학적 도구를 이용할 수 있도록 함으로써 어느 정도 극복할 수 있다. 문제해결에서 가장 중요한 아이디어는 학생의 사고로 탐색하게 하되, 그 이외의 문제해결의 수단이 되는 복잡한 과정은 공학적 도구의 다양한 기능을 이용하게 하는 것이다. 이런 방식으로 수학 문제해결에 공학적 도구를 도입한다면, 학생들이 생활에서 접하는 다양한 현상과 관련성이 깊은 풍부한 맥락의 문제들을 학교수학에서 다루어야 하며 이러한 활동이 평가와 이어져야 한다.

3. 교육과정 변화에 따른 평가의 변화 내용

2009 개정에 따른 수학과 교육과정의 '평가' 부문은 선행 연구 결과(한국과학창의재단, 2011)를 토대로 도출되었으며, 현행 및 개정 교육과정의 평가 부문의 비교표는 다음 〈표 2〉와 같다. 인지적 영역의 평가 부문에서 2009 개정 교육과정 총론 및 수학과 교육과정에서 강조하고 있는 창의성 능력 신장을 위한 방안의 일환으로, '(7) 수학적 지식과 기능을 바탕으로 창의적으로 사고하는 능력'을 추가하여 강조하였다.

1) 총론의 변화에 따른 평가 내용 변화

다음 〈표 2〉는 7차 교육과정에서부터 총론에서 제시된 평가의 변화된 내용을 요약하였다.

〈표 2〉 **교육과정 총론에서 제시한 평가의 변화**

		7차	2007	2009(2011)
성격		• 학습자의 자율성과 창의성 신장	• 학습자의 자율성과 창의성 신장	• 학습자의 자율성과 창의성 신장
추구하는 인간상		• 전인적 성장의 기반 위에 개성을 추구 • 기초 능력을 토대로 창의적인 능력 발휘	• 전인적 성장의 기반 위에 개성을 추구 • 기초 능력을 토대로 창의적인 능력 발휘	• 전인적 성장의 기반 위에 개성의 발달과 진로를 개척 • 기초 능력의 바탕 위에 새로운 발상과 도전으로 창의성 발휘
구성 방침		• 사회적 변화의 흐름을 주도할 수 있는 기본 능력을 길러줄 수 있도록 구성한다. • 국민 공통 기본 교육과정(초1-고1)과 선택 중심 교육과정(고2-3) 체제를 도입 • 수준별 교육과정을 도입	• 사회적 변화의 흐름을 주도할 수 있는 기본 능력을 길러줄 수 있도록 구성한다. • 국민 공통 기본 교육과정(초1-고1)과 선택 중심 교육과정(고2-3) 체제를 도입	• 배려와 나눔을 실천하는 창의적인 인재 육성 • 공통교육과정(초1-중3)과 선택 교육과정(고1-3)으로 편성 • 학년군을 설정 • 교과군으로 분류 • 선택 교육과정은 4개의 교과 영역 구분, 필수이수단위 제시 • 집중이수 확대 • 국가수준 학업성취도 평가로 교육과정의 질 관리 체제 강화
목표	중	• 학습과 생활에 필요한 기본 능력과 문제해결력 기르기 • 자신의 생각과 느낌을 창의적으로 표현하는 경험하기	• 학습과 생활에 필요한 기본 능력과 문제해결력 기르기 • 자신의 생각과 느낌을 창의적으로 표현하는 경험하기	• 학습과 생활에 필요한 기초 능력과 문제해결력을 바탕으로 창의적 사고력 기르기
	고	• 학문과 생활에 필요한 논리적, 비판적, 창의적 사고력과 태도를 익히기	• 학문과 생활에 필요한 논리적, 비판적, 창의적 사고력과 태도를 익히기	• 새로운 이해와 가치를 창출할 수 있는 비판적, 창의적 사고력과 태도 익히기
편제	중	• 국민공통기본교육과정: 교과, 재량 활동, 특별 활동	• 국민공통기본교육과정: 교과, 재량 활동, 특별 활동	• 교과(군), 창의적 체험활동

〈표 2(계속)〉 교육과정 총론에서 제시한 평가의 변화

	7차	2007	2009(2011)
편제 고	• 선택 중심 교육과정: 교과, 특별 활동	• 선택 중심 교육과정: 교과, 특별 활동	• 교과(군): 보통 교과, 전문 교과 • 창의적 체험활동
평가	• 교과별, 학년별 학생 평가(학업성취도 평가) 실시 → 교육과정의 적절성 확보와 개선 • 다양한 평가도구와 방법으로 성취도를 평가 → 학생의 목표 도달도 확인 수업의 질을 개선 • 선다형 일변도의 지필 검사를 지양 → 서술형 주관식 평가와 표현·태도의 관찰 평가 증대로 조화 추구	• 교과별, 학년별 학생 평가(학업성취도 평가) 실시 → 교육과정의 적절성 확보와 개선 • 다양한 평가도구와 방법으로 성취도를 평가 → 학생의 목표 도달도 확인 수업의 질을 개선 • 선다형 일변도의 지필 검사를 지양 → 서술형 주관식 평가와 표현·태도의 관찰 평가 증대로 조화 추구	• 다양한 평가도구와 방법으로 성취도를 평가 → 학생의 목표 도달도 확인 수업의 질을 개선 • 선택형 평가보다 서술형이나 논술형 평가, 수행평가의 비중을 늘려서 교과별 특성에 적합한 평가 실시

2) 수학과 교육과정 비교

다음 〈표 3〉과 〈표 4〉는 교육과정의 성격과 목적에서 나타난 평가 영역의 변화이다.

(1) 성격

〈표 3〉 교육과정 성격에서 나타난 평가의 변화

7차	2007	2009(2011)
• 수량 관계나 도형에 관한 수학적 개념의 이해, 논리적인 사고력, 합리적인 문제해결 능력과 태도 → 과학을 비롯한 대부분 교과의 성공적인 학습에 필요 • 단계형 수준별 교육과정 운영 • 기본 과정과 심화 과정:	• 수학적 개념의 깊이 있는 이해와 활용, 합리적인 문제해결 능력과 태도 → 모든 교과의 성공적 학습에 필수, 개인의 전문 능력 향상과 민주 시민으로서 합리적 의사결정 방법 습득에도 필요, 미래의 지식 기반 정보화 사회에 필수	• 수학적 추론, 문제해결, 의사소통과 같은 수학적 과정의 교수·학습 → 미래 사회에 필요한 핵심역량(창의적 사고, 문제해결, 정보처리, 의사소통 능력) 증진 → 다른 교과의 성공적인 학습 기반, 개인의 전문 능력의 증진, 창의·

〈표 3(계속)〉 교육과정 성격에서 나타난 평가의 변화

7차	2007	2009(2011)
학습 능력에 따라 자기 주도적 학습을 촉진하는 창의적인 학습 기회 제공 • 수량 관계나 도형에 관한 수학적 개념의 이해, 논리적인 사고력, 합리적인 문제해결 능력과 태도 → 과학을 비롯한 대부분 교과의 성공적인 학습에 필요 • 단계형 수준별 교육과정 운영 • 기본 과정과 심화 과정: 학습 능력에 따라 자기 주도적 학습을 촉진하는 창의적인 학습 기회 제공 • 학생의 구체적인 경험에 근거하여 사물의 현상을 수학적으로 해석하고 조직 • 구체 사실에서 점진적 추상화 • 통찰 등의 수학적 경험으로 형식이나 관계 발견 • 수학 지식과 기능을 활용한 실생활의 여러 문제 해결 → 수학의 필요성과 실용성 인식 → 수학에 대한 긍정적인 태도 • 자연 · 사회에서 일어나는 현상이나 문제를 수학적인 방법으로 조직, 해결하는 문제해결력 제고 • 유연하고 다양한 사고 활동을 통한 수학적 사고력과 창의력을 배양	• 수학적 개념의 깊이 있는 이해와 활용, 합리적인 문제해결 능력과 태도 → 모든 교과의 성공적 학습에 필수, 개인의 전문 능력 향상과 민주 시민으로서 합리적 의사결정 방법 습득에도 필요, 미래의 지식 기반 정보화 사회에 필수 • 학생이 구체적인 경험에 근거하여 여러 현상을 수학적으로 해석하고 조직 • 구체 사실에서 점진적 추상화 • 통찰 등의 수학적 경험을 통하여 형식이나 관계 발견 • 수학 지식과 기능을 활용한 실생활의 여러 문제 해결 → 수학의 필요성과 유용성 인식 → 수학에 대한 긍정적인 태도	인성 함양 • 수학적 추론, 문제해결, 의사소통과 같은 수학적 과정의 교수 · 학습 → 미래 사회에 필요한 핵심역량(창의적 사고, 문제해결, 정보처리, 의사소통 능력) 증진 → 다른 교과의 성공적인 학습 기반, 개인의 전문 능력의 증진, 창의 · 인성 함양 • 인지 능력의 증진 • 수학에 대한 흥미와 호기심, 수학 학습에 대한 자신감과 긍정적인 태도 등 정의적 영역의 개선 • 상대방을 이해하고 배려하는 바람직한 인성 • 수학은 개인차가 크게 나타나는 교과이므로 학생의 인지 발달 단계, 학습 특성 등이 고려된 적절한 교수 · 학습 방법을 적용

(2) 목표

〈표 4〉 교육과정 목표에서 나타난 평가의 변화

	7차	2007	2009
중	• 여러 생활 현상을 수학적으로 고찰 → 수학적인 기초 개념, 원리, 법칙과 이들 사이의 관계 이해 • 수학적 지식과 기능 활용 → 주변에 일어나는 여러 문제를 수학적으로 관찰, 분석, 조직, 사고하여 해결 • 지속적인 수학에 대한 흥미와 관심, 수학적인 지식과 기능을 활용한 합리적인 문제 해결의 태도	• 사회 · 자연 현상을 수학적으로 관찰, 분석, 조직 → 수학의 기본 개념, 원리, 법칙과 이들 사이의 관계를 이해 • 수학적으로 사고하고 의사소통 → 사회 · 자연 현상의 문제를 합리적으로 해결 • 지속적인 수학에 대한 관심과 흥미, 수학의 가치 이해 → 수학에 대한 긍정적 태도 함양	• 생활 주변 · 사회 · 자연 현상을 수학적으로 관찰, 분석, 조직, 표현 → 기본 기능과 개념, 원리, 법칙과 이들 사이의 관계를 이해 • 수학적으로 사고하고 의사소통 → 수학적 현상에서 문제 파악 → 합리적이고 창의적으로 해결 • 수학에 대한 관심과 흥미, 수학의 가치 이해 → 수학 학습자로서 바람직한 인성과 태도 함양
고	• 수학의 기본적인 개념, 원리, 법칙을 이해하는 능력, • 수학적 사고력과 추론 능력, 여러 가지 정보를 바르게 이해하고 처리하는 능력, • 문제를 해결하는 능력, • 수학에 대한 긍정적인 태도 → 실생활 문제를 합리적이고 창의적으로 해결하는 능력과 태도를 기른다.	• 여러 현상을 수학적으로 관찰, 분석, 조직하는 경험 → 수학의 발전된 지식과 기능 습득, 개념, 원리, 법칙과 이들 사이의 관계를 이해하는 능력 함양 • 수학적인 사고와 의사소통 → 여러 문제를 합리적으로 해결 • 지속적인 수학에 대한 관심과 흥미, 수학의 가치 이해, 수학에 대한 긍정적 태도 함양	• 수학적 개념, 원리, 법칙의 이해 • 수학적으로 사고하고 의사소통 → 여러 현상과 문제를 수학적으로 고찰 → 합리적이고 창의적으로 해결하는 능력 육성 • 수학 학습자로서 바람직한 인성과 태도를 기른다. • 수학에 대한 관심과 흥미, 수학의 가치 이해, 수학 학습자로서 바람직한 인성과 태도 함양

(3) 평가

2007 개정 교육과정과 2009 개정에 따른 수학과 교육과정에서 제시하고 있는 평가를 비교하면 다음 〈표 5〉와 같다.

〈표 5〉 2007 개정 교육과정과 2009 개정에 따른 수학과 교육과정에서 '평가' 비교

2007 개정 교육과정	2009 개정에 따른 수학과 교육과정
가. 수학 학습의 평가는 학생의 인지적 영역과 정의적 영역에 대한 유용한 정보를 제공하여 학생 개개인의 수학 학습과 전인적인 성장을 돕고 교사의 교수 활동과 수업 방법을 개선하는 데 활용한다.	**가.** 수학 학습의 평가는 학생의 인지적 영역과 정의적 영역에 대한 유용한 정보를 제공하고, 학생 개개인의 수학 학습과 전인적인 성장을 돕고 교사의 수업 방법을 개선하는 데 활용되어야 한다.
나. 수학 학습의 평가에서는 학생의 인지 발달 수준을 고려하고, 교육과정에 제시된 내용의 수준과 범위를 준수한다.	**나.** 수학 학습의 평가에서는 학생의 인지 발달 단계를 고려하고, 교육과정에 제시된 내용의 수준과 범위를 준수한다.
다. 수학 학습의 평가는 수업의 전개 과정에 따라 진단평가, 형성평가, 총합평가 등의 적절한 평가 방식을 택하여 실시하되, 지속적인 평가를 통하여 다양한 정보를 수집하고 수업에 활용한다.	**다.** 수업의 전개 국면에 따라 진단평가, 형성평가, 총합평가 등을 적절히 실시하되, 지속적인 평가를 통하여 다양한 정보를 수집하고 수업에 활용한다.
라. 수학 학습의 평가에서는 획일적인 방법을 지양하고 지필평가, 관찰, 면담, 자기평가 등의 다양한 평가 방법을 통해 수학 교수·학습을 향상시킬 수 있게 한다.	**라.** 수학 학습의 평가에서는 선택형 위주의 평가를 지양하고 서술형 평가, 관찰, 면담, 자기평가 등의 다양한 평가 방법을 활용하여 수학 학습에 대한 종합적인 평가가 이루어질 수 있게 한다.
마. 인지적 영역에 대한 평가에서는 학생의 수학적 사고력 신장을 위하여 결과뿐만 아니라 과정도 중시하여 평가하되, 수학의 교수·학습에서 전반적으로 요구되는 다음 사항을 강조한다. (1) 수학의 기본적인 개념, 원리, 법칙을 이해하고 적용하는 능력 (2) 수학적 표현의 의미를 이해하고 정확하게 사용하는 능력 (3) 수학적 지식과 기능을 활용하여 타하게 추론하는 능력	**마.** 인지적 영역에 대한 평가에서는 학생의 수학적 사고력 신장을 위하여 결과뿐만 아니라 과정도 중시하여 평가하되, 수학의 교수·학습에서 전반적으로 요구되는 다음 사항을 강조한다. (1) 수학의 기본적인 개념, 원리, 법칙을 이해하고 적용하는 능력 (2) 수학의 용어와 기호를 정확하게 사용하고 표현하는 능력 (3) 수학적 지식과 기능을 활용하여 추론하는 능력

〈표 5(계속)〉 2007 개정 교육과정과 2009 개정에 따른 수학과 교육과정에서 '평가' 비교

2007 개정 교육과정	2009 개정에 따른 수학과 교육과정
(4) 다양한 상황에서 발생하는 여러 가지 문제를 수학적으로 사고하여 해결하는 능력 (5) 생활 주변 현상, 사회 현상, 자연 현상 등의 여러 가지 현상을 수학적으로 관찰, 분석, 조직하는 능력 (6) 수학적 사고 과정과 결과를 합리적으로 의사소통하는 능력	(4) 다양한 상황에서 발생하는 여러 가지 문제를 수학적으로 사고하여 해결하는 능력 (5) 생활 주변 현상, 사회 현상, 자연 현상 등의 여러 가지 현상을 수학적으로 관찰, 분석, 조직하는 능력 (6) 수학적 사고 과정과 결과를 합리적으로 의사소통하는 능력 (7) 수학적 지식과 기능을 바탕으로 창의적으로 사고하는 능력
바. 정의적 영역에 대한 평가에서는 학생의 수학에 대한 긍정적 태도를 신장시키기 위하여 학생의 수학에 대한 바람직한 가치관이나 수학 학습에 대한 관심, 흥미, 자신감 등의 정도를 파악한다.	**바.** 정의적 영역에 대한 평가에서는 학생의 수학에 대한 긍정적 태도를 신장시키기 위하여 수학 및 수학 학습에 대한 관심, 흥미, 자신감, 가치 인식 등의 정도를 파악한다.
사. 수학 학습의 평가에서는 평가하는 학습 내용에 따라 학생에게 계산기, 컴퓨터와 같은 공학적 도구와 다양한 교구를 이용할 수 있는 기회를 제공할 수 있다.	**사.** 수학 학습의 평가에서는 평가하는 학습 내용과 방법에 따라 학생에게 계산기, 컴퓨터, 교육용 소프트웨어 등의 공학적 도구와 다양한 교구를 이용할 수 있는 기회를 제공한다.

제7차 교육과정 이후 제시된 평가 영역에서의 변화를 비교분석한 내용은 〈표 6〉에서 제시하였다.

〈표 6〉 7차 교육과정 이후의 평가의 주요 변화 내용

7차	2007 개정	2009 개정
• 학생 개인의 전인적인 성장과 수학 학습을 돕고, 교사의 수업 방법을 개선하기 위한 것이어야 함 • 평가는 획일적인 방법을 지양	• 학생의 인지 · 정의적 영역에 대한 유용한 정보 제공, 학생 개인의 수학 학습과 전인적인 성장 도움, 교수 활동과 수업 방법의 개선에 활용 • 획일적인 방법을 지양하고 지필평가, 관찰, 면담, 자기	• 학생의 인지·정의적 영역에 대한 유용한 정보 제공, 학생 개인의 수학 학습과 전인적인 성장 도움, 교수 활동과 수업 방법의 개선에 활용 • 선택형 위주의 평가 지양 → 서술형 평가, 관찰, 면담,

〈표 6(계속)〉 7차 교육과정 이후의 평가의 주요 변화 내용

7차	2007 개정	2009 개정
	평가 등으로 다양화 → 수학 교수・학습의 향상	자기평가 등의 다양화로 수학 학습에 대한 종합적인 평가
• 사고력 신장을 위하여 결과보다 과정을 중시 • 수학의 용어와 기호를 정확하게 사용하고 표현 • 수학 지식과 기능을 활용하여 문제를 수학적으로 사고하여 해결 • 유연하고 다양한 사고력과 창의성을 발휘하고 있는가를 평가	• 수학적 사고력 신장을 위하여 결과뿐만 아니라 과정도 중시 • 수학적 표현의 의미를 이해하고 정확하게 사용 • 수학적 지식과 기능을 활용하여 타당하게 추론하는 능력	• 수학적 사고력 신장을 위하여 결과뿐만 아니라 과정도 중시 • 수학의 용어와 기호를 정확하게 사용하고 표현 • 수학적 지식과 기능을 활용하여 추론하는 능력 • 수학적 지식과 기능을 바탕으로 창의적으로 사고하는 능력
• 평가기준의 수준 구분(제시)	• 계산기, 컴퓨터와 같은 공학적 도구와 다양한 교구를 이용할 수 있는 기회를 제공할 수 있다.	• 계산기, 컴퓨터, 교육용 소프트웨어 등의 공학적 도구와 다양한 교구를 이용할 수 있는 기회를 제공한다.

※ 수학적 과정(문제해결, 의사소통, 추론)의 평가, 수행평가, 창의적 사고 평가

2.2 수행평가

1. 수행평가의 의미

1) 수학 교수 · 학습 변화를 위한 평가의 변화

수학 교수학습이 변함에 따라 새로운 평가에 대한 필요성이 나타났는데, NCTM(1991)은 학생들이 조사하고 탐험하고 발견하기를 원한다면 평가는 단순히 수학 지식만을 평가해서는 안 된다고 하였다. 평가란 재기 쉬운 것을 대상으로 하는 것이 아니라 진정으로 가치 있는 것을 측정하는 것이어야 한다는 것이다. 따라서 지필 평가 외에도 다음과 같은 부분에서 새로운 평가의 필요성이 나타나게 되었다.

- 학생이 자신의 지식이나 기능을 나타내는 과정이나 그 결과를 관찰하고 평가하는 것
- 학생 스스로가 자신의 지식이나 기능을 나타낼 수 있도록 답을 작성하거나, 발표하거나, 산출물을 만들거나, 행동으로 나타내도록 요구하는 평가
- 인지적 영역뿐만 아니라 학생 개개인의 행동발달 상황이나 흥미, 태도 등의 정의적인 영역의 평가
- 개개인뿐만 아니라 집단을 대상으로 하는 평가

수행평가(performance assessment)는 질적으로 우수한 학습을 하게 하기 위한 것으로 학생의 다양한 능력이나 특성을 다루고, 교육과정 및 교수 · 학습과 통합할 수 있는 평가를 실시하고자 하는 목적으로 부각되었다.

2) 수행평가의 의미

'수행'이란 물리적 활동의 완성 또는 어떤 의미 있는 산출을 이루어 내거나 그것에 도달하게 하는 것이다. 이와 마찬가지로 수행평가란 '학생 스스로가 자신의 지식이나 기능을 나타낼 수 있도록 산출물을 만들거나, 행동으로 나타내거나, 답을 작성하도록 요구하는 평가방식'이라고 정의하였다(국립교육평가원, 1996). 다시 말하면,

수행평가는 과제를 해결하기 위해 자기의 지식과 판단 능력을 사용하여 물리적 활동을 완성하거나 의미 있는 산출을 이끌어내는 능력을 평가하는 것으로 창의성이나 문제해결력과 같은 고등 사고기능을 파악하고 개별적인 학습능력을 신장하기 위해 사용되는 평가를 일컫는 것으로 학생들이 과제에 참여하는 동안 자기의 지식과 판단이 드러날 수 있도록 제시되어야 한다는 것이다. 또한 교육부(1998)는 수행평가를 '평가자가, 학습자들의 학습과제 수행 과정 및 결과를 직접 관찰하고, 그 관찰 결과를 전문적으로 판단하는 평가방식'이라고 정의하였다.

수행평가에 대한 정의는 조금씩 다르게 정의되지만, 공통적으로 중시되는 개념들은 '과제의 수행' '과정과 결과' '직접적 관찰' '전문적 판단'이며, 대부분 학생들의 행위인 '수행하다'와 평가자의 행위인 '평가하다'의 의미에 기초하여 정의되었다(송미영, 2001).

수행평가와 유사한 용어들도 있는데, NCTM(미국 수학 교사 협의회)은 1990년대부터 전통적인 평가 체제와 대비되는 새로운 평가체제인 수행평가를 전통적인 선다형 검사와 구별되는 'alternative assessment(대안적 평가)', 과제의 실세계적 성격과 맥락을 강조하는 평가인 'authentic(true) assessment(실제상황에서의 평가)', 실제로 수행, 제시, 구성하고 해결책을 찾아내는 'performance-based assessment(실기평가)'를 사용하기도 하였다.

2. 수행평가의 특징

수행평가는 선다형 검사와 같이 모든 학생들에게 일률적으로 시행되는 표준화검사와는 다음과 같은 측면에서 차이점을 나타낸다.

① 학생들이 주어진 반응에서 정답을 선택하는 것이 아니라 학생들에게 개방형의 과제에 대하여 자기 스스로 정답을 작성하거나 행동으로 나타내도록 반응을 구성, 창조, 제작하거나 활동을 수행하도록 한다.

② 추구하고자 하는 교육목표를 가능한 한 실제 상황 하에서 달성할 수 있는지의 여부를 파악하고자 학생들에게 문제를 제기하고 해결하며, 분석하고, 연구하는 등의 다양한 활동을 권고하여 문제해결을 위한 학생들의 다양한 능력과 복합적 기술을 평가한다.

③ 학생의 학습과정을 진단하고 학습을 촉진하려는데 목적에 따라 문제 상황에서부터 풀이의 결과에 이르는 모든 사고 과정 및 활동 과정을 평가함과 동시에

적절한 피드백을 주는 평가의 방법으로 교수·학습의 결과뿐만 아니라 교육의 과정도 함께 중시한다.

④ 개개인의 변화와 발달과정을 종합적으로 평가하기위해 단편적인 영역에 대해 일회적으로 평가하기 보다는 학생 개개인의 변화, 발달 과정을 종합적으로 평가하기 위해 여러 측면의 지식과 기술을 전체적이면서도 지속적으로 이루어지는 것을 강조한다.

⑤ 개개인을 단위로 해서 평가하기도 하지만 학생 상호간의 협력을 유도하기 위하여 팀 단위의 공동 과제의 수행여부를 평가하는 등의 집단에 대한 평가도 중요시한다.

⑥ 학생들이 풍부한 반응을 구성하고 산출할 수 있도록 충분한 시간을 필요로 한다.

⑦ 학생의 인지적 영역뿐만 아니라 학생 개개인의 행동발달 상황, 흥미, 태도 등 정의적인 영역, 신체적인 영역에 대한 종합적이고 전인적인 평가도 중시한다.

⑧ 모든 학생들에게 일률적으로 시행되는 표준화검사에 비해 교사와 학생 모두에게 과제에 대한 선택권을 보다 많이 부여한다.

⑨ 학생들의 수행 과정이나 결과에 대한 채점은 학생들의 수행의 특징을 채점기준에 준하여 판단하며 수행을 유도할 과제와 학생들의 수행을 평정할 채점기준을 갖춘 평가이다.

3. 수행평가 과제의 특징

수행평가 과제는 수학 학습을 조장하는 중요한 수단으로 단순한 암기를 필요로 하거나 문제풀이 기능의 숙달을 강조하는 과제가 아니라 질적으로 우수한 학습지도를 하게 하는 과제이다. 따라서 프로젝트 형태의 조사하는 과제나 탐구할 수 있는 문제를 해결할 수 있는 과제로 제시되며, 학생들이 수행을 유도하는 것으로서 수행평가도구의 필수적인 요소이다. 이는 선다형 검사에서 주로 해 오던 특정하고 짧은 시간에 시험을 시행하는 것은 부적절한 것으로 인식되었기 때문이며(Wiley & Haertel, 1996), 따라서 수행평가 과제는 학생의 반응으로부터 더 많고 더 복잡한 성격의 정보를 끌어낼 수 있도록 개발되고 있다.

일반적으로 수학과에서 좋은 과제란 학생들의 수학적 지식이나 기능 또는 이해를 보여줄 수 있게 하는 것이며 수학적 사고와 추론을 조장할 수 있어야 한다. 또한 전통적 과제와 비교했을 때 보다 조작할 수 있는 자료를 다루거나, 그림, 또는 계산기를 활용한 활동을 포함하고, 답과 결과에 대한 입증이나 설명을 요구하기도 하며 구술이나 기록의 보고형식이나 물리적인 결과를 포함하기도 한다.

남승인 외(2009)에서 각 수행평가 과제의 유형에 따른 특징을 〈표 7〉과 같이 제시하였다.

〈표 7〉 수행평가 과제의 유형 및 특징

유형	정의	특징	채점 방법
지필 과제	주어진 문제에 대해 서술하는 지필 검사	• 문제 풀이에 수학적 사고과정을 잘 드러낼 수 있고 풀이 과정에 대한 반응의 자유도가 큼 • 문항 작성이 비교적 용이함 • 통합교과적인 문제와 실생활과 관련된 문항을 출제하기도 쉬움	총체적 또는 분석적 채점법
프로젝트	주제에 따라 정보를 수집하고 분석하여 결론을 내리는 것으로 창의적인 주제 탐구 학습 활동 등 종합적인 연구 활동 능력을 평가함	• 수학적 사고력을 이용하여 실생활과 직접 관련되는 수학적인 문제 상황을 해결함 • 결과가 정형화되어 있지 않기 때문에 다양한 반응이 가능함	명료하고 구체적인 채점 기준표
토론 과제	소집단별로 토론이나 활동을 하는 동안 개인의 기여도와 역할, 활동 내용을 평가함	• 협력 학습을 권장함 • 한두 가지 사항에 초점을 갖추고 이에 대해 집중적으로 관찰하여 누가 기록함 • 학생의 수학적인 능력과 성향을 판단하는 보조 자료로 활용함	관찰 누가기록표 체크리스트
포트폴리오	교사 또는 학생이 일정한 기간 동안의 학습 자료와 결과물을 모으고 그 모은 자료를 근거로 학생의 학습 활동 수행 정도를 평가함	• 평가 과정에 학생을 적극적으로 참여시킴 • 학생의 성취결과를 가지고 다른 학생과 의사소통하도록 장려할 수 있음	총체적 또는 분석적 채점법
구술 과제 (면접)	질문을 하고 문제를 해결하는 학생을 관찰하여 그 학생의 사고 과정, 문제 해결 능력, 태도 등을 조사하는 평가 방법	• 문제 해결에 어려움을 겪는 학생을 진단할 때 유용함 • 개인의 문제 해결 능력을 깊이 있게 조사할 수 있음	사례 기록지 체크리스트

〈표 7(계속)〉 수행평가 과제의 유형 및 특징

유형	정의	특징	채점 방법
자기(율) 평가	학생 개인이 자신의 수행 정도나 학습 과정에 대해 서술하거나 질문지에 기록하게 함	• 학생 개인이 수행한 방법에 대해 초점을 맞출 수 있음 • 수업 시간에 성공 사례나 힘든 사례를 논의할 수 있음	주요 질문에 대한 점검 목록
실험 실습	칼, 자, 풀, 컴퍼스 등의 도구와 계산기, 구체물 등을 이용한 과제에 적용됨	• 개인 활동 및 소집단 활동 평가가 가능함 • 실생활과 관련된 과제나 응용 과제를 다룰 수 있음	총체적 또는 분석적 채점법
컴퓨터 과제	수학 학습에 활용 가능한 소프트웨어를 사용한 과제	• 소프트웨어를 활용한 문제 해결 능력을 측정함 • 실험, 실습형 평가 과제로도 활용 • 협동 과제로도 활용 가능함	관찰 누가기록표
문제 설정 과제	주어진 상황에 맞는 문제를 만들게 하는 과제	• 창의적 사고력을 측정할 수 있음	채점 기준표

4. 수행평가의 실제[8)]

1) 평가의 실제 – 서술형 주관식 검사

서술형 주관식 검사는 획일적인 표준화 검사를 적용하기 어려운 상황이나, 다양한 사고와 접근 방법을 인정하면서 동시에 타당한 평가를 하기 위해서 필요하다. 또한 교수 학습 활동의 과정과 결과에 대한 정보를 수집하여 교수 학습 활동을 개선하기 위해서나 학생이 인지적으로 아는 것뿐만 아니라 아는 것을 실제로 적용할 수 있는지 여부를 파악하기 위해서 혹은 교수 학습 목표나 내용을 좀 더 직접적으로 관련시키기 위해서 필요하다.

◎ 서술형 주관식 검사의 특성

– 반응의 자유도가 크다.

– 고등 정신 능력을 측정하는 데 효과적이다.

---

8) 본 절은 황혜정 외(1997), "창의력 신장을 돕는 중학교 수학과 학습 평가 방법 연구"의 일부를 발췌하여 재구성하였음

– 평가 목표에 부합한 문항을 작성하기가 쉽다.
– 학생들의 학습 상태를 보다 정확히 파악할 수 있다.
– 학습자의 학습 태도를 개선해 준다.

◎ 서술형 주관식 문항의 채점 기준(1) : 총체적 점수화 방법

– 문제를 해결하는 데 필요한 특정 사고 과정에 관한 기준에 따라 문제 풀이 전체에 점수를 부여하는 방법
– 총체적 점수화 방법에 의한 채점 기준

평가기준	점수화
• 백지 • 오답 이외에 아무것도 없는 경우 • 문제의 조건들을 단순히 옮겨 놓은 경우 • 풀이 과정만을 일부분 제시하였지만, 그 과정조차 틀린 경우	0점
• 문제를 이해한 듯하나, 겨우 풀기 시작한 상태에서 멈춘 경우 • 풀이 과정과 답이 모두 틀린 경우 • 정답만 제시한 경우 • 정답을 하였으나, 풀이 과정의 옳고 그름을 판단할 수 없는 경우	1점
• 풀이 과정이 옳지만, 답을 제시하지 않은 경우 • 풀이 과정이 옳지만, 문제 요구 조건과 맞지 않는 답을 한 경우 • 풀이 과정이 옳지만, (계산상의 오류로) 오답한 경우	2점
• 풀이 과정이 옳지만, 답을 제시하지 않은 경우 • 풀이 과정이 옳지만, 문제 요구 조건과 맞지 않는 답을 한 경우 • 풀이 과정이 옳지만, (계산상의 오류로) 오답한 경우	3점
• 풀이 과정과 답의 숫자 부분은 옳으나, 단위가 없거나 잘못 쓴 경우 • 풀이 과정과 답이 옳은 경우	4점

◎ 서술형 주관식 문항의 채점 기준 (2): 분석적 점수화 방법

– 문제 풀이 과정을 몇 단계의 요소로 나누어 각 단계(요소)에 점수를 할당하여 이것을 기준으로 이용하는 방법
– 분석적 점수화 방법의 채점 기준 설정 절차

채점 기준(안) 계획

- 문제의 조건 및 전략 선정
- 풀이 과정 선정
- 채점 요소 선정
- 요소별 점수 배당

↓

채점 기준(안) 마련

↓

평가 실시

↓

가채점 실시

↓

채점 준거(안) 검토 및 수정

- 선정한 문제의 조건 및 전략 검토
- 선정한 풀이 과정 검토
- 선정한 채점 요소 검토
- 요소별로 배당된 점수 검토

↓

채점 기준 확정

↓

채점 실시

◎ 서술형 주관식 문항 및 채점 기준의 예

– 서술형 주관식 10문항 제시(부록에 15문항 추가로 제시).

– 분석적 점수화 방법에 따른 각 문항의 채점 기준(안) 제시

예시

다음과 같이 1cm 간격의 모눈종이가 있다. 여기에 넓이가 $2cm^2$인 도형을 가급적 많이 그려보아라. (변의 개수가 다른 다양한 모양의 도형에 대하여 각각 점수가 주어지며, 회전하거나 이동하여 겹쳐지는 도형은 모양이 같은 도형으로 취급한다.)

➡ 관련되는 수학적 창의성 요소: 사고의 융통성, 유창성

풀이

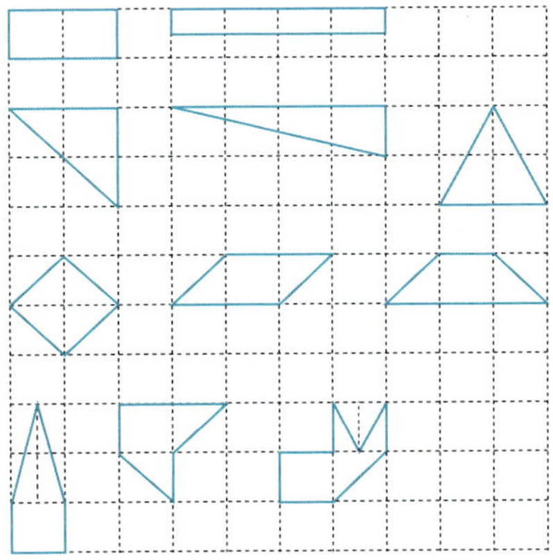

1. 채점기준표

평가기준	점수화
• 반응의 유형 – 1개의 유형 (1점) – 2개의 유형 (2점) – 3개의 유형 (3점) – 4개의 유형 (4점) – 5개 이상의 유형 (5점)	5점
• 반응의 개수 – 1개 (1점) – 2개 (2점) – 3개 (3점) – 4개 (4점) – 5개 이상 (5점)	5점

➡ 대개는 도형의 변의 개수에 따라 유형을 나눌 수 있으나, 위의 경우 직사각형과 직사각형 이외의 사각형을 그리는 것은 다른 유형의 사고라고 판단되기 때문에 다른 유형으로 간주하였다. 삼각형의 경우도 직각삼각형, 정삼각형, 그 이외의 삼각형을 각각 독립된 유형으로 취급할 수 있으며, 이와 같이 도형의 유형을 구분하는 것은 임의적이다.

➡ 위의 채점 기준에 의하면 풀이에서 제시한 답안은 5개의 유형(삼각형, 사각형, 여러 가지 사각형, 오각형, 팔각형)에 걸쳐 11개의 도형을 그렸으므로, 반응의

유형에서 5점, 반응의 개수에서 5점을 받게 된다.

2) 평가의 실제 - 프로젝트

◎ 프로젝트의 정의 및 특성

- 학생들의 열린 반응을 요구하는 일종의 수행 과제
- 학생들의 실제 생활과 직접 관련되어 그들의 고등 사고 능력을 발휘할 수있는 문제 상황을 주제로 제시
- 학생 스스로 그들 나름대로의 수학적 지식 및 방법을 결정, 사용하여 과정 중심의 수행 경험

◎ 수학 프로젝트의 주제

- 남자와 여자의 수학적 능력 차이
- 수학 성적과 다른 교과 성적의 관계
- 학생들이 좋아하는 교과와 그 이유
- 중학교 2학년 학생들의 용돈 액수와 사용 용도
- 1~10까지의 숫자에 대한 학생들의 생각(좋아하는 수와 싫어하는 수)
- 우리 학교에서 제일 키가 큰 나무의 높이
- 150×300cm의 합판을 가지고 가장 큰 개 집 만들기
- 교통 체증 감소를 위한 학교 근처 신호등의 시간 조절
- 각 띠에 속한 사람들의 수와 나이 분포
- 걸리버 여행기에 나오는 거인과 소인의 일상생활을 수학적으로 나타내기
- 자연 현상에서 피보나치 수열 찾아보기

◎ 프로젝트의 구체적인 예

예시

〈소띠의 60세 회갑〉

동양권에 사는 사람은 동물 이름의 띠로 서로의 나이를 비교하곤 한다. 즉, 2009년은 소의 해이므로 이때 태어나는 아기들은 소띠라고 부른다. 그렇다면 어떤 띠를 가지고 있는 사람이 가장 많을까? 각 띠와 사람 수 사이에는 어떤 관계가 있을까?

◈ 주제 목표

- 배수 및 최소공배수의 개념을 알고, 이를 실생활 문제에 적용한다.
- 주어진 자료를 정리하여 그래프로 표현한다.
- 표본의 수가 많아질 때, 경험적 확률은 통계적 확률에 가까워짐을 이해한다.
- 전수조사와 표본조사 및 모집단과 표본의 뜻과 의미를 안다.

◈ 주제 안내

- 수학적 내용을 모델링하는데 있어서 서양의 문화적 요소들이 많은 부분을 잠식하고 있는 사실에 비추어 볼 때, 동양 고유의 것들을 소재로 삼는 것은 바람직한 현상 중의 하나이다.
  학생들은 우선 가족들의 띠를 조사해 와서 12띠의 분포가 어떻게 나타나는지 소집단별로 또 학급 전체로 살펴보고 그래프화한다.
- 최소공배수의 개념을 적용하여 60세의 생일에 왜 회갑이라는 특별한 의미를 부여하는지 생각해 보고 토론해 본다.
- 주제 목표에서 사용한 '경험적 확률', '통계적 확률', '전수조사', '표본조사', '모집단', '표본' 등의 용어를 가급적 사용하지 않고 수학적 내용을 설명하는 것이 바람직하다.

단계 1

학생들 각자 가족의 나이와 띠를 함께 조사해 오도록 한다.

➡ 통계조사의 두 가지 방법인 전수조사와 표본조사에 대하여 설명한다. 사람들의 띠를 조사하기 위해서는 전 국민 혹은 전 세계 사람을 모집단으로 하고 그 중 일부라고 할 수 있는 한 학급 학생들은 표본으로 추출할 수 있으며, 표본을 통해 내려진 결론은 모집단 전체로 확대 해석될 수 있음을 언급한다.

단계 2

각 띠에 해당하는 사람의 수를 표로 만들고, 이를 막대그래프와 그림그래프로 나타낸다.

➡ 소집단별로 활동을 한 후 학급 전체에 대해서도 동일한 활동을 시도한다. 이

경우 5-8명으로 이루어진 소집단에서는 12띠의 분포가 균일하게 나타나지 않고 몇몇 띠에 치중될 수 있으나, 한 학급 전체에 대한 자료를 정리할 경우에는 비교적 균등한 분포를 나타내게 된다. 이를 통해 학생들은 표본의 수가 많아질 경우 경험적 확률이 이론적 확률에 근사함을 이해할 수 있다.

단계 3

주어진 과제와 관련된 발전적인 문제에 대하여 토론해 본다.

예시

우리는 태어나서 만 60세가 되는 해의 생일을 회갑이라 하여 많은 일가 친지들이 모여 축하하고 즐기는 풍속을 가지고 있다. 왜 하필 60세가 되는 해의 생일을 회갑이라 하였을까?

➡ 10간인 甲, 乙, 丙, 丁, 戊, 己, 庚, 辛 壬, 癸와 12지인 子, 丑, 寅, 卯, 辰, 士, 午, 未, 申, 酉, 戌, 亥가 짝을 이룬다고 할 때, 동일한 天支가 나오는 주기는 10과 12의 최소공배수인 60년이 된다.

◎ 프로젝트 평가기준

– 프로젝트의 평가기준을 마련(Vermont Portfolio Program[9] 근거)

- 문제 이해하기
- 문제 해결 방법
- 자기 논평
- 수학 용어
- 수학적 표상(도표, 그래프, 표, 다이어그램, 모델 등)
- 풀이 설명

9) NCTM(1995) 참고

	1 수준	2 수준	3 수준
문제의 이해	문제의 이해 부족으로 착수하지 못함	문제해결에 필요한 최소정보만을 이용할 정도로 문제를 이해함	문제해결에 필요한 최소정보 이외의 요인들을 알고 이용할만큼 문제를 충분히 이해함
문제해결 방법	해결 방법이 작동되지 않거나 분명하지 않음	해결 방법이 문제를 의 부분만을 해결함	효율적이고 세련된 해결 방법으로 문제를 해결함
자기 논평	문제를 푼 것으로 그치거나 그 풀이와 무관하거나 부적절한 관찰을 함	문제를 풀고 나서 그 풀이의 어떤 측면에 대하여 의미 있는 논평이나 관찰을 함	문제를 풀고 나서 그 풀이를 일반화하거나 의미 있는 논평이나 관찰을 함
수학 용어	문제 진술 이외의 수학 용어를 사용하지 않거나, 그 해를 의사소통하는데 부적절하거나 부정확한 수학 용어를 사용함	문제의 부분해(또는 부적절한 해)에 도달할 만큼의 수학 용어를 사용함	문제의 해를 의사소통하는데 적절한 수학 용어를 사용함
수학적 표상	부적절한 수학적 표상을 이용하거나 어떠한 수학적 표상도 이용하지 못함	풀이를 의사소통하기 위하여 어느 정도(대부분) 적절한 수학적 표상을 이용함	풀이를 의사소통하기 위하여 세련되고 정확한 수학적 표상을 이용함
풀이 설명	풀이의 설명이 불분명하고 체계적이지 않음	풀이의 설명이 부분적으로만 분명하고 체계적으로 되어 있음	풀이의 설명이 전체적으로 분명하고 상세하게 잘 조직화되어 있음

◎ 프로젝트 평가 방법

– 프로젝트는 수업 시간이나 숙제로 제공될 수 있다.

– 학교 경연 대회 형식으로 제공될 수도 있다.

  • 1년에 2회 정도 실시 가능

– 프로젝트 수행 결과에 대한 평가로는 시행 목적에 따라 총합적인 논평을 하거나 분석적인 점수화를 시도할 수 있고, 또는 두 가지를 모두 병행할 수

있다.

• 논평: 위의 평가기준을 토대로 학생의 장점과 특성 위주로 기술
• 점수화: 위의 평가기준 각각에 대하여 3단계 정도의 평정 척도 이용

◎ 현장 적용

— 소집단별(7-8명) 프로젝트 활동 결과 사례(3학년 1개급 학생 대상)
  • '걸리버 여행기를 읽고 나서' 주제
  • '학생 자기평가 기록지'에 결과 기록

3) 평가의 실제 – 관찰 및 면담

◎ 관찰 및 면담의 특성

— 기본적으로 수학적 성향 및 태도 등에 대한 자료 수집 가능
— 학생의 수학적 능력이나 사고에 대하여 보다 심화된 질적 자료 수집 가능
— 학생의 사고(생각하고 있는 것)와 수행(하고 있는 것) 과정에 대한 통찰 가능
— 다른 평가 기법에 의한 결과 점검 및 보완 역할

◎ 관찰의 유형

— 유형(참여/비참여, 통제/비통제)
— 현장에서의 관찰법 활용 방법
  • 수업 시간에 개인, 소그룹을 대상으로 비참여관찰
  • 자연스럽게 이루어지거나(비통제관찰), 특정한 사고력에 중점을 두고(장면 선택법) 관찰

◎ 관찰시 유의 사항

— 뚜렷한 관찰 목적 또는 문제의식을 가지고 관찰에 임하도록 한다.
— 관찰 계획을 치밀하게 세워야 한다.
— 부분과 전체의 관련을 지으며 관찰함으로써 피상적인 관찰이 되지 않도록 해야 한다.
— 객관적인 태도로 관찰해야 한다.
— 관찰 기간의 길이는 짧게 하고 누적시키는 방법을 쓰도록 한다.

◎ 면담의 유형

◈ 공식적 면담

- 미리 만들어진 일련의 질문을 가지고 학생에게 질문하는 방법이다.
- 개인간의 비교를 위한 표준화된 정보를 제공하지는 못하나, 학생들 간에 비교할 수 있는 자료가 수집될 가능성이 상대적으로 높다.
- 공식적 면담은 1대 1 면담에 기초하여 문제해결 수행 능력과 태도를 주의 깊게 관찰할 수 있다.
- 교사의 사전 의도에 따라 고도의 조직성과 융통성을 가질 수 있다.

◈ 비공식적 면담

- 면담 계획에서 면담 목적만을 명백히 하고 면담 형식이나 방법은 교사가 그 때그때의 상황에 맞게 조정하여 진행하는 방법이다.
- 면담 상황에 따라 융통성 있는 진행이 가능하다.
- 질문의 응답, 면담 분위기도 자유로운 형식을 취할 수 있다.
- 학생들의 응답(진술)을 유도하거나 이를 격려하기 위한 전략 "네. 그렇군요", '머리를 끄떡인다', '학생이 방금 한 말을 되받아 반응한다'

◈ 현장에서의 면담법 활용 방법

- 우수아 선별, 학습 부진아 선별 및 처치에 효과적
- 정규 수업 시간 외에
- 개인, 소그룹을 대상으로
- 비공식적 면담 또는 공식적 면담법 이용

◎ 면담시 유의 사항

- 면담시 교사 태도(반응)은 어떤 응답을 암시하거나 자신의 의견을 표명하지 말고 중립적 입장을 취해야 한다.
- 질문의 내용과 시기가 적절해야 한다.
- 학생이 안정감을 가지고 자발적으로 응답하도록 분위기를 조성한다.
- 질문하고 답하는 형식이 아닌 서로 대화하는 분위기를 만들도록 한다.

◎ 관찰 및 면담의 기록 유형

◈ 기계에 의한 기록

◈ 일화(행동)기록법

◈ 체크리스트

◈ 평정척도법

– 기록지의 예

– 관찰 기록의 예 제시

• '자리잡기의 원리' 주제로 가상적인 소집단 활동의 예 제시

• 일화기록법을 이용한 결과 분석의 예 제시

◎ 관찰 및 면담의 일반 절차

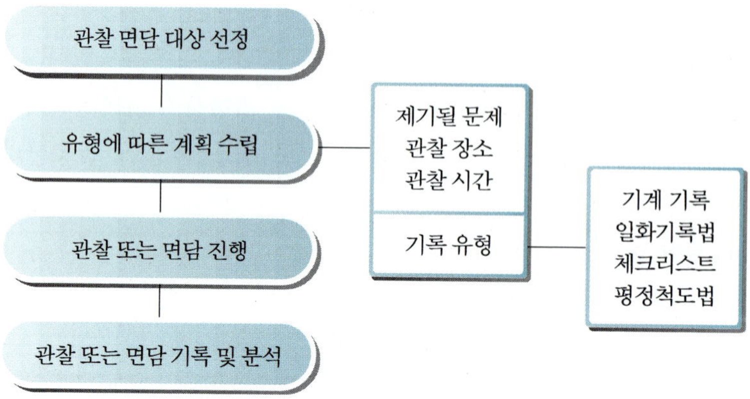

◎ 기계에 의한 기록

– 자료를 반복하여 재관찰하고 재분석할 수 있다.

– 추후의 분석을 위한 보다 상세한 정보를 모을 수 있다.

◈ 녹음기

– 어떤 학습 상황이 벌어지고 있는지, 어떻게 반응하고 있는지 파악하는데 유용하다.

◈ 녹화기

– 어떤 학습 상황이 벌어지고 있는지, 학생들이 무엇을 어떻게 하고 있는지,

또 어떻게 반응하는지를 자세히 알 수 있다.

- 녹화하기 전 개인, 소집단, 학생 전체 중 어느 대상을 선정할 것인지에 관한 문제뿐만 아니라 무엇에 초점을 둘 것인지를 생각해야 한다.
- 교사가 직접 녹화를 하면서 관찰하거나 면담을 하는 경우, 통찰의 효과가 떨어질 우려가 있다.
- 장비 구입이나 녹화 기술 측면에서 어려움이 따를 수도 있다.

◎ 일화기록법

- 한 개인을 대상으로 구체적인 행동 사례를 될 수 있는 한 상세하면서도 간략하게 기술해 나가는 방법이다.
- 구체적인 사고 혹은 사건을 관찰 또는 면담함으로써 '질적'으로 기술하는 것이 특징이다.

관찰(면담) 기록지

관찰대상 : ____________ No. _____

요 일 : ____________

시 간 : ____________

사 건 :

◎ 체크리스트

- 관찰하려는 행동 단위를 미리 자세히 분류하고 이것을 기초로 그러한 행동이 나타났을 때 체크하거나 빈도로 표시하는 방법이다.
- 관찰 목적에 기초하여 관찰 내용을 조작적으로 정의하는 것이 중요하다.
- 기록지를 개발할 때 관찰의 목적과 관련되는 행동을 상세하고 구체적으로 정의하여 항목을 작성해야 할 것이다.

체크리스트

관찰(면담) 요목			학생1	학생2	학생3	학생4
수학적 성향	흥미와 호기심	수학에 대해 상당한 흥미와 호기심을 가지고 있다				
		수학 시간에 적극적이다				
		수학 문제 푸는 것을 좋아한다				
	자신감과 의지	수학 문제를 자신있게 푼다				
		어려운 수학 문제도 두려워하지 않는다				
		문제 풀이 결과에 자신 있어 한다				
	과제집착력과 끈기	시간이 오래 걸려도 주어진 문제를 끝까지 푼다				
		교사에게 질문하거나 친구에게 물어 봄으로써 모르는 문제를 알려고 노력한다				
수학적 사고력	직관적 통찰	문제 풀이의 결정적인 단서를 순간적으로 떠올린다				
		문제 해결의 핵심적인 방법이나 전략을 구사하는 능력이 뛰어나다.				
		문제를 이해하는 속도가 빠르다				
	공간화	도형에 관한 문제 푸는 것을 좋아한다.				
		도형의 변환이나 회전 등에 관련된 공간적 사고 능력이 뛰어나다				
	추상화	수학적 문제 상황을 적당한 수학적 개념, 기호, 수식으로 표현하는 능력이 뛰어나다				
		주어진 문제를 풀 때, 그림이나 그래프를 이용하여 푼다				
	귀납적 사고	하위의 구체적인 사례들을 종합하여 상위의 일반적인 원리나 법칙을 구성하는 능력이 뛰어나다				
		여러 가지 수학적인 사실에서 규칙성을 발견하는 능력이 뛰어나다				
	연역적 사고	상위의 일반적 원리나 법칙을 하위의 구체적인 상황에 적용하는 능력이 뛰어나다				
		전제로 주어진 명제들로부터 논리적 규칙을 써서 결론을 엄밀하게 도출하는 논증 능력이 뛰어나다				
	반성적 사고 및 적용	문제 풀이 과정을 신중히 검토한다.				
		좀더 나은 풀이 방법을 찾는다				
		문제 해결 결과를 다른 상황에 적용한다.				
수학적 창의력	사고의 경제성	수학 문제 풀이 방법이 다른 학생에 비해 간결하고 명확하다				
		수학적 사고 과정을 단축하여 효율적으로 문제를 해결한다.				
	다양성	문제 상황에 유의미한 여러 가지 반응이나 아이디어를 산출해 낸다.				
		하나의 수학 문제에 대하여 다양한 풀이법을 시도한다				
	독창성	습득된 풀이 방법 이외의 것을 이용하여 문제를 푸는 것을 좋아한다.				
		풀이 과정이 다른 학생과 다르고 독특하다				

평정척도

		관찰(면담) 요목	매우 그렇다	그렇다	잘 모르겠다	그렇지 않다	전혀 그렇지 않다
수학적 성향	흥미와 호기심	수학에 대해 상당한 흥미와 호기심을 가지고 있다					
		수학 시간에 적극적이다.					
		수학 문제 푸는 것을 좋아한다.					
	자신감과 의지	수학 문제를 자신있게 푼다.					
		어려운 수학 문제도 두려워하지 않는다.					
		문제 풀이 결과에 자신 있어 한다.					
	과제집착력과 끈기	시간이 오래 걸려도 주어진 문제를 끝까지 푼다					
		교사에게 질문하거나 친구에게 물어 봄으로써 모르는 문제를 알려고 노력한다.					
수학적 사고력	직관적 통찰	문제풀이의 결정적인 단서를 순간적으로 떠올린다					
		문제 해결의 핵심적인 방법이나 전략을 구사하는 능력이 뛰어나다.					
		문제를 이해하는 속도가 빠르다.					
	공간화	도형에 관한 문제 푸는 것을 좋아한다.					
		도형의 변환이나 회전 등에 관련된 공간적 사고 능력이 뛰어나다.					
	추상화	수학적 문제 상황을 적당한 수학적 개념, 기호, 수식으로 표현하는 능력이 뛰어나다.					
		문제를 풀 때, 그림이나 그래프를 이용하여 푼다.					
	귀납적 사고	하위의 구체적인 사례들을 종합하여 상위의 일반적인 원리나 법칙을 구성하는 능력이 뛰어나다					
		여러 가지 수학적인 사실에서 규칙성을 발견하는 능력이 뛰어나다.					
	연역적 사고	상위의 일반적 원리나 법칙을 하위의 구체적인 상황에 적용하는 능력이 뛰어나다.					
		전제로 주어진 명제들로부터 논리적 규칙을 써서 결론을 엄밀하게 도출하는 논증 능력이 뛰어나다.					
	반성적 사고/적용	문제 풀이 과정을 신중히 검토한다.					
		좀더 나은 풀이 방법을 찾는다.					
		문제 해결 결과를 다른 상황에 적용한다.					
수학적 창의력	사고의 경제성	수학 문제 풀이 방법이 다른 학생에 비해 간결하고 명확하다.					
		수학적 사고 과정을 단축하여 효율적으로 문제를 해결한다.					
	다양성	문제 상황에 유의미한 여러 가지 반응이나 아이디어를 산출해 낸다.					
		하나의 수학 문제에 대하여 다양한 풀이법을 시도한다.					
	독창성	습득된 풀이 방법 이외의 것을 이용하여 문제를 푸는 것을 좋아한다.					
		풀이 과정이 다른 학생과 다르고 독특하다.					

- 기록이 능률적이고 양적인 처리가 쉽고, 개인 뿐만 아니라 몇몇의 학생들로 구성된 소집단을 동시에 관찰하여 기록하는 데 유용하다.
- 미리 선택된 요목의 내용이 복잡하고 요목 수가 너무 많으면 교사가 사건이 일어난 것을 보고 그때그때 체크하기가 힘들다.

◎ 평정척도법

- 관찰하거나 면담하는 대상을 일정한 척도에 따라 분류하고 측정하는 방법이다.
- 관찰자가 단순히 행동의 유무만을 표시하는 것이 아니라 그 행동의 빈도 혹은 질에 대한 판단을 표시한다는 점에서 체크리스트와 구별된다.
- 주로 학생 개인에 대한 관찰 기록을 보다 깊이 있게 정리할 때 유용하다.

◎ 관찰 및 면담의 결과 분석

- 수집된 관찰 및 면담의 자료(일화기록, 체크리스트, 평정척도법 등의 결과)를 요약, 행동의 패턴을 결정하여 평가
- 진술문 형태로 요약하여 교사의 전문적 판단에 따라 필요한 조언
  • 교사 의견서(안) 제시
  • 학생기록부에 각 교과에 대한 기재 사항을 작성하는 기초 자료로 활용

◎ 현장 적용

- 면담의 예시 및 결과 분석
  • 학업성적 우수아 1명과 부진아 1명을 각각 대상(수학문제 2개씩)
  • 비공식적 면담법을 이용하여 연구자가 면담함
  • 일화기록법 이용한 면담 기록 및 결과 분석의 예 제시

교사 의견서	
성　　명 : 결과기록일 : 기록 방법 :	
수학적 성향	
수학적 사고력	
수학적 창의력	

4) 평가의 실제 – 포트폴리오

◎ 포트폴리오의 정의 및 특성

– 포트폴리오 평가는 하나 이상의 주제나 문제에 대한 해결 과정을 모두 기록함과 아울러, 이들에 대한 반성적 자기 평가 결과들을 모아 둔 것

- 학생들은 자기 자신의 변화 과정 인식(파악)
- 자신의 장점이나 약점, 성실성 여부, 잠재 가능성 등을 스스로 인식
- 교사들은 학생들의 과거와 현재 상태 파악, 앞으로의 발전 방향에 대한 조언

◎ 포트폴리오의 구성 요소

– 포트폴리오는 특정 과제나 장기간의 프로그램 수행에 초점을 두고 최종적인 산출을 향한 학생의 진보에 관한 근거 자료

- 전통적인 객관식 유형에서부터 논술형 형태의 검사지
- 단순 과제에서부터 프로젝트 형태의 결과물
- 간단한 메모에서 수필 형태의 학생 자기 평가의 기록지 등
- 관찰 및 면담 결과

◎ 학생 자기 평가

– 수업 활동 중심의 자기 평가
  - 수업 중 풀은 문제 중에서 이해하기 어려웠거나 쉬웠던 것
  - 새롭게 경험한 내용, 흥미를 유발한 내용 등을 중심으로 기록
– 과제 중심의 자기 평가
  - 교사가 문제를 내어 주고 풀게 하거나 주제만 제시하여 학생 스스로 문제를 만들어 풀게 함으로써 진행

◎ 학생 자기 평가 기록지의 구성

– 학생 자기 평가 기록지(안) 예시
  - 단원명, 날짜, 이름 등의 기록
  - 학생 스스로 선정한 주제나 문제를 해설 또는 풀이 과정 기술
  - 반성적 자기 평가 또는 소감 기술
  - 평정 척도에 의한 자기 평가
  - 교사 논평

◎ 현장 적용

– 수업 활동 중심의 학생 자기 평가의 사례(3학년 1학급 대상)
  - 수업 내용 중에서 자신이 이해한 내용이나 처음에 쉽게 풀 수 없었던 문제를 해결한 경험 사례 기술
  - '학생 자기 평가 기록지'에 결과 기록
  - 기록지 결과에 대한 교사의 평가(논평)

학생 자기 평가 기록지

단원명 : ______________

날　짜 : ___년 ___월 ___일 ___교시

이　름 : ______________　　(___학년 ___반 ___번)

주제(문제):

해설(풀이):

반성 및 소감:

자기 평가: 아주 못함(　) 못한 편임(　) 잘한 편임(　) 아주 잘함(　)

교사 논평:

◎ 포트폴리오의 관리 및 평가 방법

– 우선 작업 중인 포트폴리오와 영구 포트폴리오를 구분하여 관리한다.

– 작업 중인 포트폴리오는 교실 뒤의 사물함 등에 비치하여, 언제나 열람하고, 기록할 수 있도록 한다.

– 학생들은 각자 작성한 자기 기록지를 다음 같은 내용의 목차를 마련하여 정리 보관하도록 한다.

– 포트폴리오의 내용 선정과 운영에 관한 안내 자료, '생각해 볼 문제', '동료의 포트폴리오 평가 자료' 등을 게시판에 붙여 둠으로써 학생들이 참고할 수 있도록 한다.

– 평가까지 완성된 포트폴리오는 영구 포트폴리오로 정리하여 학생이 보관하게 한다.

기록지 내용 목차

이름 : ____________

___학년 ___반 ___번

주제명(문제)	완성한 날짜	비고
1. 유리수와 순환소수		
2. 지수법칙		
3. 미지수가 2개인 일차방정식		
4. 걸리버 여행기를 읽고 나서		
5. 소띠의 60세 회갑		

◎ 포트폴리오 평가 방법

◈ 점수화, 수량화하는 방법

– 포트폴리오의 비율에 따라 가중치를 다르게 주어 합산

(예: 지필검사 70%, 프로젝트 12%, 학생 자기 평가 기록 12%, 관찰 및 면담 결과 6%로 구성한다면, 각각의 점수를 정해진 비율만큼씩 반영하여 총점을 부여한다.)

◈ 논평

– 특정한 행동 측면(사고력, 창의성, 문제해결 능력, 의사소통 능력, 계산 능력 등)을 중심으로 포트폴리오의 구성물들을 검토하여 학생의 진전, 발달 정도를 평가하는 방법

– 특정한 수학 내용을 중심으로 평가하는 방법

2.3 수준별 평가: 외국 사례

수준별 평가는 학생의 학습수준에 상관없이 공통된 문항으로 평가하는 일제식 평가에 대립되는 평가 방식이다. 일제식 평가로 이루어지고 있는 고교 9등급제 상대평가가 지니는 한계성을 극복하고자 2012년 현재 우리나라는 교육과학기술부를 중심으로 여러 평가방안, 성취평가제, 교과교실제, 입학사정관제 등의 도입과 정착을 위한 여러 연구를 추진하고 있다. 상대평가는 집단 내에서 다른 학생과 비교하여 자신의 위치는 알 수 있지만 가장 큰 난제는 교과내용의 학습목표에 따른 각 학생의 성취수준을 알기 어렵다는 것이다. 수준별 평가가 수준별 교수 학습과 병행하여 실시되는 것인 만큼 아무래도 준거지향평가 중의 하나로 접근하여야할 것으로 보인다. 시기적으로 아직 우리나라에서는 구체적인 수준별 평가방안이 구축되기 이전이기 때문에 본 서에서는 한국교육과정평가원 주관한 평가방안 세미나에서 발표된 자료(진경애, 2009)를 바탕으로 재구성하여 수준별 평가의 개념과 나아가 미국과 영국의 평가제도를 알아봄으로써 우리 수학교육에서 적용할 수 있는 가능성을 모색해 보고자 한다.

1. 수준별 과목에 따라 수준별 평가의 미국 고교 제도

미국은 수준에 따라 계열화된 과목을 개인의 능력에 따라 선택하여 이수하고 평가에는 선택한 과목에서 자체적으로 시험을 실시하여 과목명과 성적을 부여하는 방식이다. 이 방식은 우리나라 수준별 수업이 학년 내에서 이루어지는 것과는 달리 동일한 영역 내에서 수준에 따라 다른 과목을 제공하는 경우이다. 성적표기 및 반영방식을 살펴보면 미국은 대학마다 전형방식이 매우 다양하며 수준별 수업에 따른 성적을 반영하는 방식이 다르다. 미국의 웨스트하이스쿨이라는 한 고등학교 사례를 소개하면 다음과 같다.

1) 미국 고교 수준별 평가

수학과 경우 수준별 수업은 여러 가지 형태로 운영되고 있다. 첫째, 학생들은 과목별로 위계화 되어 있는 과목을 자신의 수준에 맞게 선택하여 순차적으로 이수하게 한다. 예를 들어 대수개론, 대수 1, 기하, 대수 2와 같은 방식이다. 학생들은 과목을 이수할 때 일정이상의 성적을 획득해야 한다. 만약 성적이 C이하를 받게 되면 재수강을 하여야 한다. 둘째, 개인의 학습속도를 고려하여 과목의 이수기간을 달리한다. 웨스트하이스쿨에서 개설하는 수학과목 중 대수 I이라는 과목과 대수 IA, 대수 IB라는 과목이 함께 개설된다. 이 과목은 동일한 과목이지만 학생들의 학습속도에 따라 선택할 수 있다. 성적표에서 대수 1은 1년 만에 끝내는 과목이고 대수 1A와 대수 1B는 각 1년씩 총 2년에 걸쳐 배우는 과목이다. 이는 학생들의 선택에 의한 것으로 1년 또는 2년짜리를 이수할지 결정하기 위해 어떤 공식적인 시험이 있는 것은 아니다. 또한 이 과목을 1년 또는 2년에 걸쳐 이수한다하여도 단일과목으로 취급한다.

셋째, 동일한 과목의 수준을 달리하여 과목을 개설하여 가르친다. 예를 들어 기하와 기하honor 과목이 구분된다. 이 두 과목은 실제로 동일한 교재를 사용한다. 다만 기하honor 과목에서는 수준을 매우 높게 하여 가르친다. 기하과목에서는 원리에 대한 증명을 하지 않고 가르칠 수 있지만 기하honor과목에서는 복잡한 원리에 대한 증명내용을 가르친다. 이처럼 동일한 교재를 사용하더라도 기하honor에서는 높은 수준의 내용을 세세히 가르치며, 성적표에는 이 두 과목을 구분하여 표시하고 있다. 교사는 honor 클래스를 이수하고자 할 때는 교사의 추천서와 학부모 동의서가 필요하다. 교사는 honor 클래스를 신청한 학생이 선수과목에서의 성적을 보고 honor 클래스 이수여부를 허용한다. 정규클래스와 honor 클래스는 별개의 클래스로 강의하므로 시험문항은 서로 완전히 다르다. 넷째, 무학년제 실시로 다른 학년의 학생들과 과목을 함께 이수할 수 있다. 예를 들어, 대수 2는 9-12학년을 대상으로 개설된다. 즉, 9학년 학생부터 12학년 학생까지 다양한 학년의 학생들이 함께 이 과목을 수강할 수 있다. 대수 1과 기하과목을 성공적으로 이수한 학생이면 어느 학년에 있든지 대수 2를 이수할 수 있다.

다섯째, 시험을 통해 특정 과목을 이수하지 않고 상위과목을 이수할 수 있다. 예를 들어 어떤 학생이 기하 선수과목인 대수 1을 듣지 않을 수도 있다. 이 학생은 대수 1에 대해 충분히 알고 있다고 자신한다고 하면 이 경우 학생은 학기 초에 이 시험에서 85% 이상을 맞게 되면 이 학생은 대수 1을 이수하지 않아도 된다. 시험을 통해 특정과목을 이수하지 않는다는 것은 그 과목을 듣지 않아도 된다는 의미이며 시험성적을 토대로 그 과목을 이수한 것처럼 성적을 주지는 않는다. 이 시험에서 통과하면 해당학생은 대수 1을 이수하지 않고 바로 다음 과목인 기하과목을 이수하게 된다.

2) 수준별 수업에 따른 평가 및 성적부여

웨스트하이스쿨에서는 위계화된 과목을 자신의 수준에 따라 선택하여 이수하게 된다. 성적 평가는 과목별로 이루어지고 있다. 대수1과 대수2는 별개의 과목이므로 시험 및 평가도 별도로 이루어진다. 웨스트하이스쿨에서는 과목별 성적 표기는 [그림 2-1]과 같다. 비록 성적표에는 A^+, A, A^-와 같이 표기하지만, GPA를 계산할 때는 훨씬 단순화 된다. 즉, A^+, A, A^-는 모두 4.0으로 환산된다. 이외에도 A*, B*, C*, D*와 같은 성적이 표기된다. 이것은 교육과정 내용이 현격하게 수정된 과목에 부여하는 성적표기이다. 예를 들어, 학습장애 학생들을 위해 교육과정의 목표와 내용을 수정했을 경우, 이 학생의 성적표는 A*, B*, C*, D*와 같이 표기된다. 웨스트하이스쿨에서는 honor class에서 성적을 받았다하더라도 가중치를 주지 않는다. 정규과목과 honor class에서 A를 받았다면 GPA를 계산할 때는 모두 4.0으로 환산된다. 정규과목에서 상대적으로 A를 받기 쉬움에도 honor class에서의 A와 동일한 점수로 환산됨으로 인해 불공정 이슈가 제기될 수 있다. 그렇지만 웨스트 하이스쿨 학교당국의 방침은 어떤 과목이든 A를 받으면 GPA를 계산할 때는 반드시 4.0으로 환산하고 있다.

이는 사실상 대학의 입학전형 방법과 무관하지 않다. 많은 대학에서 학생들이 취득한 학점이 얼마인가보다는 얼마나 많은 honor class나 AP과목을 들었느냐를 더 중시하면서 보기 때문이다. 이는 고등학교 간의 차이로 인해 고등학교 성적을 직접적으로 비교하기 어렵기 때문이다. 성적표에는 AP과목은 AP라고 honor class는 H

〈표 8〉 웨스트 하이스쿨의 GPA 환산점수

성적	환산점수	성적	환산점수
A^+	4.00	C	2.00
A	4.00	C^-	2.00
A^-	4.00	D^+	1.00
B^+	3.00	D	1.00
B	3.00	D^-	0.00
B^-	3.00	F	0.00
C^+	2.00		

라고 표기된다. 동일한 이유로 미국대학들은 표준화 검사인 SAT나 ACT점수를 입학전형에 활용한다. 하지만 필자의 경험이었지만 총점을 환산할 때는 이 AP와 honor class에 가중치가 가해져서 환산되는 경우를 볼 수 있었는데 이는 학생진학을 상담 지도할 때 참고자료로 활용하는 내부 문서로만 남는다.

2. 영국의 국가수준 표준화된 수준별 검사

현재 영국에서 시행하고 있는 방식은 각 학교에서 동일 과목에 대하여 수준별로 수업을 하고 평가는 국가수준의 표준화된 시험을 적용하되 학생이 선택에 따라 난이도가 서로 다른 2개의 검사 중에서 하나의 시험을 치르는 방식이다. 학교에서 수준별로 수업을 하되 평가는 국가 수준의 표준화된 검사(GCSE)를 사용하는데 이 검사는 두 수준으로 분리되어 상급수준의 시험(upper tier)를 치를 경우 총 8단계 중 A*－D 수준에 부여되고 낮은 수준의 시험(lower tier)을 치를 경우에는 총 8단계 중 C－G까지의 점수가 부여된다. 이와 같은 방식을 적용한다고 가정하면 영국의 국가수준의 검사에 해당하는 것이 우리나라의 학업성취도 평가이다. 수준별 수업 및 수준별 평가를 할 때에 국가수준의 평가를 적용하는 방안에 대해 거론된 적이 있었으나 각 지역 및 학교마다 수준이 다르기 때문에 표준화된 시험을 적용하는 데는 문제가 있다는 지적이 있어왔다.

그러나 영국식으로 우리 학업성취도 시험을 난이도에 따라 복수의 검사지로 제공한다면 수준별 수업 및 학생수준과 연계한 평가를 할 수 있는 가능성을 보여준다. 예를 들면 수준별 수업이 적용되는 과목에서 국가수준의 검사를 전 학년에서 두 수준으로 출제 학생들이 선택해서 응시할 수 있도록 총 5단계로 구성한다면 우수검사지의 성적은 A~C로 부여받고 보통검사지의 성적은 B-E를 부여받는 방식이 될 수 있을 것이다. 영국의 GCSE 수준별 검사지를 좀 더 자세히 소개하면 다음과 같다. 〈표 9〉는 GCSE과목에서 얻을 수 있는 성적의 범위를 나타낸다. 많은 과목에서 GCSE 국가 필기시험은 학생들이 G부터 C까지 받을 수 있는 foundation tier와 D에서 A*까지 받을 수 있는 상급수준의 시험으로 나뉜다. foundation tier에서는 G아래가 상급수준의 시험에서는 D아래가(D에 아주 가까운 점수라면 E를 수여하기도 한다) 낙제인 U가 되므로 영어에 어려움이 있는 등 특별한 경우(이민자 경우)에는 안전하게 낙제점이 더 낮은 foundation tier를 학교나 교사가 권유할 수 있다. 평가결과는 tier를 구분하지 않고 A*~G 등급으로만 기록하며 OCR경우에는 unit마다 다른

tier를 시도하거나 두 개 다 시도하는 것도 허락한다. 학생이 평소 실력이나 어떤 반에 있었는지와는 별개로 국가시험이 진행되며 또한 모든 과정을 끝내기 전에 모듈 시험을 봤을 경우 돌아오는 6월이나 1월에 재시험을 할 기회가 주어지기 때문에 낮은 점수를 고치는 것도 가능하다.

평가결과는 tier에 대한 언급 없이 등급만 표시하기로 되어 있다. 하지만 전국 시험점수 랭크가 상위에 포함될 경우 학생들은 과목에 따라 특별상(special award)를 받는다.

〈표 9〉 GCSE의 Mathematics B의 OCR 성적범위

성적	Foundation Tier G to C	Higher Tier D to A*
A*		Candidates take B293 and B294
A		
B		
C	Candidates take B291 and B292	
D		
E		
F		
G		

A level에는 수준별 시험이 없이 모두 동일한 수준의 시험으로 평가한다. 대신 상위 10%의 뛰어난 A level(13학년) 학생들을 대상으로 2002년부터 시행된 Advanced Extension Award가 있다. 보통 과목별로 우수한 학생들이 AEA 시험을 시도하고 그 중 소수가 Distinction이나 그 다음인 Merit 등급을 받는다. AEA시험에 통과하지 못하면 성적에 표기되지 않는다. Distinction award는 대학 입학 때 성적점수를 이루는 UCAS point가 40점 주어지고, Merit는 20점이 주어진다. A level에서 A 등급이 120 UCAS point란 것을 감안하면 그리 많지 않은 점수지만 뛰어난 학생들이 능력을 테스트해보는 기회가 될 수 있다.

이렇듯 국가 시험평가에 한해서는 하위권 학생들에게 불리하거나 상위권 학생들에게 유리하게 평가하는 제도보다는 평등하게 평가하면서 우수한 학생에게 추가점을 조금 부여하는 방식인 것이다. 반면 학교 내에서의 평가는 각 과목에서 요구하

는 과제, 평소 수업에서의 실력 등을 바탕으로 이루어지고 과목 교사의 소견은 상급학교 진학 시 필요한 추천서에 반영된다. 더불어 교사의 판단으로 웨스트민스터에서 제공하는 과목별 prize(정해진 주제에 따라 에세이나 리포트 등으로 참가하여 우수한 학생에게 상을 부여한다) 등 여러 기회가 학생에게 주어지기 때문에 추천서를 비롯해 이력서에 영향을 미칠 수 있다.

역시 영국도 미국과 마찬가지로 어떤 특정집단의 학생에게 불리하게 하는 경우나 상위수준에게 유리하게 작용하는 평가제도라고 하기보다는 상위수준의 학생에게 추가점을 주는 방식이므로 학습 성취를 우수하게 나타내는 학생을 격려하고 자신의 학습에 성취감을 가질 수 있게 장려하는 분위기임을 알 수 있다.

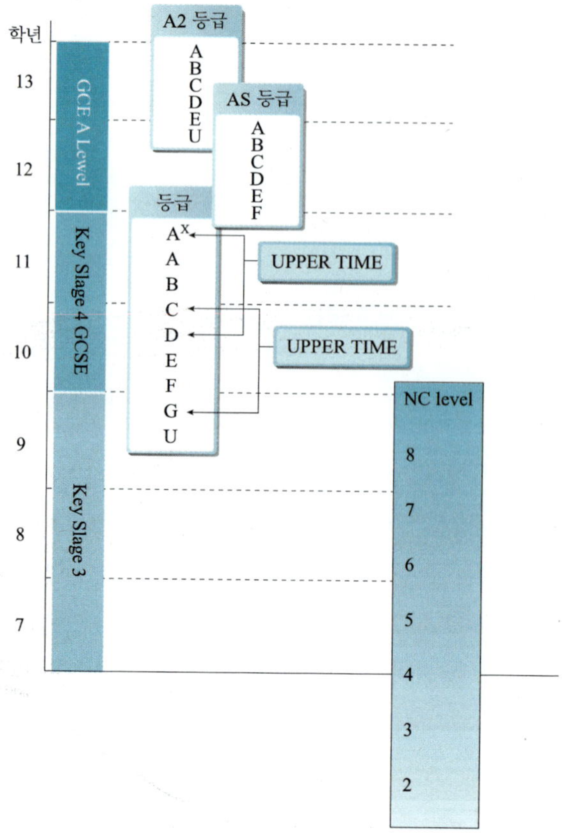

그림 3 영국의 교육과정과 표준화 시험

정리하면서

01 2007년 12월 2일 실시된 2008학년도 대비 [문제 1]

제7차 수학과 교육과정에서는 '수학학습의 평가가 ①학생 개개인의 수학학습을 돕고, ②교사 자신의 수업 방법을 개선'하는 데 기여할 것을 평가 목적의 하나로 명시하고 있다. 다음 문항을 위에 기술한 평가 목적에 보다 부합하도록 재구성하고, 재구성한 근거를 ①과 ②의 관점에서 문항 내용과 관련지어 서술하시오. (단, 문항을 재구성할 때, 주어진 명제는 변형하지 않도록 한다.) [4점]

> 다음 명제의 참, 거짓을 판별하시오. 답: ____________
>
> 명제: 이차함수 $y=ax^2+bx+c$는 x절편과 y절편을 모두 갖는다.

• 재구성 문항:

• 재구성한 근거

①의 관점:

②의 관점:

02 2005년 12월 4일 실시된 2006학년도 대비 [문제 6]

다음은 제7차 수학과 교육과정의 '평가' 항목에서 제시하고 있는 내용의 일부이다.

> ① <u>객관식 선다형 위주</u>의 평가를 지양하고, ② <u>주관식 지필 검사, 관찰, 면담 등</u> 다양한 평가 방법을 활용하여 종합적인 수학 학습 평가가 이루어질 수 있게 한다.

제7차 수학과 교육과정에서 제시하고 있는 수학 학습 평가의 목적을 학생과 교사의 측면에서 각각 쓰고, 수학 학습 평가에서 ①에 비해 ②가 갖는 장점을 인지적 영역과 정의적 영역의 측면에서 각각 쓰시오. [4점]

• 목적 : (학생)

(교사)

• 장점 : (인지적 영역)

(정의적 영역)

03 2008년 11월 9일 실시된 2009학년도 대비 [문제 13]

다음은 김 교사가 삼각함수 단원을 수업한 후 수행평가를 위하여 만든 과제이다. 이 과제로 평가할 수 있는 항목으로 가장 거리가 먼 것은? [1.5점]

> 1. 우리 도시의 지난 2년간 월평균 온도를 조사하시오.
> 2. x축을 월, y축을 월평균 온도(℃)로 하고, 이 자료를 순서쌍 (x, y)로 하여 좌표평면 위에 나타내시오.
> 3. 이 점들이 나타낼 수 있는 적당한 삼각함수를 찾는 과정을 자세히 기록하시오.
> 4. 내년 우리 도시의 월별 온도를 예측하시오.

① 주기함수에 대한 이해를 바탕으로 하여 과제를 논리적으로 해결하는 과정을 평가할 수 있다.

② 자연현상을 수학적 모델링을 통하여 이해하고 분석하는 능력을 평가할 수 있다.

③ 문제해결에 필요한 식, 그래프, 기호의 정확한 사용 능력을 평가할 수 있다.

④ 주어진 문제 상황에 수학적 개념과 원리를 적용하는 능력을 평가할 수 있다.

⑤ 수학의 유용성과 수학적 활동의 가치에 대한 신념을 평가할 수 있다.

04 2008년 11월 9일 실시된 2009학년도 대비 [문제 14]

다음 교사들의 의도에 적합한 평가 방법이 가장 알맞게 연결된 것은?

> (가) 학생들이 미분과 적분 단원을 학습하는 동안 수학적 이해가 발달하는 과정을 전체적으로 평가하고 싶습니다. 또, 학생 스스로의 반성적인 자기 평가도 이루어지면 더 좋겠습니다.
> (나) 수학 공부를 아주 열심히 하는데 성적은 항상 낮은 학생이 있습니다. 이 학생의 메타-인지적인 능력을 평가할 필요가 있다고 생각합니다.
> (다) 스스로 문제를 찾고, 이를 해결하기 위해 자신의 추론 능력이나 알고리즘을 사용하는 능력, 자신의 아이디어를 다른 사람에게 전달하는 능력을 평가하고 싶습니다.

	(가)	(나)	(다)
①	관찰과 면담	수학저널쓰기	포트폴리오
②	포트폴리오	관찰과 면담	프로젝트
③	포트폴리오	프로젝트	수학저널쓰기
④	프로젝트	관찰과 면담	포트폴리오
⑤	수학저널쓰기	포트폴리오	프로젝트

05 2006년 12월 4일 실시된 2007학년도 대비 [문제 3]

다음은 수학 〈7-나〉 단계에서 학습하는 내용 요소와 평가 문항이다. 다음에 제시된 평가 문항의 문제점을 보완하기 위해 면담을 이용한 평가를 계획하려고 한다.

> ① 내용 요소: 히스토그램
> ② 평가 문항: 도수분포표를 그래프로 나타낸 것을 무엇이라고 하는가?

①을 ②의 문항으로 평가할 때의 문제점을 쓰고, 면담을 이용한 평가의 의의를 쓰시오. 또한 ①을 면담에 의해 평가할 때 활용할 수 있는 ①과 직접 관련된 질문을 한 가지 쓰시오.

- 문제점: ______________________________
- 의의: ______________________________
- 질문: ______________________________

06 2003년 11월 30일 실시된 2004학년도 대비 [문제 4]

A 교사가 학생들에게 '둘레의 길이가 100m인 도형의 넓이'라는 조건을 사용하여 조별로 문제를 만들고 해결하여 발표하고, 보고서로 제출하게 하였다. 이때 가능한 한 일상생활이나 다른 분야와 연계된 풍부한 배경을 가진 문제를 만들도록 하였다.

A 교사는 학생들의 조별 발표를 관찰하고 보고서를 검토하면서 수학적 의사소통 능력에 초점을 두어 평가하려고 한다. 이때, 수학적 의사소통 능력을 평가하기 위한 항목을 2가지만 쓰시오. [총 4점]

07 2002년 12월 8일 실시된 2003학년도 대비 [문제 2]

다음과 같은 [문제]와 [학생 A의 풀이]에 대하여 주어진 [채점기준]으로 평가하려고 한다.

[학생 A의 풀이]에 타당한 점수를 [채점기준]에 근거하여 쓰고, 그 점수를 부여한 이유를 학생이 사용한 추론 양식과 관련하여 30자 이내로 서술하시오. [4점]

[채점기준]

1점 - 문제이해 부족, 부정확한 수학적 표현
2점 - 그럴듯한 추론, 관찰을 수반한 풀이
3점 - 명확한 추론, 풀이과정의 경미한 실수
4점 - 명확한 추론, 바른 답

[문제] 성숙한 토끼 한 쌍은 한 달이 지나면 한 쌍의 토끼를 낳으며, 새로 태어난 토끼 한 쌍은 2개월 후부터 매달 한 쌍의 토끼를 낳기 시작한다고 한다. 1월 1일에 성숙한 토끼 한 쌍을 사서 기르기 시작하면, n개월 후에는 몇 쌍의 토끼가 있게 되는가? (단, 토끼들은 죽지 않는다고 가정한다.)

[학생 A의 풀이]

1개월 후부터 4개월 후까지 토끼의 쌍의 수를 세어보았더니 다음과 같다.

$$2,\ 3,\ 5,\ 8$$

이 수열은 제 1계차가 1, 2, 3, ⋯ 인 등차수열이므로 n 번째 항은

$$a_n = 2+1+2+3+\cdots+(\mathrm{n}-1) = \frac{n^2-n+4}{2}$$

따라서, n개월 후의 토끼의 쌍의 수는 $\frac{n^2-n+4}{2}$ 이다.

참고문헌

경기도평택교육지원청 (2016). 2015개정 교육과정에 따른 고등학교 수학과 교육과정의 이해. 경기 : 경기도교육청

교육부 (1999). 수행평가(遂行評價)의 이해. 서울:교육부.

교육부 (2015). 초중등학교 총론 및 각론 교육과정. 세종:교육부.

국립교육평가원 (1996). 수행평가의 이론과 실제-초등학교의 새로운 평가 제도에 따른 수행평가의 이론과 실제. 서울: 국립교육평가원.

김도한 외 (2009). 초등교육 수행평가의 장애요인 분석과 개선안. 교육학 연구, 38(1).

박선화 (2015). 2015 개정 수학과 교육과정의 수학 교과 역량의 의미. KSME 포럼.

송미영 (2001). 수행평가도구의 성별에 따른 차별기능문항 추출 및 추출방법 비교. 이화여자대학교 대학원 박사학위논문.

이광우 (2014). 교과 교육과정 개발의 방향. 2015 문·이과 통합형 교육과정 개정을 위한 교과 교육과정 개발 정책연구진 합동 워크숍 자료집. 교육부, 한국교육과정평가원, 한국과학창의재단, 서울특별시교육청.

진경애 (2009). 수준별 평가 방안. 수준별 수업에 따른 학생 평가방안 세미나: 수학, 영어 교과를 중심으로, 한국교육과정평가원, 연구자료, ORM 2009-29.

한국과학창의재단 (2011). 2009 개정 교육과정에 따른 수학과 교육과정 연구. 서울: 한국과학창의재단.

한국교육과정평가원 (2007). 초·중학교 수학과 교육과정 해설 연구 개발. CRC 2007-15.

황혜정, 김홍원, 박경미, 김수환, 김신영, 채선희 (1997). 창의력 신장을 돕는 중학교 수학과 학습평가 방법 연구. 한국교육개발원 연구보고 CR 97-10-1.

황혜정, 최승현 (1998). 국가 교육과정에 근거한 평가기준 및 도구 개발 연구-고등학교 공통수학-. 한국교육과정평가원 연구보고 RRE-98-3-4.

National Council of Teachers of Mathematics (1991). *Mathematics Assessment*. In J. K. Stenmark(Ed.). Reston, VA: The National Council of Teachers of Mathematics.

Popham, W. J. (1995). Classroom assessment: What teachers need to know. Boston: Allyn and Bacon.

Wiggins, G. (1998). Design and development of performance assessment . NCME traing session. In D. J. Harris, & D. Martinovich-Barhite. *Practical and technical issues in the use, development, scoring and equating of performance assessment*. NCME Traning Session. April 13.

Wiley, D. E., & Haertel, E. H. (1996). Extended assessment tasks: Purposes, definitions, scoring, and accuracy . In M. B. Kane, and R. Mitchell, (Eds.), *Implementing p erformance assessment*. Mahwah, NJ: Lawrence Erlbaum Associates.

Wolf, D. P. (1989). Portfolio assessment: Sampling student work. *Educational Leadership*, 47(1), 35-39.

03

수학교육에서 국제적 평가동향

본 장에서는 국제적으로 초·중등교육의 학생을 대상으로 이루어지고 있는 평가에 대해 역사적 변천과정, 주안점과 그 내용을 이해하고자 구성되었다. 그간 국제평가에 대한 연구는 꾸준히 발표되어 왔으므로 본 서에서는 최근에 이루어지고 있는 PISA와 TIMSS를 소개하고자 한다.

3.1 국제평가의 역사적 변천과정

그동안 국제적으로 이루어진 교육 성취도 평가의 현황[1]을 살펴보면 국제평가의 변천과정을 알 수 있다. 국제평가는 1960년에 국제교육성취도평가협회(International Association for Evaluation of Education Achievement. 이하 IEA)가 주관하여 6교과(수학, 과학, 읽기, 독해, 지리학, 필기추론)에 대해 실시된 타당성 연구(Feasibility Study)로 시작되었다. 이후 과학과 분리하여 수학교과에 대해서만 1964년, 제1차 국제수학비교연구(First International Mathematics Study, 이하 FIMS: 12개국)와 1982~1983년에 제2차 국제수학비교연구(Second International Mathematics Study, 이하 SIMS, 20개국)를 실시하였다.

그러나 1994~1995년에 실시한 제3차 국제비교연구(Third International Mathematics and Science Study, 이하 TIMSS)부터 다시 수학과 과학을 함께 평가하게 되었고, 1999년에 실시한 TIMSS-R까지 3차를 뜻하는 Third의 약자 T가 사용되다가 제4차 국제비교연구부터는 Trend를 뜻하는 T로 바뀌면서 The Trends in International Mathematics and Science Study(TIMSS)의 의미로 TIMSS 2003, TIMSS 2007이라는 식으로 표기가 사용되고 있다. 한편, OECD가 주관하고 32개국이 참여한 2000년 국제학생프로그램(PISA)은 수학, 과학, 읽기에 대해서 평가하고 이를 제1주기 평가로 불리며 그 이후 3년마다 꾸준히 실시되고 있음을 알 수 있다.

1) 박정 외(2000)에서 참고.

〈표 1〉 TIMSS 2007 문항구성

구분	개발 연도	문항 수		문항 비율(%)	
추이문항	1999	20	86	10.6	45.7
	2003	66		35.1	
새로 개발된 문항	2007	102		54.3	
합계		188		100.0	

여기서 TIMSS는 참가국에게 8학년(중학교 2학년) 학생의 수학과 과학 학업 성취도 변동 추이와 함께 교수·학습의 실제 및 정책을 국제 수준과 견주어 비교해볼 수 있는 기회를 제공하는 것을 목적으로 4년을 주기로 실시한다. 1999년 실시한 TIMSS-R, 그 이후 T의 의미가 추이로 바뀐 TIMSS 2003, 2007 등의 평가 문항구성은 그 이전에 실시된 문항 중 일부를 반복하여 검사하는 방식으로 그 추이를 분석하고 있다. 〈표 1〉은 TIMSS 2007에서 문항구성[2]을 나타낸다.

〈표 2〉 교육성취도 국제비교 연구 현황 (1960~현재)

주관	연구 제목	자료수집 기간	참가국 수	조사 대상	평가영역 및 조사내용
IEA	타당성 연구 (Feasibiliy Study)	1960	12	중	수학, 과학, 읽기, 독해, 지리학, 필기 추론
	제1차 국제 수학비교 연구(FIMS)	1964	13	중,고	수학, 수학에 대한 관심 및 태도 질문지
	6과목 비교연구	1971	10~19 (평가 과목에 따라)	초,중,고	과학, 독해, 문학, 사회, 외국어(영어, 프랑스어)
	교실 환경 조사	1981	10	초,중	수학, 과학, 역사, 학습 관련 요소를 파악하기 위한 교실 생활과 교수방법에 대한 기술적 조사
	제2차 국제 수학비교 연구(SIMS)	1982~83	20	중,고	수학, FIMS로 살펴본 교과과정 변화의 효과를 연구하고 동향을 수립하려는 노력에 기초
	제2차 국제 과학비교 연구(SISS)	1983~84	24	초,중,고	과학

2) 김선희 외(2009)에서 참고

〈표 2(계속)〉 교육성취도 국제비교 연구 현황 (1960~현재)

주관	연구 제목	자료수집 기간	참가국 수	조사 대상	평가영역 및 조사내용
IEA	국제 성인 독해력 비교 연구(IALS)	1990~91	12	성인	신문/문서, 양적 소양, 배경 질문지
	독해력 비교 연구	1990~91	32	초,중,고	읽기 소양, 학생/교사/학교 질문지
	제2차 국제 성인 독해력 비교 연구(SIALS)	1997~99	8	성인	신문/문서, 양적 소양, 배경 질문지
	제3차 수학 과학 성취도 국제 비교 연구(TIMSS)	1994~95	45	초,중,고	수학, 과학, 학생/교사/학교/교과과정 질문지
	제3차 수학 과학 성취도 국제 비교 반복 연구(TIMSS-R)	1999	41	중	수학, 과학, 학생/교사/학교/교과과정 질문지 TIMSS-R 8학년과 TIMSS 4/8학년 비교 TIMSS와 비교를 통한 추이변화 분석
	시민 교육 프로젝트	1999	24-30	중	사회 과목 중 사실 중심의 지식과 사회관련 지식 이용 학교, 이슈, 행동에 대한 태도 조사 학생/교사/학교 질문지
OECD	국제 학생 평가 프로그램(PISA)	2000 (제1차)	32	고	읽기, 수학, 과학적 소양, 선택사항으로 학생의 기술적 친숙도와 자기 규제적 학습과 학생/학교 질문지 정책 중심
캐나다/미국 통계청	성인 소양 및 생활기술 비교 연구(ALL)	2002	(20)	성인	신문/문서 소양, 산수, 일상생활에서의 분석적 추리 정보기술 이용 및 배경에 관한 질문지
IEA	비교 연구(PIRLS)	2002	(16)	초	정보 획득과 이용을 위한 읽기 학생/교사/학교/학부모/교과과정 질문지

한국교육과정평가원[3]에 따르면, 국제학업성취도 평가는 학교교육의 결과와 그 추이를 국제적인 수준에서 파악하고 비교함으로써 우리나라 교육의 현재 수준을 바

3) http://kice.re.kr/sub/info.do?m=010303&s=kice#tablink

로 알고, 이를 통해 교육과정을 개선하고 적합한 교육정책을 수립하는 데에 그 목적이 있다. 우리나라에서 참여하고 있는 국제학업성취도 평가로는 PISA(Programme for International Student Assessment), TIMSS(the Trends in International Mathematics and Science Study), ICILS(International Computer and Information Literacy Study)가 있다. 이를 정리하면 <표 3>과 같다.

〈표 3〉 우리나라에서 참여하고 있는 국제학업성취도 평가(한국교육과정평가원)

	PISA	TIMSS	ICILS
목적	읽기, 수학, 과학 소양 및 추이를 파악하고 교육맥락변인의 특성 및 영향력을 분석하여 우리나라 교육정책 수립의 기초자료로 활용	수학·과학 성취도와 이에 영향을 주는 교육맥락적 정보들을 연계·분석하여 연구결과를 참여국의 교육정책 수립을 위한 기초자료로 활용	학생들의 디지털 시대를 살아가기 위한 능력을 지원하기 위해 컴퓨터·정보 소양을 평가하고, 디지털 미디어 사용과 관련된 학생들의 태도에 대한 정보와 자료를 수집하여 국제적으로 상호 공유
내용	지식을 상황과 목적에 맞게 활용할 수 있는 기본적인 소양에 대한 평가(읽기, 수학, 과학)	참여국의 교육과정에 근거하여 학생들의 수학·과학 성취도를 평가하고, 학생, 학교, 교사, 교육과정 설문을 통해 참여국의 교육맥락을 조사	집, 학교, 직장, 사회활동 등에 적극적으로 참여하기 위해 컴퓨터를 사용하여 자료를 조사, 생성, 소통하는 능력과 정보화 시대를 살아가기 위한 학생의 준비도를 평가
평가 대상	최소 중학교 1학년 이상의 교육과정에 재학하고 있으며, 평가 시작 시기에 만 15세 3개월부터 만 16세 2개월 사이의 연령에 해당하는 학생을 대상	초등학교 4학년, 중학교 2학년	중학교 2학년
평가 주기	3년 주기로 시행하고, 주기마다 핵심 영역 중 주영역을 선정하여 심층평가	4년 주기의 연구로 매 주기 수학, 과학 성취도를 평가	5년 주기의 연구

〈표 3(계속)〉 우리나라에서 참여하고 있는 국제학업성취도 평가(한국교육과정평가원)

	PISA	TIMSS	ICILS
평가 도구	컴퓨터 기반 평가 전면 도입(PISA 2015부터)	성취도 검사지 설문지	검사모듈 설문지
참여국	OECD 국가 포함 80개국(PISA 2018)	초등학교 4학년: 49개국 중학교 2학년: 39개국(TIMSS 2015)	네덜란드, 노르웨이, 대한민국, 덴마크, 독일, 러시아 연방, 리투아니아, 슬로바키아, 슬로베니아, 스위스, 체코, 칠레, 크로아티아, 태국, 터키, 폴란드, 호주, 홍콩(18개국)

3.2 PISA

경제협력개발기구(OECD)에서 하는 학업성취도 국제 비교 연구이다. 이 연구의 목적은 참여국의 만 15세 학생들의 읽기, 수학, 과학 소양을 측정하여, 참여국의 교육 체계의 효과를 평가하고 참여국의 교육정책 입안에 도움이 되는 정보를 산출하는 것이다(이미경 외, 2004). PISA(Programme for International Student Assessment)는 3년을 주기로 실시되며, 주 영역과 보조 영역을 설정하여 각 주기마다 서로 다른 영역의 평가에 집중하고 있다. 인지적 영역 중 핵심 영역인 읽기, 수학, 과학은 매 주기마다 평가하고 협력적 문제해결력(PISA 2015), 글로벌 역량(PISA 2018)등 혁신적 영역은 주기별로 선정하여 평가한다[4). PISA 2000, PISA 2009, PISA 2018에서는 읽기 영역이, PISA 2003, PISA 2012, PISA 2021에서는 수학 영역이, PISA 2006, PISA 2015에서는 과학 영역이 주 영역이며, 각 주기에 나머지 영역은 보조 영역이 된다. 또한, 비인지적 영역인 교육맥락변인의 특성을 조사하기 위해 학생, 학부모, 교사 학교장을 대상으로 설문조사를 실시한다.

1. PISA 2003 수학적 소양 평가틀[5)]

수학 평가틀은 수학적 내용, 수학적 과정, 상황과 맥락의 삼원적 요소로 구성된다. 수학적 내용은 특별한 아이디어들을 통합하여 문제를 해결할 때에 가장 중요하게 사용되고 조직되어야 하는 수학적 내용을 말한다. 수학적 과정은 문제가 발생한 상황을 수학과 연결하고 문제를 해결하는 데에서 활성화되어야 하는 능력과 관련되며, 상황과 맥락은 문제가 되는 배경을 말한다.

수학적 내용은 '영역통합적 개념(overarching idea)'하에 양(quantity), 공간과 모양(space and shape), 변화와 관계(change and relationship), 불확실성(uncertainty)의 네 가지 하위 영역으로 구분한다.

4) http://kice.re.kr/sub/info.do?m=010303&s=kice#tablink
5) 이미경 외 (2007). "OECD/PISA 평가틀 및 공개 문항 분석"의 일부를 발췌하여 재구성함.

수학적 과정 측면에 있어서, PISA에서는 수학적 능력을 수학적 사고와 추론, 수학적 논쟁, 수학적 의사소통, 모델링, 문제 제기와 문제해결, 표현, 상징적·형식적·기법적인 언어와 조작의 활용, 보조 교구와 도구의 활용 등의 8가지로 분류하고 있다. 이러한 PISA 2003의 수학 영역 평가틀을 정리하면 다음 〈표 4〉와 같다.

〈표 4〉 PISA 2003 수학 영역 평가틀

차원	하위 영역	
수학적 내용	• 양 • 공간과 모양 • 변화와 관계 • 불확실성	
수학적 과정	능력군	수학적 능력
	• 재생 • 연결 • 반성	• 사고와 추론 • 수학적 논쟁 • 수학적 의사소통 • 모델링 • 문제 제기와 문제해결 • 표현
		• 상징적·형식적·기법적인 언어와 조작의 활용 • 보조 교구와 도구의 사용
상황과 맥락	• 개인적 • 교육적 • 직업적 • 공적 • 학문적	

위의 내용에서 불확실성이 확률과 통계의 연관된 부분이다. PISA 2003에서는 불확실성을 다음과 같이 서술한다. 정보화 사회인 오늘날은 수많은 정보로 넘쳐나고 있다. 이 정보들 중의 일부는 정확하고 과학적이며 확실한 것으로 제시되지만, 우리가 일상에서 접하는 대부분의 정보, 예를 들어 선거 결과, 다리 붕괴, 주식 시장의 붕괴, 일기 예보, 인구 증가에 대한 예언, 경제 모델 등은 불확실한 성격을 지닌다. 불확실성과 가장 밀접한 관련을 가지는 현상은 통계와 확률 분야에서 주로 연구되고 있는 자료와 우연성이다. 학교 교육과정과 관련된 최근의 연구들은 전반적으로

통계와 확률이 강조되어야 한다는 데 대부분 동의하고 있다. 불확실성의 주요 주제는 자료 수집, 자료 분석, 자료 제시와 자료의 시각화, 확률, 추론이다.

2. PISA 2012 평가틀[6)]

이 단락에서는 PISA 2012 예비 검사 평가도구와 관련하여, 수학, 문제해결력에 대한 평가틀에 대한 특성을 보임으로써 국제 성취도 평가의 특징 및 변화 방향을 알아보고자 한다.

1) 수학 평가틀

수학에 대한 이해는 학생들에게 현대 사회를 살아가기 위한 준비를 하는 데 중심적인 역할을 한다. 학생들이 일상생활, 직업 상황에서 마주하는 문제와 상황들이 증가함에 따라 수학, 수학적 추론, 수학적 도구에 대한 일정 수준의 이해가 요구되고 있다. 또한 수학은 학생들이 개인적, 직업적, 사회적, 과학적 맥락의 문제와 과업을 해결하는 데 핵심적인 도구가 된다. 이에, OECD/PISA에서는 학생들이 순수 수학의 개념에 대한 이해와 더불어 실제 맥락에서 수학을 사용하는 능력을 학교 수학 수업에서의 풍부한 경험을 통해 개발할 것을 강조하면서, 학생들의 수학적 소양을 구체화하고 이를 평가하기 위한 연구를 하고 있다. PISA 2012에서 말하는 수학적 소양의 정의는 다음과 같다.

> '수학적 소양(mathematical literacy)'이란 다양한 맥락에서 수학을 형식화하고, 이용하고, 해석하는 개인적인 능력이다. 여기에는 현상을 기술하고 설명하며 예측하기 위해 수학적 추론과 수학적 개념, 절차, 사실, 도구를 사용하는 것이 포함된다. 수학적 소양은 개인이 실세계에서 수학의 역할을 인식하고, 건설적이고 참여적이며 사려 깊은 시민에게 요구되는 근거 있는 판단과 결정을 할 수 있도록 도와준다.

수학적 소양의 정의에서의 핵심은 수학에의 능동적인 참여에 있으며, 현상을 기술하고 설명하며 예측하기 위해 수학적으로 추론하고, 수학적 개념, 절차, 도구를 사용하는 것을 포함한다. 특히, 형식화하기, 이용하기, 해석하기는 학생들이 능동적

6) 본 절은 한국교육과정평가원(2011) "PISA 2012 예비검사 시행보고서"의 일부를 발췌하여 재구성하였음.

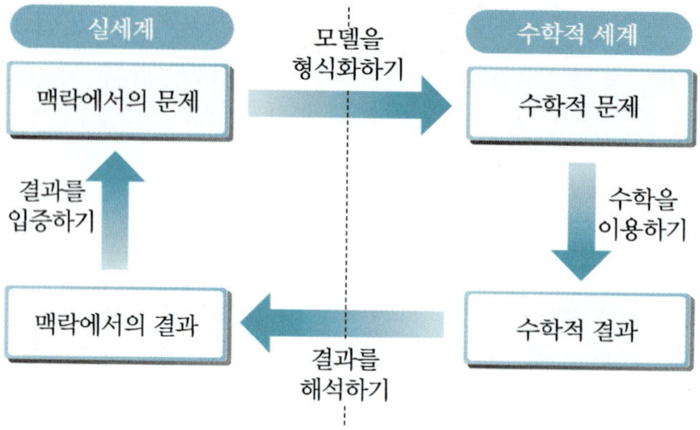

그림 1 수학적 모델링 순환 과정

인 문제해결자로서 참여할 때의 세 가지 과정을 나타낸다. 또한 이 정의 속에는 역사적으로 PISA 수학 평가틀의 주춧돌이 되어온 수학적 모델링(mathematical modelling)의 개념이 통합되어 있다. 맥락 속의 문제를 해결하기 위해 수학과 수학적 도구를 사용하는 과정은 수학적 모델링의 과정을 따르게 된다.

PISA 2012에서 다음 [그림 1]에서와 같이 맥락에서의 문제는 실세계에서 일어나며, 개인적, 사회적, 직업적, 과학적 맥락과 관련된다. 다양한 맥락에서의 문제를 해결하기 위해 개인은 수학적 사고와 행동을 사용하여 맥락에서의 문제를 수학적으로 다룰 수 있는 수학적 문제로 형식화 한다. 이후 수학적 개념, 절차, 사실, 도구를 이용하여 수학적 결과를 이끌어낸다. 이 단계에서는 주로 수학적 추론, 조작, 변환, 계산을 하게 된다. 다음 단계에서는 수학적 결과를 원래 문제에 적용하기 위해 해석하게 된다. 수학적 모델링 순환 과정의 핵심 요소인 수학적 과정 '형식화하기', '이용하기', '해석하기'는 수학적 소양의 핵심 요소이기도 하다. 수학적 모델링 순환의 전체 과정에서는 능동적 문제해결자로서 학생의 역할이 강조된다.

[그림 2]는 최근 수학적 모델링에 대한 Blum과 Ferri(2009)의 주장을 토대로 2회의 순환 과정을 거치도록 하는 수학적 모델링 모형을 도출하였다(고상숙 외, 2020). 이는 수업에서 수학적 모델링을 적용하는 과정으로 첫 번째 수학적 모델링 과정(초기 수학적 모델링: 파란색)은 학생들이 교사의 도움 없이 스스로 수학적 모델링을 통해서 주어진 문제를 해결하는 과정이고, 두 번째 수학적 모델링(정교화된 수학적 모델링: 오렌지색) 과정에서는 초기 수학적 모델링 과정에서 구한 결론의 타당성에 문제가 있는지를 파악하여 보다 정교화된 수학적 모델을 적용해봄으로써 학습성취

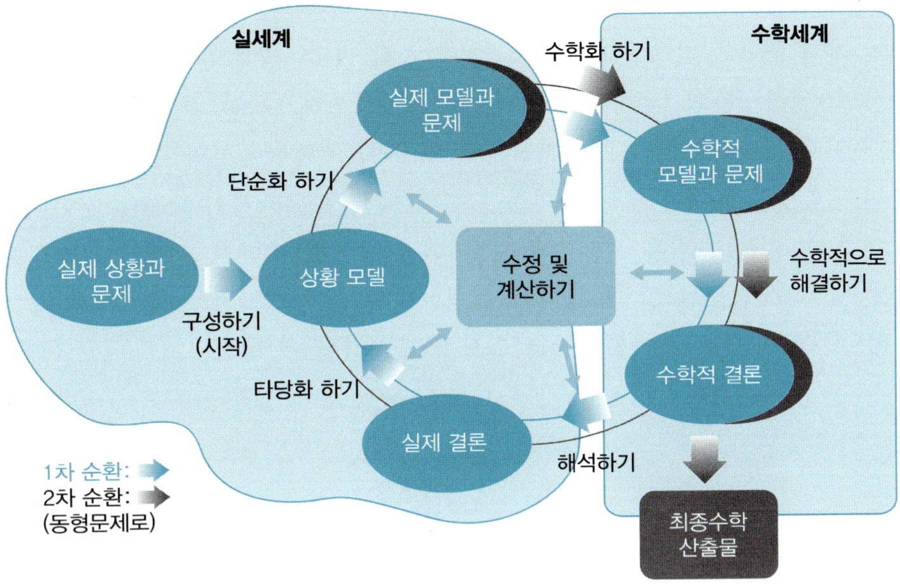

그림 2 교재에 적용할 수학적 모델링 모형(고상숙 외, 2020, p. 121)

를 돕고자 한 것이다.

'수학적 소양'의 정의에는 수학적 도구의 사용이 포함되어 있는데, 이는 디지털 장비, 소프트웨어, 계산 도구 등을 포함한다. 컴퓨터 기반 수학 도구는 21세기 작업 환경에서 일반적으로 사용되고 있으며, 시대가 변화함에 따라 그 사용이 더욱 증가하고 있는 추세이다. 따라서 직업과 관련된 문제 및 논리적 추론과 관련된 문제에는 컴퓨터 기반 평가와 같은 새로운 검사 방법의 도입이 바람직하다. 지난 주기까지의 PISA 수학 평가에서는 계산기의 사용 여부가 문제해결에 영향을 주지 않는 문항들이 대부분이었지만, PISA 2012 지필검사에서는 계산기의 사용이 문제 풀이에 도움이 될 수 있는 문항이 포함되었으며, 특히 컴퓨터 기반 평가에서는 통계 소프트웨어, 기하 작도, 시각화 도구, 가상 측정 도구 등이 구현되어 전통적인 지필 검사에서 평가하기 어려웠던 수학적 소양을 평가할 수 있게 되었다.

수학 평가틀은 만 15세 학생들의 수학적 소양 평가를 위해 맥락(context), 수학적 내용(mathematical content), 수학적 과정(mathematical process)의 세 가지 영역으로 구성된다. 맥락은 문제가 제시되는 배경이고, 수학적 내용은 문제를 해결할 때에 가장 중요하게 사용되고 조직되어야 하는 수학적 내용을 말한다. 수학적 과정은 문제가 발생한 상황을 수학과 연결하고 문제를 해결하기 위해 요구되는 능력과 관련된다.

이 세 가지 영역은 다음의 세 가지 질문을 통해 PISA 평가 문항을 개발하는 과정에 적용된다. 학생들의 '수학적 소양'을 평가하기 위해 '개인, 특히 15세 학생들에게 기대할 수 있는 수학적 내용 지식은 무엇인가?', '맥락에서의 수학 문제를 해결하기 위해 학생들은 어떤 수학적 과정을 수행하는가? 그리고 수학적 소양이 성장할 때 보여줄 수 있는 능력은 무엇인가?', '어떤 맥락에서 수학적 소양이 관찰되고 평가될 수 있는가?'를 고려할 때 평가틀에 적합한 문항이 개발될 수 있다. 다음 [그림 3]은 PISA 2012 수학 평가틀을 삼차원으로 도식화한 것이다.

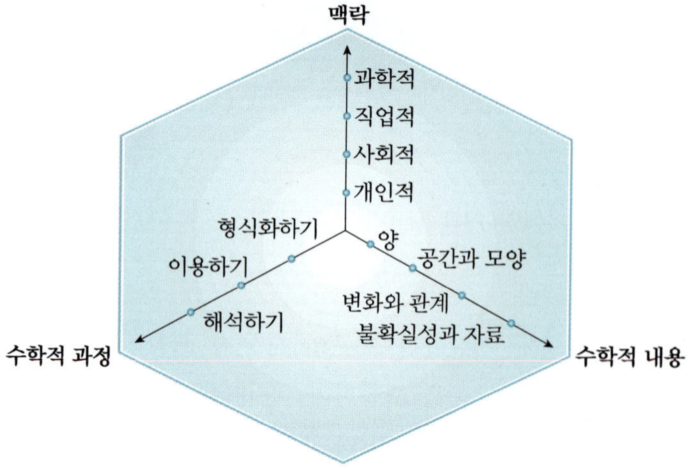

그림 3 PISA 2012 수학 평가틀

한편, 평가틀의 세 가지 차원은 다음과 같은 하위 영역을 갖는다. 우선, 맥락은 개인적 상황, 사회적 상황, 직업적 상황, 과학적 상황의 네 가지 하위 영역으로 구분된다. 수학적 내용은 양, 공간과 모양, 변화와 관계, 불확실성과 자료의 네 가지 하위 영역으로 구분된다. 수학적 과정은 형식화하기, 이용하기, 해석하기의 세 가지 하위 영역으로 구분되며, 이때 기본 수학 능력은 의사소통, 수학화, 표현, 추론과 논증, 문제해결을 위한 전략 고안, 상징적·형식적·기법적인 언어와 조작의 활용, 수학적 도구의 사용의 일곱 가지 능력으로 구분된다. PISA 2012 수학 평가틀을 정리하면 〈표 5〉와 같다.

PISA 2012 수학 평가틀을 이전 주기인 PISA 2009 수학 평가틀과 비교하면 다음 〈표 6〉과 같다. PISA 2009 평가틀은 PISA 2003, PISA 2006의 평가틀과 동일하다.

PISA 2012와 PISA 2009 평가틀은 모두 삼차원 구조를 가지고 있으며, PISA 2009에서의 '상황과 맥락'은 PISA 2012에서는 '맥락'으로 명칭이 변경되면서 하위 영역도 변경되었다. '수학적 내용'은 PISA 2009와 큰 차이가 없다. '수학적 과정'은 PISA 2009에서 능력군과 수학 능력의 범주로 구분되었다면, PISA 2012에서는 학생들이 실제적인 맥락에서 문제를 해결할 때 나타나는 능동적인 문제해결 과정에서의 세 가지 하위 범주로 구분되면서 기본 수학 능력을 함께 제시하고 있다.

〈표 5〉 PISA 2012 수학 평가틀

<table>
<tr><th>차원</th><th colspan="2">하위 영역</th></tr>
<tr><td>맥락
(contexts)</td><td colspan="2">• 개인적(personal)
• 사회적(societal)
• 직업적(occupational)
• 과학적(scientific)</td></tr>
<tr><td>수학적 내용
(mathematical content)</td><td colspan="2">• 양(quantity)
• 공간과 모양(space and shape)
• 변화와 관계(change and relationships)
• 불확실성과 자료(uncertainty and data)</td></tr>
<tr><td rowspan="2">수학적 과정
(mathematical processes)</td><td rowspan="2">• 형식화하기(formulating)
• 이용하기(employing)
• 해석하기(interpreting)</td><th>기본 수학 능력</th></tr>
<tr><td>• 의사소통
• 수학화
• 표현
• 추론과 논증
• 문제해결을 위한 전략 고안
• 상징적·형식적·기법적인 언어와 조작의 활용
• 수학적 도구의 사용</td></tr>
</table>

〈표 6〉 PISA 2012와 PISA 2009수학 평가틀의 비교

<table>
<tr><th colspan="2">PISA 2012</th><th colspan="2">PISA 2009</th></tr>
<tr><td>맥락</td><td>• 개인적
• 사회적
• 직업적
• 과학적</td><td>• 개인적
• 교육적
• 직업적
• 공적
• 학문적</td><td>상황과 맥락</td></tr>
</table>

〈표 6(계속)〉 PISA 2012와 PISA 2009수학 평가틀의 비교

PISA 2012		PISA 2009	
수학적 내용	• 양 • 공간과 모양 • 변화와 관계 • 불확실성과 자료	• 양 • 공간과 모양 • 변화와 관계 • 불확실성	수학적 내용
수학적 과정	• 형식화하기 • 이용하기 • 해석하기	**능력군** • 재생 • 연결 • 반성	
	기본 수학 능력	**수학 능력**	수학적 과정
	• 의사소통 • 수학화 • 표현 • 추론과 논증 • 문제해결을 위한 전략 고안 • 상징적·형식적·기법적인 언어와 조작의 활용 • 수학적 도구의 사용	• 수학적 사고와 추론 • 수학적 논쟁 • 수학적 의사소통 • 모델링 • 문제 제기와 문제 해결 • 표현 • 상징적·형식적·기법적인 언어와 조작의 활용 • 보조 교구와 도구의 사용	

(1) 맥락

수학적 소양의 중요한 측면은 맥락에서의 문제를 해결하는 데 수학을 이용한다는 것이다. 맥락(context)은 문제가 배경으로 하고 있는 개별적인 세계의 유형을 의미한다. 적절한 수학적 전략과 표현을 선택하는 것은 종종 문제가 놓여있는 맥락에 무엇인지에 달려 있다. PISA 2012에서는 맥락을 〈표 7〉에서와 같이 네 가지로 구분하고 있으며, 이는 평가 문항 개발 및 개발 문항 분류에 사용되었다.

PISA 평가 문항은 단위 문항 내에서 하나의 문제 상황을 공유하고 있다. 따라서 하나의 단위 문항 내의 문항들은 대체로 동일한 맥락을 기반으로 한다. 간혹 하나의 단위 문항 내에서도 어떤 문항은 개인적 관점에서 평가하고 사회적 관점에서 평가하는 경우가 있기는 하다. 단위 문항의 맥락적 요소와 관계없이 수학적 구성만을 요구하는 문항도 단위 문항의 맥락을 따른다. 수학적 요소만을 포함하고 있는 단위 문항이나 맥락과 관계없는 문항들은 주로 과학적 맥락의 문항에 해당한다.

〈표 7〉 PISA 2012 수학 평가틀의 '맥락'

맥락	특징
개인적	개인적 맥락의 문제는 학생 자신, 자신의 가족, 동료 집단에서의 활동과 관련된다. 음식 준비, 쇼핑, 게임, 개인의 건강, 개인의 운송수단, 스포츠, 여행, 개인적인 일정, 재정 운영등과 관련된 문제들이 이에 포함된다.
직업적	직업적 맥락의 문제는 직업 세계에서 일어나는 활동과 관련된다. 측정하기, 원가계산, 배열하기, 급여지급/회계, 품질관리, 일정관리, 재고조사, 설계, 건축, 직업과 관련된 의사결정 등과 관련된 문제들이 이에 포함된다.
사회적	사회적 맥락의 문제는 지역사회, 국가, 세계에서 일어나는 사회적 맥락의 활동과 관련된다. 투표, 공공 운송기관, 정부, 공공 정책, 인구통계, 광고, 국가통계 및 경제 등과 관련된 문제들이 이에 포함된다.
과학적	과학적 맥락의 문제는 수학을 자연계 또는 과학 및 공학과 관련된 문제 또는 주제에 응용하는 것과 관련된다. 날씨 또는 기후, 생태계, 의학, 우주 과학, 유전학, 측정, 수학과 관련된 문제들이 이에 포함된다.

이러한 맥락의 구분은 다양한 맥락 가운데 문항들을 선택할 수 있는 기초를 제공하며, 수학이 사용되는 광범위한 영역을 평가에 반영할 수 있게 한다. 맥락을 구분하는 주된 목적은 학생들이 다양한 맥락 영역의 문제에 도전하도록 하는 데 있으며, 각 영역은 수학적 소양을 측정하는 데 상당한 기여를 한다.

맥락을 적절하게 구체화하는 것은 만 15세 학생들이 가지고 있을 것으로 기대되는 수학적 내용 지식, 과정, 능력을 측정하기 위한 평가의 목적을 유지하는 데 중요한 역할을 한다. 평가 문항에서의 맥락은 학생들의 흥미, 삶, 그리고 그들이 마주하는 사회에 구성적, 참여적, 반성적 시민으로서의 역할을 하기 위한 요구들을 반영하여 선택된다. PISA 참여국의 연구진은 맥락의 적절성의 정도를 판단하는 설문에 참여하고 있다.

(2) 수학적 내용

의미 있는 맥락적 문제를 해결하기 위해 지식을 적용하는 능력과 수학적 내용에 대한 이해는 현대 사회의 시민에게 매우 중요하다. 수학적 구조는 자연과 사회 현상을 해석하고 이해하기 위한 수단이 되어왔으며, 학교에서의 수학 교육과정은 대수, 수, 기하 등의 내용 계열로 조식되고 잘 구조화되어 있지만, 학교 밖에서 마주하게 되는 문제들은 보다 복합적이고 도전적인 상황이 많으며 문제해결을 위한 창의적 사고를 요구한다.

수학적 소양을 평가하는 목적을 위한 수학의 영역을 조직하기 위해서는 역사적 발전에서 요구하는 것, 수학 영역을 아우르는 것, 학교 교육과정의 주된 내용을 반영하는 것이어야 한다. PISA에서는 수학적 내용 지식의 영역은 변화와 관계, 공간과 모양, 양, 불확실성과 자료의 네 가지로 구분된다.

'**변화와 관계**'는 유기체의 성장, 음악, 계절의 변화, 직원 수, 경제 상황과 같은 다양한 상황에서 나타난다. 대수식, 방정식과 부등식, 표와 그래프 표현을 포함하는 함수 및 대수와 관련된 전통적인 수학적 내용은 현상을 기술하고, 모델링하며, 해석하는 데 중심적인 역할을 한다. PISA 2012의 CBAM에서는 동적 이미지, 서로 연계된 동적인 표현들을 제시하고, 함수 조작이 가능하게 되었고, 자료에 대한 함수, 그래프, 표가 연계되어 제시된다. 변화에 대한 수학적 모델을 발견하고 사용하는 것은 함수의 그래프를 그리고, 변수를 조작하며, 주어진 값에 대한 표를 만들고, 기하학적 관계를 실험하고, 점, 그래프를 나타내며, 식에 대한 계산이 가능한 소프트웨어를 통해 탐구하고 표시하는 과정을 통해 더욱 촉진될 수 있다.

'**공간과 모양**'은 우리 주변의 시각적 세계, 예를 들어 패턴, 대상의 속성, 위치와 방향, 대상의 표현, 시각 정보의 암호와 해독, 위치 정보 등에서 마주하게 되는 광범위한 현상들과 관련된다. 기하는 공간과 모양의 본질적인 기초가 되지만 이 영역은 전통적인 기하의 범주를 넘어선다. 예를 들어 전통 기하에서는 도형이 움직이는 자취를 나타내기 위해서는 함수식이 필요했지만, 공간과 도형 영역에서는 GPS(Global Positioning System)를 통해 이를 파악한다. PISA는 공간과 모양에 대한 개념과 이해가 수학적 소양에 매우 중요한 역할을 한다고 보았다. 공간과 모양 영역에서의 수학적 소양은 관점에 대한 이해, 지도 만들기와 읽기, 테크놀로지를 사용 또는 사용하지 않았을 때의 도형의 변환, 다양한 관점에서의 3차원 장면에 대한 해석, 도형 쌓기 등의 활동과 관련된다. CBAM에서는 학생들이 정확한 심상을 구현할 수 있도록 도형을 움직여 보고, 3차원에서 기하학적 대상 사이의 관계를 탐구하는 등의 기회를 제공한다. 학생들은 지도를 확대하거나 도형을 회전시키거나 계획한 경로를 나타내거나 측정을 위해 도구를 사용할 수 있다.

'**양**'은 실세계에 가장 많이 스며들어 있으며 실세계와 관련된 본질적인 수학 개념이다. 여기에는 대상, 관계, 상황의 속성에 대한 양화(quantification), 이러한 양화의 다양한 표현에 대한 이해, 양에 기초한 해석과 논증을 판단하는 것 등이 포함된다. 실세계에서 양을 다루는 것에는 측정, 세기, 축적, 단위, 지표, 상대적 크기 등에 대한 이해가 포함된다. 양적 추론에는 수 감각, 수와 관련된 다양한 표현들, 연산, 암산, 어림 등의 활동이 포함된다. CBAM에서는 테크놀로지의 계산 기능을 통해 학생들이 계산 자체에 구애받지 않고 문제의 의미와 풀이 전략에 집중할 수 있도록 하고, 지필 평가에서는 다루기 어려웠던 수치적·통계적 계산이 포함된 문항을 다룰 수 있게 되었다.

'**불확실성과 자료**'는 과정 안에 숨어있는 변동 가능한 부분에 대한 인식, 변동의 양에 대한 감각, 측정의 불확실성과 오류 가능성에 대한 자각, 확률을 아는 것 등을 포함한다. 불확실성은 많은 문제 상황에서 수학적 분석의 핵심이 되며, 확률과 통계학, 테크놀로지의 발달은 이러한 문제를 다루는 기초를 확립해왔다. 전통적인 교육과정 영역에서 확률과 통계는 불확실한 현상을 서술하고 모델링하며 해석하고 추론하는 형식적인 수단으로 사용되어 왔다. 또한 수에 대한 지식과 대수에 대한 이해는 불확실성 영역의 문제를 해결하는 데 도움이 된다. CBAM을 통해 학생들은 보다 큰 자료들을 다룰 수 있으며, 테크놀로지는 자료들을 보다 쉽게 다룰 수 있도록 도와준다. 학생들은 자료를 다루고 분석하고 표현하기 위해 적절한 도구를 선택하며, 자료들로부터 표본을 추출할 수 있게 되었다. 관련된 표본들은 학생들이 이 자료를 다른 시각에서 관찰하고 서술할 수 있도록 도와준다. 또한 테크놀로지를 통해 난수를 생성하고, 시뮬레이션을 사용하여 확률적 상황을 다룰 수 있게 되었다.

변화와 관계, 공간과 모양, 양, 불확실성과 자료의 네 영역은 수학적 내용 영역의 범위를 구체화 하는 기초를 제공하지만, 내용 주제가 이들 영역과 일대일 대응이 되지 않는다. 예를 들어, 비례적 추론은 다양한 맥락 속에서의 축적 계산, 선형 관계 분석, 확률 계산, 닮은 도형의 변의 길이 구하기 등과 관련된다. 다음 〈표 8〉은 PISA 2012에 포함된 수학적 대용 영역과 관련된 내용 주제(content topics)를 나타낸 것이다.

〈표 8〉 수학적 내용과 관련된 내용 주제

내용 주제	설명
함수	일차함수 및 여러 가지 함수의 개념, 함수의 성질, 함수의 표현, 함수를 언어적, 기호적, 표, 그래프 표현으로 나타내기
대수적 표현	수, 기호, 산술 연산, 거듭제곱과 제곱근을 포함한 대수적 표현과 조작 및 언어적 해석

〈표 8(계속)〉 수학적 내용과 관련된 내용 주제

내용 주제	설명
방정식과 부등식	일차방정식과 일차 부등식, 간단한 이차방정식, 해석적/비해석적 풀이 방법
좌표계	자료의 표현, 위치와 관계
이차원과 삼차원	도형의 요소 간의 대수적 관계와 같은 정적인 관계 (예: 직각삼각형의 변의)
도형 사이의 관계	길이 간의 관계를 정의하기 위한 피타고라스 정리, 상대적 위치, 닮음과 합동, 변환과 물체의 이동과 같은 동적인 관계, 이차원과 삼차원 도형 간의 대응관계
측정	각, 거리, 길이, 각도, 둘레, 넓이, 부피 등 모양과 대상물의 특성을 양화
수와 단위	수의 개념과 표현, 정수, 유리수, 무리수의 속성을 포함한 수체계, 시간, 화폐, 무게, 온도, 거리, 넓이, 부피 등과 관련된 양과 단위
산술 연산	산술 연산의 본질과 속성, 관련된 표기법
백분율, 비, 비례	상대적 크기의 수치적 표기 및 문제해결을 위한 비와 비례적 추론의 적용
경우의 수	간단한 순열과 조합
어림셈	특정 자릿수에 대한 양과 수치적 표현의 목적 지향적 근삿값 구하기
자료 수집, 표현, 해석	다양한 형태의 자료를 수집, 표현, 해석하기
자료의 타당성과 표현	자료 집합에 대한 타당성, 분포, 중심경향성에 대한 개념 및 이들 개념을 나타내고 해석하는 방법
표본과 추출	표본의 속성에 대한 간단한 추론을 포함한, 모집단으로부터 표본 추출
가능성과 확률	난수의 개념, 사건의 가능성과 빈도수, 확률의 기본 개념

(3) 수학적 과정

수학적 소양의 정의에서는 수학을 형식화하고 이용하고 해석하는 개인적인 능력에 대해 언급하고 있는데, 이 용어들은 맥락에서의 문제를 수학과 관련짓고, 문제를 해결하기 위해 개인이 행하는 수학적 과정을 조직하는 데 유용하고 의미 있는 구조를 제공한다. '형식화하기'는 학생들이 얼마나 효과적으로 문제 상황에서 수학을 사용하는 능력을 인식하고 구체화할 수 있는지 그리고 맥락화된 문제에서 수학적 형식을 형식화하기 위해 요구되는 수학적 구조를 찾을 수 있는지를 나타낸다, '이용하기'는 학생들이 얼마나 연산과 조작을 잘 수행하는지, 수학적으로 형식화된 문제로부터 수학적 해를 구하기 위해 그들의 개념과 지식을 얼마나 잘 적용할 수 있는지를 나타낸다. '해석하기'는 학생들이 수학적 해와 결과를 어느 정도 파악하고 있으며 이를 실세계의 문제 맥락에서 해석할 있는지, 그 결과나 결론이 합리적인지 아닌지를 판단할 수 있는지를 나타낸다.

수학적으로 상황을 '형식화'하는 데에는 다음의 활동이 포함된다.

- 실세계 맥락 문제의 수학적 측면을 구체화하고, 의미 있는 변수를 구체화하기
- 문제 또는 상황에서 규칙성, 관계, 패턴을 포함한 수학적 구조를 인식하기
- 수학적 분석이 가능하도록 상황이나 문제를 단순화하기
- 맥락으로부터 구한 수학적 모델링이나 단순화 이면의 제약 조건과 가정을 구체화하기
- 수학적으로 상황을 표현하기, 적합한 변수, 기호, 다이어그램, 모델을 사용하기
- 수학적 개념에 따라 조직하기 또는 적합한 가정을 세우기 등의 다양한 방법으로 문제를 표현하기
- 문제에서 특정 맥락의 언어와 이를 수학적으로 표현하기 위해 필요한 기호적 형식적 언어 사이의 관계를 이해하고 설명하기
- 문제를 수학적 언어 또는 표현으로 번역하기 즉, 수학적 모델로 나타내기
- 기지의 문제, 수학적 개념, 사실, 과정에 상응하는 문제의 측면을 인식하기
- 맥락화된 문제에서 수학적 관계를 나타내기 위해 테크놀로지(스프레드시트, 그래픽 계산기 등) 사용하기

수학적 개념, 사실, 절차, 추론을 '이용'하는 데에는 다음의 활동이 포함된다.

- 수학적 해를 구하기 위해 전략을 고안하고 실행하기
- 대략적인 해를 구하기 위해 테크놀로지를 포함한 수학적 도구를 사용하기
- 해를 구할 때 수학적 사실, 규칙, 알고리즘, 구조를 적용하기
- 수, 그래픽·통계적 자료와 정보, 대수적 표현과 방정식, 기하학적 표현 다루기
- 해를 구하는 과정에서 서로 다른 표현을 사용하기
- 해를 구하기 위해 수학적 절차를 적용한 결과에 기초하여 일반화하기
- 수학적 논증을 반성하고, 수학적 결과를 설명하고 정당화하기

수학적 결과를 '해석', 적용, 평가하는 과정에는 다음의 활동이 포함된다.

- 수학적 결과를 실세계 맥락의 문제에 다시 대입하여 해석하기
- 실세계 맥락의 문제에서의 수학적 해의 합리성 평가하기
- 결과가 어떻게 조정되고 적용될 수 있는지에 대한 맥락적 판단을 위해 실세계에 결과, 수학적 절차 또는 모델에서의 계산이 어떤 영향을 주는지 이해하기
- 수학적 결과와 해가 문제의 맥락에서 어떤 의미를 갖는지 설명하기
- 수학적 개념과 수학적 해의 한계를 이해하기
- 문제해결에 사용된 모델의 한계를 비판하고 구체화하기

〈표 9〉 PISA 2012 수학 평가틀의 '기본 수학 능력'

기본 수학 능력	특징
의사소통	• 명제, 질문, 과제를 읽고, 해독하고, 해석하기 • 문제를 해결했을 때, 이를 다른 사람에게 설명하고 정당화하기
수학화	• 실세계의 문제를 수학적 형태로 변형하기 • 원래 문제와 관련지어 수학적 모델 또는 수학적 결과를 해석하고 평가하기
표현	• 상황을 포착하고, 문제의 의사소통하고, 작업을 나타내기 위해 다양한 표현을 선택하고, 해석하고 번역하기 • 그래프, 표, 다이어그램, 그림, 방정식, 공식, 문장, 구체물 등이 포함됨
추론과 논증	• 문제의 요소들을 탐색하고 연결 짓고 추론하는 과정에서의 논리적 사고 • 문제의 해를 구하고 명제를 정당화하기
문제해결을 위한 전략 고안	• 문제를 효과적으로 인식하고 형식화하며 해결하는 데 도움을 주는 비판적 통제 과정 • 과제 또는 맥락에서 발생하는 문제를 해결하는 데 수학을 사용하기 위한 계획 또는 전략을 선택, 고안, 실행하는 것
상징적·형식적·기법적인 언어와 조작의 사용	• 수학적 맥락 내에서 수학적 규칙에 의거한 기호 표현을 이해하고, 해석하고, 조작하고, 사용하는 것 • 정의, 규칙, 형식 체계에 기초한 형식적 구성, 알고리즘을 이해하고 사용하는 것
수학적 도구의 사용	• 측정 도구, 계산기, 컴퓨터 기반 도구 포함 • 수학 활동을 도와주는 다양한 도구, 그 사용 방법 및 한계점에 대한 지식 • 의사소통에서도 중요한 역할을 함

또한, PISA에서는 수학적 과정에서 요구되는 기본적인 수학 능력을 정의하고 있다. 지난 PISA 2003 평가틀에서는 여덟 가지 능력을 제시했으나(Niss, 2003), 수학 전문가 그룹 (Mathematics Expert Group, 이하 MEG)의 연구 결과를 토대로 PISA 2012 평가틀에서는 PISA 문항을 푸는 데 사용되는 능력을 일곱 가지로 수정하였다. 일곱 가지로 제시된 기본 수학 능력은 〈표 9〉와 같다.

한편, PISA 2012에서 처음 시행되는 CBAM의 평가틀은 수학 지필 검사와 같은 평가틀을 갖는다. 컴퓨터 기반 평가는 참여국 가운데 적절한 테크놀로지 기반이 갖추어진 국가가 선택하여 참여하게 되며, 다음의 두 가지 이유에서 중요성을 갖는다. 첫째, 컴퓨터는 직장 생활에서 보편적으로 사용되고 있으며, 일상생활에서도 21세기에 컴퓨터 사용을 포함하는 일정 수준의 수학적 소양을 요구하고 있다. 컴퓨터는 개인이 개인적, 사회적, 직업적, 과학적 시도를 통해 참여하는 생활 전반과 밀접한 관련이 있다. 컴퓨터는 수학적 대상, 현상, 과정과 관련된 연산, 표현, 시각화, 수정, 탐구, 실험 등의 도구를 제공한다. PISA 2012에서 수학적 소양의 정의 속에는 컴퓨터 기반 도구의 중요한 역할을 인식하면서, 수학적 소양을 가진 개인이 현상을 기술하고 설명하며 예측하기 위해 도구를 사용할 것을 기대하고 있다. 물론 이 정의 속에서 '도구'는 계산기 또는 컴퓨터뿐만 아니라 측정 또는 작도를 위해 사용하는 자, 각도기 등을 포함하고 있다. 둘째 컴퓨터를 통해 문항 개발자가 지필 시험 문항에 비해 보다 상호작용적이고 실제적이며 참여적 특성을 갖는 문항을 시도할 수 있다는 점이다. 이러한 시도에는 새로운 문항 형식(예: 드롭다운 메뉴[7] 등), 학생들에게 실생활 자료를 제공하는 것(예를 들어 광범위하며, 정렬이 가능한 자료), 또는 평가에 더욱 참여적일 수 있도록 하는 다양한 색채와 그래픽의 사용이 포함된다.

이러한 현상에 부응하여, CBAM과 다음 절에 나오는 CBAPS는 PISA 2012의 주요한 역할을 담당하고 있다. 컴퓨터 기반 평가에서 단위 문항은 컴퓨터 화면상에 제시되며, 학생들은 컴퓨터상에서 응답하도록 고안되었다. 문제를 풀이하는 동안 학생들은 사고 과정을 보조하기 위해 종이와 연필을 사용할 수 있다. 컴퓨터 기반 평가에서 문항이 다양한 색감으로 표현되고 문제 상황이 동적으로 구현되며 삼차원 입체를 회전시켜가면서 관찰할 수 있도록 한 것은 학생들의 이해를 돕고 평가에 대

7) 드롭다운 메뉴란 PISA에서 2012 컴퓨터 기반 평가를 실시하고자 참여국 중에서 테크놀로지 기반이 갖추어진 국가가 참여를 자원하고서 시도하는 방식으로 "원하는 것을 드래그해서 그 자리에 갖다 놓는 방식"을 말한다. 가령 도형을 택해서(마우스로 끌어서) 원하는 곳에 갖다 놓는 방식으로 새로운 문항 방식이라 말할 수 있다.

한 참여를 높일 수 있다. 향후 PISA 주기에서는 보다 정교화된 컴퓨터 기반 문항이 제작되어 사용될 것으로 보이며, PISA 2012 컴퓨터 기반 평가는 그 가능성의 출발점이라고 볼 수 있다.

양질의 컴퓨터 기반 평가가 이루어지기 위해서는 다음의 세 가지가 고려되어야 한다. 첫째, 수학적 소양이 평가될 수 있어야 한다. 수학적 소양은 단지 컴퓨터 기반 환경뿐만 아니라 어떤 환경에서나 활용 가능해야 하며, 모든 컴퓨터 기반 문항을 통해 평가될 수 있어야 한다. 둘째, 수학뿐만 아니라 ICT 소양을 함께 평가할 수 있어야 한다. 이는 컴퓨터 또는 계산기 등을 활용하여 수학을 하는 데 요구되는 지식이며, 컴퓨터 기반 평가 문항은 표의 값들로부터 간단한 작업 도구를 활용하여 차트 만들기, 함수의 그래프 만들기, 함수에 대한 질문에 답하기 위해 그래프 사용하기, 정보를 정렬하고 정렬을 위한 적절한 계획 세우기, 일반 계산기 또는 컴퓨터상의 계산기 사용하기, 스크린 상의 자 또는 각도기와 같은 가상의 도구 사용하기 마우스나 명령어를 사용하여 이미지를 변환하기 등과 같은 능력을 평가할 수 있어야 한다. 셋째, 지필 평가가 인쇄 매체에 대한 기본적인 기술을 요구한다면 컴퓨터 기반 평가는 컴퓨터 사용과 관련된 ICT에 대한 지식을 요구한다. 여기에는 하드웨어 및 작동 방법에 대한 기초적인 지식이 포함된다. 컴퓨터 기반 평가는 최소한의 ICT 기술을 요구하는 문항들로 구성하여 학생들이 ICT 기술이 부족하여 문제 풀이를 못하게 되지 않도록 최대한 배려해야 한다. PISA 2012에서는 이와 같은 부분을 반영하여 문항을 개발하고 예비검사를 실시하였다. 예비검사 과정에서 나타난 문제점은 국제본부에 보고되어 본검사 문항 선정에 반영될 예정이다.

2) 문제해결력 평가틀

문제해결력은 미래의 학습 사회생활에 효과적으로 참여하고 개인적 활동을 수행하는 기초가 되기 때문에 많은 나라의 교육 프로그램에서 중심적인 목표가 되고 있다. 지난 PISA 2003에서 문제해결력 평가틀이 개발된 이후, 복잡한 문제해결, 전이, 컴퓨터 기반 문제해결, 문제해결력의 대규모 평가에 대한 심도 있는 연구가 이루어져 왔으며, PISA 2003에 이어 PISA 2012에서는 두 번째로 문제해결력에 대한 평가가 이루어지게 되었다. PISA 2012 문제해결력 평가의 목적은 개인의 문제해결력을 평가하는 것이다. [그림 4]에서와 같이, 문제는 개인이 목적으로 하지만 아직 어떻게 도달하는지 알지 못하는 곳에 존재한다. 문제해결을 시작할 때 주어진 것은 문제와 관련된 개인의 지식이고, 도달하고자 하는 목표에 이르기 위해서 조작 및 도구를 사용하게 된다. 이때 목표에 도달하게 되는 데 장애물이 되는 것은 인지 뿐 아니라 동기적, 감정적 요인도 작용하게 된다(Funke, 2010).

PISA 2012에서는 문제 및 문제해결에 대해 일반적으로 통용되는 의미를 토대로 문제해결력(problem solving competency)을 다음과 같이 두 부분으로 나누어 정의하고 있다.

- 문제해결력은 명백하지 않은 해결 방법을 가지고 있는 문제 상황을 즉각적으로 이해하고, 해결하기 위한 인지적 과정에 참여하는 개인의 능력이다. 여기에는 건설적이고 사려 깊은 시민으로서의 잠재력을 습득하기 위해 이러한 상황에 기꺼이 참여하려는 의지가 포함된다.
- PISA 2012 문제해결력 평가는 해결 방법에 낮은 수준의 교과 기반 지식만 필요한 문제를 중심으로 한다.

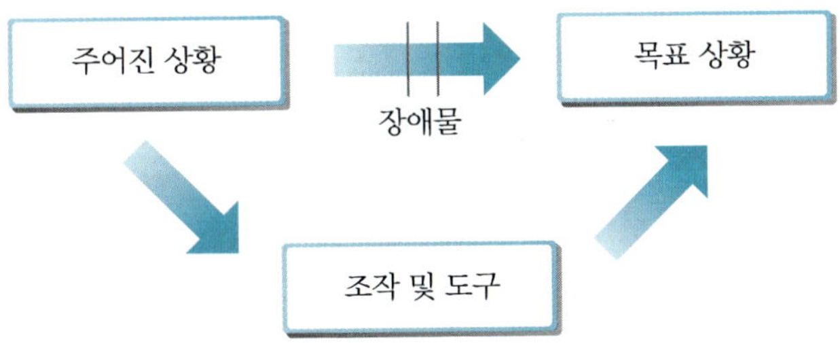

그림 4 문제해결 상황

PISA 2012와 PISA 2003의 문제해결력 정의를 비교하면, 정의의 첫 번째 부분은 거의 유사하지만 두 번째 부분에서는 차이가 나타난다. PISA 2003의 문항이 실제적이고 범교과적인 문제 상황에 직면했을 때 이를 해결하기 위한 인지적 과정의 활용에 중점을 두었다면, PISA 2012에서는 가능한 교과 관련 지식은 낮게 요구하는 문제를 중심으로 하고 있다. 그리고 PISA 2012에는 문제 전달 방식이 컴퓨터 기반 평가로 변경되어 문제해결자가 문제 상황과 상호작용하지 않으면 해결할 수 없게 되었다.

PISA 2012 문제해결력 평가틀의 영역은 〈표 10〉에서와 같이 문제 맥락, 문제 상황 속성, 문제해결 과정의 세 가지로 구성된다.

첫째, 문제 맥락은 문제가 테크놀로지를 사용하는 맥락과 관련된 것인지의 여부

〈표 10〉 PISA 2012 문제해결력 평가틀

차원	하위 영역
문제 맥락	• 기술적/기술외적(technology/non-technology) • 개인적/사회적(personal/social)
문제 상황 속성	• 정적 문제 상황(static problem situation) • 상호작용적 문제 상황(interactive problem situation)
문제해결 과정	• 탐색하기와 이해하기(exploring and understanding) • 표현하기와 형식화하기(representing and formulating) • 계획수립과 계획실행(planning and executing) • 검증하기와 반성하기(monitoring and reflecting)

와 개인적 또는 사회적 맥락과 관련된 것인지에 따라 기술적-개인적, 기술적-사회적, 기술외적-개인적, 기술외적-사회적의 네 가지 문제 맥락으로 구분된다. 둘째, 문제 상황의 속성은 문제의 정보가 노출되어 있는지 또는 숨겨져 있는 정보를 탐색하여 발견해야하는 지에 따라 정적 문제 상황 또는 상호작용적 문제 상황으로 나뉜다. 셋째, 문제해결 과정은 문제를 해결하는 과정에서의 인지적 과정을 나타낸다. 이는 탐색하기와 이해하기, 표현하기와 형식화하기, 계획 수립과 계획 실행, 검증하기와 반성하기로 구분된다.

PISA 2012와 PISA 2003의 문제해결력 평가틀을 비교하면 PISA 2012에서는 〈표 11〉에서와 같이 문제해결력 평가틀을 세 영역으로 구분하고 있지만 PISA 2003에서는 문제 상황, 문제해결 과정, 문제 유형, 학문 영역, 추론 능력의 다섯 가지 영역으로 구분하고 있다. 이때, 문제 상황과 문제해결 과정은 현재 주기에서도 그 특성이 유지되고 있지만, PISA 2012에서 컴퓨터 기반 평가로 평가 방법이 변화되고, 교과 관련 지식보다는 실제적인 맥락에서의 문제해결력을 강조하게 되면서 평가틀에서 많은 변화가 나타나게 되었다.

〈표 11〉 PISA 2012와 PISA 2003 문제해결력 평가틀 비교

PISA 2012		PISA 2003	
문제 맥락	• 기술적/기술외적 • 개인적/사회적	• 개인 생황 • 학교 생활 • 일과 여가 • 지역사회와 학교	문제 상황

〈표 11(계속)〉 PISA 2012와 PISA 2003 문제해결력 평가틀 비교

PISA 2012		PISA 2003	
문제 상황 속성	• 정적 문제 상황 • 상호작용적 문제 상황	• 의사 결정 • 체제 분석 및 설계 • 문제점 해결	문제 유형
		• 수학, 과학, 문학, 사회학, 기술, 상업 등 영역의 통합 영역	학문 영역
문제해결 과정	• 탐색하기와 이해하기 • 표현하기와 형식화하기 • 계획수립과 계획실행 • 검증하기와 반성하기	• 분석적 추론 • 정량적 추론 • 유추적 추론 • 종합적 추론	추론 능력
		• 제시된 문제해결하기 • 문제 특성화하기 • 문제 표상화하기 • 문제해결하기 • 문제에 대해 숙고하기 • 문제해결 방법에 대한 의사소통	문제해결 과정

(1) 문제 맥락

개인의 문제 맥락에 대한 친숙도와 이해는 개인이 문제해결을 얼마나 어렵게 느끼는지와 관련된다. 이때 문제 맥락은 문제의 설정(기술적/기술외적)과 문제의 초점(개인적/사회적)으로 구분된다. 문제가 기술적 맥락을 배경으로 하는 것은 문제의 근원이 휴대폰, 리모컨, 승차권 발매기 등의 테크놀로지 장치의 기능과 관련된 것을 의미한다. 그러나 이 장치들의 내부적인 작동 원리에 대한 지식은 요구하지 않으며, 이 장치의 기능과 관련된 탐색과 이해를 요구한다. 한편, 경로 선정, 업무 계획 수립, 의사 결정 등과 관련된 상황은 기술외적 맥락에 해당한다.

개인적 맥락은 자기 자신 가족 동료 집단과 관련된 것으로 일반적으로 사회생활을 하는 가운데 마주하게 되는 상황과 관련된다. 예를 들어 디지털시계의 시간을 맞추는 문항의 맥락은 기술적-개인적 맥락에 해당된다. 반면, 농구팀 구성과 관련된 문항의 맥락은 기술외적-사회적 맥락에 해당된다.

(2) 문제 상황 속성

문제가 어떻게 제시되는지는 문제를 어떻게 풀 수 있는지와 직결된다. 정적 문제

상황은 구조화된 문제 또는 비구조화된 문제를 통해 제시된다. 정적 문제 상황은 현재의 상태, 목표 상태, 목표에 도달하기 위해 허용되는 조작이 무엇인지가 명확하게 규정된 경우이다. 문제 상황은 동적이지 않으며, 모든 적절한 정보들이 드러나 있고, 해는 단 한 가지만 존재한다. 예를 들어 각 경로에 예상 소요 시간이 기재된 지도와 계산기가 주어져 있을 때, 두 마을 간의 최단 경로를 구하는 문제가 있다고 하자 현재 상태(주어진 상황)는 경로가 표시되어 있지 않은 지도, 목표 상태(목표 상황)는 최단 경로를 나타내며, 허용되는 행동(조작)은 가능한 경로를 선택하고 계산기로 시간의 합을 구한 뒤 이를 다른 경로에서의 결과와 비교하는 것 이다. 계산기(도구)는 시간을 더하는 것을 돕기 위해 사용할 수 있다.

한편, 상호작용적 문제 상황은 문제해결자가 어떻게 제어하는지에 따라 변화되는 동적(dynamic)인 특성을 갖는다. 이때, 동적이라는 용어는 문제해결자가 상호작용을 하고 피드백을 받을 수 있는 시뮬레이션 시스템의 특성을 나타낸다. 상호작용적 문제 상황은 실생활에서 사용방법을 잘 알지 못하는 승차권 발매기, 에어컨, 휴대폰 등의 기계를 사용하는 상황과 관련된다. 이 기계의 작동법은 연역적으로 제시되지 않으며, 실제로 버튼을 누르는 등의 작동과정을 통해 추론하도록 제시된다.

(3) 문제해결 과정

PISA 2012 문제해결력 평가에서의 문제해결 과정에는 탐색하기와 이해하기, 표현하기와 형식화하기, 계획수립과 실행, 검증하기와 반성하기가 포함된다. 첫째, 문제에서 제시 되는 각각의 정보를 심적 표상으로 구축하기 위해서는 탐색하기와 이해하기가 요구된다. '탐색하기'란 문제 상황을 탐색하고, 문제 상황을 관찰하고, 상호작용하며, 정보를 찾고, 한계와 장애를 찾는 것을 말한다. '이해하기'에는 주어진 정보를 이해하고 문제 상황과의 상호작용을 통해 정보를 찾고, 적합한 개념에 대한 이해를 나타내는 것이 포함된다. 둘째, 문제 상황에 대하여 상황 모델 또는 문제 모델 등의 논리 정연한 심적 표상을 만들기 위해서는 표현하기와 형식화하기가 요구된다. '표현하기'는 표, 그래프, 기호, 언어적 표현으로 문제를 나타내고 표현 형식을 변경하는 것을 말한다. '형식화하기'에는 문제에서 적절한 요소와 요소들 간의 내적인 관계를 구체화하여 가정을 형식화하고 정보를 조직하고 비판적으로 평가하는 것을 포함한다. 셋째 '계획 수립'은 목표 상태에 도달하기 위해 계획을 고안하고 전략을 수립하는 것을 뜻한다. '계획 실행'은 수립한 계획을 수행하는 것을 포함한다. 넷째, '검증하기'는 최종 결과를 검증하고, 예상하지 못했던 점을 발견하고, 필요한 부분을 교정하는 것을 의미한다. '반성하기'에는 다양한 관점에서 해를 살펴보고, 가정을 비판적으로 검토하여 추가적인 정보를 찾고 명료화하는 과정을 포함한다.

3. PISA 2015 평가틀[8)]

이 단락에서는 PISA 2015 검사 평가도구와 관련하여, 수학, 협력적 문제해결력에 대한 평가틀에 대한 특성을 보임으로써 국제 성취도 평가의 특징 및 변화 방향을 알아보고자 한다.

1) 수학평가틀

(1) 수학영역

PISA 2015는 과학을 주영역으로 하고 읽기와 수학은 보조영역으로 시행되었으며, 혁신적 영역에서는 협력적 문제해결력이 평가되었다. OECD 국제본부에서는 PISA 2015를 통해 측정하고자 하는 수학 및 협력적 문제해결력의 소양을 다음과 같이 정의하였다.

- 수학 소양 - 다양한 맥락에서 수학을 형식화하고, 이용하고, 해석하는 개인적인 능력. 현상을 기술하고 설명하며 예측하기 위해 수학적 추론과 수학적 개념, 절차, 사실, 도구를 사용하는 능력(조지민 외, 2012, p.21; OECD, 2013, p.25)
- 협력적 문제해결력 - 둘 이상의 주체가 해결책을 찾는 데 필요한 이해와 노력을 공유하고 해결책에 도달하기 위한 지식, 기능, 노력을 모아 문제를 해결하려 시도하는 과정에 효과적으로 참여할 수 있는 개인의 역량(OECD, 2017a, p.134)

PISA의 평가틀은 영역별 문항 제작과 결과 해석의 이론적 토대가 되는데, 영역별 틀은 실생활의 문제가 일어나는 '맥락', 문제를 해결할 때 필요한 내용 '지식', 실제로 문제를 해결할 때 필요한 '역량'의 3가지 차원으로 구성되어 있다. PISA 2015의 수학 영역의 평가틀은 〈표 12〉와 같다.

---

8) 본 절은 한국교육과정평가원(2017) "OECD 국제 학업성취도 평가 연구 : PISA 2015 결과 심층 분석 보고서"의 일부를 발췌하여 재구성하였음.

〈표 12〉 PISA 2015 수학 영역의 평가틀

차원	평가틀	수학
인지적 차원	맥락	개인적 과학적 사회적 직업적
	수학적 내용	공간과 모양 변화와 관계 불확실성과 자료 양
	수학적 과정	형식화하기 이용하기 해석하기

(2) 교육맥락변인

PISA에서는 각 평가 영역별 학생들의 인지적·정의적 성취를 다층적으로 설명하기 위해 인지적 평가와 별도로 설문조사를 병행하여 실시하고 있다. 설문조사를 통해 학생의 가정 배경·학교교육·국가 교육체제와 같은 '배경'변인 요소와 실제 학생들의 활동 등을 통해 드러나는 '과정' 관련 교육맥락변인 및 학생의 학습 동기와 같은 '성과' 관련 교육맥락변인을 모두 측정한다. 또한 학생, 학부모, 교사, 학교장을 대상으로 설문을 시행한다. PISA 설문조사 문항은 학생, 학교, 국가 교육체제 차원과 그 안에서 이루어지는 '투입(배경 정보) - 과정(학교 교육) - 산출(정의적 성취와 결과)'의 이차원 모형으로 구성되어 있으며, PISA 2015 설문조사를 통해 측정되는 교육맥락변인 요소들은 〈표 13〉과 같다.

〈표 13〉 PISA 2015의 교육맥락변인 조사 설문틀[9)]

	학생 및 학교배경	과정	비인지적 결과
학생 수준	성별 사회경제적 지위 사용 언어 이민 배경 학년 취학전 교육 수준 학교 입학 연령	유급, 출결석 정규 및 보충 학습 시간 학교 밖 학습	전 영역 공통의 비인지적 결과(성취 동기, 학교에서의 웰빙) 영역에 특화된(주영역) 비인지적 결과(동기, 영역에 관한 신념과 전략, 자신에 대한 신념, 영역에 관한 태도)

9) OECD(2017a, p.108)를 재구성함.

〈표 13(계속)〉 PISA 2015의 교육맥락변인 조사 설문틀

	학생 및 학교배경	과정	비인지적 결과
학교 수준	학교 소재지 학교 유형 및 규모 학교 교육 자원 사회적/민족적/학교급별 구성 학급 규모 교사의 자질	[학교 정책] 학교 지원 교육 프로그램 입학 및 배정/수업 시수 추가 학습 시간 및 과외활동 진로지도 및 리더십 개발 학부모 참여 평가 및 학교의 책무성 학교 분위기 [교수학습] 규율 환경/교사 지원 학력 신장	(통합된 학생 자료)
체제 수준		[거버넌스] 의사결정 수평적/수직적 문화	(통합된 학생 자료)

2) 협력적 문제해결력[10)]

오늘날의 학교, 직장, 사회에서는 다른 사람과 협력하고 함께 문제를 해결할 수 있는 사람을 원하며, 성공적인 협력을 위해서는 구성원의 노력이 필요하다.[11)] 이에 OECD에서는 학생들의 협업 역량을 평가하려 시도하였으며, '협력적 문제해결력'을 PISA 2015 혁신적 영역의 주제로 선정하였다. 협력적 문제해결력은 PISA 2012 문제해결력 개념에서 '협력'이라는 요소를 추가한 형태로 정의하였으며, 협력은 개인이나 집단 등 다양한 수준에서 평가가 가능하나, PISA에서는 협력 상황에서 나타나는 개인의 역량에 초점을 두었다. 즉, '협력적 문제해결력'은 둘 이상의 주체가 해결책을 찾는 데 필요한 이해와 노력을 공유하고, 해결책에 도달하기 위한 지식, 기능, 농력을 모아 문제를 해결하려 시도하는 과정에 효과적으로 참여할 수 있는 개인의 역량이다(OECD, 2017:47).

10) 본 절은 한국교육과정평가원(2018) "PISA 2015 협력적 문제해결력 결과에 나타난 우리나라 학생들의 특성(연구자료 ORM-2018-39-10)"의 일부를 발췌하여 재구성하였음.

11) OECD(2017. P.46)

(1) 협력적 문제해결력 평가틀

협력적 문제해결력 측정을 위한 평가틀은 '협력적 문제해결 역량(Collaborative problem-solving competencies)'과 '문제해결 과정(Problem-solving processes)'으로 구성되어진다. '협력적 문제해결 역량'은 '공유된 이해를 수립하고 유지하기', '문제해결을 위해 적절하게 행동하기', '팀을 조직하고 유지하기'의 세 가지 범주로 이루어지며, '문제해결 과정'은 '탐색과 이해', '표현과 형식화', '계획 수립과 실행', '모니터링과 반성'이라는 네 가지 범주로 이루어진다. '협력적 문제해결 역량'과 '문제해결 과정'이 결합하여 12가지 '협력적 문제해결 기능(Collaborative problem-solving skills)'이 만들어지며, 평가 문항은 협력적 문제해결 기능 중 하나를 측정하도록 구성되었다.

〈표 14〉 PISA 2015 협력적 문제해결력 평가틀(OECD, 2017, p.50)

		협력적 문제해결 역량		
		(1) 공유된 이해를 수립하고 유지하기	(2) 문제 해결을 위해 적절하게 행동하기	(3) 팀을 조직하고 유지하기
문제해결과정	(A)탐색과 이해	(A1) 팀 구성원의 관점과 능력 발견하기	(A2) 목표에 맞춰 문제를 해결하기 위한 협력적 상호작용의 유형 발견하기	(A3) 문제 해결을 위한 역할 이해하기
	(B)표현과 형식화	(B1) 공유된 표현을 구성하고 문제의 의미를 협상하기(공공의 장)	(B2) 완료해야 하는 과제를 확인하고 기술하기	(C2) 역할과 팀 조직 기술하기(의사소통 프로토콜/참여의 규칙)
문제해결과정	(C)계획 수립과 실행	(C1) 팀 구성원들과 실행할 수 있는 행동에 관해 의사소통하기	(C2) 계획 수립하기	(C3) 참여 규칙에 따르기(예. 다른 구성원에게 과제 수행을 격려하기)
	(D) 모니터링과 반성	(D1) 공유된 이해를 검토하고 수정하기	(D2) 행동의 결과 검토하고 문제해결의 성공 여부를 평가하기	(D3) 팀 조직과 역할에 대해 모니터링, 피드백 제공, 정정하기

3. PISA 2018 평가틀[12)]

이 단락에서는 PISA 2018 검사 평가도구와 관련하여, 수학, 협력적 문제해결력에 대한 평가틀에 대한 특성을 보임으로써 국제 성취도 평가의 특징 및 변화 방향을 알아보고자 한다.

1) 수학평가틀

(1) 수학영역

PISA 2018에서 수학 영역은 시간에 따른 추이 분석을 목적으로 시행하는 보조 영역이므로, 수학이 주 영역이였던 PISA 2012에서 개정한 수학 소양에 대한 정의와 평가틀을 PISA 2015에 이어 PISA 2018에 그대로 적용한다.

한편 수학적 과정의 바탕을 이루는 기본수학능력은 의사소통, 수학화, 표현, 추론과 논증, 문제해결을 위한 전략 고안, 상징적·형식적·기법적 언어와 조작의 사용, 수학적 도구의 사용이라는 일곱 가지로 정리할 수 있으며(조지민 외, 2012, p.27), 〈표 15〉와 같이 수학적 과정의 각 하위 요소에 따라 다양한 형태로 나타난다.

〈표 15〉 '수학적 과정'과 '기본 수학 능력'사이의 관계[13)]

수학적 과정 / 기본수학능력	형식화하기	이용하기	해석하기
의사소통	상황에 대한 모델을 만들기 위하여 설명, 질문, 과제, 대상, 이미지를 읽고 해독하고 이해하기	해를 정교화하고, 해를 구사하는 데 포함된 직업을 제시하고, 중간 단계의 수학적 결과를 요약하고 나타내기	문제 상황에 맞게 설명과 논증을 구성하고 의사소통하기
수학화	실생활 문제에 포함된 기본적인 수학 변수와 구조를 파악하고, 활용할 수 있는 가설 세우기	수학적인 해결 과정으로 이끌거나 신속한 해결을 위한 맥락을 이해하고 활용하기	적용된 수학적 모델의 결과로 구해진 해의 정도와 한계를 이해하기

12) 본 절은 한국교육과정평가원(2019) "'PISA 2018 결과발표 별첨자료" 및 한국교육과정평가원(2016) "OECD 국제학업성취도 평가 연구 : PISA 2018 예비검사 시행 기반 구축"에서 발췌하여 재구성하였음.
13) OECD(2016f, pp.69-70)를 토대로 구성함.

〈표 15(계속)〉 '수학적 과정'과 '기본 수학 능력'사이의 관계

수학적 과정 / 기본수학능력	형식화하기	이용하기	해석하기
표현	실세계 정보를 나타낼 수 있는 수학적 표현을 만들기	어떤 문제에 대하여 상호작용할 때 다양한 표현을 이해하고, 관련짓고, 이용하기	상황에 따라 다양한 형태로 제시되는 결과를 이해하고 활용하기 상황을 나타내는 둘 혹은 그 이상의 표현을 비교하고 평가하기
추론과 논증	실세계 상황을 위하여 고안된 기호를 설명하고, 옹호하고, 정당화하기	수학적 결과나 해를 결정하는데 이용된 과정과 절차를 설명하고, 옹호하고, 정당화하기 수학적인 해를 구하기 위해 정보를 연결하거나 일반화하거나 여러 단계의 논증을 만들기	수학적인 해에 대하여 심사숙고하고, 수학적인 해가 맥락화된 문제를 뒷받침하거나, 반박하거나, 단서가 될 수 있도록 하는 설명과 논증을 만들기
문제해결을 위한 전략 고안	맥락화된 문제를 수학적으로 다시 구성하기 위하여 계획이나 전략을 선택하고 고안하기	여러 단계의 절차를 거쳐 수학적 해, 결론, 일반화를 이끌어 낼 수 있는 효과적이고 지속가능한 통제 기제를 활성화하기	맥락화된 문제에 따라 수학적 해를 해석하고, 평가하고, 타당화하기 위하여 전략을 고안하고 실행하기
상징적, 형식적, 기법적 언어와 조작의 사용	기호/형식적 언어를 이용하여 실생활 문제를 나타내기 위하여 적절한 변수, 기호, 다이어그램, 표준화된 모델을 사용하기	알고리즘을 적용하는 것뿐 아니라 정의, 규칙, 형식적 체계를 바탕으로 하는 형식적 구인을 이해하고 활용하기	문제의 맥락과 수학적 해의 표현 사이의 관계를 이해하기 맥락에 따라 해를 해석하고 해의 실행 가능성과 제한점을 측정하는데 이해를 활용하기
수학적 도구의 사용	수학적 구조를 인식하고 수학적 관계를 나타내기 위하여 수학적 도구를 사용하기	수학적 해를 구하는 과정과 절차에 도움을 줄 수 있는 여러 가지 도구를 알고 적절하게 사용하기	주어진 문제의 맥락에서 수학적 해의 합리성과 그 해가 갖는 한계 및 제한점을 확인하기 위하여 수학적 도구를 사용하기

수학적 내용은 특정 수학 개념과 절차의 역사적 발달 과정에서의 요구, 그러한 발달을 이끌어 낸 기본적인 현상, 수학 영역을 전체적으로 아우르는 것, 학교 교육과정의 주요한 흐름에 대한 고찰을 바탕으로 설정된다.

〈표 16〉 수학 평가틀 '수학적 내용'의 하위 요소와 세부 내용[14)]

하위 요소	세부 내용
변화와 관계	대수식, 방정식과 부등식, 표와 그래프 표현을 포함하여 함수, 대수 같은 전통적인 수학내용과 자료에 대한 표현과 통계를 이용하여 기술된 관계, 기하에 대한 측정 등이 포함된다.
공간과 모양	기하가 본질적인 기초이기는 하지만, 전통적인 기하학의 범위를 넘어 내용과 방법 면에서 공간적 시각화, 측정, 대수와 같은 다른 수학 분야의 요소도 활용된다.
양	수 감각, 수와 관련된 다양한 표현들, 연산, 암산, 어림, 결과의 합리성에 대한 평가와 같은 양적 추론이 중요한 역할을 한다.
불확실성과 자료	변동 가능한 부분에 대한 인식, 변동의 양화에 대한 감각, 측정의 불확실성과 오류가능성에 대한 자각, 경우의 수를 아는 것, 불확실한 상황에서 결론을 유도하고 해석하고 평가하는 것, 자료의 표현과 해석이 포함된다.

맥락은 문제의 배경이 되는 상황의 유형을 의미한다. 문제 상황은 학생이 제시된 상황을 어떻게 이해하고 어떤 전략을 선택하여 수학적으로 어떻게 표현할 것인지에 영향을 준다.

〈표 17〉 수학 평가틀 '맥락'의 하위 요소와 세부 내용[15)]

하위 요소	세부 내용
개인적	학생 자신, 자신의 가족, 동료 집단에서의 활동과 관련된 맥락을 의미한다. 음식 준비, 쇼핑, 게임, 개인의 건강, 개인의 운송 수단, 스포츠, 여행, 개인적인 일정 관리, 개인 자산 운영 등과 관련된 맥락을 포함한다.
직업적	직업의 세계에서 일어나는 활동이 중심이 되는 맥락을 의미한다. 측정하기, 원가 계산하기와 주문하기, 급여 지급과 회계, 품질관리, 일정 관리와 재고조사, 설계와 건축, 직업과 관련된 의사결정 등과 관련된 맥락을 포함한다.

14) 조지민 외(2012, pp.24-25) 및 OECD(2016f, pp.71-72)를 토대로 구성함.
15) 조지민 외(2012, p.24)와 OECD(2016, pp.73-74)를 토대로 구성함.

〈표 17(계속)〉 수학 평가틀 '맥락'의 하위 요소와 세부 내용

하위 요소	세부 내용
사회적	지역, 국가, 또는 전 세계와 같이 개인이 속한 사회와 관련된 맥락을 의미한다. 투표, 공공운송기관, 정부, 공공 정책, 인구 통계, 광고, 국가 통계 및 경제 등과 관련된 맥락을 포함한다.
과학적	자연계 또는 과학이나 공학과 관련된 문제나 주제에 수학이 활용되는 맥락을 의미한다. 날씨 또는 기후, 생태학, 의학, 우주 과학, 유전학, 측정, 수학 그 자체 등과 관련된 맥락을 포함한다.

2) 글로벌 역량

글로벌 역량은 글로벌 및 상호문화적 사안을 비판적이고 다중적인 관점에서 분석하고, 인간의 존엄성에 대한 공유된 존중을 바탕으로 다른 배경을 가진 사람들과 개방적이고 적절하며 효과적인 상호작용에 참여하고, 지속가능성과 웰빙 사회를 위한 행동을 취하는 능력이다(OECD, 2016e, p.3).

PISA 2018 글로벌 역량 도입의 배경은 다음과 같다. 경제적으로 글로벌 경쟁과 고용이 확대되고 있는 최근의 상황에서 국내 및 전 세계는 더 큰 안정과 사회적 통합을 위해 민주주의, 인권, 법치주의의 보호와 교육에 대한 조직 강화가 필요하게 되었다. 또한 여행 기회의 증가 및 학업과 업무에서의 이동성 증가, 디지털 통신의 성장 등에 대한 고려가 필요한 글로벌 사회가 되었고, 무엇보다 이와 같은 개념을 포괄할 수 있는 개념으로서의 글로벌 역량을 확장하여 구체적으로 정의하고 이를 신장시키기 위한 체계적인 교육에 대한 필요와 요구가 증가하였다(Barrett et al., 2013; OECD, 2015c; 2016a; 2016e). 그뿐만 아니라 글로벌 역량은 어느 누구도 어느 한 시점에 완벽하게 갖출 수 없는 평생 동안 습득해야하는 역량이기 때문에(Council of Europe, 2016; Deardorff, 2014) 평생 학습이 필요한 가운데, PISA 2018 글로벌 역량을 새롭게 도입하여 만 15세 학생들이 갖춘 글로벌 역량의 정도와 학교교육의 효과성 등을 점검하게 되었다(OECD, 2016a, p.2; 2016e, p.4).

(1) 글로벌역량 평가틀

글로벌 역량 평가틀은 크게 차원과 맥락으로 구성되며 하위 요소는 <표 18>과 같다.

〈표 18〉 글로벌 역량 평가틀

평가틀	세부 내용
차원	의사소통 관리와 관계 관리 글로벌 개발, 도전, 경향에 대한 지식과 흥미 개방성과 유연성 정서적 힘과 회복력
맥락	교육(학습) 고용(일) 지역사회(생활)

3.3 TIMSS

TIMSS(Trends in International Mathematics and Science Study, 수학 과학 성취도 추이변화 국제비교 연구)는 중학교 2학년 학생들의 수학과 과학 성취도를 국제적인 수준에서 파악하고 그 변화를 살펴 연구 참여국들의 교수·학습의 실제와 교육정책을 상호 비교할 수 있는 정보를 제공하려는 연구이다. 우리나라는 1990년대부터 참여하고 있으며 이 연구가 제공하고 있는 방대한 정보를 활용하여 우리나라 교육에 필요한 정보를 제공하는 일은 그 자체의 목적만으로도 중요할 뿐 아니라 국가의 교육 경쟁력 제고를 위해서도 필요한 일이다(한국교육과정평가원, 2009).

1. TIMSS 2007 평가 모형[16)]

TIMSS는 국제 공통의 교육과정에 근거한 평가 연구이다.

TIMSS 평가모형은 크게 의도된 교육과정(intended curriculum), 실행된 교육과정(implemented curriculum), 성취된 교육과정(attained curriculum)으로 구성된다. 의도된 교육과정은 학생들이 성취하기를 바라는 것이며, 실행된 교육과정은 의도된 교육과정을 달성하기 위하여 학교와 교실에서의 조직과 활동을 말하고, 성취된 교육과정은 학교 교육의 결과로 학생들의 교육적 경험에서 얻은 것들을 말한다. TIMSS는 국제 공통

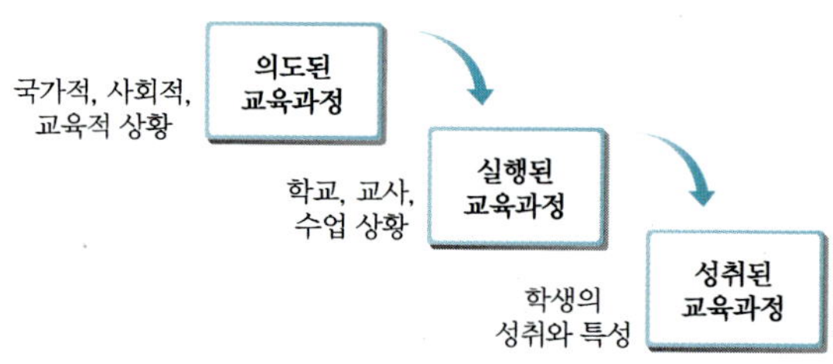

그림 5 TIMSS 평가모형

16) 한국교육과정평가원(2009)의 "PISA와 TIMSS 상위국과 우리나라의 교육과정 및 성취 특성 비교 분석" 보고서 일부를 발췌하여 재구성하였음

교육과정에 근거한 평가이기 때문에, 각 참여국에서 학생들의 성취도를 국제적인 수준에서 지속적으로 점검하고 자국의 교육과정의 실효성을 판단할 수 있는 중요한 정보를 제공해 준다. 또한 성취도도 영향을 주는 다양한 변인들에 대한 정보가 함께 제공되므로 이러한 다양한 변인들을 파악할 수 있게 한다. 이를 위해 TIMSS에서는 수학·과학 성취도 검사도구뿐만 아니라 다양한 교육맥락 변인이나 조사도구를 개발하여 활용하고 있다(한국교육과정평가원, 2009).

2. TIMSS 2007 자료와 가능성 영역 주제별 평가 목표

자료와 가능성 영역은 학생 자신 또는 다른 사람이 수집한 자료를 조직하는 방법, 그래프와 차트로 자료를 나타내는 방법을 아는 것과 관련된다. 이 영역에는 자료의

〈표 19〉 자료와 가능성 영역의 주제별 평가 목표(TIMSS, 2007)

자료 조직과 표현(Data Organization and Representation)
1. 표, 그림그래프, 막대그래프, 원그래프, 꺾은선그래프에서 자료를 읽는다. 2. 표, 그림그래프, 막대그래프, 원그래프, 꺾은선그래프를 사용하여 자료를 조직하고 표현한다. 3. 같은 자료를 여러 가지로 표현한 것을 비교하고 짝지어 본다.
자료 해석(Data Interpretation)
1. 평균, 중앙값, 범위, (일반 용어로 표현된) 분포 모양을 포함하여 모인 자료의 특성을 확인하고 계산하며 비교한다. 2. 자료를 사용하고 해석하여 질문에 답하고 문제를 해결한다(예: 결론을 이끌어 낸다, 예측을 한다, 주어진 자료 점 사이나 그 외부의 값을 추정한다.). 3. 오해를 일으킬 수 있는 자료를 조직하고 표현하는 여러 접근법을 인식하고 묘사한다(예: 그룹을 부적절하게 조직했거나 잘못된 판단을 하게 하는 눈금 또는 왜곡된 눈금).
가능성(Chance)
1. 어떤 결과가 나올 가능성을 확실함, 그럴 듯함, 똑같이 그럴 듯함, 덜 그럴 듯함, 불가능함으로 판단한다. 2. 실험에서 나온 자료를 사용하여 미래 결과의 가능성을 예측한다. 3. 주어진 맥락에서 특정 결과가 나올 가능성을 사용하여 문제를 해결한다. 어떤 결과가 나올 가능성을 결정한다(예: 주사위를 던진 후에 특정한 면이 위로 나올 가능성은 1/6이다.).

잘못된 해석과 관련된 이슈를 이해하는 것도 포함되어 있다. 학생들은 간단한 자료 수집 계획에 참여하거나 다른 사람이 모은 자료나 모의실험에 의해 생성된 자료를 다룰 수 있어야 한다. 자료를 제시할 때 학생들은 여러 가지 수, 상징, 점이 의미하는 바를 이해해야 한다. 예를 들어 어떤 수는 자료의 값을 나타내고, 어떤 수는 그 값이 나타나는 빈도를 나타냄을 인식해야 한다. 학생들은 자료를 막대그래프, 표, 선 그래프로 표현할 수 있고, 다양한 표현방법의 장점을 인식하고 비교할 수 있어야 한다. 학생들은 자료의 특성(모양, 퍼짐, 중심경향)을 묘사하고 비교할 줄 알아야 하며, 자료 표현에 기초하여 결론을 이끌어 낼 수 있어야 한다. 학생들은 자료에서 경향성을 파악하고, 자료에 근거해 예측하며, 해석의 타당성을 평가할 수 있어야 한다. 가능성(초보적인 확률)에 대한 인식은 똑같이 가능한 결과가 나온다는 가정 하에 실험에서 얻어진 자료나 주어진 결과가 나올 가능성을 예측하는 것으로 확장되어야 한다. 자료와 가능성 영역의 주제별 평가 목표는 〈표 19〉와 같다.

3. TIMSS 2011 평가틀

TIMSS 2011의 평가틀은 TIMSS 2007에서 사용하였던 평가틀을 유지하면서 부분적으로 수정·보완하는 절차를 거쳐 개정되었는데, 이는 4년 주기로 실시되는 TIMSS의 일관성을 유지함으로써 지속적으로 성취도의 추이를 파악하기 위한 것이다. 또한 매 주기마다 평가틀을 보완함으로써 TIMSS 참여국들이 평가틀을 검토하여 각국의 의견을 개진 할 수 있는 기회를 제공함과 동시에 국제사회 및 수학과학교육의 변화에 부응하도록 하는 것이다(Mullis et al., 2008).

TIMSS 2011의 평가틀은 수학 평가틀, 과학 평가틀, 배경변인 평가틀로 구성되어 있으며, 수학 평가틀과 과학 평가틀은 각각 내용 영역과 인지 영역으로 구성된다. 내용 영역은 학년별 내용을 달리하므로 4학년과 8학년을 구분하여 제시하였고, 인지 영역은 학년을 구분하지 않고 적용되므로 함께 제시하였다.

1) 수학 평가틀의 구성

TIMSS 2011 수학 평가틀은 내용 영역과 인지 영역으로 구성되어 있다. 내용 영역은 수학 평가에서 다루는 내용을 의미하며, 인지 영역은 학생들이 수학을 학습함에 따라 기대되는 행동을 말한다. 각 학년의 내용 영역은 각 학년에서 가르치는 내용과 난이도에 의해 조금씩 차이가 있는데, 4학년은 내용 영역을 수, 도형과 측정,

〈표 20〉 자료와 가능성 영역의 주제별 평가 목표(TIMSS 2011)

자료 조직과 표현(Data Organization and Representation)
1. 표, 그림그래프, 막대그래프, 원그래프, 꺾은선그래프에서 자료와 구간을 읽는다. 2. 표, 그림그래프, 막대그래프, 원그래프, 꺾은선그래프를 사용하여 자료를 조직하고 표현한다. 3. 같은 자료를 여러 가지로 표현한 것을 비교하고 짝지어 본다.
자료 해석 (Data Interpretation)
1. 평균, 중앙값, 범위, (일반 용어로 표현된) 분포 모양을 포함하여 모인 자료의 특성을 확인하고 계산하며 비교한다. 2. 자료를 사용하고 해석하여 질문에 답하고 문제를 해결한다(예: 결론을 이끌어 낸다, 예측을 한다, 주어진 자료 점 사이나 그 외부의 값을 추정한다.). 3. 오해를 일으킬 수 있는 자료를 조직하고 표현하는 여러 접근법을 인식하고 묘사한다(예: 그룹을 부적절하게 조직했거나 잘못된 판단을 하게 하는 눈금 또는 왜곡된 눈금).
가능성 (Chance)
1. 어떤 결과가 나올 가능성을 확실함, 그럴 듯함, 똑같이 그럴 듯함, 덜 그럴 듯함, 불가능함으로 판단한다. 2. 실험에서 나온 자료를 사용하여 미래 결과의 가능성을 예측한다. 주어진 맥락에서 특정 결과가 나올 가능성을 사용하여 문제를 해결한다. 어떤 결과가 나올 가능성을 결정한다(예: 주사위를 던진 후에 특정한 면이 위로 나올 가능성은 1/6이다).

자료 표현으로 나누고 있고, 8학년의 경우에는 수, 대수, 기하, 자료와 가능성으로 나누고 있다. 인지 영역은 4학년과 8학년 모두 알기, 적용하기, 추론하기로 구성되어 있다. 4학년 내용 영역의 수는 8학년에서 보다 비중 있게 다뤄지며, 8학년 내용 영역의 대수와 기하에 대한 개념이 비형식적인 접근에 의해 4학년의 수, 도형과 측정에서 다루어진다. 그리고 4학년은 자료를 읽고 나타내는 것에 중점을 두고 있다면, 8학년은 자료의 해석과 확률 또는 가능성의 기초 개념을 강조하고 있다.

(1) 8학년 내용 영역

TIMSS 2011의 8학년 내용 영역은 수, 대수, 기하, 자료와 가능성이라는 4개의 영역으로 구성되며, 각 영역에는 몇 가지 하위 요소가 있고 각 하위 요소별 평가 목표가 있다.

수 영역에는 '범자연수', '분수와 소수', '정수', '비, 비례식, 백분율'의 하위 요소가 있으며, 하위 요소별 평가 목표는 〈표 21〉과 같다.

대수 영역에는 '패턴', '대수식', '방정식/식과 함수'의 하위 요소가 있으며, 하위

〈표 21〉 8학년 수 영역의 하위 요소와 하위 요소별 평가 목표

범자연수
1. 범자연수의 원리와 그 연산에 대한 이해(사칙연산에 대한 지식, 범자연수의 자릿값, 교환법칙, 결합법칙)를 보여준다. 2. 배수와 약수를 찾고 사용하며, 소수(prime number)를 구별하고, 수의 거듭제곱을 구하고 144까지의 완전제곱수의 제곱근을 계산한다. 3. 범자연수의 계산, 어림, 근사를 이용하여 문제를 해결한다.
분수와 소수
1. 분수를 비교하고 순서대로 나열한다; 동치분수를 인식하고 쓸 수 있다. 2. 유한소수의 자릿값에 대한 이해를 보여준다.(예: 유한소수를 비교하고 순서대로 나열하기) 3. 모델을 사용하여 소수와 분수, 소수와 분수 연산을 표현한다.(예: 수직선); 그러한 표현을 구별하고 사용할 수 있다. 4. 분수를 소수로, 소수를 분수로 바꾼다. 5. 분수와 소수를 비교하고 분수와 소수를 포함한 문제를 해결한다.
정수
1. 정수를 표현하고, 비교하고, 순서대로 나열하고, 계산하며, 정수를 이용하여 문제를 해결한다.
비, 비례식, 백분율
1. 동치인 비를 구별하고 찾아낸다; 비를 이용하여 주어진 상황을 모델링하고, 양을 주어진 비에 따라 분할한다. 2. 백분율을 분수나 소수로, 분수나 소수를 백분율로 바꾼다. 3. 백분율과 비례식을 포함하는 문제를 해결한다.

요소별 평가 목표는 〈표 22〉와 같다.

〈표 22〉 8학년 대수 영역의 하위 요소와 하위 요소별 평가 목표

패턴
1. 수치적, 대수적·기하학적 패턴, 또는 수나 단어, 기호, 다이어그램을 이용한 규칙을 확장한다. 미지항을 찾는다. 2. 수열에 있는 패턴 관계, 인접 항 사이의 관계, 항의 수들 사이의 관계를 수, 단어, 문자식을 사용하여 일반화한다.
대수식
1. 변수를 포함한 식의 합, 곱, 거듭제곱을 구한다. 2. 식의 값을 구한다. 3. 대수식을 간단히 하거나 동치인지 비교한다. 4 식을 사용하여 상황을 모델링 한다.

〈표 22(계속)〉 8학년 대수 영역의 하위 요소와 하위 요소별 평가 목표

방정식/식과 함수
1. 변수 값이 주어졌을 때, 방정식/식을 계산한다.
2. 주어진 방정식/식을 값이 만족시키는지를 나타낸다.
3. 간단한 일차방정식과 부등식, (이원)일차연립방정식을 푼다.
4. 주어진 상황을 모델로 하는 일차방정식 부등식, 연립방정식이나 함수를 인식하고 쓸 수 있다.
5. 표, 그래프, 말로 함수의 표현을 인식하고 만든다.
6. 방정식/식과 함수를 사용하여 문제를 푼다.

기하 영역은 '도형', '측정', '위치와 이동'의 하위 요소로 구성되어 있으며, 하위 요소별 평가 목표는 〈표 23〉과 같다.

〈표 23〉 8학년 기하 영역의 하위 요소와 하위 요소별 평가 목표

도형
1. 각의 종류를 분류하고, 선이나 도형에 있는 각 사이의 관계를 알고 사용한다.
2. 평면도형과 입체도형의 선대칭과 회전 대칭을 포함한 기하학적 성질을 인식한다.
3. 합동인 삼각형, 사각형 및 대응하는 측정값을 확인한다. 닮음인 삼각형을 식별하고, 성질을 회상 한다.
4. 입체도형과 평면 표현의 관계를 인식한다.(예: 입체도형의 전개도나 겨냥도)
5. 피타고라스의 정리를 이용하는 것을 포함하여 기하학적 성질을 적용하여 문제를 해결한다.
측정
1. 주어진 각의 크기와 직선을 그림으로 그린다. 주어진 각의 크기, 선분의 길이, 둘레, 넓이, 부피를 재고 어림한다.
2. 둘레, 원주, 원의 넓이, 겉넓이, 부피에 대한 적절한 공식을 선택하고 이용한다.
위치와 이동
1. 좌표평면에서 점의 위치를 나타내고 그 점을 포함한 문제를 해결 한다.
2. 2차원 도형에 대한 기하 변환(평행이동, 대칭이동, 회전이동)을 인식하고 이용한다.

자료와 가능성 영역에는 '자료 조직과 표현', '자료해석', '가능성'의 하위 요소로 구성되어 있으며, 하위 요소별 평가 목표는 〈표 24〉와 같다.

한편, 계산기 사용과 관련된 TIMSS 2011 지침은 다음과 같다. 계산기와 컴퓨터

〈표 24〉 8학년 자료와 가능성 영역의 하위 요소와 하위 요소별 평가 목표

자료 조직과 표현
1. 표, 그림그래프, 막대그래프, 원그래프, 꺾은선그래프에서 눈금을 읽고 자료를 읽는다. 2. 표, 그림그래프, 막대그래프, 원그래프, 꺾은선그래프를 사용하여 자료를 조직하고 표현한다. 3. 같은 자료를 여러 가지로 표현한 것을 비교하고 짝지어 본다.
자료 해석
1. 평균, 중앙값, 최빈값, 범위 (일반 용어로 표현된) 분포 모양을 포함하여 모인 자료의 특성을 확인하고 계산하며 비교한다. 2. 자료를 사용하고 해석하여 질문에 답하고 문제를 해결한다.(예: 결론을 이끌어낸다, 예측을 한다, 주어진 자료에서 점 사이나 그 외부의 값을 추정한다.) 3. 오해를 일으킬 수 있는 자료의 조직과 표현을 인식하고 묘사한다. (예: 그룹을 부적절하게 조직했거나 잘못된 판단을 하게 하는 눈금 또는 왜곡된 눈금)
가능성
1. 어떤 결과가 나올 가능성을 확실함, 그럴 듯함, 똑같이 그럴 듯함, 덜 그럴 듯함, 불가능함으로 판단한다. 2. 자료를 사용하여 미래 결과의 가능성을 예측한다; 특정 결과가 나올 가능성을 사용하여 문제를 해결한다; 어떤 결과가 나올 가능성을 결정한다.

등의 테크놀로지가 수학 학습에 도움이 될 수 있지만, 학생들의 기초적인 이해와 능력을 대신하기 위해 사용되어서는 안 된다. 어떤 교수학적 도구와 마찬가지로 계산기는 적절하게 사용되어야 하며, TIMSS 참여국 간에도 계산기 사용에 대한 정책이 다르기 때문에 평가에서 계산기를 사용할 것인지에 대한 신중한 논의가 요구된다. 예를 들어 평소에 계산기를 사용하지 않는 국가의 학생들에게 평가에서 계산기를 반드시 사용하도록 요구한다거나, 평소에 계산기를 사용하는 국가의 학생들에게 평가에서 계산기를 사용하지 못하도록 하는 것은 공정하지 못하다.

이 문제에 대한 신중한 논의가 이루어진 후, TIMSS 2003의 8학년에서 계산기 사용이 도입되었다. 새로 개발된 문항들에 한해, 계산기 없이 풀이가 가능하지만 계산기 사용을 원하는 국가에 대해서는 계산기 사용을 허용했다. 그 결과, 계산기가 없어도 학생들이 문제를 답하는 데 어려움이 없는 것으로 나타났으며, 5문항을 제외한 모든 문항에서 계산기 사용 여부가 문제 풀이에 영향을 주지 않음이 나타났다. 또한, 계산기를 가지고 있었던 학생(전체의 63%) 가운데 대다수(47%)가 계산기를 가지고 있었지만 거의 사용하지 않았거나 전혀 사용하지 않았다고 답했다.

TIMSS 2003의 경험을 토대로, TIMSS 2007의 계산기 사용이 허용되었으며, 이는 TIMSS 2011에도 여전히 적용되고 있다. 그러나 4학년에 대해서는 계산기 사용이 허용되지 않는다.

계산기 사용에 대한 TIMSS 지침은 학생들이 평소 수업에서와 동일한 여건에서 최선의 성과를 거둘 수 있도록 하기 위함이다. 따라서 학생들이 수업시간에 계산기를 사용한다면 해당 국가에서는 평가에서 계산기를 사용할 수 있도록 권장해야 한다. 반면, 수업시간에 일상적으로 계산기를 사용하지 않는 경우에는 학생들에게 계산기 사용을 권장하지 않아도 된다. 새롭게 개발되고 있는 평가도구에서는 계산기 사용 여부에 전혀 영향을 받지 않는 문항들을 개발하기 위해 노력을 기울이고 있다.

(2) 8학년 인지 영역

인지 영역은 학생들이 수학을 학습함에 따라 기대되는 행동이다. '알기'는 학생들이 알 필요가 있는 사실, 개념, 절차를 포함하고, '적용하기'는 학생들이 문제를 풀거나 질문에 대답하기 위해 지식과 개념적 이해를 적용하는 능력이다. '추론하기'는 정형적인 문제해결을 넘어서서 낯선 상황 복잡한 맥락 다단계 문제해결을 포괄하는 행동이다. 인지 영역의 세 가지 하위 영역은 4학년과 8학년 모두에 적용되지만 시험 시간의 차이와 학생들의 연령 및 경험의 차이를 고려하여 그 비율에는 차이를 두었다.

〈표 25〉는 각 인지 영역의 하위 요소를 나타낸다.

인지 영역에서는 내용 영역과 마찬가지로 평가 목표에 대한 진술상의 변화가 있었다. 구체적인 내용은 각 인지 행동별로 하위 요소와 평가 목표에 대한 설명과 함

〈표 25〉 TIMSS 2011 수학 인지 영역의 하위 요소

인지 영역	하위 요소	
알기	• 회상하기 • 인식하기 • 계산하기	• 인출하기 • 측정하기 • 분류/정렬하기
적용하기	• 선택하기 • 표현하기 • 모델화하기	• 실행하기 • 정형적 문제 해결하기
추론하기	• 분석하기 • 일반화하기/특수화하기 • 종합/통합하기	• 정당화하기 • 비정형적 문제 해결하기

께 살펴보고자 한다.

① 알기

수학을 이용하거나 수학적 상황에서 추론을 하는 것은 수학적 개념의 친숙도와 수학적 지식에 의존한다. 학생들이 회상할 수 있는 적절한 지식이 많고 이해하고 있는 개념의 범위가 넓을수록 폭넓은 문제해결 상황에 참여하고 수학적 이해를 발전시킬 가능성이 더 커진다. 수, 상징적 표현, 공간 관계의 언어, 기본적인 사실, 약속을 쉽게 회상하게 하는 지식 기반에 접근하지 않고서는 수학적 사고가 불가능하다. '사실'은 수학의 기본언어를 제공하는 사실적 지식, 수학적 사고의 기초를 형성하는 필수적인 수학적 사실과 성질이다. '절차'는 정형적인 문제, 특히 일상생활에서 많은 사람들이 마주치는 문제를 해결하기 위해 수학을 사용하는 것과 기본적인 지식을 연결하는 것이다. 절차를 유창하게 사용하는 것은 행동의 회상, 실행하는 방법을 수반한다. 학생들은 다양한 계산 절차와 도구를 사용하는 데 효율적이고 정확해야 하며 특정한 절차가 전체 문제를 해결하는데 사용될 수 있음을 알 필요가 있다. '개념'에 대한 지식은 분리된 사실들로 있었을 지식의 요소들을 연결하는 것이다. 이로써 기존 지식을 확장하고, 수학적 진술과 방법의 타당성을 판단하고, 수학적 표현을 만들 수 있다.

알기 영역의 하위 요소와 평가 목표는 〈표 26〉과 같다.

〈표 26〉 수학 알기 영역의 하위 요소와 하위 요소별 평가 목표

인지 영역	하위 요소
1. 회상하기	• 정의, 용어, 수의 성질, 기하학적 성질, 표기법 (예: $a\times b=ab, a+a+a=3a$를 회상한다.)
2. 인식하기	• 수학적 대상, 모양, 수와 식을 인식한다. 수학적으로 동치인 수학적 대상을 인식한다. (예를 들면, 동치 분수, 소수, 백분율; 여러 방향에서 본 간단한 도형)
3. 계산하기	• 범자연수, 분수, 소수, 정수를 가지고 $+, -, \times, \div$ 및 혼합계산과 관련된 알고리즘 절차를 수행한다. 근삿값을 취하여 계산 결과를 어림한다. 정형적인 대수적 절차를 수행한다.
4. 인출하기	• 그래프, 표, 또는 다른 자료로부터 정보를 읽어낸다; 간단한 눈금을 읽는다.
5. 측정하기	• 측정 도구를 사용한다; 측정 단위를 적절하게 선택한다.
6. 분류/정렬하기	• 물체, 모양, 수와 식을 공통 성질에 따라서 분류하거나 모은다; 모임(class)의 구성에 대해 옳은 결정을 한다; 수와 물체를 속성에 따라 정렬한다.

② **적용하기**

적용하기는 어떤 맥락에 수학적 도구를 적용하는 것을 포함한다. 문제해결은 학교 수학을 가르치는 핵심 목표이자 수단이다. 따라서 문제해결과 이를 뒷받침하는 기능은 지식과 개념적 이해를 '적용'하는 데 뚜렷한 특정이 된다. 학생들은 사실, 기능, 절차에 대한 수학적 지식이나 개념의 이해를 적용하여 표현을 하고 문제를 해결할 필요가 있다. 아이디어를 표현하는 것은 수학적 사고와 의사소통의 핵심을 이루며, 동치인 표현을 만들어내는 능력은 수학에서 성공하는 데 기초가 된다.

적용하기에서의 문제는 추론하기의 문제보다 더 정형적이다. 정형적인 문제는 특정한 방법이나 기술로 실행하면 해결되는 연습문제다. 어떤 문제는 인위적인 실제 상황을 문제 상황으로 이용한다. 난이도는 다양하지만, 이런 교과서 유형의 문제는 절차를 선택하고 적용하는 것을 해본 학생들에게 친숙하다. 문제는 실생활 상황으로 설정될 수 있고 수나 대수식, 함수, 방정식, 도형, 통계 자료 등 수학 자체 내의 문제로 추어 질 수도 있다. 따라서 문제해결은 친숙하고 정형적인 과제에 강조를 둔 적용하기 영역뿐 아니라 추론하기 영역에도 포함된다.

〈표 27〉은 적용하기에 속하는 인지 행동의 하위 요소를 보여준다.

〈표 27〉 수학 적용하기 영역의 하위 요소와 하위 요소별 평가 목표

하위 요소	평가 목표
1. 선택하기	• 알려진 절차, 알고리즘, 해결 방법이 있는 문제를 풀기 위해 효율적인/적합한 연산, 방법, 전략을 선택한다.
2. 표현하기	• 다이어그램, 표, 차트, 그래프로 수학적 정보와 자료를 나타내고, 주어진 수학적 대상이나 관계의 동치 표현을 만든다.
3. 모델링하기	• 정형적인 문제를 풀기 위해 방정식이나 도형, 다이어그램과 같은 적합한 모델을 만든다.
4. 실행하기	• 일련의 수학적 지시 사항을 실행한다. (예: 주어진 조건에 맞게 도형과 모양을 그린다.)
5. 정형적 문제 해결하기	• 학생들이 수업에서 마주친 문제와 유사한 정형적인 문제를 푼다. 문제는 친숙한 맥락에서 또는 순수 수학 문제로 주어질 수 있다.

③ 추론하기

'추론하기'는 수학적으로 논리적이고 체계적인 사고 능력과 관련된다. 비정형적인 문제를 해결하는 데 사용될 수 있는 규칙성에 토대를 둔 직관과 귀납적 추론을 포함한다. 비정형적인 문제는 학생들에게 생소하게 여겨질 가능성이 많다. 학생들이 지식과 기능을 배웠을지라도 정형적인 문제를 풀 때 필요한 그 이상을 요구한다. 비정형적인 문제는 순수하게 수학적인 문제이거나 실생활 설정에서 나온 것으로, 새로운 상황에 지식과 기능을 전이시키게 하고, 여러 가지 추론을 복합적으로 사용하게 한다는 것이 특징이다. 맥락의 참신성이나 상황의 복잡성 또는 수학의 여러 영역에서 도출된 이해와 지식에 의존하면서 여러 단계를 거쳐야 하기 때문에 추론을 요구하는 문제는 여러 가치 방법으로 지식의 전이와 상호작용을 할 수 있다.

추론하기 영역의 많은 행동은 참신하거나 복잡한 문제에 대해 생각하고 해결하는 것이지만, 학습자의 사고에 더 일반적으로 영향을 주는 것을 포함한다. 예를 들어, 추론하기는 관찰하고 추측하는 능력과 관련되며, 특정한 가정과 규칙에 근거한 논리적 추론을 통하여 결과를 정당화하는 것을 포함한다. 〈표 28〉은 추론하기에 속하는 하위 요소이다.

〈표 28〉 수학 추론하기 영역의 하위 요소와 하위 요소별 평가 목표

하위 요소	평가목표
1. 분석하기	• 수학적 상황에서 변수나 대상들 사이의 관계를 결정하고 나타내거나 사용한다. 그리고 주어진 정보로부터 타당한 추리를 한다.
2. 일반화하기/특수화하기	• 수학적인 사고와 문제해결 결과를 더 일반적이고 폭넓게 적용 가능한 용어로 재서술함으로써 결과가 적용될 수 있는 영역을 확장한다.
3. 통합/종합하기	• 지식의 요소들과 표현을 연결하고, 관련된 수학적 아이디어를 연결한다. 수학적 사실, 개념, 절차를 조합하여 결과를 수렴하고, 여러 결과를 조합해서 이후의 결과를 산출한다.
4. 정당화하기	• 수학적 결과나 성질을 참조함으로써 명제의 참 또는 거짓을 정당화한다
5. 비정형적 문제 해결하기	• 학생들이 접해본 적 없는 수학적 또는 실생활 맥락의 문제를 해결하고, 친숙하지 않거나 복합적인 맥락에서 수학적 사실, 개념, 절차를 적용한다.

4. TIMSS 2015 평가틀[17)]

TIMSS는 4년 주기로 평가가 이루어지는데, 각국의 성취도 추이를 분석하고 각국의 교육과정을 반영하기 위하여, 매주기마다 평가틀을 소폭 수정한다. TIMSS 2015 평가틀은 기존의 평가틀을 부분적으로 수정하는 절차를 걸쳐 2013년에 개발되었다. TIMSS 평가틀은 크게 내용 영역과 인지 영역으로 나누어진다. TIMSS 2015 수학 초등학교 4학년 내용 영역은 <표 29>와 같이, 수, 도형과 측정, 자료 표현의 3개 영역으로 구분된다.

〈표 29〉 TIMSS 2015 수학 내용 영역별 하위 요소 및 구성 비율

학년	내용 영역	하위 요소	영역별비율
초4	수	범자연수, 분수와 소수, 식·방정식·관계	52%
	도형과 측정	점·직선·각, 평면도형과 입체도형	33%
	자료표현	알기·해석하기·표현하기	14%
중2	수	범자연수, 분수·소수·정수, 비·비례·백분율	30%
	대수	식과 연산, 방정식과 부등식, 관계와 함수	29%
	기하	도형, 측정, 위치와 이동	20%
	자료와 가능성	자료의 특성, 자료 해석, 가능성	20%

TIMSS 2015 수학 인지 영역 평가틀 역시 이전 평가주기와 마찬가지로 알기, 적용하기, 추론하기의 3개 영역으로 구성되고, 영역별로 하위 요소는 <표 30>과 같다. 인지 영역은 초등학교 4학년과 중학교 2학년에 공통으로 적용되지만, 초등학생과 중학생의 차이를 고려 하여 학년별 인지 영역의 문항 구성 비율에는 차이가 있다(김수진 외, 2012: 조지민 외, 2011; Mullis & Martin, 2013).

〈표 30〉 TIMSS 2015 수학 인지 영역별 하위 요소 및 구성 비율

수학 인지 영역	하위 요소	영역별 비율	
		초4	중2
알기	회상하기, 인식하기, 분류 정렬하기, 계산하기, 인출하기, 측정하기	38%	33%
적용하기	결정하기, 표현 모델링하기, 실행하기	43%	45%
추론하기	분석하기, 통합 종합하기, 평가하기, 결론짓기, 일반화하기, 정당화하기	20%	23%
계		100%	100%

17) 한국교육과정평가원(2017)의 "TIMSS 2015 공개문항 분석 자료집-수학,과학-" 보고서 일부를 발췌하여 재구성하였음

5. PISA와 TIMSS의 문항

본 단원에서는 PISA와 TIMSS에서 나타난 문항들을 제시하고자 한다. 평가영역 중 우리나라 성취도와 국제 성취도 사이에 차이가 많은 확률·통계를 중심으로 구성하였는데 이는 이번 2009 개정 교육과정에서 많은 관심을 갖는 영역이기도 하다. 국제평가에서 문항들을 비교해봄으로써 평가의 방향을 가름해볼 수 있다.

1) PISA 2003의 문항

문항 1 성장[18)]

성장

청소년 평균 키의 증가

다음은 1998년 네덜란드 청소년들의 평균 키를 나타낸 그래프이다.

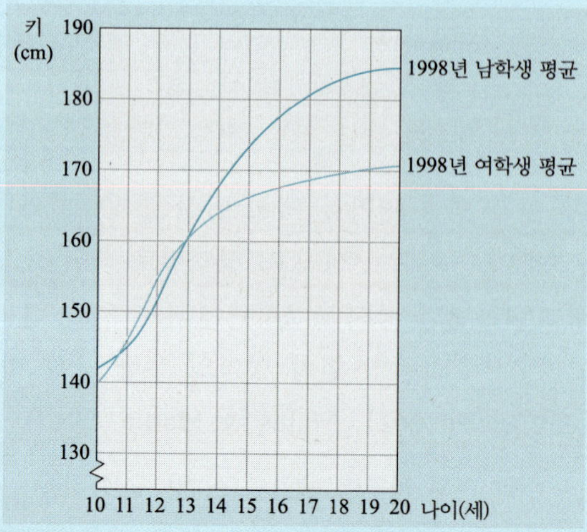

여성의 성장률이 평균적으로 12세 이후에 낮아지는 현상을 그래프에서 어떻게 알 수 있는지 설명하시오.

18) 한국교육과정평가원(2007)에 의하면 우리나라 학생들 중에는 곡선의 변화율이 둔화되는 것을 수학적 용어로 설명한 학생들은 31.1%, 12세 이후 곡선의 변화율이 둔화되는 것을 수학적 용어가 아닌 일상용어로 설명한 학생들은 21.4%, 실제로 성장을 비교한 학생들은 3.0%로 나타났다. 또한 12세 이후에 여성의 그래프가 남성의 그래프보다 아래에 있다거나 그래프의 특성에 대한 언급을 하지 않은 학생들의 29.1%였다.

문항 1 **평가기준** 여기서 중요한 것은 여학생 그래프의 기울기 변화에 대한 언급이 있어야 한다고 말하고 있다. 그것이 직접적인 표현이든 함축적인 표현이든 모두 받아들여야 한다. 이러한 만점의 기준을 3종류로 나누고 있는데 첫 번째는 12세 이후 곡선의 기울기가 둔화되는 것을 수학적 용어가 아닌 일상용어로 설명한 경우이다. 더 이상 위로 뻗어가지 않거나 커브 증가 수준이 떨어진다, 12세 이후 평평해진다, 여학생의 곡선은 평평해지지만 남학생의 곡선은 더 높이 올라간다는 반응과 같다. 두 번째는 12세 이후 곡선의 기울기가 둔화되는 것을 수학적 용어로 설명한 경우이다. 기울기가 작아지고 있음을 볼 수 있다. 12세 이후 그래프의 변화율이 줄어들고 있다 등이다. 그 수학적 용어는 '기울기', '경사도', '변화율'이다. 세 번째는 실제로 성장을 비교한 경우이다. 10세에서 12세에는 15cm가 자랐으나, 12세에서 20세까지는 겨우 17cm가 자랐다거나, 10세에서 12세의 평균 성장률은 일 년에 7.5cm이나, 12세에서 20세까지의 평균 성장률은 일 년에 약 2cm이다.

문항 1 **시사점** 2009 개정 교육과정의 교수·학습 방법의 변화에서는 일련의 과정을 경험하고 그 속에서 잘못된 판단과 실수를 했다면 그러한 것들을 찾아내며 자료를 정리한 표나 그래프, 측도를 분석하고 상황에 맞게 해석할 수 있어야 한다고 강조한다. 위의 문항에서 보면 학생들에게 그래프를 해석하는 능력을 요구하는데 이는 실생활에서 신문이나 다양한 서적과 같은 자료 등에서 볼 수 있는 그래프들을 이해하는데 중요한 사항이라고 볼 수 있다.

문항 2 강도사건[1)]

강도 사건

한 TV기자가 아래 그래프를 보여 주면서 다음과 같이 말하였다.
"1996년과 1999년 사이에 연간 강도 사건 건수가 급격하게 증가하였습니다."

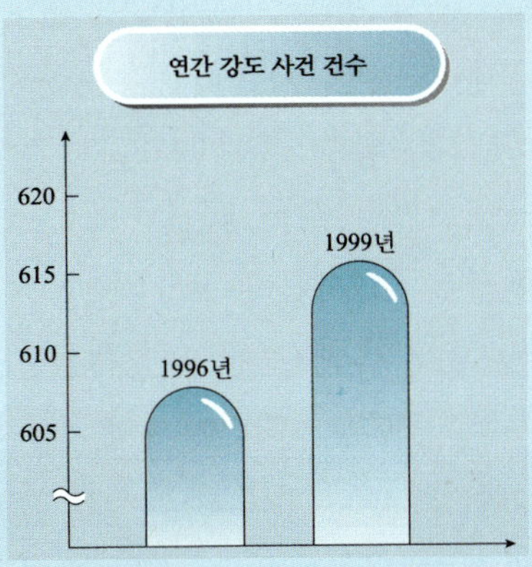

그래프에 대한 기자의 해석이 적절하다고 생각하는지 쓰시오.
제시한 답에 대한 이유를 설명하시오.

문항 2 평가기준 문항에서 요구하는 것은 그래프를 바로 해석하는 것이 아니라 기자의 해석을 봄으로써 오류를 찾는 활동이라고 볼 수 있다. 아니오나 타당하지 않다와 같은 대답으로 그래프의 일부분만 보여 주고 있다는 사실에 초점을 맞출 것을 의미한다. 예시 답안으로서 그래프 설명이 타당하지 않다 이며 만일 이 그래프의 전체가 제시되었다면 강도 사건의 증가율은 극히 미미하다. 즉, 퍼센트로 따지면 증가량은 단지 약 2%에 불과하다 등이었다. 이러한 반응은 보이는 그대로 그래프를 보지 않고 보이지 않은 그래프의 내용에 대한 것까지 추론해 볼 수 있는 능력을 요구하는 것이다.

문항 2 시사점 이 문항은 우리나라의 교육과정에서 거의 다루지 않는 내용이라고 할 수 있다. 우리나라 학생들 중에서 가장 많은 반응을 보인 반응은 부분점수를 받게 되는 '아니오, 타당하지 않다고 대답했지만, 상세한 설명이 부족하거나 단지 강도 사건의 증가 숫자에만 초점을 맞춘 경우였다. 우리나라 학생들은 자료를 해석하지만 타당한 근거를 설명하는데 미숙하거나 숫자로써 표현하는 학습은 학습 시 그런 부분에 대한 연습이 부족하다고 본다.

문항 3 수출

수 출

다음 그래프는 제드(zed:화폐 단위)를 화폐로 사용하는 제드랜드(Zedland:지명)의 수출 현황을 나타낸 것이다.

1996~2000년 제드랜드 연간 수출액 총계

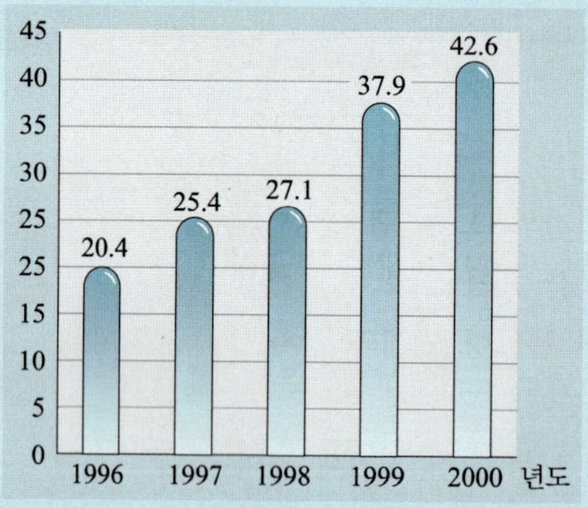

2000년 제드랜드 수출 품목 비율

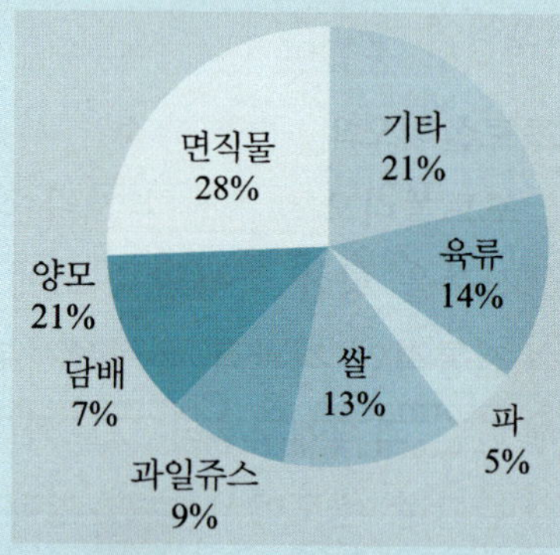

1998년 제드랜드의 총 수출액(단위: 백만 제드)은 얼마인가?

문항 3 **평가기준** 필요한 정보를 찾기 위해 막대그래프와 원그래프에서 자료해석이 가능한지를 묻는 것이다.

문항 3 **시사점** 막대그래프와 원그래프는 우리나라의 초등학교 교과서에서 전형적으로 다루는 내용이다. 국내 정답률이 상대적으로 낮았다. 이는 우리 학생들이 '27.1 백만제드'라는 표현에 익숙하지 않음으로 인해 나타난 결과일 수 있다. 백만이라는 단위는, 세 자리 단위로 숫자를 끊어 읽는 서양에서는 매우 익숙한 단위이지만, 우리에겐 생소한 단위이다. 또한, 우리나라 학생들은 순수한 소수로서의 27.1에는 익숙하지만 '27.1 백만제드'와 같이 소수와 큰 단위가 결합된 표현 방식은 학교에서 거의 다루지 않음으로 인해 어려움을 겪었을 가능성이 크다. 국제사회에서 경쟁력을 키우기 위해서는 문화적인 것에서 오는 이질적인 내용들을 함께 학습해보는 것도 필요할 것이다.

문항 4 피자 선택

6피자선택

한 피자 가게에서는 기본적으로 치즈와 토마토 2가지가 토핑되어 있는 피자를 손님에게 제공하고 있다. 손님은 자신의 피자에 몇 가지 추가 토핑을 직접 선택할 수도 있다. 이 피자 가게가 추가로 제시하고 있는 토핑은 올리브, 햄, 버섯, 소시지 등 4가지이다.
영우는 2가지 토핑을 추가하여 피자를 주문하려고 한다.
영우가 선택할 수 있는 방법은 모두 몇 가지인가?

답: ________가지

문항 4 **평가기준** 주어진 정보를 파악하여 경우의 수를 구하는 것이다.

문항 4 **시사점** 답률표를 살펴보면 여학생이 남학생보다 3.8% 높은 성차[19]를 보이고 있다. 즉 국내와 국제 모두에서 여학생의 정답률이 남학생의 정답률보다 높다. 그 이유로 추정해 볼 수 있는 것은 문제의 소재가 여성적이라는 점이다. 문제를 해결하는데 있어 가장 큰 영향력을 미치는 것은 문제의 수학 내용적인 측면이다.

---

19) 한국교육과정평가원(2009)에서는 TIMSS와 PISA에서 여학생의 뚜렷한 성취도 향상과 관련하여 성별 성취도 차이의 실태나 연구를 분석하는 연구가 필요하다고 하였다. 최근 학교 현장에서도 과거와 달리 여학생의 수학 성취도가 남학생보다 우세한 경향이 있다는 의견이 제시되고 있다고 하니 그러한 경향이 나타나게 된 원인 등을 탐색하는 연구를 통해 우리나라 학생들의 전체 성취도를 전반적으로 향상시킬 수 있는 방안을 찾는데도 도움이 될 것이다.

〈표 31〉 피자선택 학생답률표

구 분	전체		여학생		남학생		차이 (여-남)
	사례수	정답률 (표준편차)	사례수	정답률 (표준편차)	사례수	정답률 (표준편차)	
국내	1667	58.4(49.3)	695	61.2(48.8)	972	56.4(49.6)	4.8
국제	81809	46.5 (49.9)	41125	48.4(50.0)	40440	44.6(49.7)	3.8
차이(국내-국제)		12.1		13.0		12.0	

그러나 문제를 해결하기 위해 동원되는 수학적 개념이 복잡하지 않을 경우에는 문제를 제시하는 상황이나 맥락이 중요하게 작용한다(한국교육과정평가원, 2007). 피자의 토핑이라는 소재는 남성보다 여성에게 더 강하다는 성별의 영향이 있는가 하면 피자를 자주 접하게 되는지 아닌지의 지역적인 영향도 있을 것이라고 보는 것이다. 다양한 문제들을 포함하는 교과서와 같은 교수자료에서는 소재적인 부분에서도 이런 다양한 면들을 고려해 실제적인 소재를 선택하여 구성해야 할 것이다.

문항 5 과학시험 결과[20]

과학시험 결과

아래 그래프는 A그룹과 B그룹 학생들을 대상으로 과학 시험을 실시할 후 그 결과를 나타낸 것이다.

A그룹의 평균 점수는 62.0이고, B그룹의 평균 점수는 64.5점이다. 그리고 점수가 50점 이상일 때 학생들은 이 시험을 통과하게 된다.

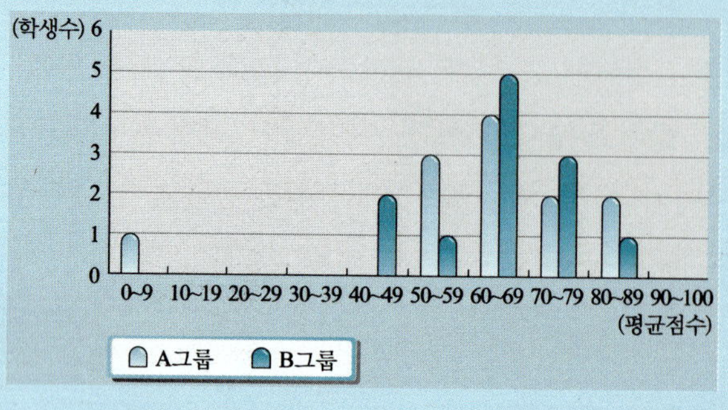

위 그래프를 토대로 선생님은 B그룹이 A그룹보다 더 잘 했다고 말씀하신다.

그러나 A그룹 학생들은 선생님의 의견에 동의하지 않는다. 그들은 B그룹 학생들이 반드시 더 잘 한 것은 아니라고 선생님을 설득시키려고 한다.

위 그래프를 이용해서 A그룹 학생들이 제시할 수 있는 수학적 주장을 하나만 쓰시오.

문항 5 평가기준 B조보다 A 조의 학생이 더 많이 시험에 통과했다, A조에 80점 이상의 성적을 받은 학생이 더 많다, A조에서 가장 점수가 낮은 학생을 제외한 나머지 A조 학생들은 B조 학생들보다 성적이 좋다와 같이 타당한 근거가 한 가지 제시되어야 한다. 타당한 근거는 통과한 학생 수, 극단적으로 점수가 낮은 학생의 영향, 최상위에 포함된 학생 수 등과 관련되어야 한다.

문항 5 시사점 이 문항은 평균을 구하는 문항으로써 우리나라 교육과정에서 중심적으로 다루는 내용이다. 이 문항에 대한 채점기준에서는 통과한 학생 수, 극단적으로 점수가 낮은 학생의 영향, 최상위에 포함된 학생 수 등과 관련되어야 만점이라는 기준을 세우고 있다. 예를 들어 B조보다 A조의 학생이 더 많이 시험에 통과했다, A조에서 가장 점수가 낮은 학생을 제외한 나머지 A조의 학생들은 B조 학생들 보다 성적이 좋다, 80점 이상의 성적을 받은 학생이 A조에 더 많다 등과 같은 근거이다. 두 집단의 시험 점수 평균과 점수대별 분포가 막대그래프로 주어지고, 자료값을 해석하는 능력이 요구되는 문항인데 평균을 중심으로 보면 B그룹이 잘 한 것으로 볼 수 있지만, 다른 관점에서 보면 A그룹이 더 우수하다고 해석 할 수 있다. 한국교육과정 평가원에 따르면 이 문항에서 요구하는 바는 A그룹이 더 잘했다고 결론내리기 위해서 어떤 다른 기준을 동원해야 하는지를 기술하는 것이라고 했다. 우리나라는 7차 교육과정 이후로 실생활에서 널리 활용되고 여러 나라에서 공통적으로 지도하고 있는 수학적 개념에 대한 지도를 보강하도록 하기 위해 '최빈값, 중앙값'을 중학교 3학년에서 지도하게 하였다. 서구의 교과서들은 초등학교부터 대푯값으로 평균 이외에 중앙값과 최빈값을 학습하고 주어진 자료를 다양한 관점에서 해석하는 능력을 기른다. 그러나 우리나라의 교육과정에서는 대푯값으로 평균만을 소개하고 자료값들을 해석하는 기준을 세우는 것은 취급하지 않는다. 이런 부분들을 고려해 볼 때 결과는 상대적으로 나쁘지 않지만 이런 다양한 개념들을 학습함으로써 편파적인 자료해석을 유도하지 않게 해야 할 것이다.

문항 6 대통령에 대한 여론조사

대통령에 대한 여론조사
제드랜드 (Zedland: 지명) 에서는 차기 선거에서 대통령의 지지도에 대한 여론 조사를 실시하였다.

---

20) 국내 학생들의 정답률은 65.9%로서 다소 높게 나타났다. 국제 평균 정답률은 43.6%이다.

다음은 네 신문사에서 발표한 여론 조사 결과이다.

> 신문사 A : 36.5%(임의로 선발된 500명의 유권자를 대상으로 1월 6일에 실시한 조사 결과임)
>
> 신문사 B : 41.0%(임의로 선발된 500명의 유권자를 대상으로 1월 20일에 실시한 조사)
>
> 신문자 C : 39.0%(임의로 선발된 1000명의 유권자를 대상으로 1월 20일에 실시한 조사 결과임)
>
> 신문사 D : 44.5%(신문사로 전화를 걸어온 1000명의 독자를 대상으로 1월 20일에 실시한 조사 결과임)

선거가 1월 25일에 실시된다면, 대통령의 지지도를 가장 정확하게 예상할 수 있는 여론 조사 결과를 제시한 신문사는 어디인가? 제시한 답에 대한 근거를 두 가지만 쓰시오.

문항 6 **평가기준** 여론 조사의 조건을 비교하여 좀 더 신뢰할 만한 조사를 가려내는 능력을 측정하는 문제로써 대답은 '신문사 C'라고 볼 수 있다. 그러한 근거의 기준은 설문 조사 시각이 투표일에 더 가깝고, 표본의 크기가 크고 임의로 표집 되었으며 투표권이 있는 사람만을 대상으로 조사하였다는 내용이다.

문항 6 **시사점** 통계적 지식과 더불어 사회과학적인 지식이 함께 요구되는 영역 통합적인 내용을 다룬다. 이 문제에서 주어진 네 신문사의 여론 조사는 표본의 개수, 표본의임의성, 조사의 실시 시기라는 세 가지 조건이 약간씩 다르다. 흔히 여론 조사에서는 표본의 개수가 많을수록, 표본이 임의로 추출되었을수록, 조사의 실시 시기가 투표일에 가까울수록 정확도가 높아 신뢰할 만한 조사이다. 이러한 기준을 적용하면 문제에서 요구하는 신문사를 찾을 수 있는데, 이 문제에서는 학생들의 이해정도를 보다 정교하게 파악하고자 답에 대한 근거도 두 가지 제시하도록 요구하고 있다. 이 문항에 대한 국내 정답률은 44.6%로 결코 높지는 않지만, 이런 과제를 경험해 보지 않은 우리나라 학생들의 상황을 감안할 때 정답률이 상당히 높은 편이라고 할 수 있다(한국교육과정평가원, 2007). 이와 같이 평가 소재로서 우리가 주변에서 적용해 볼 수 있는 내용이 소개 되었고 통계적 지식과 사회과학적인 지식이 함께 요구되는 문항으로서 통계영역의 본질적인 학습의 목표에 잘 도달하는 문항이라고 할 수 있다.

문항 7 CO_2 배출량 감축[21)]

CO_2 배출량 감축

수많은 과학자들은 대기중의 이산화탄소 농도가 점점 진해져서 기후에 이상 변화가 일어난다고 우려하고 있다.
아래 그래프는 여러 국가와 지역에서의 1990년 이산화탄소 배출량(흰색 막대)과 1998년 이산화탄소 배출량(검은색 막대)을 나타낸 것이다. 그리고 1990년과 1998년 사이의 이산화탄소 배출량 비율 변화가 화살표로 표시되어 있다.

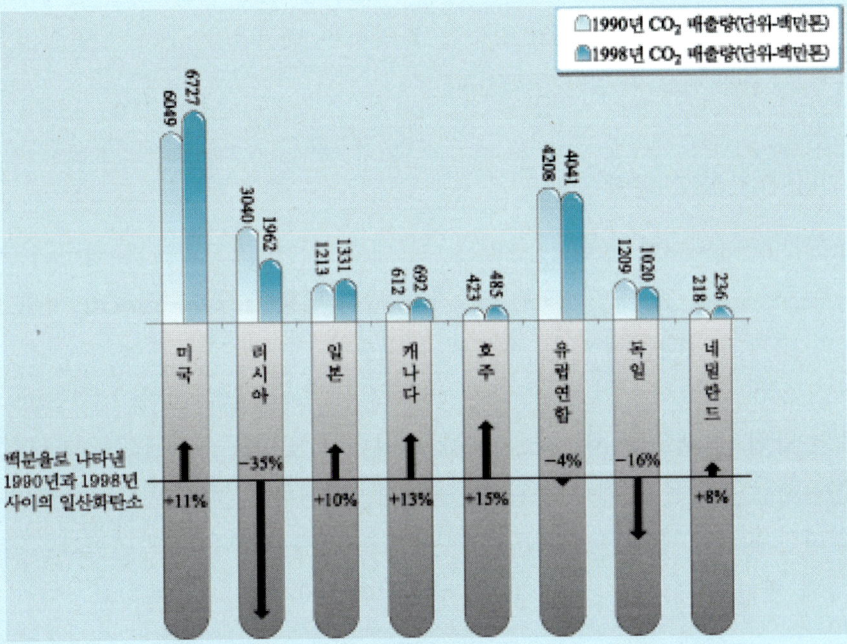

백분율로 나타낸 1990년과 1998년 사이의 일산화탄소

위의 그래프를 보면 미국에서 1990년과 1998년 사이의 이산화탄소 배출 비율이 11% 증가했다는 것을 알 수 있다.
11%라는 값이 어떻게 나왔는지 풀이 과정을 제시하시오.

문항 7 평가기준 이산화탄소 배출량이 막대그래프로 주어지고, 이 그래프로부터 기준량과 비교량을 찾아 미국의 이산화탄소 배출 비율인 11%가 계산된 과정을 설명하는 문항이다. 여기서 1990년의 이산화탄소 배출량인 6049가 기준량이 되고, 이 중에서 1990년과 1998년 사이의 이산화탄소 배출량 증가량이 678이 차지하는

21) 이 문항에 대한 국내 정답률은 13.1%에 불과해 아주 낮은 편이다.

비율을 구하면 11%의 증가했음을 보일 수 있다.

문항 7 **시사점** 백분율은 일상생활에서 자주 사용되는 친근한 개념임에도 불구하고, 이에 대한 학생들의 이해 정도가 극도로 낮음을 알 수 있다. 백분율은 초등학교 6학년에 도입되고 중학교에서도 여러 가지 백분율을 구하는 연습을 다양하게 하지만 대개는 소금물의 백분율을 구하는 식으로 정형화된 문제 상황만 접했기 때문인 것으로 풀이된다. 이 문제의 결과로부터 얻을 수 있는 시사점은 실제적인 자료를 그래프로 제시하고, 학생들이 값들을 파악하여 백분율을 구하는 연습의 기회를 다양하게 제공할 필요가 있다는 점이다.

2) TIMSS 2007 문항

TIMSS 2007에서 8학년 내용 영역은 수, 대수, 기하, 자료와 가능성이라는 4개의 영역으로 구성되며, 각 영역에서는 몇 가지 하위 영역이 있다. 각각의 하위 영역은 참가국의 수학 교육과정에 있는 목표에 해당한다.

TIMSS 2007 자료와 가능성 영역은 학생 자신 또는 다른 사람이 수집한 자료를 조직하는 방법, 그래프와 차트로 자료를 나타내는 방법을 아는 것과 관련된다. 이 영역에서 자료의 잘못된 해석과 관련된 이슈를 이해하는 것도 포함되어 있다. 학생들은 간단한 자료 수집 계획에 참여하거나 다른 사람이 모은 자료나 모의실험에 의해 생성된 자료를 다룰 수 있어야 한다(TIMSS 2007).

문항 8 과목인기도-1[22]

과목인기도-1

과목 인기도

10명의 학생들이 수학과 국사 중 어느 과목이 더 인기가 있는지를 알아보려 한다. 학생들은 다음의 척도를 이용하여 각 과목의 인기도를 평가했다.

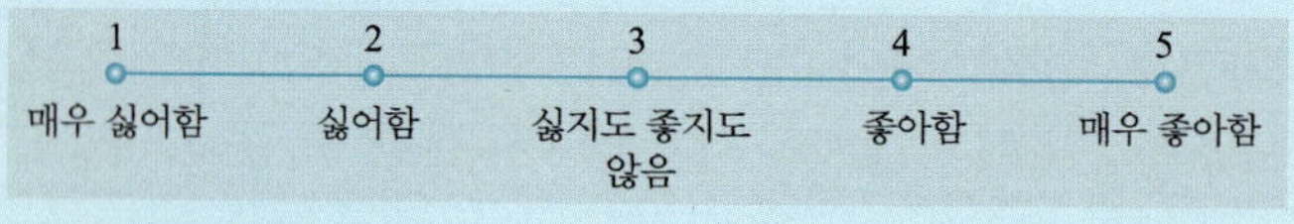

그 결과는 다음 표와 같다.

---

22) 한국교육과정평가원(2007)에 따르면 우리나라의 정답률은 81.7%, 국제평균 정답률 35.3%, 대만의 정답률은 81.9%이었다. 우리나라는 국제평균에 비해 유의한 차이로 높은 정답률을 보였다. 국제적으로는 여학생의 정답률이 남학생들에 비해 유의하게 높았다.

학생	수학 평점	국사 평점
철수	1	2
영희	4	4
미정	5	4
경미	2	2
병철	4	2
지민	3	3
현아	2	1
태경	1	1
상진	5	3
수경	3	2
합계	30	24

1) 각 과목에 대하여 평점의 평균을 계산하시오.

수학 평점 평균 = ______________ 국사 평점 평균 = ______________

위의 평점에 따르면, 학생들에게 더 인기가 있는 과목은 무엇인가?

더 인기 있는 과목 : ____________

〈표 32〉 TIMSS 2007 수학 내용 자료와 가능성의 하위 영역 및 공개문항 내용

내용 영역	하위영역	인지 영역	문항
자료와 가능성	• 자료 조직과 표현	적용하기	표의 정보를 나타내는 그래프
		적용하기	스포츠 센터/직선에 이름 써 넣기
		알기	스포츠 센터/몇째 주
		적용하기	스포츠 센터/24주 동안의 이용료
		적용하기	막대그래프 만들기
		알기	팔린 입장권의 수
		적용하기	그래프에 자료 표현하기
	• 자료 해석	추론하기	도시방문/A도시에 대한 표 완성하기
		추론하기	도시방문/C도시에 대한 표 완성하기
		알기	도시방문/조건에 맞는 도시
		추론하기	도시방문/조건에 맞는 도시
		알기	각 과목의 평점 평균
		추론하기	참/거짓 판단
	• 가능성	알기	17을 꺼낼 가능성이 더 높은 상자
		적용하기	파란 구슬을 꺼낼 확률
		적용하기	표를 활용하여 회전판에서 선 그리기
		알기	세 번째의 구슬의 색

문항 8 **평가기준** 학생들에게 인기 있는 과목을 조사하여, 여러 학생들이 평가한 평점으로 평균을 계산하고, 인기가 있는 과목을 답하는 문항이다.

문항 8 **시사점** 자료와 가능성 영역의 알기 문항이라 할 수 있다. 평균을 구하는 것은 5단계에서 학습하는 내용이고, 7-나 단계에서 도수분포표에서의 평균으로 다시 다루어진다.

문항 9 과목 인기도-2

과목 인기도-2

다음 그래프는 학생들의 평점을 나타낸다. 예를 들면, 철수의 이름은 그의 평점(수학1, 국사2) 바로 옆에 적혀 있다.

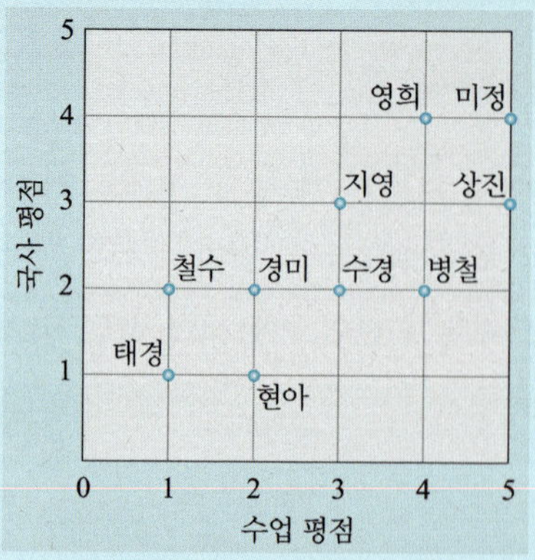

다음의 각 문장 끝에 '참' 또는 '거짓'을 쓰시오.
이 학생들은 모두 국사보다 수학을 더 좋아한다._____
이 학생들 중 거의 반 정도가 두 과목에 같은 평점을 주었다._____
두 명의 학생은 두 과목을 좋아하지도 싫어하지도 않았다._____

문항 9 **평가기준** 이 문항은 학생들의 평점을 산점도 형식으로 표현한 것을 해석하는 것이다. 자료와 가능성 영역에서 추론하기에 해당하는 문항이다. 문항에 대한 설명을 하면 첫 번째 문장 "학생들은 모두 국사보다 수학을 더 좋아한다"는 반례가 있으면 거짓이 되는데, 철수의 경우는 국사를 더 좋아하는 학생이므로 거짓이다. 두 번째 문장 "이 학생들 중 거의 반 정도가 두 과목에 같은 평점을 주었다"에서 '거의 반 정도'라는 표현이 다소 애매할 수 있다. 학생들이 모두 10명인데, 두 과목에 같은 평점을 준 학생들은 4명이다. 우리 학생들은 이런 애매한 표현을 수학에서 경험하지 않아, 두 번째 문장에서 참, 거짓을 잘못 판단했을 수 있다. 세 번째 문장 "두 명의 학생은 두 과목을 좋아하지도 싫어하지도 않았다"는 평점에서 '좋지도 싫지도 않음'이라는 3점을 택한 경우에 해당하는 것으로, 그런 학생은 경민이 한 명이다.

문항 9 **시사점** 우리나라의 정답률은 38.6%, 국제평균 정답률은 18.6%, 대만의 정답률은 31.8%이었다. 우리나라는 국제평균과 대만에 비해 유의하게 높은 정답률을 보였다. TIMSS 2003까지 자료와 가능성 영역의 추론하기에는 우리나라의 정답률은 그리 높지 않았는데, 이 문항의 정답률은 높은 성취를 보여 통계 영역의 교육이 점차 개선되고 있음을 암시하는 것이라 하겠다(한국교육과정평가원, 2008).

문항 10 버스 시간표

버스 시간표

선생님께서 도시를 방문할 때 다음 세 가지 조건을 반드시 지키라고 말씀하셨다.

1. 오전 9시 이후에 O도시에서 출발해야 한다.
2. 오후 5시까지 O도시에 돌아와야 한다.
3. 최소한 3시간 동안은 방문한 도시에 머물러야 한다.

정호네 반 학생들은 세 가지 조건에 맞는 도시를 찾기 위해 버스 시간표를 이용하였다. 학생들은 아래 표를 만들기 시작하였으나 완성하지 못하였다.

1) 다음 쪽의 버스 시간표를 참고하여 아래 표에서 A도시의 빈칸을 채우시오.
2) 다음 쪽의 버스 시간표를 참고하여 아래 표에서 C도시의 빈칸을 채우시오.

	가장 적당한 버스 시간					세 가지 조건		
목적지	O도시에서 출발 시간	목적지에 도착 시간	O도시로 되돌아오는 출발 시간	O도시에 도착 시간	목적지에 머무르는 시간	오전 9시 이후 시간	최소 3시간 방문	오후 5시까지 도착
A도시	오전 9시	오전 11시15분						
B도시	오전 9시15분	오후 12시20분	오후 2시30분	오후 5시35분	2시간 10분	예	아니오	아니오
C도시	오전 9시25분							
D도시	오전 9시10분	오전 11시15분	오후 2시 40분	오후 4시45분	3시간 25분	예	예	예

A도시 버스 시간표

O도시에 A도시까지의 버스 시간표		A도시에서 O도시까지의 버스 시간표	
출발: O도시	도착: A도시	출발: A도시	도착: O도시
오전 8시	오전 10시 15분	오전 8시 30분	오전 10시 45분
오전 9시	오전 11시 15분	오전 9시 30분	오전 11시 45분
오전 10시	오후 12시 15분	오전 10시 30분	오후 12시 45분
오전 11시	오후 1시 15분	오전 11시 30분	오후 1시 45분
오후 12시	오후 2시 15분	오후 12시 30분	오후 2시 45분
오후 1시	오후 3시 15분	오후 1시 30분	오후 3시 45분
오후 2시	오후 4시 15분	오후 2시 30분	오후 4시 45분
오후 3시	오후 5시 15분	오후 3시 30분	오후 5시 45분
오후 4시	오후 6시 15분	오후 4시 30분	오후 6시 45분

C도시 버스 시간표

O도시에 C도시까지의 버스 시간표		A도시에서 C도시까지의 버스 시간표	
출발: O도시	도착: C도시	출발: A도시	도착: C도시
오전 8시 25분	오전 10시 40분	오전 8시 35분	오전 10시 50분
오전 9시 25분	오전 11시 40분	오전 9시 35분	오전 11시 50분
오전 10시 25분	오후 12시 40분	오전 10시 35분	오후 12시 50분
오전 11시 25분	오후 1시 40분	오전 11시 35분	오후 1시 50분
오후 12시 25분	오후 2시 40분	오후 12시 35분	오후 2시 50분
오후 1시 25분	오후 3시 40분	오후 1시 35분	오후 3시 50분
오후 2시 25분	오후 4시 40분	오후 2시 35분	오후 4시 50분
오후 3시 25분	오후 5시 40분	오후 3시 35분	오후 5시 50분
오후 4시 25분	오후 6시 40분	오후 4시 35분	오후 6시 50분

선생님께서 제시한 세 가지 조건에 맞는 도시들은 어디인가?

문항 10 **평가기준** 조건에 맞는 도시를 찾는 문항으로, 주어진 표를 잘 해석하여 A도시에 해당하는 조건을 추론하여 정리해야 한다. 출발 시각, 도착 시간, 목적지에 머무는 시간, 조건의 성립 여부가 모두 정확해야 만점을 받을 수 있다.

문항 10 **시사점** 자료와 가능성에서 추론하기 영역이다. 만점을 받은 학생의 비율을 정답률로 보았을 때, 우리나라의 정답률은 35.5%, 국제평균 정답률은 15.0%, 대만의 정답률은 44.8%이었다. 우리나라의 코드 10의 비율은 21.0%로 높은 편이었다. 즉, 일부 빈칸을 잘못 계산하여 점수를 다 받지 못한 학생들이 많은 것이다. 이 문항은 TIMSS 2003에도 출제된 것인데, TIMSS 2003의 정답률은 41.6%로 TIMSS 2007에서 정답률이 유의하게 하락한 것으로 나타났다. TIMSS 2007에서 정답률이 유의하게 하락한 문항은 그리 많지 않았는데, 이 문항의 결과는 눈여겨볼 만하다. 남학생의 정답률 역시 45.1%에서 36.3%로 유의하게 하락한 것으로 나타났다(한국교육과정평가원, 2007).

문항 11 회전판의 색깔

회전판의 색깔

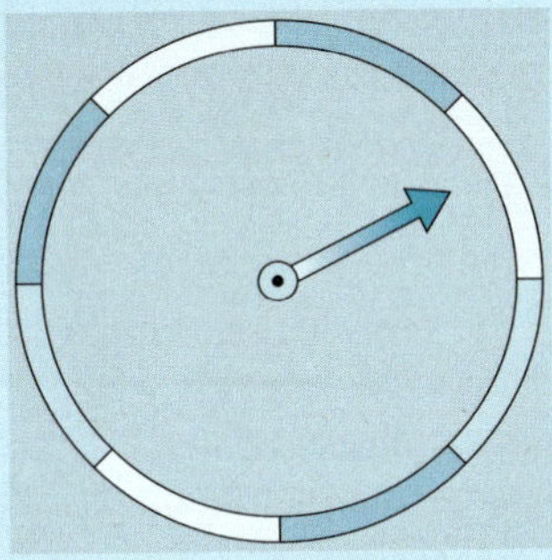

정민이의 회전판은 주황색, 보라색, 녹색이 칠해진 세 부분으로 나뉘어져 있다. 아래표는 정민이가 바늘을 1000번 돌렸을 때 각 부분에 바늘이 멈춘 횟수를 나타낸 것이다.

색깔	바늘이 멈춘 횟수
주황색	510
보라색	243
녹색	247

위와 같은 결과가 나오도록 회전판에 선을 그어 세 부분으로 나누고, 각 부분의 색깔(주황색, 보라색, 녹색)을 쓰시오.

문항 11 **평가기준** 바늘을 1000번 돌렸을 때 멈춘 횟수를 구한 것으로 많은 시행을 했으므로 바늘이 멈춘 횟수의 비율이 확률이 될 것이라고 가정하여 회전판의 부분을 나누어 색을 쓰게 하는 문항이다.

문항 11 **시사점** 교육과정상 6-나 단계에서의 확률은 수학적 확률로, 모든 사건이 일어날 가능성이 동일하고 유한일 때 적용할 수 있으며 경우의 수의 비율로 구한다. 8-나 단계에서는 통계적 확률로 접근하여 시행이 여러 번 일어나면 사건이 일어나는 비율이 어떤 값에 수렴하는 것으로 설명한다. 우리나라 학생들에게 조금 생소한 접근의 문제라 할 수 있다. 이 문항은 TIMSS 2003에도 출제되었던 것으로, TIMSS 2003의 정답률은 67.7%이었다. 정답률이 우리나라 51.2%, 국제평균 27.5%, 대만 40.7%이었다. 우리나라는 국제평균과 대만에 비해 정답률이 유의하게 높았다. 그리고 우리나라 남학생의 정답률이 여학생에 비해 유의하게 높았는데, 이는 국제평균에서도 동일하였다. 하지만 우리나라의 TIMSS 2007의 정답률이 유의하게 하락한 것을 알 수 있다(한국교육과정평가원, 2007).

3) TIMSS 2015 문항[23)]

TIMSS 2015 초등학교 4학년 수학 내용 영역은 수, 도형과 측정, 자료 표현의 3개로 구분 된다.

문항 12 네 자리 수에 대한 퍼즐

범수는 다음과 같이 네 자리 수에 대한 퍼즐을 만들었습니다.

백의 자리 숫자는 7입니다.
천의 자리 숫자는 백의 자리 숫자보다 큽니다.
일의 자리 숫자는 백의 자리 숫자보다 작습니다.

범수가 생각하는 숫자는 무엇입니까?

① 2708
② 4733
③ 8726
④ 9718

문항 12 **평가기준** 이 문항은 3가지 조건을 만족하는 네 자리 수 자연수를 찾는 문항으로, 인지 영역은 추론하기인 선다형 문항이다. 2009 개정 교육과정의 3~4 학년군에서 10000 이상의 큰 수에 대한 자릿값과 위치적 기수법을 이해하고 수를 읽고 쓰는 방법을 학습하기 때문에, 우리나라 학생들이 이 문항을 해결하는 데 큰 어려움이 없었을 것으로 예상할 수 있다.

문항 12 **시사점** 이 문항의 국제평균 정답률은 65.0%이고, 우리나라의 정답률은 91.2%로 홍콩과 함께 국제적으로 가장 높게 나타났다. 우리나라 학생의 성취수준별 정답률을 비교해보면, 수월수준, 우수수준, 보통수준의 정답률이 80.0% 이상

23) 한국교육과정평가원(2017)의 "TIMSS 2015 공개문항 분석 자료집-수학,과학-" 보고서 일부를 발췌하여 재구성하였음

으로 매우 높으나 기초수준에서 29.4%로 급격하게 낮아졌다. 이 문항은 기초수준 학생들에게는 쉽지 않은 문항이었을 것이다. 성별 정답률을 살펴보면 여학생의 정답률이 94.5%로 남학생의 정답률 88.3%보다 통계적으로 유의한 수준으로 높았다.

TIMSS 2015 중학교 2학년 수학 내용 영역은 수, 대수, 기하, 자료와 가능성의 4개로 구분된다. 다음 예시문항은 자료와 가능성 영역의 문항이다.

문항 13 설문조사 결과를 보고 해석을 잘못한 이유 설명하기

학생들의 스포츠 선호도

가장 좋아하는 스포츠로 축구를 선택한 학생들의 비율(%)

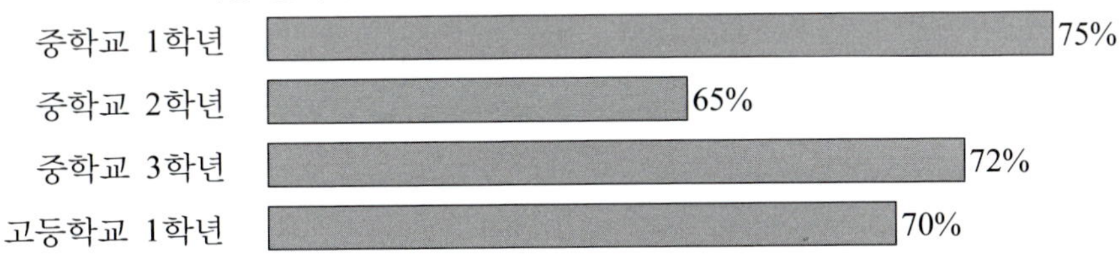

정호는 중학교 1학년에서 고등학교 1학년까지의 학생들을 대상으로 가장 좋아하는 스포츠를 조사하였다. 학년별로 100명이 응답하였다. 위의 그래프는 가장 좋아하는 스포츠로 축구를 선택한 학생들의 비율을 나타낸 것이다.
정호는 중학교 1학년과 2학년의 결과를 비교해 보았다. 정호는 중학교 1학년에서 축구를 선택한 학생 수가 2학년에서 축구를 선택한 학생 수의 두 배라고 생각하였다.

정호가 위의 그래프를 보고 잘못 생각하게 된 이유를 설명하시오.

문항 13 **평가기준** 본 문항의 그림으로 주어진 막대그래프는 기준점이나 단위 등이 표시되지 않았고 막대그래프의 값과 막대그래프의 길이가 정비례하지 않아, 막대그래프에 주어진 값을 이용하여 설문조사 결과를 해석해야 한다. 본 문항의 정답에 대한 응답유형은 '중학교 1학년 막대 길이가 중학교 2학년 막대 길이의 두 배이다 또는 이와 동치인 표현', '시작 지점이 0이 아니다', '그래프에 척도(눈금)가 그려져 있지 않다'이다.

문항 13 **시사점** 이 문항의 국제평균 정답률은 27.2%로 매우 낮은 편이었고, 우리나라의 정답률은 40.1%로 국제평균보다 높았지만, 다른 문항의 정답률과 비교하면 낮은 편이었다. 2007 개정 교육과정 5학년에서 '목적에 맞게 자료를 수집하고 정리하여 적절한 그래프로 나타내고, 자료의 특성을 설명할 수 있다' 그리고 중학교 1학년에서 '주어진 자료를 표나 그래프로 나타내고, 이를 해석할 수 있다'와 같이 우리나라 교육과정에서 자료 해석에 관한 내용을 다루고 있지만 이 문항 분석 결과는 학생들은 그래프를 잘못 해석한 이유를 찾는 것을 어려워하고 있음을 보여준다.

정리하면서

01 PISA에서는 학생들이 순수 수학의 개념에 대한 이해와 더불어 실제 맥락에서 수학을 사용하는 능력을 학교 수학 수업에서의 풍부한 경험을 통해 개발할 것을 강조하면서, 학생들의 수학적 소양을 구체화하고 이를 평가하기 위한 연구를 하고 있다. 이를 위하여 PISA 2012에서의 수학적 소양의 정의를 어떻게 하고 있는지 5줄 이내로 표현하시오.

02 2009 개정 교육과정에 따른 수학과 교육과정에서 통계 영역의 교수·학습 방법의 변화에서는 일련의 과정을 경험하고 그 속에서 잘못된 판단과 실수를 했다면 그러한 것들을 찾아내며 자료를 정리한 표나 그래프, 측도를 분석하고 상황에 맞게 해석할 수 있어야 한다고 강조한다. 이를 위한 문항을 중학교 수준에서 한 가지 제시하시오.

03 PISA 문항에는 수학적 지식과 더불어 사회·과학적인 지식이 함께 요구되는 영역통합적인 내용을 다룬다. 수학에서 이러한 유형의 문항을 다루어야 하는가에 대하여 논하고 다루어야 한다면 교수·학습 측면에서 강조되어야 할 부분에 대하여 구체적으로 설명하시오.

참고문헌

교육부 (2019). OECD 국제학업성취도 비교연구[PISA2018] 결과 발표. 보도자료(2019. 12. 03). 충북 : 교육부.

구자옥, 김성수, 이혜원, 조성민, 박혜영 (2016). OECD 국제학업성취도 평가 연구 : PISA2018 예비검사 시행 기반 구축. RRE 2016-2-1. 충북 : 한국교육과정평가원.

구자옥, 조성민, 이소연, 박혜영, 구남욱 (2017). OECD 국제 학업성취도 평가 연구 : PISA2015 결과 심층 분석 보고서. 연구보고 RRE 2017-9. 충북 : 한국교육과정평가원.

김경희, 김수진, 김미영, 김선희, 강민경, 박효희, 정송 (2009). PISA와 TIMSS 상위국과 우리나라의 교육과정 및 성취 특성 비교 분석. 연구보고서 RRE 2009-7-2. 서울: 한국교육과정평가원.

김선희, 김경희 (2009). 교육과정에 근거한 TIMSS 2007 공개추이문항의 정답률 분석. 수학교육학연구, 19(1), 99-121.

박정 외 (2000). 수학·과학 성취도 국제비교연구(TIMSS Trends): 제 3차 수학·과학성취도 국제비교 반복연구(TIMSS-R), 연구보고서 RRE 2000.

상경아, 곽영순, 최지선 (2017). TIMSS2015 공개문항 분석 자료집-수학·과학-. 연구자료 ORM 2017-68. 충북 : 한국교육과정평가원.

손복은, 고호경 (2012). 국제성취도 평가에 기초한 중학교 확률과 통계 내용 관련 탐구-2009 개정 교육과정과 PISA, TIMSS 문항분석 중심으로-. 한국학교수학회논문집, 15(1), 109-135.

조성민, 김현정, 이소연, 구남욱, 이인화 (2018). OECD 국제 학업성취도 평가 문항 자료집 : PISA 2015 과학, 협력적 문제해결력. 연구자료 ORM 2018-14. 충북 : 한국교육과정평가원.

조성민, 김현정, 이소연, 구남욱, 이인화 (2018). PISA2015 협력적 문제해결력 결과에 나타난 우리나라 학생들의 특성. KICE ISSUE PAPER. 충북 : 한국교육과정평가원.

조지민, 김수진, 이상하, 김미영, 옥현진, 임해미 (2011). 2011년 국제 학업성취도 평가 연구(PISS/TIMSS) : PISA 2012 예비검사 시행보고서, 연구보고 RRE 2011-4-2. 서울: 한국교육과정평가원.

조지민, 김수진, 이상하, 김미영, 옥현진, 임해미 (2011). 2011년 국제 학업성취도 평가 연구(PISS/TIMSS) : TIMSS 2011 본검사 시행보고서, 연구보고 RRE 2011-4-1. 서울: 한국교육과정평가원.

이미경 외 (2004). PISA 2003 결과 분석 연구-수학적 소양, 읽기 소양, 과학적 소양 수준 및 배경변인 분석. 연구보고RRE 2004-2-1. 서울: 한국교육과정평가원.

이미경 외 (2007). OECD/PISA 평가틀 및 공개 문항 분석. 연구자료 ORM 2007-24. 사을: 한국교육과정평가원.

한국교육과정평가원 (2019). ‘PISA2018 결과발표 별첨자료. 충북 : 한국교육과정평가원.

Funke, J. (2010). Complex Problem Solving: A case for complex cognition? Cognitive Processing, 11, 133-142.

04

초등수학 과정중심 평가

4.1 서론

평가는 개인의 지적이고 정서적인 성장을 이루기 위하여 학습자가 무엇을 학습했고 무엇을 학습해야 하는지를 알아보기 일련의 활동이라고 할 수 있다. 즉, 수학 평가는 학습자의 입장에서 수학 학습에 대한 이해와 반성의 계기를 제공하며, 교수자의 입장에서는 자신의 수업과 학생들의 오류의 파악과 성장을 이해하고 차후의 교수를 진행하는데 중요한 자원으로의 역할을 할 수 있다. Ausubel, Novak과 Hanesian (1978)은 학습에 영향을 주는 가장 중요한 한 가지는 학습자가 이미 알고 있는 것으로 이것을 확인하고 이를 반영하여 가르칠 필요가 있다고 주장함으로써 평가에서 학생들이 상태 파악의 중요성을 강조하였다.

그런데 일반적으로 교수의 활동은 학습자들 보다는 더 성인인 교사들에 의하여 이루어지고, 이들은 학생의 시기를 경험했음에도 불구하고 이미 성인이므로 어린 학생들의 사고를 적절히 이해하는 데는 한계가 있을 수 있다. 따라서 학생들의 수학적 사고를 이해하기 위해서는 적절하고 다양한 방법을 활용하여 그들의 사고과정을 평가하여 이를 차후의 교수에 반영할 필요가 있다. 이런 의미에서 최근의 평가의 방향은 학생들의 학습의 진단을 넘어 교수의 차원에서 이들의 학습의 과정을 평가하여 적절히 교수에 활용하는 분분을 강조하고 있다.

NCTM(1989, 1991, 1995, 2000)이나 우리나라의 최근 2009 개정교육과정에는 학생들에게 수학적 힘을 경험하고 이를 활용하는 것을 강조하고 있다. 수학적 힘이란 비정형적인(non-routine)인 문제를 푸는 다양한 수학적 방법을 효과적으로 사용하는 능력뿐만 아니라, 탐구하고, 추측하고, 논리적으로 추론하며 평가하는 일련의 과정을 수행하는 개인적인 능력을 뜻한다. 이러한 능력은 단순히 전통적인 수학교실에서 행한 것처럼 일제설명식 학습지도 방법으로는 효과적으로 가지게 할 수 없다. 이를 학생들이 효과적으로 경험하고 가지도록 하기 위해서는 수학시간에 타인과 의사소통하면서 자신의 주장을 펴고 상대방의 주장에 대하여 반박을 효과적으로 하면서 자신의 사고를 반성하고 상대방을 논리적으로 설득할 수 있어야 한다. 따라서 최근에는 수학학습에서 자기 자신만이 수학적 지식을 습득하는 것을 넘어서 학습의 과정에서 수학적 지식이나 아이디어를 타인과 토론하면서 주장하고 타인의 주장을 반박하거나 받아들이면서 적절한 안을 찾아가는 과정의 중요성을 강조하고 있다. 미국의 NCTM (2000)에서는 과정의 원리로 문제해결, 추론과 증명, 의사소통, 연결성, 표상 등을 강조하고 있으며, 우리나라 교육과정에서도 이들을 동일하게 강조하고 있다. 또한, 미국의 국가수준 교육 향상 평가(NAEP)나 수학·과학 성취도 국제비교 연구(TIMSS),나 국제 학생 평가 프로그램(PISA)에서도 문제해결 활동, 추론 능력, 의사소통 능력 등과 같은 '수학적 과정'의 평가를 강조하고 있다.

그런데, PISA 2003이나 PISA 2006 등에서 우리나라 학생들의 수학적 능력의 특징은 문제해결 과정에서 합리적으로 의사소통하고 수학적으로 옳은 추론을 하는 능력이 미흡한 것으로 나타났다(박혜숙·나귀수, 2010). 특히, 문제해결에 대한 답을 쓰고 그 답에 대한 근거나 풀이과정을 제시하는데 매우 미숙하였으며, 문제해결을 위한 필요한 조건을 제시한 문장이나 그래프, 그림 등에서 스스로 찾아 결정해야 하는 문제에서 취약했다. 그 동안 우리나라 수학교육에서의 평가는 선택적으로 고르는 객관식 문항이 주류를 이루었고, 최근에 서술형 문항을 강조하면서 풀이의 과정을 묻는 문항들이 늘어나고 있는 실정이다. 학생들의 수학 학습 과정을 효과적으로 돕기 위해서는 다양한 평가 방법을 사용할 필요가 있다. 그러나 교사들은 학습 과정에 대한 평가의 방향과 다양한 방법에 대하여 정확히 알고 있는 교사들이 많지 않은 것이 사실이다.

2009 개정 수학과 교육과정에 제시된 수학과 평가의 내용과 그 동안의 수학과 평가의 문제점을 고려하여 수학과 교수·학습에 도움이 되는 평가가 되기 위하여 다음과 같은 방향의 개선이 필요하다.

첫째, 학습의 평가가 아니라 학습을 위한 평가가 되어야 한다. 학습을 위한 평가

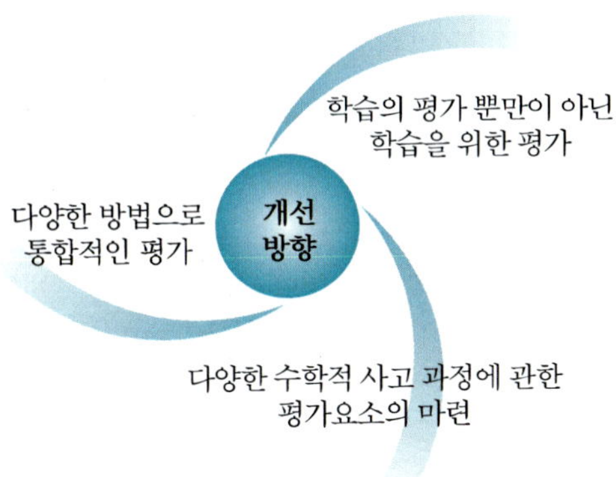

그림 1 수학과 평가의 개선 방향

는 학습에 대하여 교사와 학생에게 정보와 피드백을 제공하는 것이며 교사와 학생은 이러한 정보와 피드백을 이용하여 교수·학습을 향상시키도록 하는 것이다. 즉, 평가는 학생들의 수학적 성취 수준이나 능력을 비교·판단하기 위한 정보를 얻는 수단이라기보다는 수학적 활동 과정에서 발생하는 오류 및 결손에 대해 피드백을 위한 정보와 교수의 질적 개선을 위한 정보를 수집하고 학생들로 하여금 스스로 자신의 수학적 활동에 대한 자기조절의 기회를 갖도록 하는 데 초점을 두어야 한다.

둘째, 다양한 수학적 사고 관련 평가요소가 마련되어야 하며 이를 기초로 하여 실제 활용 가능한 평가 도구 및 방법 등도 연구·개발되어야 한다(류희찬, 1993; 황혜정, 2001). 수학에서 수학 교과 내용의 지식획득과 더불어 그와 못지않게 중요한 것은 수학적 사고 기능이나 전략을 연마하는 것이다. NCTM(1995)에서도 평가과정 그 자체를 문제해결과정과 동일시하여 그 활동 속에서 자연스럽게 진행될 수 있는 것으로 간주하였다. 따라서 앞으로 수학교육에서의 평가는 수학 교과서 내에서 다루는 수, 연산, 측도, 도형, 관계 영역에서의 단편적인 지식의 평가가 아니라 문제해결, 수학적 의사소통, 수학적 추론, 수학적 개념 및 절차, 수학적 성향 등이 종합적으로 평가되어야 한다. 따라서 이러한 문제해결, 수학적 의사소통, 수학적 추론, 수학적 개념 및 절차, 수학적 성향 등을 종합적으로 평가할 수 있는 타당하고 신뢰로운 평가도구의 개발이 필요하다.

셋째, 이를 위한 평가방법으로써 지필평가와 같은 일회적이고 단순한 방법이 아닌 학습 수행 과정 중에서 학생들의 수학적 능력을 파악하기 위한 평가인 지필을 포함하여 보다 과정을 평가할 수 있는 면접, 관찰, 실험, 보고서 작성 등 다양한 방법이 통합적으로 이루어져야 한다. 또한 수학 학습 평가의 다양한 대안적 기법으로 서술형 평가를 생각해 볼 수 있다. 서술형 평가는 그 중 하나의 대안적 기법으로 제시하고 있고 학습 능력을 알아보기 위한 좋은 평가기법이다.

최근에 교육과학기술부에서 '생각하는 힘을 키우는 수학,' '쉽게 이해하고 재미있게 배우는 수학,' '더불어 함께하는 수학'을 구현한다는 목표 아래 '수학교육 선진화 방안'을 발표하였다. 여기에서는 수학시간에 수학의 실생활과의 연계성을 강조하면서 융합적이고 통합적인 사고를 강조하면서 학생들이 왜 수학을 배우는지 그리고 수학을 배워서 어디에 쓰이는지에 대하여 경험하는 측면을 강조하고 있다(교육과학기술부, 2010, 2011). 그런데 아무리 바람직한 수업의 방법을 제시하더라도 평가가 이런 목표를 돕는 방향으로 실시되지 않는다면 그 효과는 반감이 될 수밖에 없다. 치열한 경쟁을 할 수 밖에 없는 환경에서는 다른 학생들보다 앞서기 위해서는 평가에서 좋은 점수를 얻는데 관심을 집중하게 된다. 따라서 학생들로 하여금 수학의 힘을 경험하면서 수학을 학습해 가는 과정에서 보다 의미 있는 수학적 활동과 사고를 하도록 평가의 내용과 방법에서 과정을 강조할 필요가 있다.

평가를 단순히 학생들의 학습 결과를 확인하는 것을 포함한 학습과정에 대한 과정으로 볼 필요가 있으며, 학생의 지속적인 발전을 돕는데 도움을 주는 방향으로 실시할 필요가 있다. 본 장에서는 초등수학교육에서 최근의 수학의 과정을 중요시하는 경향에 맞추어 평가에서도 이를 돕기 위한 평가의 방법으로 과정 중심의 평가 방안을 중심으로 살펴보도록 한다.

수학과에서 평가에 대하여 보는 관점의 변화가 일어나고 있는데 이는 수학적인 지식 및 개념의 이해에 그치지 않고 수학적인 지식과 기능뿐만 아니라, 이해하고 응용하는 능력, 문제해결 능력, 수학적 추론의 능력, 의사소통의 능력, 그리고 수학에 대한 관심과 가치 등을 포함하는 태도의 영역까지 모두 수학 평가의 대상으로 강조하고 있다(NCTM, 2000; 교육과학기술부, 2011). 이와 관련하여 수학적 과정의 평가에 포함시켜야 할 것은 다음과 같다.

- 문제를 이해하고 적절한 자료와 전략을 선택하여 효율적으로 해결하는 능력
- 답의 합리성을 제시하는 능력
- 전략과 해를 일반화할 수 있는 문제 해결력
- 수학적 아이디어를 이해하고 이를 수학적 어휘와 기호 체계로 표현하는 능력
- 수학적 구조를 사용하여 말하고, 쓰고, 설명하고, 시각적으로 표현할 수 있는 의사소통 능력
- 문제를 이해하고 적절한 자료와 전략을 선택하여 효율적으로 해결하고 답의 합리성을 평가할 수 있는 능력
- 전략과 해를 일반화할 수 있는 추론능력

그러나 여기에서 보인 예시는 서로 배타적이라고 볼 수는 없고 어느 하나의 평가 요소가 강조된다는 의미에서 보는 것이 좋을 것이다.

4.2 과정 중심의 수학 평가

이 절에서는 초등수학영역에서 수학적인 과정의 평가인 문제 해결, 수학적 추론, 의사소통, 개념적 지식과 절차적 지식, 수학적 성향의 평가, 수학적 힘의 평가, 그리고 수학 창의성의 평가에 대하여 살펴보도록 한다.

1. 수학 문제해결의 평가

문제해결에서의 평가의 문제는 문제해결의 전략의 지도만큼이나 복잡하다. 문제해결의 평가에서는 문제해결의 과정과 답을 모두 고려할 필요가 있다. 문제해결의 평가에서는 문제를 어떻게 이해하고, 어떤 전략을 어떻게 사용하고, 정답을 도출하는가의 과정을 모두 고려해야 한다. 문제해결 평가에서는 여러 가지 문제를 해결하는 과정에서 학생의 능력, 태도 등의 발전 정도를 체계적이고 지속적으로 평가하게 된다. 문제해결의 평가에서는 학생들이 문제해결을 어떻게 하는지에 대하여 교사가 학생들의 반응을 주의 깊게 관찰하고 평가할 필요가 있다. 문제해결 평가에서 고려해야 할 사항을 다음과 같이 생각할 수 있다.

1) 문제 이해하고 형식화하기

문제에서 제시한 특별한 단어의 의미를 이해하고 질문이 그 문제 내의 다른 진술들과 어떻게 관련되어 있는지를 인식하는 것을 평가해야 한다.

다음은 문제를 이해하고 형식화하기의 예시 문항이다(2-1 수학익힘책 p. 84 부분 수정).

예시

영민이는 유미가 김밥을 몇 개 먹었다고 생각합니까? 식을 쓰고, 답을 하시오.

일반적으로 수학문제해결을 위한 장면은 일상적인 상황의 문자나 말로 제시된다. 이때 이를 이해하여 문제를 해결하기 위해서는 그 구조를 이해하여 수학적인 언어인 수식으로 형식화하여 표현하여 풀어야 한다. 평가를 위하여 문제를 정확히 이해하여 형식화 하는지, 즉 식으로 정확히 표현하는지 평가한다.

2) 문제 내의 조건과 변인 이해하기

문제해결을 위해서는 문제 내의 조건과 변인들이 서로서로 어떻게 관련되는지를 평가해야 한다. 다음은 문제 구성하기의 예시 문항이다.

예시

정사각형 가와 나의 한 변의 길이의 비는 2:3입니다. 두 정사각형의 넓이의 비는 얼마입니까?

문제해결을 위하여 두 정사각형의 변인인 두 변 사이의 비례 관계를 이해하여 또 다른 변인인 넓이의 관계를 이해하여야 한다. 이를 위하여 하나의 변수가 변할 때 또 다른 변수가 어떻게 변하는지를 포함한 변인 사이의 관계를 정확히 이해하고 있는지 평가한다.

3) 문제해결에 필요한 자료 선택하기

문제해결에 필요한 자료를 확인하고 불필요한 자료나 부적절한 자료를 무시하고 그래프, 표, 공식 또는 어떤 다른 양식으로 표현될 수 있는 자료를 모아서 사용할 수 있어야 한다. 자료의 선택 과정은 질문이나 조건 그리고 변인들을 이해하는 과정과 밀접하게 관련이 되어 있으며 이것은 평가의 대상이 된다.

다음은 문제 문제해결에 필요한 자료 선택하기의 예시 문항이다(6-2 수학익힘책, p. 138 수정).

예시

김장을 담그기 위해 소금을 사러 상점에 갔습니다. 상점에는 3kg, 5kg, 7kg의 포장 단위로 소금을 팝니다. 소금 20kg을 살 수 있는 모든 방법을 구해 보시오.

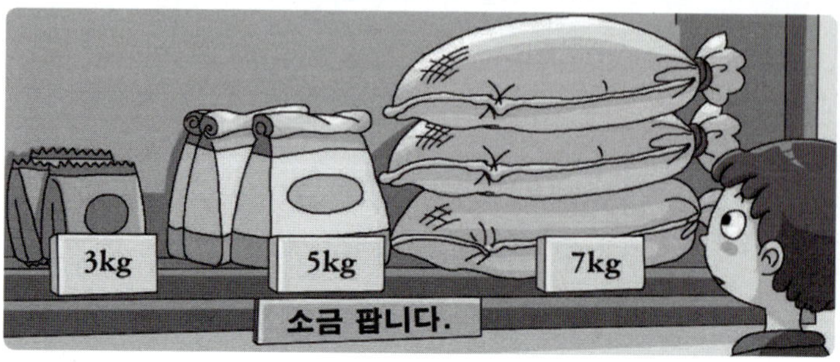

문제해결을 위하여 다양한 정보 중에서 필요한 정보를 선택하는 능력은 문제해결에서 필수적인 것이다. 이는 문제에서 필요한 것만 선택하는 경우와 위의 문제처럼 다양한 방법대로 조건을 생각하여 선택하는 경우를 생각해 볼 수 있다. 이를 평가하기 위하여 학생들이 적절히 선택하는지와 얼마나 다양하게 생각하는지에 대하여 평가할 수 있다.

4) 하부 목표를 형식화하고 사용할 해결 전략 선택하기

문제를 해결할 때 하부문제가 있는지 또 하부목표가 있는지 결정하고 이런 하부 목표들이 어떠한 순서대로 수행하게 되는지도 결정해야 한다. 문제해결을 위해서는 선택된 전략을 정확히 수행할 수 있어야 한다. 그리고 하위 목표들을 확인하고 순서화한 후 문제해결을 위해서는 하위목표에 도달하는 정도를 평가해야 한다. 전략 수행은 계산하기, 그림을 그려 해결하기, 논리적으로 추론하기, 거꾸로 생각하기, 간단히 생각하기, 정보 조직화하기 등을 포함한다. 이와 같은 수행전략을 적절히 선택하는 것을 평가해야 한다.

다음은 문제 하부 목표를 형식화하고 사용할 해결 전략 선택하기의 예시 문항이다(6-1 수학교과서, p. 124).

예시

예슬이가 활동했던 방송부 친구 6명이 졸업을 앞두고 모두가 선물을 교환하기로 하였습니다. 선물을 교환하면서 악수를 한다면 악수를 모두 몇 번 하게 되는지 알아봅시다.

활동 1 그림을 그려서 문제를 해결하여 봅시다.

- 6명 중에서 먼저 ㉮가 모든 친구들과 악수를 하면 악수를 몇 번 하게 되는지 오른쪽에 그림을 그려서 구해 보시오.

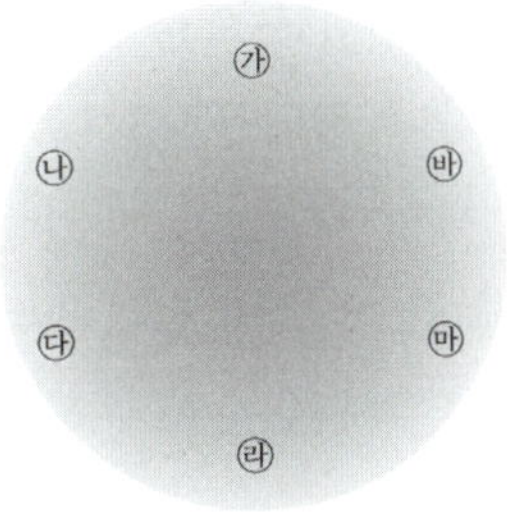

- 그다음에 ㉯가 악수를 안 한 사람과 악수를 하면 악수를 몇 번 하게 됩니까?

- 남은 친구들이 악수를 하는 횟수를 그림으로 나타내어 보시오.

- 악수를 하는 횟수를 식으로 나타내어 보시오.

6명이 악수하는 횟수를 그림으로 해결하기, 간단히 생각하여 횟수가 적은 경우를 생각한 후 일반화를 위한 식을 사용하여 문제해결하기 등의 전략을 선택하여 사용하게 된다. 평가의 관점은 얼마나 다양한 전략을 생각하는가와 전략 간의 선호도에 대한 설명을 어떻게 논리적으로 하는가 등을 평가한다.

5) 문제에서 요구하는 조건으로 해답 해석하기

문제해결을 위해서는 숫자로 된 답만 얻어내는 것으로는 충분하지 않다. 계산결과를 원래 문제의 조건에 맞게 제시할 수 있어야 한다. 다음은 문제에서 요구하는 조건으로 해답 해석하기의 예시 문항이다(5-1 수학교과서, p. 123).

예시

20 kg짜리 감자 상자를 트럭에 싣고 있습니다. 트럭에 감자 500 상자를 싣는다면 실린 감자의 무게는 모두 몇 t이 됩니까?

이 문제는 단위가 kg으로 제시된 경우에 1000kg이 1t이라는 사실을 이용하여 단위의 환산을 하여 정답을 제시하여야 한다. 이 문제의 목표 중에 하나는 단위 환산을 정확하게 하여 제시할 수 있는지를 보기 위한 것이다. 이는 문제에서 요구하는 t의 단위로 답을 적절히 제시하는지 평가한다. 단위 환산이 중요한 평가의 요소가 아닌 경우라도 문제에서 요구하는 단위를 정확히 제시하는 것을 평가할 수 있다.

6) 해답의 합리성 평가하기

정확한 문제해결을 위해서는 얻은 답의 합리성을 평가해야 한다. 이를 위해서는 얻은 답을 문제에서 주어진 정보에 비추어 점검할 필요가 있다. 다음은 해답의 합리성 평가하기의 예시 문항이다(3-2 수학익힘책, p. 132).

예시

1 민수가 가지고 있는 30cm 막대가 부러졌습니다. 부러진 막대를 서로 대어 보았더니 긴 쪽이 짧은 쪽보다 6cm 더 길었습니다. 긴 쪽 막대의 길이는 몇 cm인지 알아보시오.

- 구하고자 하는 것은 무엇입니까?
- 알고 있는 것은 무엇입니까?
- 어떤 방법으로 문제를 해결할 수 있습니까?
- 긴 쪽 막대의 길이는 몇 cm입니까?
- 답이 맞는지 확인해 보시오.
- 다른 방법으로 이 문제를 해결해 보시오.

문제를 해결하고 나서는 자신들이 얻은 답의 합리성에 대하여 반성하고 점검을 하도록 해야 한다. 평가는 자신이 얻은 답의 합리성을 평가했는지 평가해야 한다. 학생들에게 이에 대한 지도는 문제를 풀기 전에 대강의 답을 어림해 보도록 함으로써 답에 대한 감각을 가지고 계산하여 얻어진 답과 비교하도록 할 수 있다.

7) 해를 일반화하기

주어진 문제에 대한 해답을 얻는 것에서 답이 갖는 의미를 보다 일반화 할 수 있어야 한다. 즉, ‘What if(만약~라면)’과 같은 질문을 하면서 일부의 조건을 바꾸어 가면서 답이 어떻게 달라지는지를 점검하면서 답의 일반화 할 수 있는 능력을 평가해야 한다. 다음은 해를 일반화하기의 예시 문항이다(4-1 수학교과서, p. 124).

예시

활동 1 그림의 쌓기나무는 어떤 규칙으로 늘어놓은 것인지 알아봅시다.

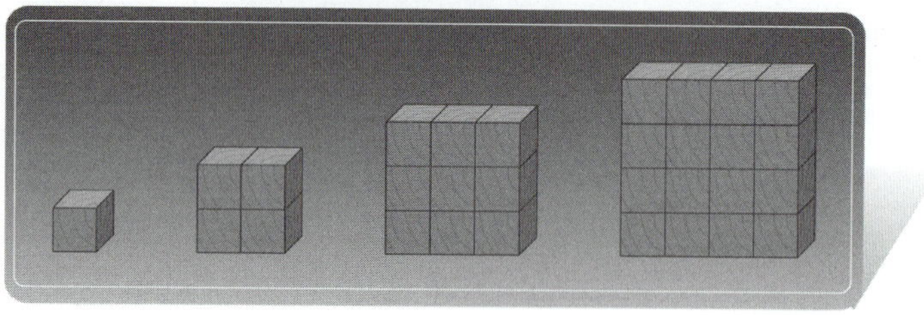

- 쌓기나무의 규칙을 수로 나타내어 보시오.

- 어떤 규칙으로 쌓기나무를 늘어놓았는지 말해 보시오.

1 쌓기나무를 놓아 보고 규칙을 글로 써 보시오.

문제해결에서 특수한 사례에서 일반적인 원리를 이끌어 내는 것은 가장 핵심적인 부분의 하나이다. 특수한 경우를 점검하면서 ‘만약~라면’과 같은 질문을 하면서 일반적인 법칙을 이끌어 내는지를 평가하고, 조건을 바꾸었을 때 답이 어떻게 달라지는지에 대한 부분도 평가를 할 수 있다.

8) 문제 구성하기

주어진 문제를 해결하는 능력뿐만 아니라 주어진 상황에서 문제를 만들어내는 능력도 평가해야 한다. 다음은 문제 구성하기의 예시 문항이다.

예시

서로 다른 문제를 3 문제를 만들어 보시오.

연필 24자루, 공책 12권, 지우개 6개

〈예시 답〉
1) 학용품은 모두 몇 종류입니까?
2) 친구들에게 연필을 2자루씩 나누어 주면 몇 명의 친구에게 나누어 줄 수 있습니까?
3) 3가지 학용품 모두를 가능한 많은 사람에게 같은 수만큼 나누어 주려고 합니다. 어떻게 나누어 주면 되겠습니까?

문제해결의 평가는 주어진 문제를 풀어서 답을 내는 것을 포함한 문제를 만들어 내는 능력까지도 포함해야 한다. 문제의 구성 능력은 사용한 정보의 양이나 구조에 있어서 수학적 복잡성 정도 등을 평가할 수 있다.

문제해결 능력을 평가한다는 것은 그 능력을 수치화한다는 것이다. 이를 위해서는 문제해결 과정에서 수행의 정도를 수치화하게 된다. 이를 위한 방법으로는 지필검사, 면담, 관찰, 점검표, 관찰지 사용법 등이 있다. 가장 좋은 방법은 문제해결 동안에 관찰을 하고 풀이 직후에 개별적으로 면담을 통하여 확인하는 방법이 최상이겠으나 학교 현장에서 이런 방법은 제한점이 있다. 따라서 대안적으로 문제 이해 능력, 문제해결 전략을 선택하고 실행하는 능력, 풀이를 반성하는 능력에 대해서는 객관식 선다형의 지필검사를 활용할 수 있고 문제해결 전반에 대해서는 주관식 지필평가를 사용할 수 있다.

9) 객관식 선다형 지필평가(IPSP측정 방법)

IPSP측정 방법은 아이오와 문제해결 프로젝트(Iowa Problem Solving Project)의 방법으로 면담 방법에 비하면 제한적이지만 문제해결의 결과만을 제공하기 보다는 다양한 정보를 얻을 수 있고 채점이 용이하여 비교적 높은 신뢰도를 갖는다. 이 검사는 생활 문제나 비정형의 문제를 제시하고 주어진 상황에서 문제해결자가 어떤 선택을 할 수 있는지 선택하도록 하는 문항으로 구성되어 있다. 일반적으로 Polya의 문제해결 과정을 기반으로 측정의 하위 요소로 문제를 이해하는 능력, 선택된 해결 전략을 실행하는 능력, 풀이 결과를 검증하고 반성하는 능력으로 구분하여 측정할 수 있다. 다음은 IPSP 문제의 예시(Schoen & Oehmke, 1979, 수정)와 각 단계마다의 설명이다.

(1) 문제를 이해하는 능력의 검사문항

학생들은 문제해결 상황에서 주어진 조건이 과잉인 경우나 과소한 경우에 이를 판단하고 주어진 조건을 어떻게 변형하거나 수정하여 문제를 해결할 수 있는지 판단하는 능력이 요구된다.

예시

[이해 단계의 능력이 중점적으로 요구되는 문항 예시]

학교 식당에는 48명의 학생에게 나누어 줄 230kg의 우유가 있다. 요리사는 각 학생들에게 우유를 몇 잔씩 나누어 주어야 하는지를 알고 싶어 했다. 이때 요리사는 다음 중 어느 사항을 알면 이 문제를 해결할 수 있겠는가?

① 1kg은 1000g이다.
② 컵에는 2kg의 우유가 들어간다.
③ 어린이들은 모두 우유를 좋아한다.
④ 컵의 높이는 8cm이다.

(2) 문제를 실행하는 능력의 검사문항

주어진 자료로부터 계산을 하거나 추론을 하면서 올바른 연산을 선택하여 계산하는 능력이 요구된다. 다음은 이 단계에서의 예이다.

예시

[실행 단계의 능력이 중점적으로 요구되는 문항 예시]

온도 읽기에서 화씨(°F)를 섭씨(℃)로 환산하기 위하여 다음의 공식이 사용된다.

$C=\frac{5}{9}\times(F-32)$

화씨 59°F는 섭씨 몇 도인가?

① 15℃
② 27℃
③ 74℃
④ 180℃

(3) 문제 풀이에 대한 반성 능력을 보는 검사문항

주어진 문제와 같은 방법으로 해결할 수 있는 문제를 분류하거나 주어진 조건의 일부분을 변형하여 결과를 예측하면서 일반적인 풀이 해법을 탐색하는 능력이 요구된다. 다음은 이 단계에서의 예이다.

예시

[반성 단계의 능력이 중점적으로 요구되는 문항 예시]

경수는 35개의 구슬을 가지고 있는데 이것은 성미가 가진 것의 2배보다 9개가 더 많다. 영희가 가진 구슬의 개수를 알기 위하여 철수는 35+9를 하여 44를 얻었다. 그리고 2배를 하여 경수는 성미가 68개의 구슬을 가지고 있다고 말했다. 경수의 풀이는 옳은 것인가?

① 그렇다.
② 아니다. 44×2를 하여 88이 되어야 한다.
③ 아니다. 44×2 = 88을 한 후 9를 더한 97이 옳은 답이다.
④ 아니다. 35-9=26이고, 13×2 = 26이므로 13이 옳은 답이다.

10) 주관식 지필검사의 평가

최근의 수학 평가의 경향과 교육과정에서는 논리적 사고와 문제해결력을 강조하고 있으므로 단편적인 지식에 대한 평가보다는 종합적이고 비판적인 사고를 평가하기 위해서는 논술형이 바람직하다. 선다형이나 단답형의 객관형의 평가는 암기를 기반으로 한 단편적인 지식을 평가하기에 적합하나 적용력, 분석력, 그리고 종합력을 평가하기에는 부적절하다.

(1) 총체적 채점기준표에 의한 평가 방법

이 평가 방법은 논술형 평가에서 문제 해결 과정에 대한 단계별 척도에 의하여 채점하여 평가하는 방법이다. 학생들이 수학 문제를 해결할 때는 전혀 손을 대지 못하는 경우도 있고, 문제는 이해하였으나 적절한 식을 세우지 못한 경우, 계획은 세웠으나 계산 과정에서 잘못 계산하여 틀린 정답을 제시하지 못하는 경우 등 다양한 반응을 보일 수 있다. 이에 대한 채점 기준은 일반적으로 아래 표와 같이 Malone 등이 제시한 방법을 쓴다.

〈표 1〉 Malone의 문제해결 과정의 측정 방법(Malone, et al., 1980)

점수화	평가기준
0	〈시작하지 않은 경우〉 문제를 전혀 이해하지 못하여 문제를 풀려고 시도하지도 못하거나 무의미한 기록만을 한 경우 • 백지 • 오답 이외에 아무 것도 없는 경우
1	〈접근〉 어느 정도 이해를 하고 있어 문제에 접근하여 문제해결을 시도하였으나 초기 단계에서 포기한 경우 • 문제를 제대로 이해하지 못하고 문제의 부분적인 풀이 과정만 적은 경우 • 하위 목표 달성을 시도하였으나 문제의 본질적인 접근은 못한 경우
2	〈본질〉 합리적인 답에 도달하였다는 충분한 증거는 있으나 중요한 실수나 잘못된 해석으로 정답에는 이르지 못한 경우 • 적절한 전략을 세웠으나 수행이 적절하지 못하여 답에 이르지 못하거나 오답을 낸 경우 • 정답을 제시했지만 풀이 과정이 불명확한 경우
3	〈결과〉 문제를 거의 해결하였으나 문제 일부를 잘못 이해하였거나 조건 일부를 무시하는 경미한 실수로 완전한 정확한 답에 이르지 못한 경우 • 계산상의 오류나 옮겨 쓰기 과정에서 오류로 답이 정확하지 않은 경우 • 답의 숫자 부분은 정확하나 단위 등이 부정확한 경우 • 답을 쓰지 않은 경우
4	〈완성〉 적절한 추론 방법으로 문제의 답을 낸 경우 • 정답을 바르게 구하고 원문제의 요구대로 답한 경우

다음은 5단계의 평가방법에 의하여 점수를 부여한 예이다.

내가 가진 15000원 중에서 선물을 사고 난 후, 남은 돈의 $\frac{2}{5}$으로 간식을 사 먹었습니다. 그 뒤 아버지에게 3000원에서 5000원이 되었습니다. 선물을 사는 데 얼마를 썼는지 과정을 쓰면서 구하시오.			
[학생 1] $15000\times\frac{2}{5}=6000$ 책을 사는데 6000원을 썼다.	[학생 2] $(15000-x\times\frac{2}{5})$ $+3000=5000$ $13000=x\times\frac{2}{5}$ $x=65000\div2$ $x=32500$원	[학생 3] $(15000-x)\times\frac{2}{5}$ $+3000=5000$ $(15000-x)\times\frac{2}{5}$ $=2000$ $15000-x=500$ $x=14500$원	[학생 4] $(15000-x)\times\frac{2}{5}$ $+3000=5000$ $(15000-x)\times\frac{2}{5}$ $=2000$ $15000-x=5000$ $x=10000$ 선물을 사는데 쓴 돈: 10000원
점수: 1점	점수: 2점	점수: 3점	점수: 4점

(2) 분석적 채점기준표에 의한 평가방법

비형식적 평가방법은 Polya의 문제해결 4단계에 맞추어 각 단계마다 부분적으로 점수를 부여하는 방법이다. 이는 일반적으로 각 문제해결의 상황을 얼마나 이해하였는가와 이에 대하여 얼마의 점수를 부여할 것인가를 결정하게 된다. 이를 위하여 3-4단계의 척도법이나 점검표 등의 방법을 이용한다.

다음은 표는 Putt(1978)의 방법에 의한 3단계 점수 부여 방법이다.

〈표 2〉 분석적 채점 기준표 예시

평가요소	평가기준	점수화
문제의 이해	문제를 전혀 이해하지 못한다.	0
	문제의 일부분을 잘못 이해한다.	1
	문제의 이해를 바르게 한다.	2
전략의 사용과 실행	전혀 시도 하지 못하거나 잘못된 전략을 사용한다.	0
	바르게 해석하여 문제의 일부분에 대하여 올바른 전략을 사용한다.	1
	실수가 없다면 바른 정답을 이끌어 낼 수 있다.	2
답하기	답을 제시하지 않았거나 틀린 답을 제시한다.	0
	잘못된 계산, 다양한 답 중 일부분의 답만 제시, 부분적인 오류의 답을 한다.	1
	정답을 제시한다.	2

다음은 이 방법에 의하여 점수를 부여한 문제의 예이다.

[문제] 달팽이가 낮에 5m를 올라갔다가 밤에 4m를 내려온다. 이 달팽이가 바닥에서부터 10m인 나무의 꼭대기까지 올라가는데 며칠이 걸리겠는가?

[채점기준]

이해: 2점(문제를 바르게 이해하야 문제 해결을 시도하였다.)

전략: 2점(바른 전략의 선택과 실행을 하였다.)

답: 2점(바른 답을 하였다.)

그리고 Charles와 Lester(1984)는 문제해결의 과정의 분석적 기능 및 정의적 영역을 평가하기 위하여 관찰지와 관찰 체크리스트를 사용하였다. 다음은 그 예이다(현종익, 2011).

〈표 3〉 관찰지의 예시

김 아 름	박 나 라
9/25 : 문제를 해결하려는 의지가 강함 10/12: 전략을 빠르게 고안하여 적용함	9/10: 최선을 다하여 그룹 통론에 참여하려는 태도를 가지나 이해력이 떨어짐 9/15: 간단히 하여 해결하는 문제를 잘 해결함 10/12: 점검 단계에서 실수를 지속적으로 함

〈표 4〉 관찰체크리스트의 예시

	자주	때때로	결국 안됨
1. 적절한 선택하기		√	
2. 정확하게 해결전략실행하기	√		
3. (교사의 도움없이) 궁지에 달했을 때 다른 해결전략을 시도하기		√	
4. 체계적이 방법으로 문제에 접근한다(질문의 명료화, 필요한 자료의 보유, 해결전략의 실행과 재점검).			√
5. 문제를 지도하려는 의지가 보인다.		√	
6. 자신감을 나타낸다.	√		

이와 같은 평가의 방법은 학생들의 성취도를 알아내는 것뿐만 아니라 각 학생들이 어느 부분에서 어려움을 느끼고 있는지를 알아내는데 유용하게 사용할 수 있다. 그리고 평가의 과정이나 평가 결과의 활용은 학생들을 판단하는 것이 아니라 학생들의 문제해결 과정을 효과적으로 돕고 격려하기 위한 방향으로 활용될 필요가 있다. 학생들의 문제해결력은 점진적으로 일어나므로 교사는 이런 평가를 정기적으로 하여 그 자료를 축적하여 관리를 하면 각 학생들에 대한 정보를 효율적으로 관리하는 것이 필요하다.

2. 수학적 의사소통의 평가

NCTM을 비롯한 우리나라 2009 수학과 교육과정에서도 단편적인 지식의 습득과 의미없는 반복적인 문제풀이 기능의 숙달을 넘어 탐구하고, 추측하고, 논리적으로 추론하며 의사소통을 통하여 수학적인 문제해결을 할 수 있는 수학적인 힘의 신장을 중요시하고 있다. 의사소통은 우리의 일상의 삶뿐만 아니라 모든 학문 영역에서도 기본적으로 습득해야 부분이다. 수학시간에 학생들이 수학적인 용어를 포함하여 탐구, 통의, 묘사, 설명하면서 자신의 수학적인 주장을 하도록 하는 것이 중요하다. 자신의 생각을 수학적으로 설명하고 자신과는 다른 주장을 반박하고 자신의 주장을 논리적으로 펼쳐 나갈 필요가 있다. 그리고 수학 학습 시간에 교사와 학생 그리고 학생과 학생 사이에 자연스럽게 수많은 수학적 의사소통이 이루어지고 있다. 학생들로 하여금 의사소통의 과정에 능동적으로 참여하도록 격려하는 것은 학생들의 수학적 지식의 학습뿐만 아니라 수학에 대한 태도를 보다 긍정적으로 이끄는데 중요한 역할을 하게 된다. 따라서 수학에서 의사소통을 평가하여 학생들의 의사소통 능력을 신장할 수 있는 방안을 생각해 보는 것은 의미가 있다. 특히 수학적 의사소통의 평가에서는 수학적 용어와 기호체계를 사용하여 수학적 의사소통의 의미와 아이디어의 관계성 파악, 의사소통의 능숙도 등에 초점을 둘 필요가 있다.

황혜정과 최승현(1999)은 수학에서 새로운 평가틀을 제안하면서 인지적 행동 영역에 의사소통을 포함 시킬 것을 제안하였다. 그러나 문제는 의사소통의 평가를 어떻게 할 것인가이다. 의사소통의 성격상 이에 대한 적절한 평가 지침이 없다면 일선의 학교에 있는 교사들 나름대로 평가하기에는 어려움이 많이 있는 분이라고 할 수 있다. 수학에서의 의사소통은 읽고, 말하고, 쓰고, 듣기를 포함하여 그림이나 기호로 표현하는 다양한 방식을 포함하여 평가해야 한다. 그리고 객관성을 담보하면서 고차원적인 사고 과정이나 의사소통의 능력을 평가하기 위해서는 수학적 아이디어를 표현하고 해석하며 다른 사람의 의견을 이해하고 자신의 의견을 다른 사람에게 효과적으로 전달하는 것에 대한 평가의 기준이 명확해야 하고 신뢰성을 확보하는 것이 무엇보다도 중요하다.

수학적 의사소통 능력의 평가는 다음을 포함해야 한다.

- 수학적 아이디어를 말하고, 쓰고, 설명하고, 시각적으로 표현하기
- 문자, 구두, 시각적 표현으로 제시된 수학적 아이디어를 이해하고 해석하기
- 상대방이 들려주는 이야기를 듣고 수학적 아이디어를 이해하고 해석하기
- 글이나 말, 기호, 그래픽 등 다양한 표현 방법으로 제시한 수학적 내용을 이해하고 다른 수학적 표현으로 바꾸어 해석하고 나타내기
- 수학적 어휘, 기호 체계, 식, 그래픽을 사용하여 수학적인 아이디어를 표현하고 그들 사이의 관계성을 기술하고 상황을 모델링하기
- 상대방의 이해를 돕기 위해 설명, 수식, 표, 그림 등의 다양한 표현을 효과적으로 사용하여 논리적으로 설득하기
- 주어진 자료를 바탕으로 통합적이고 융합적인 사고를 활용하여 다른 학문 분야의 사실을 추론하고 예측하여 말하기
- 다양하게 표현된 수학적인 아이디어를 이해하고 해석하는데 집중력과 인내심 가지기

다음은 수학적 의사소통능력을 평가하기 위한 평가기준의 예이다.

◎ 문자, 구두, 시각적 표현으로 제시된 수학적 아이디어를 이해하고 해석하기 (4-2 수학교과서, p. 111)

예시

✎ 지후의 키를 월별로 조사하여 나타낸 표입니다. 물음에 답하시오. (6~9)

지후의 키 (매월 1일 조사)

월	4	5	6	7	8
키(cm)	142.3	142.6	143.8	144.1	144.7

6 그래프를 그리는 데 꼭 필요한 부분은 몇 cm부터 몇 cm까지입니까?

7 그래프의 세로 눈금 한 칸의 크기는 몇 cm로 하는 것이 좋겠습니까?

8 물결선을 사용하여 지후의 키의 변화를 나타내는 그래프를 그리시오.

지후의 키

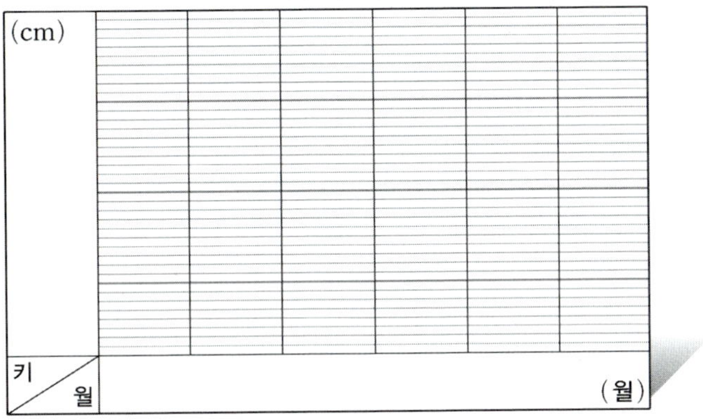

9 9월에 지후의 키는 어떻게 변할 것인지 예를 3가지로 설명하시오.

10 물결선을 사용한 꺾은선그래프로 나타내어서 자료의 변화하는 모습을 나타내는 예 1가지를 찾아 표로 만드시오.

◎ 상대방이 들려주는 이야기를 듣고 수학적 아이디어를 이해하고 해석하기

예시

✿ 다음 이야기를 듣고, 자신의 생각을 말해 봅시다.

정우 : 윤주야, 우리 집 컴퓨터가 오래 되어서 그런지 작동이 잘 안돼, 그래서 부모님께서 새로 나온 컴퓨터를 사주신대.
윤주 : 그래? 좋겠다. 우리 집 컴퓨터도 지난주에 새로 샀어.
정우 : 새로 살 컴퓨터를 사려고 여러 회사 컴퓨터를 비교하고 있어, 그런데 S회사 컴퓨터는 899500원이고 L회사 컴퓨터는 1068300원이래.
윤주 : 두 컴퓨터 회사 중에서 어느 회사 제품이 더 싼지 비교해 보아야겠구나.
정우 : 그런데, 컴퓨터 가격을 비교하려면 어떻게 하면 쉽게 할 수 있을까?
윤주 : 내 생각에는 일의 자리부터 차례로 숫자의 크기를 비교하면 좋을 것 같아.
정우 : 하지만 그 방법은 (　　　　　　　　　　　　　　　　)
윤주 : 그래? 그러면 어떻게 하면 두 수의 크기를 비교할 수 있을까?

1. 두 수 345와 434의 크기를 비교하는 방법을 설명해 봅시다.

____

____

2. 정우가 사려고 하는 컴퓨터 가격은 각각 얼마입니까?

S회사 : (　　　　　　　　　　)원, D회사 : (　　　　　　　　　　)

3. 정우가 말하려던 내용을 생각해 보고 어떤 내용일지 써 보시오.

____

4. 두 컴퓨터의 가격을 비교하는 방법을 내 생각대로 써 보시오.

____

____

◎ 문자(이야기), 구두, 시각적 표현으로 제시된 수학적 아이디어를 이해하고 해석하기(박만구 외, 2009)

다음의 로빈슨 크루소의 이야기를 읽고 물음에 답하시오.

어려서부터 바다를 동경하던 요크 태생의 선원 '크루스'는 항해 도중 배가 난파 당하여 홀로 서인도제도의 한 무인도에 버려진 신세가 되었다. 이 섬을 '결망도'라 이름 붙이고 다음 날부터 배에서 식량, 외류, 톰과 같은 생활용품을 섬으로 옮기고, 높은 곳의 섬 근처에 집을 지었다. 이렇게 생활의 터전을 닦은 그는 짐승 사냥, 농사짓기, 날짜 새기기, 성서공부 등으로 시간을 보내면서 근면, 검소하면서도 성실한 생활을 시작했다.

어느 날, 식인종의 포로가 된 한 흑인 노예를 유연히 발견하고는 구출해 주었다. 그 날이 금요일이었으므로 그를 '프라이데이'라 이름지어 주고 함께 지냈다. 이로써 비록 뜻은 통하지 않지만 표류 후 25년 만에 처음으로 인간과 말을 주고받게 되었다.

둘이 생활하게 된 지 얼마 지나지 않아서 한 선교사와 토인이 식인종들의 포로로 섬에 붇들려 온 것을 보고 구해 주게 되는데 토인은 바로 프라이데이의 아버지였다.

그 후 섬에 상륙한 배의 선장을 구해 주고 무인도 생활 28년 만에 무사히 고국에 돌아왔다.

(1) 생존에 필요한 물품에는 여러 가지가 있습니다. 그 중 생존에 가장 필요한 물품 순서대로 보기와 같이 점수를 매겼습니다. 로빈슨크루스가 생존을 위해 배에서 가져간 생존장비의 점수를 구해보시오.

생존장비

칼	395점	호루라기	198점
식량	387점	천막	297점
의류	467점	돈	678점
구급약품	299점	부싯돌	457점

(2) 만일 내가 로빈슨크루스처럼 무인도에 혼자 남는다면 어떤 장비들을 가지고 갈 것인지 2가지만 고르고 그 점수를 매겨봅시다. 그리고 친구들과 비교해 봅시다.

구분	고른 장비	점수
나		
친구		
친구		
친구		
친구		

(3) 영미는 800이 넘지 않는, 희선이는 900점이 넘는 장비를 골랐습니다. 영미는 3개의 장비를, 희선이는 2개의 장비를 골랐다면 영미와 희선이가 고른 장비는 각각 무엇입니까?

영미 : (　　　　　　　　　　), 희선 : (　　　　　　　　　　)

(4) 로빈슨이 무인도에 오게 된 때는 1959년 9월입니다. 그렇다면 무인도에 와서 처음 인간과 말을 주고받게 된 때는 몇 년 입니까? 또한 무사히 고국으로 돌아온 때는 몇 년 입니까?

◎ 글이나 말, 기호, 그래픽 등 다양한 표현 방법으로 제시한 수학적 내용을 이해하고 다른 수학적 표현으로 바꾸어 해석하고 나타내기

예시

그림을 보고 남학생이 생각하는 방법은 무엇인지 알아보시오.

◇ 내가 남학생이라고 생각하고 사각형의 네 각의 크기를 구하는 방법을 설명해 봅시다.(색종이나 종이를 사용해도 좋습니다.)

◎ 수학적 어휘, 기호 체계, 식, 그래픽을 사용하여 수학적인 아이디어를 표현하고 그들 사이의 관계성을 기술하고 상황을 모델링하기

다음은 통계청에서 조사한 연령별 인구 구성비에 대한 그래프와 65세 이상 노인들이 겪는 가장 어려운 문제에 대한 조사표입니다. 이 두 가지 자료로부터 알 수 있는 사실과 추론을 3가지 이상 찾아 설명하시오.

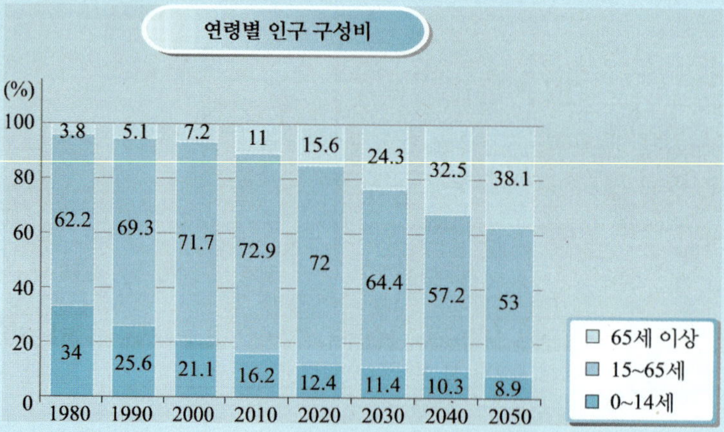

[65세 이상 노인들이 겪는 가장 어려운 문제]

(단위 : %)

2009	계	경제적인 어려움	직업이 없거나 고용이 불안정	소일거리 없음	건강문제	외로움 소외감	가족으로부터 푸대접	사회에서의 경로의 식약화	일상생활 도움 서비스 부족	노인복지 시설부족	기타
전체노인	100.0	41.4	2.0	5.7	40.3	4.4	0.2	1.7	0.9	2.5	1.0
(독거노인)	100.0	43.6	1.1	3.7	37.9	9.5	0.1	0.7	1.3	1.2	1.0

자료 : 통계청, 「사회조사」 2009

(자료출처: 2011년 전국 어린이 통계활용대회)

[채점기준]

아래의 설명이 가능한 설명의 예시이다.

- 0~14세 인구 구성 비율은 계속 낮아지는 반면, 65세 이상 인구 구성 비율은 계속 높아지고 있다.
- 우리나라 65세 이상 노인들은 '건강문제'보다 '경제적 어려움'을 가장 어려운 문제라고 더 많이 응답하였다.

- 국가에서는 65세 이상 노인들을 위하여 경제적인 문제와 건강문제를 위하여 대책을 세울 필요가 있다.
- 2050년이 되면 젊은이들이 노인들을 부양해야 할 부담이 더욱 증가하게 된다.
- 65세 노인 인구의 비율이 가장 급격하게 증가한 때는 2020년에서 2030년 사이가 될 것이다.
- 65세 이상의 독거노인들도 다른 노인들처럼 '건강문제'보다 '경제적 어려움'을 가장 어려운 문제라고 생각하고 있다.
- 장기적으로 노인들을 위한 연금 문제, 직업 문제, 건강 유지 문제에 대하여 국가가 보다 관심을 가지고 연구할 필요가 있다.

[4점 만점의 경우 점수 부여의 예]

3점: 알 수 있는 사실 3가지 이상을 정확한 근거로 설명한 경우

2점: 알 수 있는 사실 2가지를 정확한 근거로 설명한 경우

1점: 알 수 있는 사실 1가지를 정확한 근거로 설명한 경우

* 추가적인 1점은 사실로부터 적절한 추론을 한 경우에 부여할 수 있다.

◎ 상대방의 이해를 돕기 위해 설명, 수식, 표, 그림 등의 다양한 표현을 효과적으로 사용하여 논리적으로 설득하기

다음 자료는 성호네의 2011년 3월 관리비 내역서입니다. 이 자료를 보고 알 수 있는 사실을 3가지 이상 설명하고, 관리비를 보다 절약할 수 있는 방법을 제안하시오.

클릭하여 머리글 추가

항목(사용량)	지난달고지금액	이번달고지금액	증감액
일반관리비	24,993	**24,993**	0
청소비	9,983	**9,983**	0
장기수선충당금	39,784	**39,784**	0
위탁관리수수료	1,066	**1,066**	0
음식물수거료	1,500	**1,500**	0
경비비	24,696	**24,696**	0
전기(187kWh)	21,610	**18,630**	-2,980
승강기전기	1,248	**1,200**	-48
TV수신료	2,500	**2,500**	0
수도(12m²)	16,151	**13,360**	-2,791
하수도료	3,560	**2,240**	-1,320
난방비(909)	98,469	**68,048**	-30,421
급탕비(6m²)	33,000	**18,000**	-15,000
총관리비	275,000	**226,000**	-49,000

2011년 3월 관리비 항목별 비율도표

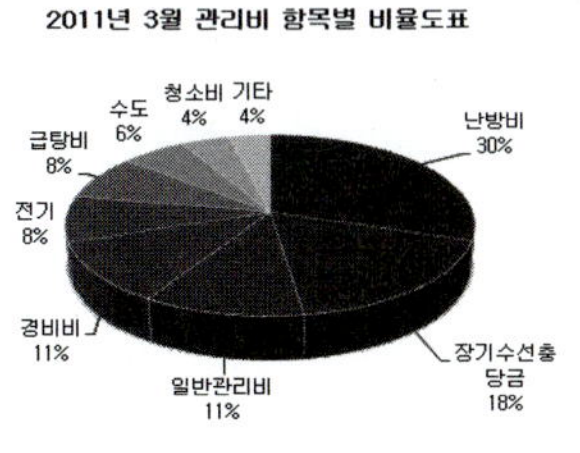

년/월	전기사용량(kWh)
11/03	187
11/02	203
11/01	223
10/12	190
10/11	213
10/10	206
10/09	263
10/08	252
10/07	198
10/06	175
10/05	167
10/04	186
10/03	166

월별 총관리비 부과 추이도표(단위:원)

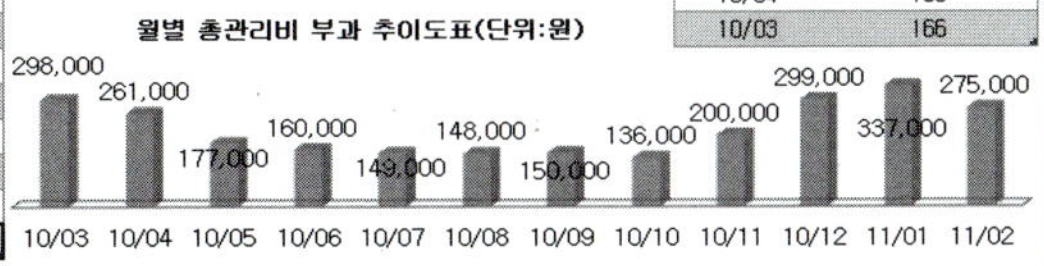

(자료출처: 2011년 전국 어린이 통계활용대회)

[채점기준]

아래의 설명이 가능한 설명의 예시이다.

(사실)

- 이번 달 관리비는 작년 같은 달에 부과된 것보다 적다.
- 이번 달 총관리비가 작년 3월에 부과된 총관리비와 비교해서 7만원이 줄었다.
- 겨울(12, 1, 2월)의 총관리비 합계가 여름(6, 7, 8월)의 총관리비 합계보다 2배 이상 많이 나온다.
- 이번 달 관리비 항목 중 난방비가 가장 큰 비율을 차지한다.
- 관리비 항목 중 지난달과 이번 달의 금액 차이가 없는 항목은 7개이다.

(관리비를 절약할 수 있는 방법 예시)

- 전체적으로 볼 때, 온도가 낮은 달에 난방비가 많은 것을 보면 주로 난방비와 급탕비의 지출이 많다고 할 수 있다. 따라서 겨울철에는 실내에서 내복을 입고 실내 온도를 낮추어 난방비를 절약할 수 있다.
- 급탕비를 절약할 수 있는 방법을 생각해 본다. 예를 들면, 샤워를 할 때 비누칠을 모두 한 후에 한꺼번에 씻어 내는 습관을 들인다.

[4점 만점의 경우 점수 부여의 예]

4점: 알 수 있는 사실 3가지 이상을 정확한 근거로 설명하고, 관리비를 절약할 수 있는 방법을 적절히 제시한 경우

3점: 알 수 있는 사실 2가지를 정확한 근거로 설명하고, 관리비를 절약할 수 있는 방법을 적절히 제시한 경우

2점: 알 수 있는 사실 2가지를 정확한 근거로 설명한 경우 또는 관리비를 절약할 수 있는 방법을 적절히 제시한 경우

1점: 알 수 있는 사실 1가지를 정확한 근거로 설명한 경우

◎ 주어진 자료를 바탕으로 통합적이고 융합적인 사고를 활용하여 다른 학문 분야의 사실을 추론하고 예측하여 말하기(2010년 전국 어린이 통계활용대회 문항, 수정)

민수는 국민독서실태조사에 관한 신문기사에서 학생 1인당 1개월 간 독서량이 평균 16권임을 알게 되었습니다. 민수네 반 학생들의 독서율을 높이기 위한 방안을 선생님께 건의하기 위해 민수는 다음과 같은 독서실태조사지를 사용하여 독서실태조사를 하였습니다. 물음에 답하시오.

독서실태조사지
6학년 2반 이름: (　　　　　)

1. 한 달에 몇 권의 책을 읽습니까? (　　　)권
2. 어떤(무슨) 종류의 책을 좋아합니까? (　　　)
   ① 동화책　② 소설책　③ 과학책　④ 만화책
3. 아침 독서시간에 참여합니까? (　　　)
   ○ : 참여함　× : 참여하지 않음
4. 한 달에 도서관을 몇 번 이용했습니까? (　　　)
   ① 이용하지 않음　② 1회~4회　③ 5회~8회　④ 9회 이상

〈민수네 반 학생들의 독서실태조사 자료〉

번호	읽은 책 (1번 문항)	좋아하는 책 (2번 문항)	아침 독서시간 참여 여부 (3번 문항)	도서관 이용 (4번 문항)	번호	읽은 책 (1번 문항)	좋아하는 책 (2번 문항)	아침 독서시간 참여 여부 (3번 문항)	도서관 이용 (4번 문항)
1	20권	과학책	○	④	11	12권	만화책	○	①
2	0권	만화책	×	①	12	5권	동화책	○	②
3	14권	만화책	○	③	13	17권	소설책	○	④
4	3권	소설책	×	②	14	4권	소설책	×	③
5	22권	소설책	○	④	15	19권	만화책	○	④
6	5권	동화책	×	②	16	0권	동화책	×	①
7	7권	과학책	○	②	17	20권	만화책	○	③
8	19권	만화책	○	④	18	18권	과학책	○	④
9	0권	만화책	×	①	19	0권	만화책	×	①
10	10권	과학책	○	③	20	16권	동화책	×	④

작성한 위의 표를 가지고 민수네 반 학생들의 독서실태를 3가지 이상 설명하고, 독서율을 높이기 위해 선생님께 건의할 내용 3가지를 쓰시오.

[채점기준]

[독서실태에 대한 설명의 예시]

독서실태에 대한 설명을 위해, 다음과 같은 표를 제시하여 항목별로 구분하여 1개월간의 독서량을 조사할 수 있다.

구분		1개월간 독서량			
		없 음	1~15권	16권 이상	계
좋아하는 책	동화책	1	2	1	4
	소설책	0	2	2	4
	과학책	0	2	2	4
	만화책	3	2	3	8
아침 독서시간 참여 여부	참여함	0	5	7	12
	참여하지 않음	4	3	1	8
도서관 이용 횟수	이용하지 않음	4	1	0	5
	1-4회	0	4	0	4
	5-8회	0	3	1	4
	9회 이상	0	0	7	7
계		4	8	8	20

다음은 위의 표를 근거로 일어날 수 있는 사실이다.

− 민수네 반 학생들은 아침독서 시간에 참여하는 학생은 60%이다.

− 학생들이 가장 좋아하는 책은 만화책이다.

− 도서관을 이용하지 않는 학생은 7명이다.

− 1개월 동안 16권 이상의 책을 읽은 학생은 40%이다.

[독서율을 높이기 위해 선생님께 건의할 내용 예시]

① 독서실태와 건의사항 1

- 책을 전혀 읽지 않은 학생들(4명) 중 대부분(3명)은 만화책은 좋아하므로, 학습 만화를 적극 활용할 필요가 있다. 또는 가장 많은 학생들(8명)이 만화책을 좋아하기 때문에, 학습 만화를 적극 활용할 필요가 있다.

② 독서실태와 건의사항 2

- 책을 읽지 않은 학생들(4명)은 모두 아침독서시간에 참여하지 않고 있으므로, 이들이 아침독서시간에 꼭 참여할 수 있도록 해야 한다. 또는 책을 평균 이상 읽는 학생들(8명) 중에 대부분(7명)은 아침독서시간에 참여하고 있으므로, 모든 학생들이 아침독서시간에 꼭 참여할 수 있도록 해야 한다.

③ 독서실태와 건의사항 3

- 책을 평균 이상 읽는 학생들(8명) 중 대부분(7명)은 도서관을 많이 이용하고 있으므로, 책을 잘 읽지 않는 학생들이 도서관을 자주 이용하도록 하는 방안을 만들어야 한다. 또는 도서관 이용횟수가 많을수록 책을 많이 읽는 것으로 나타났으므로, 도서관 이용횟수를 늘리는 방안을 마련해야 한다.

[4점 만점의 경우 점수 부여의 예]

4점: 독서실태를 3가지 이상을 정확한 근거로 설명하고, 독서율을 높이기 위해 선생님께 건의할 내용을 적절히 제시한 경우

3점: 독서실태를 2가지를 정확한 근거로 설명하고, 독서율을 높이기 위해 선생님께 건의할 내용을 적절히 제시한 경우

2점: 독서실태를 2가지를 정확한 근거로 설명한 경우 또는 독서율을 높이기 위해 선생님께 건의할 내용을 적절히 제시한 경우

1점: 독서실태를 1가지를 정확한 근거로 설명한 경우

3. 수학적 추론 능력의 평가

수학교육의 중요한 목표 중의 하나는 여러 가지 문제를 수학적으로 관찰하고 해석하는 능력을 길러, 수학적 문제 상황을 수리·논리적 사고를 통하여 합리적으로 해결하는 능력과 태도를 기르는 것이다. 수학적 사고의 핵심은 추론 능력이라고 할 수 있는데 이는 사고 사이의 관계를 발견하여 문제 해결을 위하여 가정을 하고, 증

거를 모으고 추측하여 일반화하고 논리적인 사고과정을 통하여 논리적인 결론으로 이끄는 것을 말한다.

수학교육에서 추론의 중요성은 지속적으로 강조되어 오고 있는데 NCTM(1989, 2000)은 수학의 핵심 중의 하나가 추론이라고 보고 추론 능력이 교실 수업에서도 강조되어야 한다고 주장하였다. NCTM(2000)에서는 "추론을 할 수 있다는 것은 수학을 이해하는 데 핵심적이며, 모든 학년 수준에서 그리고 모든 내용 영역에서 기대치는 다르지만, 아이디어를 개발하고 현상을 탐구하며, 결과를 정당화하고 수학적 추론을 활용함으로써, 학생들은 수학이 합리적이라는 것을 이해하고 기대"하는 것으로 보고 있다. NCTM(1991)은 수학적 힘을 강조하는데 이는 논리적으로 탐구하고 추론하는 능력이 그 핵심이다.

우리나라의 2009 개정 교육과정에서도 수학과의 목표를 '수학적 힘의 신장'으로 추론을 강조하고 있다. 우리나라의 교육과정에서는 수학적 추론 능력을 신장시키기 위하여 교수·학습에서 귀납, 유추 등을 통해 학생 스스로 수학적 사실을 추측하고, 이를 정당화할 수 있도록 하고, 수학적 사실이나 명제를 분석하고, 수학적 관계를 조직하고 종합하며, 학생 자신의 사고 과정을 반성하도록 한다. 그리고 교사는 수학적 추론을 통해 합리적으로 사고하는 능력을 키우고, 자신의 수학적 아이디어를 설득력 있게 논리적으로 표현하도록 격려해야 한다. 그리고 일상생활에서 자신의 의견을 정당화할 때 적절한 근거에 기초하여 그 타당성을 입증하고 이에 기초하여 합리적으로 결론을 내리는 과정을 통해 민주 시민의 소양을 기르게 한다.

그런데 교사가 이를 수학과 교수학습에서 추론 능력을 평가하고 이를 적절히 분석하여 풍부한 과제를 학생들에게 제공하여야 한다. 이는 단기간에 각 교사가 개발하기는 쉽지 않고 장기간의 걸친 체계적인 개발 계획으로 개발하면서 수정 보완할 필요가 있다.

추론의 능력은 수학활동에서 중요한 요소이지만 지필검사나 구두 설명 등을 통하여 관찰하기가 쉽지 않다. 교사는 학생들로 하여금 평상시에 자신이 해결한 문제에 대하여 자신만의 아이디어를 직관적이거나 비형식적인 추론을 시도하도록 격려해야 한다. 그리고 초등학생들에 대한 추론 능력의 평가도 이런 과정을 평가할 필요가 있다. 추론 능력의 평가는 다음과 같은 요소를 고려할 필요가 있다.

- 자료의 관찰과 분석을 사용하여 규칙성을 인식하고 그에 대한 가설 설정의 과정을 통하여 일반화하는데 귀납적 추론 사용하기
- 주어진 조건을 종합적으로 사고하고 논리적으로 생각하여 결론을 내리고 적당

한 논증을 구성하는데 연역 추론 사용하기
- 주어진 상황 속에서 공통 성질과 유사성과 구조를 결정하기
- 귀납추론, 연역추론, 유비추론, 비례추론, 공간추론 등 다양한 추론 사용하기
- 수학의 공리적 성질 이해하기

추론과 증명의 평가를 위하여 일반적으로 나눈 수준을 보면 다음 〈표 6〉과 같이 정리할 수 있다.

〈표 6〉 추론과 증명의 일반적인 수준

추론과 증명의 수준

기준	1수준	2수준	3수준	4수준
가정을 만들고 주장하기	문제에서의 조건 중 몇 개를 근거로 가정을 만들어 냄	문제와 관련되어 있는 몇 가지 사실을 연결하여 가정을 만들어 냄	문제와 관련되어 있는 핵심적인 사실을 연결하여 가정을 만들어 냄	문제와 관련되어 있는 좀 더 넓은 의미를 결합하여 가정을 만들어 냄
결론을 추론하고 정당화를 이끌어내기	문제에 대한 정당화를 위해 문제를 해결하고 모델링하는 과정에서 제한적인 연결성만을 만들어 냄	문제에 대한 정당화를 위해 문제를 해결하고 모델링하는 과정에서 몇 가지 연결성을 만들어 냄	문제에 대한 정당화를 위해 문제를 해결하고 모델링하는 과정에서 직접적인 연결성을 만들어 냄	문제에 대한 정당화를 위해 문제를 해결하고 모델링하는 과정에서 직접적이고 통찰적인 연결성을 만들어 냄
수학적 언어, 도표, 그래프 등을 해석하기	정보의 중요한 요소를 잘못 해석하지만 몇 의미 있는 문장을 만들어 냄	정보의 중요한 요소의 약간의 부분을 잘못 해석하지만 몇 의미 있는 문장을 만들어 냄	정보의 중요한 요소를 잘 해석하고 의미 있는 문장을 만들어 냄	정보의 중요한 요소를 잘 해석하고 통찰력 문장을 만들어 냄

추론은 일반적으로 귀납적 추론, 유비적 추론, 연역적 추론으로 나누어 생각해 볼 수 있다. 귀납적 추론(Inductive reasoning)은 한 모임의 일부 요소 또는 모든 요소들에 대한 일반화를 이끌어 내기 위해서 하나의 모임에서 몇몇 요소에 대한 정보를 추출하여 사용하는 것을 말한다. 보통 수학적 추론은 관찰된 특수한 사례의 공통 성질에 주목하여 그러한 사례 전체에 대해서 성립하리라고 예상되는 숨겨져 있는

일반적인 수학적 법칙을 추측하는 사고를 말한다. 유비(類比)적 추론(analogical reasoning)은 줄여서 유추라고도 하는데 유사성을 바탕으로 어떤 대상에 대하여 성립하는 성질로부터 그와 유사한 대상의 성질을 추측하는 사고를 말한다. 수학학습에서 유비추론은 수학적 상황 사이의 관계적 성질에 주목하는 것으로 패턴이나 법칙을 다루는 수학 학습에 매우 중요한 사고이다. 연역적 추론(deductive reasoning)이란 상위의 일반적 원리나 법칙을 하위의 구체적인 상황에 적용시키는 추론 과정으로 수학적 추론은 쉽게 말해서 일반적인 주장으로부터 특수한 주장으로 결론에 도출하는 방법으로 몇 가지 전제로 주어진 명제로부터 논리적인 규칙을 써서 필연적인 결론을 도출하는 사고 과정이라고 할 수 있다. 연역적 추론은 전체 속에 들어 있지 않은 내용을 이끌어 내어 새로운 지식으로 내용을 확장할 수 없으나 전제와 결론의 관계가 필연적이며 옳은 전제로부터 반드시 옳은 결론을 이끌어내므로 논리적 사고와 비판적 사고와 관계가 깊다. 다음 <표 7>은 추론에 대한 평가의 채점기준표 예시이다.

〈표 7〉 평가기준에 따른 분석적 채점기준표(고상숙 외, 2011 수정)

	평가요소	평가기준	점수화
귀납적 추론의 평가	자료 수집	문제를 해결하는데 조건과 자료를 정확하게 수집하였다.	3
		문제의 조건은 정확하게 찾지는 못하였으나 부분적으로 부족한 자료를 수집하였다.	2
		문제의 조건을 찾지 못하였으며, 문제 해결과 상관없는 자료를 수집하여 일반적인 규칙을 찾으려는 의도로 자료를 수집하였다.	1
		문제의 조건을 찾지 못하였으며, 시도하지 않았다.	0
	규칙 발견 및 확인	문제의 규칙성을 정확하게 찾아 수학적 언어로 표현하였다.	3
		① 문제의 규칙성을 찾아 수학적 언어로 표현하는 정확성이 부분적으로 부족하였다. ② 문제의 규칙성을 찾는 시도는 하였으나 문제의 규칙성과 관련 없는 변수 사이의 관계를 찾았다.	2
		문제의 규칙성을 찾으려는 시도를 부분적으로만 하였다.	1
		문제의 규칙성을 찾으려는 시도를 하지 않았거나 관련 없는 규칙을 제시하였다.	0
	일반화	문제의 일반화를 수학적 언어(기호, 문자, 수식)로 정확하게 표현하였다.	3
		문제의 일반화를 찾으려고 시도하였으나 수학적 언어로 표현하는데 있어 부분적으로 부족하였다.	2
		문제의 일반화를 수학적 언어로 표현하지 못하였으나, 그림, 그래프 등 수학적 언어로 표현하려는 시도가 부분적으로 보였다.	1
		문제의 일반화를 시도하지 않았으며, 문제와 관계없는 일반화를 수학적 언어로 표현하였다.	0

	평가요소	평가기준	점수화
유비적 추론의 평가	유사성 인식	문제의 유사성에 기초하여 기저 상황의 핵심을 정확하게 인식하였다.	3
		문제의 유사성을 부분적으로 인식하였다.	2
		문제의 유사성을 인식하려는 시도가 보였다.	1
		문제의 유사성을 인식하지 못하였거나, 시도하지 않았다.	0
	기저 상황의 핵심 파악	문제의 기저 상황의 핵심을 유사성을 기초하여 정확하게 파악하였다.	3
		문제의 기저 상황의 핵심과 유사성을 부분적으로 파악하였다.	2
		문제의 기저 상황의 핵심과 유사성을 부분적으로 파악하려는 시도가 보였다.	1
		문제의 기저 상황의 핵심과 유사성에 대한 파악이 전혀 이루어지지 않았으며, 전혀 시도하지 않았다.	0
	대응 및 적용	문제의 기저 상황에 대한 대응을 문제 해결의 상황에 맞게 유연성을 정확하게 적용하여 해결하고 있다.	3
		문제의 기저 상황에 대한 대응은 이루어졌으나 적용하는 과정에 유연성이 부분적으로 부족하였다.	2
		문제의 기저 상황에 대한 대응과 적용이 부분적으로만 시도하였다.	1
		문제의 기저 상황에 관련 없는 대응과 적용이 타당하지 않게 이루어졌으며, 시도하지 않았다.	0

	평가요소	평가기준	점수화
연역적 추론의 평가	가정과 결론 구분	문제의 가정과 결론을 정확하게 구분하고 결론의 정당화를 위한 근거를 제시하였다.	3
		문제의 가정을 구분하여 결론을 부분적으로 표현하였으나 타당한 근거의 제시가 부족하였다.	2
		문제의 가정과 결론을 구분하려는 시도는 보였다.	1
		문제의 가정과 결론을 구분하지 못하였으며, 시도조차 하지 않았다.	0
	자료의 분석	문제의 결론을 증명하기 위해 주어진 자료 분석을 정확하게 제시하였다.	3
		문제의 결론을 증명하기 위해 타당한 자료 분석하려 하였으나 중요한 연역적 추론 단계에서 타당하지 못한 자료를 부분적으로 제시하였다.	2
		문제의 결론을 증명하기 위해 자료 분석이 다소 부족하였다.	1
		문제의 결론을 증명하기 위해 전혀 타당하지 않은 자료 분석을 하였거나 시도하지 않았다.	0
	자료의 종합	문제 해결에 논리적으로 모든 단계를 서술하였다.	3
		문제 해결에 부분적으로 논리적으로 표현하였으나 수학적 언어 표현에 있어 부분적으로 부족하였다.	2
		문제 해결의 과정이 생략되었거나 모든 단계가 논리적이지 못하였다.	1
		문제 해결의 결론과 관련 없는 자료를 나열하였거나 시도하지 않았다.	0

다음은 귀납적 추론에 대한 예시 문항과 평가의 예이다.

예시

그림과 같이 성냥개비로 정사각형을 만들어 가고 있습니다. 정사각형의 10개를 만드는 데 필요한 성냥개비는 몇 개입니까? 또 정사각형 100개를 만드는데 필요한 성냥개비는 몇 개 필요합니까?

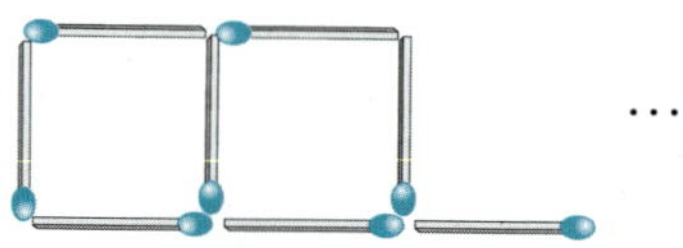

〈표 8〉 귀납적 추론의 채점기준표

평가요소	평가기준	점수화
자료 수집	성냥개비의 개수를 구하기 위해 필요한 자료를 수집하였다.	3
	성냥개비의 개수를 구하기 위한 조건은 정확하게 찾지는 못하였으나 부분적으로 부족한 자료를 수집하였다.	2
	성냥개비의 개수를 구하기 위한 조건은 찾지 못하였으며, 문제 해결과 상관없는 자료를 수집하여 일반적인 규칙을 찾으려는 의도로 자료를 수집하였다.	1
	문제의 조건을 찾지 못하였으며 시도하지 않았다.	0
규칙 발견 및 확인	정사각형 10개 및 100개를 만드는데 필요한 성냥개비의 개수를 구하기 위해 규칙성을 정확하게 찾아 수학적 언어로 표현하였다.	3
	① 규칙성을 찾아 수학적 언어로 표현하는 정확성이 부분적으로 부족하였다. ② 규칙성을 찾는 시도는 하였으나 문제의 규칙성과 관련 없는 변수 사이의 관계를 찾았다.	2
	규칙성을 찾으려는 시도를 부분적으로만 하였다.	1
	규칙성을 찾으려는 시도를 하지 않았거나 관련 없는 규칙을 제시하였다.	0

일반화	100개의 정사각형을 만드는데 필요한 성냥개비의 개수를 구하기 위한 일반화를 수학적 수식으로 정확하게 표현하였다.	3
	일반화를 찾으려고 시도하였으나 수학적 언어로 표현하는데 있어 부분적으로 부족하였다.	2
	일반화를 수학적 언어로 표현하지 못하였으나, 그림, 그래프 등 수학적 언어로 표현하려는 시도가 부분적으로 보였다.	1
	일반화를 시도하지 않았으며, 문제와 관계없는 일반화를 수학적 언어로 표현하였다.	0

귀납적 추론과 관련된 수학 평가 문항은 간단한 경우는 직접 표를 만들거나 그림을 그려서 확인이 가능하지만 좀 더 일반적인 경우로 확장을 해야 하는 경우는 구체적인 사례들을 기반으로 하여 일반적인 규칙을 발견하도록 하는 경우들이다. 이는 각 수학 영역들에서 문항을 만들 수가 있다. 수와 연산의 경우 다양한 수의 패턴이나 연산에서 나타나는 규칙성을 가지고 물어 볼 수 있다. 도형의 경우에도 다각형에서 대각선의 개수, 쌓기나무의 개수, 여러 가지 도형수, 도형이 놓인 패턴 등을 다룰 수 있다. 규칙성과 문제해결 영역에서는 서로 악수하는 횟수, 다양한 소재의 패턴을 이용하여 문제를 출제할 수 있다.

다음은 유비적 추론에 대한 예시 문항과 평가의 예이다. 이는 유사성 인식에 기초한 것으로 이미 알고 있는 기저 상황의 관계 또는 구조를 타당한 대응관계에 근거하여 목표 상황에 적용함으로써 대응시키는 경우이다.

예시

그림의 예각삼각형의 넓이를 구하는 식은

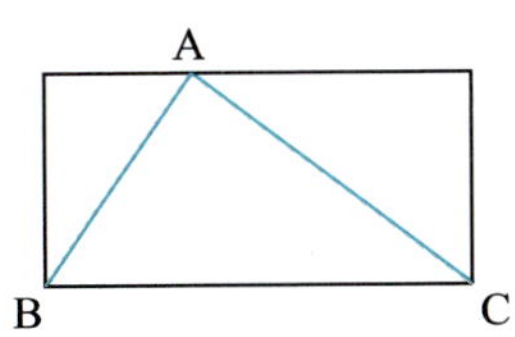

(밑변)×(높이)÷2

입니다. 둔각삼각형의 넓이를 구하는 식도

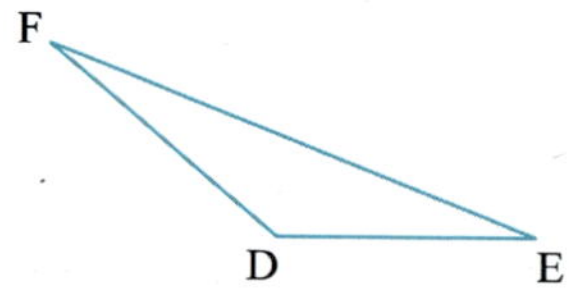

(밑변)×(높이)÷2

임을 설명하시오.

〈표 9〉 유비적 추론의 채점기준표

평가요소	평가기준	점수화
유사성 인식	문제의 유사성에 기초하여 기저 상황의 핵심을 정확하게 인식하였다.	3
	문제의 유사성을 부분적으로 인식하였다.	2
	문제의 유사성을 인식하려는 시도가 보였다.	1
	문제의 유사성을 인식하지 못하였거나, 시도하지 않았다.	0
기저 상황의 핵심 파악	문제의 기저 상황의 핵심을 유사성을 기초하여 정확하게 파악하였다.	3
	문제의 기저 상황의 핵심과 유사성을 부분적으로 파악하였다.	2
	문제의 기저 상황의 핵심과 유사성을 부분적으로 파악하려는 시도가 보였다.	1
	문제의 기저 상황의 핵심과 유사성에 대한 파악이 전혀 이루어지지 않았으며, 전혀 시도하지 않았다.	0
대응 및 적용	문제의 기저 상황에 대한 대응을 문제 해결의 상황에 맞게 유연성을 정확하게 적용하여 해결하고 있다.	3
	문제의 기저 상황에 대한 대응은 이루어졌으나 적용하는 과정에 유연성이 부분적으로 부족하였다.	2
	문제의 기저 상황에 대한 대응과 적용이 부분적으로만 시도하였다.	1
	문제의 기저 상황에 관련 없는 대응과 적용이 타당하지 않게 이루어졌으며, 시도하지 않았다.	0

위 문제의 경우 기저상황인 예각삼각형의 경우에 사각형의 반임을 이용하여 삼각형의 넓이의 공식을 이해한 것을 기반으로 그와 유사한 경우인 둔각삼각형의 경우를 추론하여 설명할 수 있는지 평가해야 한다.

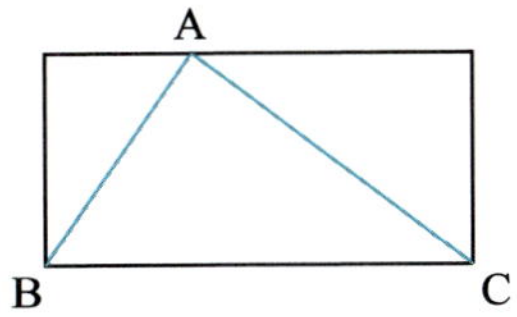

(기저상황)

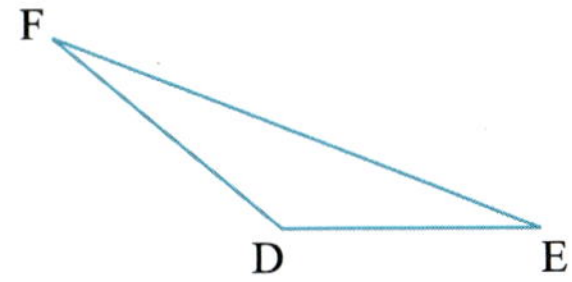

(목표 상황)

더 나아가 초등 수준에서 삼각형의 넓이 공식과 사다리꼴의 넓이 공식의 관계를 유비추론을 사용하여 관계 짓도록 할 수 있을 것이다.

다음과 같은 '나만의 질문과 과제'를 통하여 평상시의 수업에서 교사가 학생들에게 유비추론을 권고할 수 있는 방법의 하나이다(Small, 2009, p. 186, 수정). 즉 유사한 또는 평행한 문제를 만들어 보도록 함으로써 유비적인 추론력을 높일 수 있을 것이다.

나만의 질문과 과제
수업목표: 학년수준: ______ 제시된 기준: 기본적 아이디어:
열린 질문:
유사 과제: 선택1: 선택2:
고려해야할 원칙 • 모든 열린 질문은 반드시 다양한 수준에서의 옳은 답을 허용해야 한다. • 유사 과제는 어려움을 겪는 학생이 성공적으로 수행하고 능숙한 학생이 도전하도록 변형되어 고안할 필요가 있다. • 질문과 과제는 모든 학생들이 사후 토의에 함께 참여할 수 있도록 구성되어야 한다.

유비적 추론력을 평가하기 위하여 개방형 문제를 제시하는 것이 효과적인데, Small (2009)은 개방형 발문을 만드는 전략으로 다음의 5 가지를 제시하였다.

- 질문의 방향 바꾸기
- 공통점과 차이점 묻기
- 숫자를 빈 칸으로 바꾸기
- 수가 들어간 문장 만들기
- 질문 바꾸기

유비적 추론에 대한 평가는 다양한 평가의 유형에서 볼 수 있는데 중학교 정도에서 사용하는 초보적인 증명에서 사용할 수 있다. 예를 들면, 소수의 곱셈에서는 자연수의 곱셈에서와 같이 계산을 한 후 소숫점의 위치를 생각하는 경우, 마름모에서 대각선은 서로 수직으로 만나는 사실, 어느 도형의 변의 길이, 넓이, 부피의 비에서 닮음인 도형의 경우 넓이와 부피의 비는 한 변의 길이의 각각 제곱과 세제곱에 비례한다는 사실 등을 묻는 경우를 생각해 볼 수 있다.

초등학교 수준에서 연역적 추론의 예는 쉽게 찾을 수 없다. 다음은 연역적 추론에 대한 예시 문항과 평가의 예이다.

예시

세 변의 길이가 정해지면 하나의 삼각형이 결정되는 이유를 설명하시오(단, 두 변의 길이의 합은 나머지 한 변의 길이보다 크다).

〈표 10〉 연역적 추론의 채점기준표

평가요소	평가기준	점수화
가정과 결론 구분	문제의 가정은 세 변의 길이, 결론은 삼각형이 결정됨이라는 사실을 정확하게 구분하고 삼각형이 유일하게 결정되는 사실을 정당화를 위한 근거를 제시하였다.	3
	문제의 가정을 구분하여 결론을 부분적으로 표현하였으나 타당한 근거의 제시가 부족하였다.	2
	문제의 가정과 결론을 구분하려는 시도는 보였다.	1
	문제의 가정과 결론을 구분하지 못하였으며, 시도조차 하지 않았다.	0
자료의 분석	삼각형이 유일하게 결정된다는 결론의 근거를 위해 주어진 자료인 세 변의 길이 사이의 관계에 대한 분석을 정확하게 제시하였다.	3
	문제의 결론을 증명하기 위해 타당한 자료 분석하려 하였으나 중요한 연역적 추론 단계에서 타당하지 못한 자료를 부분적으로 제시하였다.	2
	문제의 결론을 증명하기 위해 자료 분석이 다소 부족하였다.	1
	문제의 결론을 증명하기 위해 전혀 타당하지 않은 자료 분석을 하였거나 시도하지 않았다.	0

자료의 종합	세 변의 길이가 정해지면 하나의 삼각형이 결정된다는 사실을 논리적으로 모든 단계를 종합적으로 서술하였다.	3
	문제 해결에 부분적으로 논리적으로 표현하였으나 수학적 언어 표현에 있어 부분적으로 부족하였다.	2
	문제 해결의 과정이 생략되었거나 모든 단계가 논리적이지 못하였다.	1
	문제 해결의 결론과 관련 없는 자료를 나열하였거나 시도하지 않았다.	0

위의 예들에서 제시한 것과 같이 초등 수준에서의 연역적 추론은 이 특성의 부분적인 특성만을 볼 수 있는 경우가 일반적이라고 할 수 있다. 따라서 초등 수준에서의 연역적 추론의 경우, 중학교 이상에서 요구하는 엄밀한 수학적 용어와 흐름에서의 엄격한 논리성을 따지기 보다는, 학생들이 자신만의 용어로 어떻게 설명해 가고 있는지를 살펴보면서 다소 비형식적이라도 전체적으로 논리적인 사고를 하고 있는지를 평가할 필요가 있다. 학생들이 보여 주는 수학적 분석력과 종합적인 사고 정도가 자신이 내린 결과에 대한 타당성의 증거로 적절하고 정확히 제시하고 정당화하는지 평가해야 한다. 그리고 제시하는 근거가 구체적인 예를 넘어 얼마나 일반적인 추론을 하느냐를 평가할 필요가 있다. 특히 위와 같은 도형과 관련된 추론 문제의 경우 학생들이 자신의 주장에 대한 정당성을 주장할 때, 시각적인 방법을 포함하여 다양하게 표현할 수 있는 장점이 는지를 살펴보면서 다소 비형식적이라도 전체적으로 논리적인 사고를 하고 있는지를 평가할 필요가 있다. 학생들이 보여 주는 수학적 분석력과 종합적인 사고 정도가 자신이 내린 결과에 대한 타당성의 증거로 적절하고 정확히 제시하고 정당화 하는지 평가해야 한다. 그리고 제시하는 근거가 구체적인 예를 넘어 얼마나 일반적인 추론을 하느냐를 평가할 필요가 있다. 특히 위와 같은 도형과 관련된 추론 문제의 경우 학생들이 자신의 주장에 대한 정당성을 주장할 때, 시각적인 방법을 포함하여 다양하게 표현할 수 있는 장점이 있다.

4. 수학적 개념 이해의 평가

수학교육에서 개념은 수학학습의 본질로 수학적 개념의 의미나 해석은 수학교육에서 핵심적인 부분이다. 학생들은 수학적 개념의 의미나 해석을 바르게 이해할 때 수학 학습을 의미 있게 할 수 있다. 따라서 교사는 학생들이 수학 개념을 어떻게 이해하고 그것을 어떻게 사용하는지를 알고 바르게 평가할 수 있어야 한다. 학생들이 수학적인 사실을 기억하고 있다고 하여 그 개념을 이해하고 있다고 판단할 수 없고, 다양한 측면을 고려해야 한다. 평가는 학생들이 개념이 무엇을 의미하는지 알고 있는지, 개념을 언어, 문자, 기호, 모델 등 여러 가지로 표현할 수 있는지, 개념의 다양한 의미나 해석할 수 있는지와 개념과 개념 사이의 관련성을 알고 있는지 확인해야 한다. 또한 예와 반례를 선택하는데 적절한 개념과 부적절한 개념의 속성을 구별할 수 있는 능력에 초점을 맞추어 평가해야 한다.

- 개념을 정의하고, 언어화하고, 표현하기
- 적절한 예, 반례, 비례를 확인하고 만들기
- 개념의 표현을 위해 기호, 도식, 모델을 사용하기
- 한 가지 표현 방식을 다른 표현으로 번안하기
- 개념의 다양한 의미나 해석을 인식하기
- 주어진 개념의 성질을 알아내고 특정개념을 결정짓는 조건 인식하기
- 여러 개념을 비교하고 대비하기

다음은 적절한 예와 반례를 확인하고 만들기에 대한 문항의 예시이다(4-2 수학교과서, p. 65).

예시

평행사변형이라 할 수 있는 사각형을 찾아 기호를 쓰고 그 이유를 설명하시오.

㉠ 사다리꼴	㉡ 마름모
㉢ 직사각형	㉣ 정사각형
㉤ 사각형	

이 예제는 평행사변형의 정의를 알고 있고, 제시한 도형의 정의를 알아 예가 되는 도형과 반례가 되는 도형을 구별할 수 있어야 한다. 이는 도형간의 관계를 알고 있어야 하는 문항의 예이다.

다음은 분수의 개념을 기호, 도식, 모델을 사용하기에 대한 문항의 예시이다(3-1 수학교과서, p. 107, 김경희 외, 2008, p. 36, 4-1 수학익힘책, p. 129).

예시

전체에 대하여 색칠한 부분의 크기를 분수로 나타내시오.

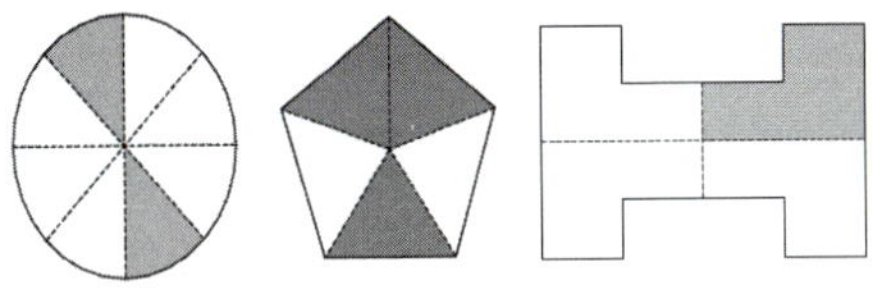

다음원에서 어두운 부분이 차지하는 비율이 위의 직사각형에서 어두운 부분이 차지하는 비율과 대체로 같은 것은?

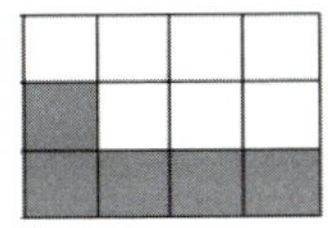

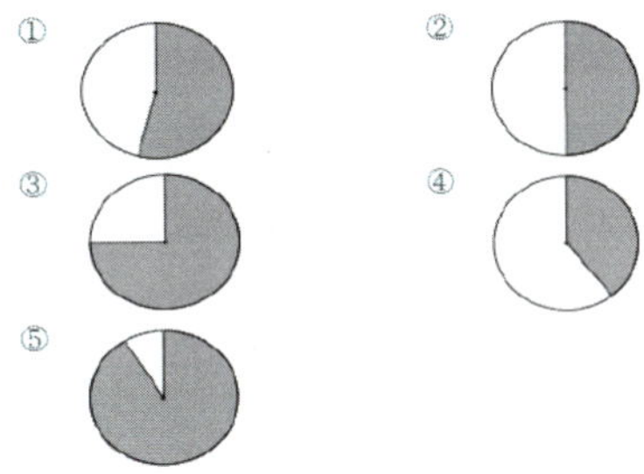

소수를 수직선에 화살표(↑)로 나타내고 작은 수부터 차례로 쓰시오.

0.96　1.68　1.13　1.52　1.47

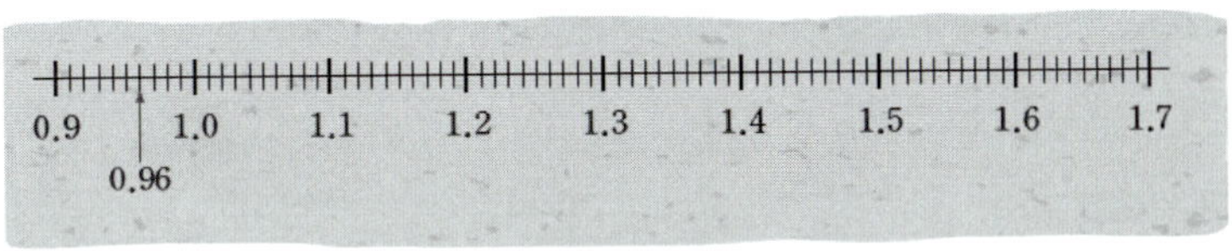

(　　　　　　　　　　　　　　　　　　)

수학적 개념의 평가를 위해서는 주어진 수학적 개념에 대하여 다양한 표현 방법을 사용하거나 또는 하나의 표현을 다른 표현 방법으로 번안할 수 있는가를 포함할 수 있다. 제시한 예는 주어진 여러 가지 도형에서 색칠한 부분을 분수로 나타내도록 하는 문항이고, 다음 문항은 소수를 수직선 모델에 그 위치를 표시하도록 함으로써 소수의 크기를 비교하도록 하고 있다. 교사는 학생들이 도식으로 표현된 분수 개념과 수직선 위에 소수의 위치를 표시를 어떻게 표현하는지를 통하여 수학적 개념의 정도를 평가한다.

다음은 주어진 개념의 성질을 알아내고 특정개념을 결정짓는 조건 인식하기에 대한 문항의 예시이다(이미경 외, 2007, p. 125).

예시

어떤 목수가 32m의 목재를 이용하여 화단 둘레를 에워싸려고 한다. 목수는 다음 4가지의 화단 모양을 생각하고 있다.

A

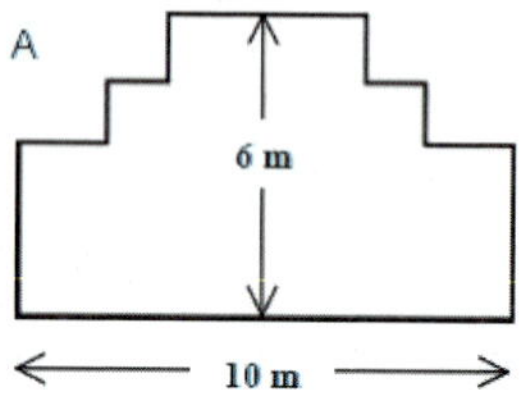

B

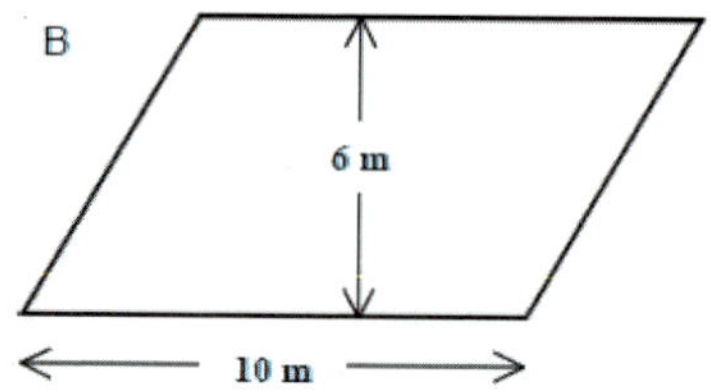

C

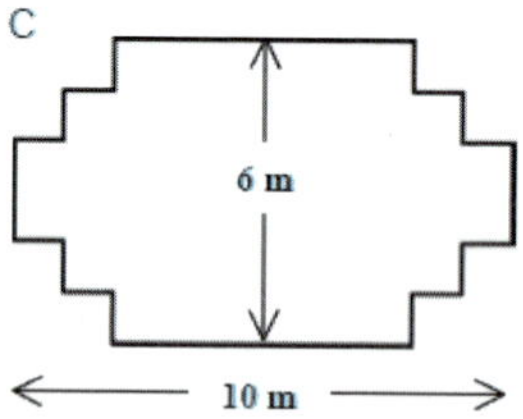

D

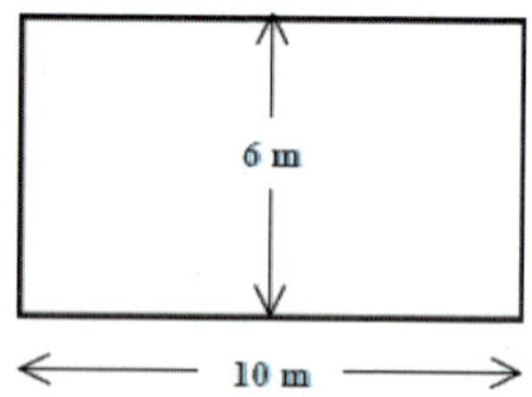

32m의 목재로 위의 화단 모양을 만들 수 있는지 없는지를 판단하여 "있다" 또는 "없다"에 ○표 하시오.

화단 모양	32m의 목재로 화단의 모양을 만들 수 있는가?
모양 A	있다 / 없다
모양 B	있다 / 없다
모양 C	있다 / 없다
모양 D	있다 / 없다

제시한 예는 화단의 둘레를 결정짓는 조건을 바르게 인식할 수 있는가를 평가하는 문항이다. 둘레의 길이는 넓이와는 어느 정도 무관하고 같은 둘레의 길이라고 하더라도 다양한 모양이 될 수 있음도 알게 된다. 여러 가지로 주어진 조건에서 특정 개념을 결정짓는 조건을 선택할 수 있는가 또는 문제의 해결에 관련되지 않은 조건을 정확히 배제할 수 있는가를 통하여 수학적 개념을 평가한다. 이 문제에서는 둘레의 길이를 계산하는 일반적인 원리도 함께 인지하도록 할 수 있는 문항이다.

5. 수학적 절차적 지식의 평가

수학적 절차에 대한 지식은 일반적으로 학교에서 배우는 계산 방법에 대한 것으로 생각하지만 수학적 절차는 보다 광범위한 의미로 볼 필요가 있다. 즉, 문제를 해결하는데 도구를 사용하는 것에서부터 연산을 수행하는 모든 일련의 행위들을 통틀어 절차라고 할 수 있다. 학생들이 수학적 절차를 수행하는 정확한 방법을 아는 것도 중요하지만 왜 그 절차가 그 과정에서 필요한지, 어떻게 그 절차가 작용하는지 등에 대한 저변의 수학에 대하여 이해를 할 수 있어야 한다. 무의미한 규칙이나 법칙의 적용은 비정형적이고 새로운 문제 상황에서 적절히 적용할 수 없게 된다. 따라서 학생들은 언제 어떤 절차가 적절한지를 판단할 수 있어야 하고 이미 알고 있는 익숙한 절차를 문제의 상황에 맞게 수정하거나 확장하여 새로운 절차를 만들 수 있어야 한다. 수학적 절차의 평가에 있어서 다음의 사항을 고려할 필요가 있다.

- 언제 어떤 절차가 적절한지 인식하기
- 필요한 절차와 각 단계에서 그 이유 설명하기
- 절차를 확실하고 효율적으로 실행하기
- 절차의 결과를 경험적으로 또는 분석적으로 입증하기
- 옳고 그른 절차를 인식하고 구분하기
- 새로운 절차를 만들고 기존 절차를 확장하거나 수정하기
- 수학에서 절차의 성질과 역할 음미하기

다음은 어떤 절차가 적절한지를 인식하기에 대한 문항의 예이다.

예시

다음의 두 가지 계산 방법을 비교하여 설명하시오.

$$1\frac{2}{7}\div 6\times 4=\frac{9}{7}\times\frac{1}{6}\times 4=\frac{\overset{3}{\cancel{9}}\times 4}{7\times 6}=\frac{3\times\overset{2}{\cancel{4}}}{7\times 2}=\frac{6}{7}$$

$$1\frac{2}{7}\div 6\times 4=\frac{9}{7}\times\frac{\overset{2}{\cancel{4}}}{\underset{3}{\cancel{6}}}=\frac{\overset{3}{\cancel{9}}\times 2}{7\times\underset{1}{\cancel{3}}}=\frac{3\times 2}{7\times 1}=\frac{6}{7}$$

수학적 절차의 평가는 학생들이 효율적인 절차를 선택하고 그 절차를 바르게 수행하는가를 평가한다. 제시한 예는 단위 분수의 나눗셈을 계산하는 간단한 절차에

대하여 묻는 문항이다. 수학적 절차는 일반적으로 생각하듯이 빠르고 정확하게 절차를 수행하는 것만을 평가하기보다는 절차 수행에 있어서 효율성을 인식하고 있는지, 절차의 분석과 확장 또는 새로운 절차를 만드는 것까지 포함해야 한다. 또한 기존의 절차와 비교하고 확장하거나 새로운 절차를 만들어 내는 것까지를 평가한다.

다음은 옳고 그른 절차를 인식하고 구분하기에 대한 문항의 예이다(서울시특별시 교육청, 2005, p. 2).

예시

다음 중 계산과정이 틀린 것을 골라 기호를 쓰고, 바르게 고치시오.

㉠ $1\frac{2}{3}\div\frac{5}{9}=\frac{5}{3}\div\frac{5}{9}=\frac{5}{3}\times\frac{9}{5}=3$

㉡ $3\frac{1}{2}\div 2\frac{3}{5}=\frac{7}{2}\div\frac{13}{5}=\frac{7}{2}\times\frac{13}{5}=\frac{91}{10}=9\frac{1}{10}$

㉢ $5\frac{1}{4}\div 3\frac{3}{4}=\frac{21}{4}\div\frac{15}{4}=\frac{21}{4}\times\frac{4}{15}=\frac{7}{5}=1\frac{2}{5}$

㉣ $6\frac{1}{4}\div 5\frac{1}{2}=\frac{25}{4}\div\frac{11}{2}=\frac{5}{4}\times\frac{2}{11}=\frac{5}{22}$

◆ 계산 과정이 틀린 것 : (　　　　　　　　　　)

◆ 바르게 계산하기

【예시 답안】

1. 과정이 틀린 것 : ㉡, ㉣

   바르게 계산하기:

   ㉡ $3\frac{1}{2}\div 2\frac{3}{5}=\frac{7}{2}\div\frac{13}{5}=\frac{7}{2}\times\frac{5}{13}=\frac{35}{26}=1\frac{9}{26}$

   ㉣ $6\frac{1}{4}\div 5\frac{1}{2}=\frac{25}{4}\div\frac{11}{2}=\frac{25}{4}\times\frac{2}{11}=\frac{25}{22}=1\frac{3}{22}$

【채점기준】 6점 만점인 경우

응답 내용	배점
정답을 모두 고르고 바르게 계산한 경우	6
정답을 모두 고르고 바르게 계산을 한 개만 한 경우	5
정답을 한개 고르고 바르게 계산을 한 개만 한 경우	3
정답만 모두 고른 경우	1

6. 수학적 힘의 평가

수학적 힘이란 수학적 상황에서 추론하고 창조적으로 사고하며 문제를 제기하고 가정하여 분석적이고 비판적으로 사고하면서 필요한 정보를 적절히 활용하는 총체적인 능력이라고 할 수 있다. 학생들의 수학적 힘에 대한 평가는 얼마나 많은 정보를 알고 있는가보다는 정보를 어떻게 사용하고 적용하면서 적절히 의사소통을 하면서 문제를 효과적으로 해결하는가를 평가하여야 한다. 이는 다른 어떤 평가보다도 포괄적인 것으로 수학에 대한 지식, 기능, 성향 등을 아우르는 폭넓은 측면을 고려해야 한다. 수학적 힘의 평가는 다음의 사항을 고려하여야 한다.

- 수학에 대한 기본적인 지식과 기능
- 개념과 과정에 대한 지식과 이해
- 수학문제나 타 교과의 문제를 해결하기 위한 적용의 능력
- 아이디어를 교환하기 위하여 수학적 용어나 언어를 사용하여 표현하는 능력
- 추론하고 분석하는 능력
- 수학에 대한 성향
- 수학의 본질에 대한 이해
- 수학 지식을 통합하고 융합하는 능력

다음은 학교 수학에서 최근에 강조하고 있는 수학 창의성에 대한 평가에 대한 것이다. 이는 남승인, 박만구, 신준식(2010)의 내용을 정리한 것이다(pp. 107-122).

7. 수학 창의성의 평가

수학 창의성의 평가는 과정 중심의 평가에서 중요한 부분이기도 하다. 물론 이는 앞에서 언급한 다양한 평가에 들어갈 수 있으나 그 중요성에 비추어 따로 정리한다. 교사가 아무리 교실에서 창의적인 수업을 한다고 할지라도 평가가 이를 반영하지 않는다면 학생들은 수업에 관심을 기울이지 않을 것이고 창의성 신장을 위한 교육의 효과를 기대할 수 없기 때문이다. 창의성의 평가는 그리 쉬운 것은 아니지만 창의성의 평가를 통하여 교사가 창의성을 가진 학생들을 좀더 잘 이해 할 수 있도록 하며, 그런 학생들의 특성에 맞는 수업의 설계 및 진행을 효과적으로 할 수 있도록 하고, 보다 효과적인 창의성을 평가하는데 자료를 제공 받을 수 있다.

1) 창의성 신장을 위한 평가 원리

잘못된 평가 방식은 교육 본연의 모습을 그릇되게 한다. 반대로 올바른 평가 방식은 교육 본연의 모습을 찾는데 절대적인 영향을 미친다. 평가가 바르게 이루어지기 위해서는 그것이 지켜야 할 기본 원리가 있다. 수학과의 평가가 수학적 창의력을 신장시키기 위해서 지켜야 할 기본 원리는 다음과 같다.

(1) 선발적 교육관보다는 발달적 교육관에 근거하여 평가가 이루어져야 한다.

평가를 담당하는 교사의 교육관이 어떠하냐가 교육 평가의 방향과 방법에 영향을 준다. 다양한 교육관이 있으나, 교육 평가의 방향과 방법에 영향을 주는 기준 하에서 선발적 교육관과 발달적 교육관으로 대별할 수 있다.

선발적 교육관에서의 평가 활동은 주로 일정한 교육 수준이나 교육 목표에 도달할 가능성이 있는 소수의 우수자를 사전에 선발하기 위한 평가와 또한 일정한 학습 후에 어느 학생이 보다 더 많은 학업 성취를 이루었는가 하는 개인차 변별에 더 많은 관심을 기울인다. 이러한 교육관에서는 학생이 의도하는 교육 목표를 달성하지 못했다면 그 책임은 교사보다는 학생 자신에게 전가되고, 따라서 선발적 교육관은 상대 평가의 방식을 선호하게 된다.

반면에 발달적 교육관은 모든 학습자에게 각각 적절한 교수·학습 방법만 제시할 수 있다면, 누구나 의도하는 바의 주어진 교육 목표를 달성할 수 있다는 가정과 신념에 기초한다. 이러한 교육관에서의 교육 활동은 모든 학생에게 적절한 학습 기회를 제공함으로서 가능한 한 모든 학습자가 의도하는 바의 교육 목표를 달성할 수 있도록 한다. 발달적 교육관에서의 교육 평가는 학생의 선발이나 개인차를 내기 위한 평가에 관심이 있는 것이 아니라, 모든 학생이 가능한 한 의도하는 바의 수업 목표를 달성할 수 있도록 모든 학습자에게 적절한 학습 방법을 배치하고자 이를 위한 평가를 하게 된다. 또한 학생간의 서열과 개인차를 내기 위한 평가 방법보다는 주어진 수업 목표를 어느 정도 달성하였는가 하는 수업 목표 달성도의 평가에 그 관심이 집중된다. 따라서 발달적 교육관은 절대 평가의 방식을 선호한다.

수학 창의성을 기르는데 도움을 주기 위하여 교사는 평가의 목적에 따라서 상대 평가를 하여야 할 때가 있고, 절대 평가를 하여야 할 때도 있을 수 있다. 그러나 수학적 창의력을 신장시킨다는 목적을 달성하기 위해서는 교사가 선발적 교육관보다는 발달적 교육관을 지닐 필요가 있다. 이는 교사가 선발적 교육관보다는 발달적 교육관을 지닐 때 교육 목표의 달성도와 학생의 학습 과정에 더욱 관심을 기울이고, 자신의 수업 방법과 평가 방법에 대해 보다 반성하고, 학생 개개인에 적합한 교수·학습 방법을 적용하려 하기 때문이다.

(2) 암기 위주의 단편적이고 낮은 수준의 지식이나 수학적 사고력을 기반으로 하는 이해력보다는 종합적이고 고차적인 사고력, 문제 해결력을 평가해야 한다.

현재 대부분의 수학과 평가가 지닌 커다란 문제점 중의 하나는 종합적이고 고차적인 수학적 사고력, 문제 해결력, 창의력을 효과적으로 평가하고 있지 못하다는 것이다. 기본적인 지식의 이해와 습득 정도도 평가의 대상이 되어야 하지만, 그러한 지식을 종합하고 일반화하여 문제를 해결하는 고차적인 능력도 평가의 대상이 되어야 한다. 수학 평가는 수학적 지식의 모든 측면과 그들 사이의 관련성을 평가해야 한다. 즉 얼마나 많은 수학적 개념이나 정보를 가지고 있느냐 뿐만 아니라, 습득한 개념이나 정보를 주어진 상황에서 얼마나 잘 활용하는지, 수학적 언어를 사용하여 아이디어를 얼마나 잘 표현하는지, 수학적 상황에서 추론적 사고를 얼마나 잘할 수 있는지, 정보를 얼마나 잘 통합하고 의미 있게 만들 수 있는지를 평가해야 한다.

수학 창의성을 위한 평가는 고차적인 사고력, 적용/분석/종합/평가하는 문제 해결 능력, 비판력/논리력/상상력/창의력/의사 표현력을 측정하는 평가가 되어야 한다. 또 직관적 통찰력/추상화 능력/공간화·시각화 능력/정보의 조직화 능력/추론력/일반화·적용 능력/반성적 능력 등을 평가하는 방향이 되어야 한다. 또 여러 가지 능력들이 상호 작용하여 나타나는 능력으로 표현될 수도 있다. 고차적인 사고력이나 문제 해결력을 활용하게 하는 평가 문항의 기법은 학생들의 수학 창의력을 자극하도록 할 것이다. 이를 위하여 선다형의 문항보다는 채점상의 어려움에도 불구하고 서술형의 문항이 더 바람직하다고 할 수 있다. 최근의 서술형 문항의 비중을 늘리는 것은 의미가 있다고 할 수 있다.

(3) 결과뿐만 아니라 문제해결의 과정을 포함한 수학적 사고 과정을 평가해야 한다.

평가의 방향과 내용이 어떠냐 하는 것은 궁극적으로는 학생들의 학습의 방향과 내용에 영향을 주게 된다. 대부분의 수학과 평가에서는 '맞았느냐? 틀렸느냐?', '몇 점을 얻었으며 몇 등인가?'가 중요시되고 있으며, '학생이 어떠한 사고 과정을 거쳐서 이 문제/과제를 해결하였는가?', '학생이 사고 과정에서 어떤 오류를 범해서 문제를 풀지 못했는가?'는 중요시되지 않는다. 이는 다인수 학급에서의 평가의 효율성, 선발적 교육관, 상대적 평가관이 중요시되는 분위기 때문이다. 그러나 이러한 평가 방식이 계속 적용되면 학생은 사고 과정, 문제 해결 과정의 타당성보다 정·오답 여부에만 신경을 쓰기 때문에 학생의 수학적 사고 능력, 문제 해결력은 향상되지 못한다. 또 교사는 학생 개개인이 지닌 사고 과정의 결함을 알 수 없기 때문에 그러한 결함들이 발견, 치유되기 어렵다. 교사 역시 자신의 교육 방법을 반성해 가면서 학생을 지도할 기회를 갖기 어렵다.

현재 우리의 수학교육에서 진단 평가와 형성 평가를 제대로 실시하지 못하고 있다. 과정을 중요시하는 평가는 진단 평가와 형성 평가의 역할을 강조하는 것이다. 수학 창의성을 위해서는 단답형과 다지선다형 이외의 지필 검사(서술형, 다단계 다지선다형 검사), 구두 검사, 프로젝트 결과 보고서, 관찰 및 면담, 포트폴리오 등의 다양한 평가 기법을 사용하여야 한다.

(4) 지필 검사를 포함하여 다양한 평가 방법을 활용해야 한다.

수학과의 경우 지금까지도 지필 검사가 유일한 평가 방법으로 간주되어 오고 있다. 이것은 실험을 통한 연구 보고서, 현장 답사를 통한 관찰 보고서, 교사의 행동 관찰 결과 등이 평가에 반영되는 과학, 사회 등의 교과와는 매우 다르다. 이의 이유는 수학이 과학, 사회 교과와는 다른 특성을 지니고 있기 때문일 수도 있으며, 수학에서는 지필 검사만으로도 학생들의 수학적 능력을 충분히 평가할 수 있다는 인식 때문일 수도 있다.

그러나 수학이 과학, 사회와는 다른 특성을 지니고 있다고 하더라도, 수학적 능력

역시 다양한 평가 방식을 통해서만 바르게 평가될 수 있다. 예를 들면, Charles 등(1987)은 비형식적 관찰과 질문, 구조화된 면담지, 학생의 자기 보고서, 지필 검사, 행동 척도 검사지 등을 수학 문제 해결력을 평가하는 방법으로 제시하고 있다.

수학적 사고 능력의 종류는 다양하다. 또 수학적 사고 능력은 인지적 영역뿐만 아니라 정의적 영역도 포함한다. 수학 내용의 범위도 다양하며, 수학적 과제의 종류도 다양하다. 지필 검사만으로는 다양한 상황에서 다양하게 표현되는 수학적 능력을 종합적으로 바르게 평가할 수 없다. 수학과에서 다양한 평가 방법이 사용되지 못하는 주된 이유는 교사에게 주는 부담, 다양한 평가 방법을 활용할 수 있는 다양한 형태의 수업을 하는데 교사가 익숙지 못함 등이다. 이제까지의 일상적인 수업 방법을 탈피하여 학생들의 수학적 사고력, 창의력을 자극하는 새로운 수업 방법을 적용하여 학생들이 평가를 하는 동안에도 창의적인 즐거움을 맛보게 하고, 그런 평가의 방향이 전체적인 학습의 방향에도 영향을 주게 할 필요가 있다.

(5) 인지적 영역뿐만 아니라 정의적 영역에서의 능력도 평가해야 한다.

대부분의 수학과에서의 평가뿐만 아니라 학교에서 수행되는 일반적인 평가에서 소홀히 되는 것이 정의적 영역에서의 평가라 할 수 있다. 수학에서의 정의적 영역은 수학적 성향과 같은 의미를 지닌다. 수학적 성향의 평가는 수학적 지식, 기능의 평가에 못지않게 중요한 것이다. 수학적 성향의 평가에서 반영되어야 하는 것은 아이디어를 교환하고 추론하는데 대한 자신감, 문제해결에서 수학적 아이디어를 탐구하고 다른 방법을 찾으려는 융통성, 수학적 과제를 꾸준히 수행하려는 의지, 수학을 하는데 대한 관심, 호기심, 자신의 생각과 자신이 수행한 것을 모니터링하고 반성하려는 경향, 다른 교과와 일상의 경험에서 수학을 적용하는 것의 가치를 존중하는 마음, 문화에서의 수학의 역할과, 도구와 언어로서의 수학의 가치에 대한 이해 등이다. 이런 의미에서 본다면, 수학적 성향은 수학을 좋아하는 것 이상의 의미를 지닌다.

수학적 성향은 수학적 사고력을 구성하는 중요한 요인이다. 학생이 가지는 수학적 성향은 그가 수학에 계속적으로 관심을 갖고 공부를 하며, 높은 성취를 이룰 수 있을 것인지를 판단하게 하는 중요한 준거가 된다. 영재성을 연구하는 여러 학자들이 영재성을 구성하는 중요한 한 요소로 간주하는 것이 과제 집착력이다. 예를 들면, 유명한 영재 학자인 Renzulli(1985)는 영재성의 구성 요인으로 평균 이상의 일반 지적 능력, 창의성, 과제 집착력을 제시하고 있다. 과제 집착력은 과제에 대한 성향, 즉 흥미와 동기, 태도, 의지 등을 의미하는 것이며, 과제에 대한 긍정적인 성향이 없을 때에는 나타나지 않는다. 많은 학생들이 수학은 어려운 학문이며, 잘 할 수가 없다는 불안감을 지니고 있으며, 수학에 대한 이와 같은 자신감의 결여는, 그들이 수학적 사고를 할 수 있는 지적인 능력을 지녔음에도 불구하고, 수학적 사고의 장애 요인이 되고 있다. 정의적 영역에서의 평가는 이와 같은 수학에 대한 불안감, 자신감의 결여를 치료하는데 도움을 준다.

수학과의 정의적 영역에서의 평가가 제대로 이루어지고 있지 않은 이유는 다인수 학급, 평가에서의 주관성과 교사의 주관적 판단을 중요하게 여기지 않고 신뢰하지 못하는 분위기, 평가 상의 번거로움, 교사들의 쉽게 이용할 수 있는 평가 도구나 자료의 부족 등이다. 교사의 주관적 판단의 중요성을 인식하고 그것을 신뢰하며, 평가 상의 번거로움을 최소화하고, 교사들이 손쉽게 이용할 수 있는 평가도구나 자료를 만들어 제공한다면, 학생들의 창의성 신장을 돕는 정의적 영역에 대한 평가도 좀 더 활성화될 수 있을 것이다.

(6) 학생 스스로 자신을 평가할 수 있는 기회를 부여해야 한다.

전통적인 관점에서의 평가는 교사가 학생을 평가하는 것이었다. 학생이 자신의 성취를 평가할 수 있는 기회는 부여되지 않았다. 학생은 자신의 문제해결 과정과 결과에서의 잘된 점, 잘못된 점을 스스로 평가하는 과정을 통해서 자신의 부족한 점을 확실히 이해하게 된다. 이러한 이해는 이후의 학습과 문제해결에 많은 도움을 제공한다. 또한 교사는 이러한 평가 결과를 분석함으로서 학생의 상태를 보다 정확하게 이해할 수 있다. 학생 자신의 평가는 수업 중에 교사가 중요한 학습 내용을 가르치고 이와 관련된 문제를 학생이 풀어 본 후에 할 수도 있고, 하나의 주제나 단원의 내용을 학습한 후에 할 수도 있고, 특별한 과제나 프로젝트를 수행한 후에 할 수도 있다.

그리고 창의성을 평가하는 어떤 평가도구도 개인의 창의성을 형성하는 인지적 특성, 정서적 특성, 사회적 특성, 문화적 특성을 모두 설명할 수는 없으므로 다음과 같은 점에 유의할 필요가 있다.

첫째, 학생들의 창의적 사고를 자극할 수 있는 풍부한 문제를 제시할 필요가 있다. 학생들은 자극이 풍부한 환경에서 유창한 반응을 만들어 내게 된다. 이는 또한 학생들의 학습과 수업에 참여도에 있어서도 긍정적인 반응을 하도록 유도 할 수 있다.

둘째, 문항을 지시하는 진술이 중요하다. 학생들이 무엇을 묻고 있는지 정확하게 이해 할 수 있을 때, 평가자가 원하는 반응을 더 많이 할 가능성이 많아진다. 따라서 가능한 학생들의 수준에 친숙한 상황이나 진술로 문항을 제시해 줄 필요가 있다. 또한 문제의 제시 형태도 중요하다. 지필, 구술 등의 다양한 형태에 따라서 다양하게 반응하는 학생들이 있다. 따라서 제시 형태도 다양화할 필요가 있다.

셋째, 독창성의 측정에 유의할 필요가 있다. 유창성은 다른 창의 요소에 비하여 간편하게 채점이 가능할 수 있으나 독창성을 측정하는 것은 쉽지 않을 수 있다. 채점자는 미리 정해 놓은 채점의 기준을 참고할 수 가채점을 통하여 다양한 반응에 대한 감각을 가질 필요가 있다.

Sheffield(2006)는 수학 창의성을 평가하기 위한 다음과 같이 4단계로 나누어서 채점 기준을 제시하였다. 〈표 11〉 참고

〈표 11〉 창의적인 수학자와 같은 사고를 기르기 위한 채점기준

평가 요소	1 초보자(못함)	2 훈련중인 사람(보통)	3 능숙한 사람(잘함)	4 특출한 사람(매우잘함)
심층적인 이해	다소 혹은 전혀 이해하지 못함	부분적인 이해; 사소한 오류	훌륭한 이해(good understanding); 수학적으로 정확	심층적 이해; 매우 발달된 사고
유창성	하나의 잘못된, 전략이나 방법	입증된 전략이나 방법으로 최소한 하나의 적절한 해결	동일한 전략이나 방법을 사용할여 최소한 두 개의 정답	동일한 전략이나 방법을 사용하며, 다수의 적절한 해결
융통성	어떠한 방법도 제시 못함	최소한 하나의 방법(모든 그래프, 모든 대수적 방정식 등)	최소한 두 개의 해결 방법(기하적, 그래픽, 대수적, 물리적 모델링)	세 개 혹은 그 이상의 해결(기하적, 그래픽, 대수적, 물리적 모델링)
독창성	방법은 다양하지만 해결에 이르지 못함	방법이 해결에 이르지만 매우 평범함	소수 학생들에 의해 사용된 특이하고 실행 가능한 방법 또는 특별한 해결	단지 한 명 또는 두 명의 학생들에 의해 사용된 유일하고 통찰력있는 방법이나 해결
정교성 또는 세련미	거의 혹은 전혀 적절치 못한 설명 제시	설명은 이해할 수 있지만 명확하지 못한 부분이 있음	정확한 수학적 용어를 사용한 명확한 설명	그래프, 챠트, 모델 또는 방정식을 사용하여 명확하며 간결하고 정밀한 설명

일반화 와 추론	어떠한 일반화도 형성하지 못하거나 부정확하며 추론 또한 명확하지 못함	최소한 한 개의 일반화가 이루어짐; 그러나 명확한 추론에 의해 뒷받침하지 못함	최소한 한 개의 잘 형성된, 지지되는 일반화 혹은 한개 이상의 정확하지만 지지되지 않는 일반화	근거에 의해 뒷받침되는 일반화; 명확한 추론
확장성	어떠한 수학적 질문도 탐구되지 못함	최소한 한 개의 수학적 질문이 적절하게 탐구됨	하나의 관련된 질문이 깊이있게 탐구되거나 혹은 한개 이상의 적절한 질문이 탐구됨	관련된 한 개 이상의 질문이 깊이있게 탐구됨

다음은 각 수학 창의성 영역별 배점을 하는 방법에 대하여 김부윤, 김철언, 이지성(2009)은 유창성에 대한 점수는 정답의 개수로, 유연성 또는 융통성에 대한 점수는 범주의 개수로, 독창성에 대한 점수는 독창적인 것으로 분류된 반응의 수로, 정교성에 대한 점수는 정확한 수학적 표현으로 이루어진 정답의 개수로 채점을 하였다. 김선희(2005)는 수학에서의 창의적 산출물에 대한 전체적인 평가에 대한 기준을 제시하였다.

수학 창의성을 평가하기 위하여 교사의 창의적이고 다양한 기법이 요구된다. 그리고 이를 평가하기 위해서는 학생의 수학 문제를 해결해 가는 과정 평가와 산출물 평가를 포함할 필요가 있다. 이는 면담, 관찰, 학생 자기 평가와 동료 평가, 반성적 저널쓰기, 과제를 해 나가면서 자기의 사고 과정을 설명하는 기법, 프로젝트 결과물, 포트폴리오 등을 활용할 수 있다.

2) 수학적 창의력 평가의 사례

다음은 수학 창의성의 평가와 관련한 두 가지 평가의 예이다.

예시

1. 다음과 같이 길이 1cm간격의 모눈종이가 있다.

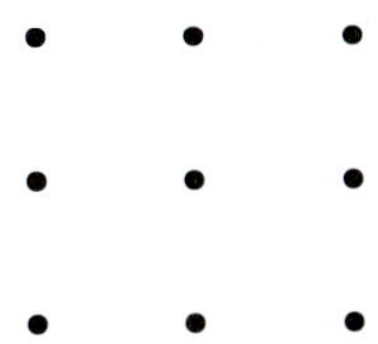

여기에 각 점들을 지나는 도형을 그려 넣어 넓이가 2cm2인 도형을 가능한 많이 그려 보시오. (도형의 꼭짓점은 모눈종이의 격자점과 동일해야 하며 다양한 모양의 도형에 대하여 각각 점수가 주어지며, 회전하거나, 이동하여 겹치는 도형은 모양이 같은 도형으로 취급합니다.)

[답안 및 채점기준]

[유창성 영역]

1-2개 발견	– 1점
2-3개 발견	– 2점
4-5개 발견	– 3점
6-7개 발견	– 4점
8개 이상 발견	– 5점

[독창성 영역]

단순 볼록 다각형 또는 오목 다각형 사용	– 0-1점
이등분의 사용 유형	– 1-2점
곡선의 사용	– 2-3점

[유의점]

제시한 도형들보다 다양한 도형들도 만들어 질 수 있으므로 유연하게 채점할 필요가 있다.

수학적 창의력 검사지(변은진, 2001)

【넓이가 2인 도형 만들기】

반응 범주	반응	독창성 점수
Ⅰ. 볼록다각형 모양	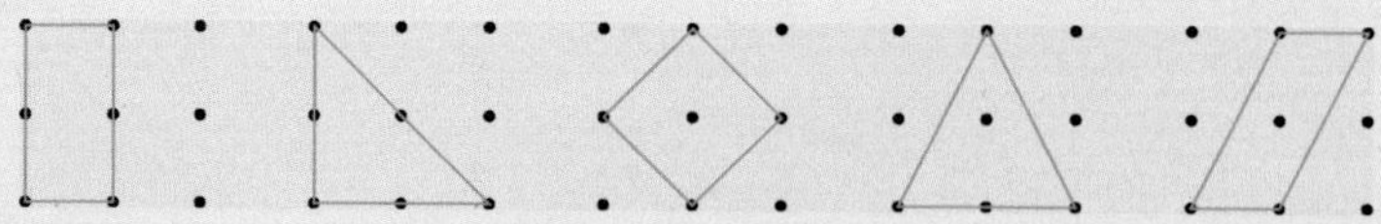	0
	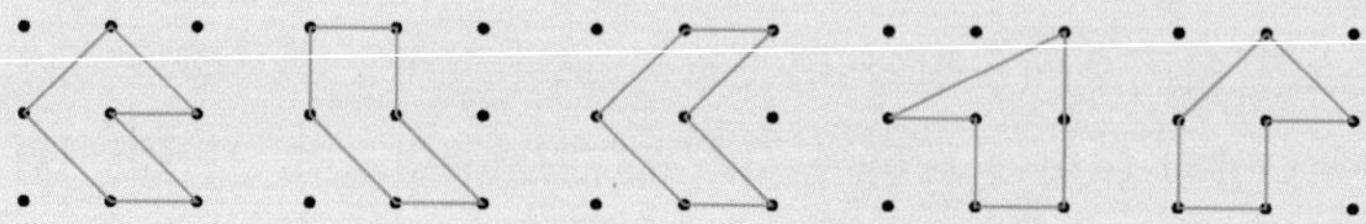	0
	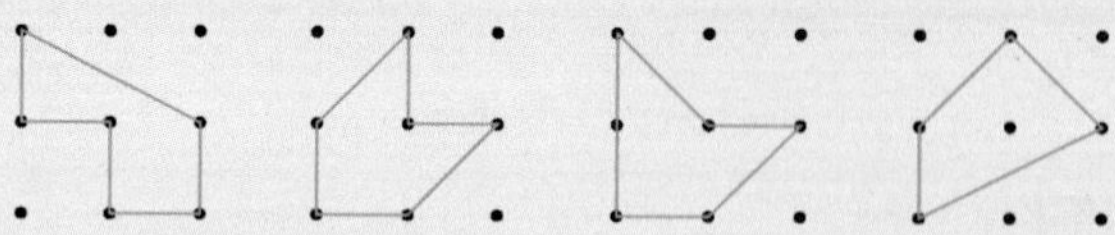	0
Ⅱ. 오목다각형 모양	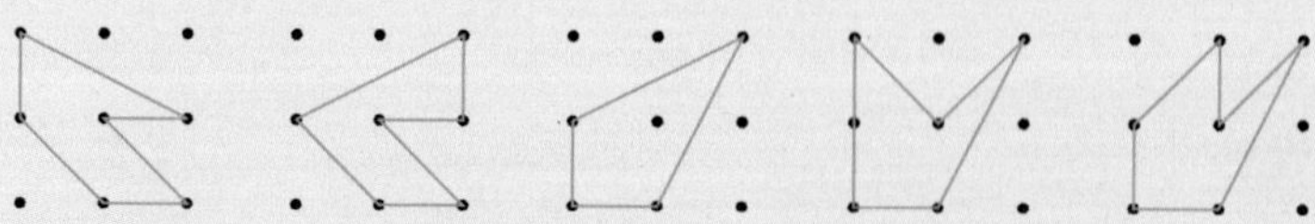	1
	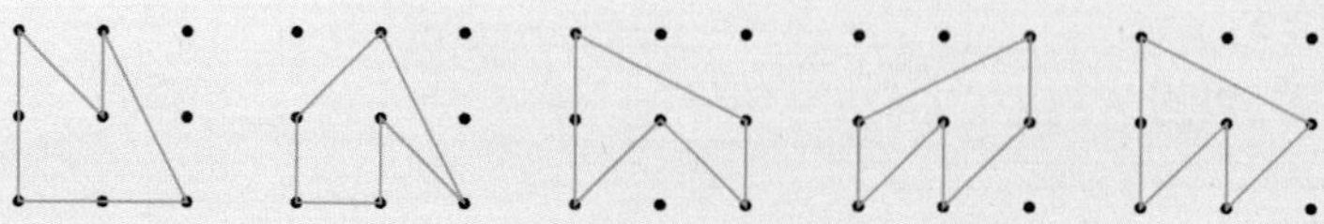	1
Ⅲ. 중점 이용	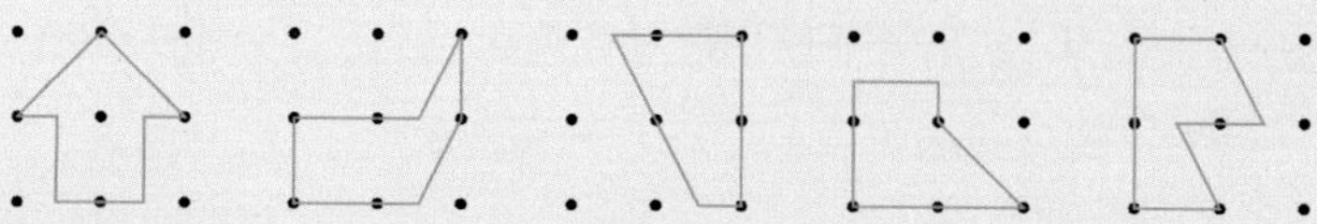	2
	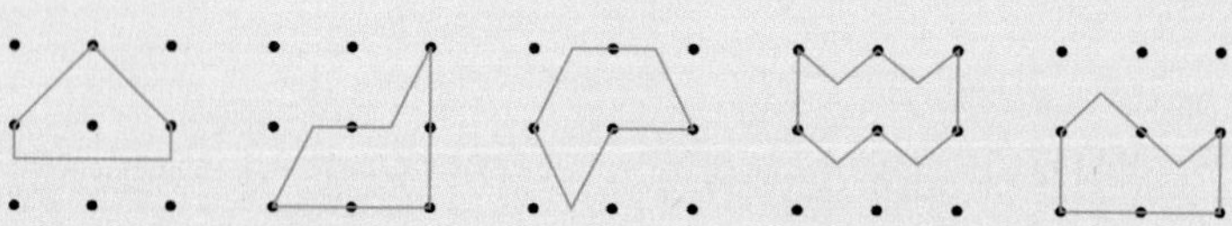	

반응 범주	반응	독창성 점수
Ⅲ. 중점 이용	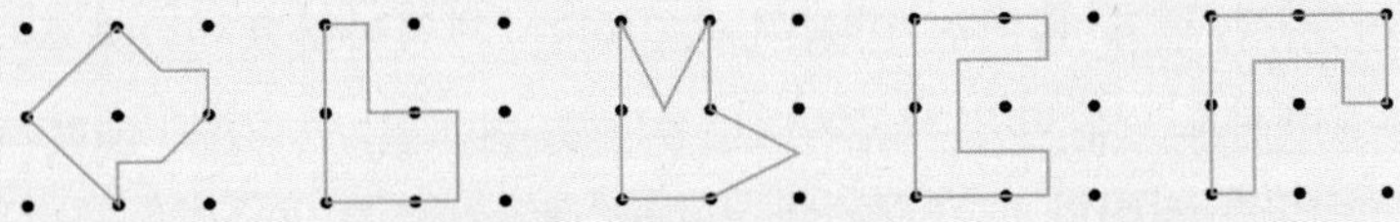	2
	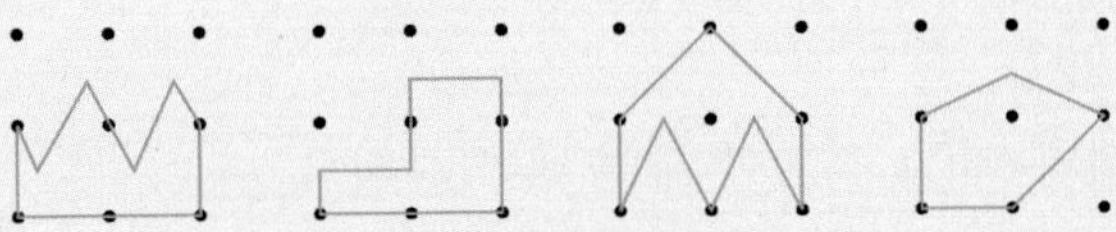	
Ⅳ. 곡선 사용	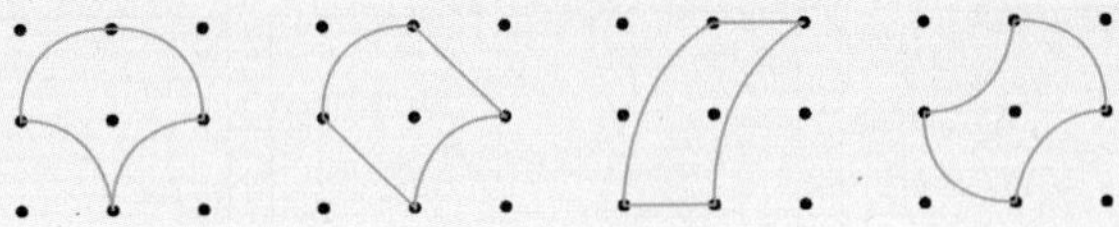	3
	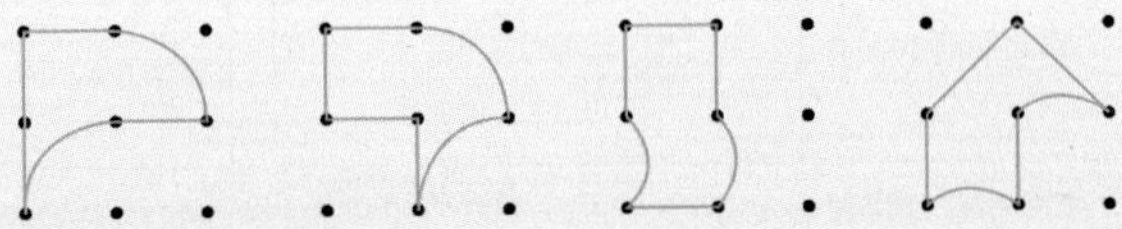	
	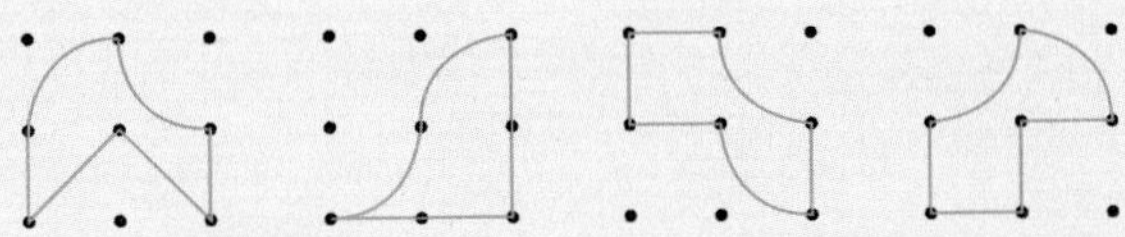	
	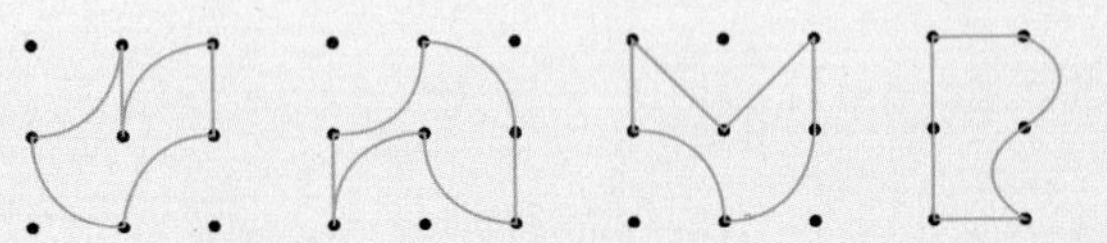	
	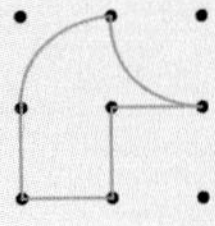	

예시

2. 다음은 A, B, C 학생이 구슬 던지기를 하여 구슬이 놓인 그림이다. 5개의 구슬이 가장 적게 흩어진 학생이 승리하는 게임이라고 할 때 누가 승리자인지 정하시오. 세 학생의 흩어진 정도를 비교할 수 있는 좋은 수치가 있으면 편리할 것이다. 다양한 관점에서 생각해보고 흩어진 정도를 수치화할 수 있는 방법을 항목화된 문장으로 나타내어보시오(Becker, & Shimada, 1997).
주어진 문제의 가장 적합한 답을 찾아보시오.

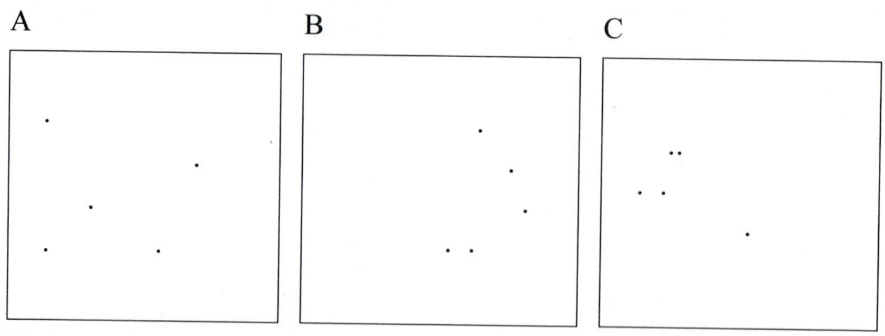

(평가 예시)

A11	두 점 사이의 길이의 최대, 최소
A12	5개의 점을 잇는 도형의 둘레
A13	5개의 점 사이의 길이의 모든 합
A21	5개의 점을 덮는 사각형의 넓이의 최솟값
A22	5개의 점을 덮는 원의 넓이의 최솟값
A23	5개의 점으로부터 만들어지는 삼각형의 넓이의 합

4.3 평가 도구의 조건

평가를 정확히 하지 않으면 평가의 결과에 대한 활용은 별 의미가 없게 된다. 그러므로 교사는 지도하는 학생들의 학력을 가능한 정확히 측정하기 위하여 다양한 평가도구와 기법을 사용해야한다. 지필평가의 경우 검사문항, 채점기준, 성적표 관리 등의 관리도 중요하다. 일반적으로 평가의 관심이나 초점이 어디에 있느냐에 따라서 평가의 내용과 방법을 설정하고 구채적인 채점 방법과 결과활용을 고려할 필요가 있다. 이 부분에서는 평가도구가 가져야 할 기본 조건과 그에 따른 유의점과 평가 과정에 따라서 평가도구의 선택과 활용 방법에 대하여 알아보도록 한다.

평가를 바르게 하려면 평가의 도구를 잘 선택하여야 한다. 평가도구의 조건으로 일반적으로 타당성, 신뢰성, 객관성, 포괄성, 효율성, 변별도, 편리성, 관리성 등이 있다.

1. 타당성

평가의 타당성(validity)은 평가 내용이나 도구가 측정하고자 하는 목표를 어느 정도 정확하게 측정할 수 있느냐의 정도를 의미한다. '이 평가를 통해서 실제로 측정하려는 것은 무엇이냐?', 또는 '이 평가는 어떤 능력이나 특성을 측정하려는 것인가?' 등과 관련된다. 예를 들어서, 수학 주관식 평가에서 글씨체가 좋지 않다고 하여 감점을 한다면 수학에 대한 학력을 측정하려는 본래 목적인 측정의 타당성을 떨어뜨리게 된다.

따라서 타당성을 높이기 위한 노력이 필요한데 타당도를 높이기 위해서는 분명한 평가 목표, 평가 내용, 곤란도, 적절한 평가도구 등을 고려해야 한다. 평가목표는 지도된 내용을 고루 포함해야 하므로 평가목표와 지도목표는 같은 의미로 받아들일 수 있다. 따라서 학습목표에 부합하도록 하는 평가문항을 설정할 필요가 있다. 그런데 수업 목표에 평가문항을 부합하고자 하는 경우에 세심한 주의를 기울여야 하는데 수업의 목표가 마름모의 성질을 이해하는데 있는데 마름모를 응용하여 문제를 해결하도록 평가문항의 목표가 설정되어 있다면 평가의 타당도가 떨어지게 된다.

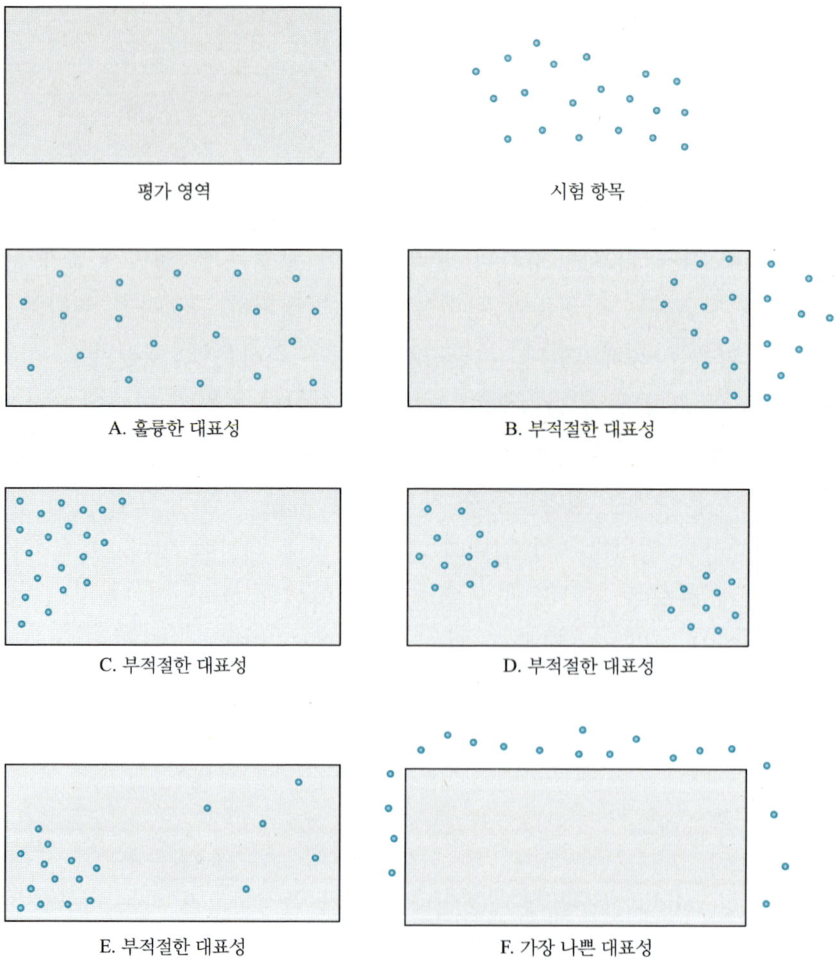

그림 2 평가 영역에서 시험 항목이 대표성을 나타낸 예(Popham, 2006, p.44)

타당성을 높이기 위하여 다음과 같은 질문을 할 수 있다.

- 목표: 평가의 목표가 학습지도 목표에서 볼 때 적절한가?
- 내용: 문제의 내용이 교육과정이나 교과서 등에서 볼 때 타당한가?
- 곤란도: 문제가 지나치게 어렵거나 지나치게 쉽지 않은가?
- 변별도: 각 문제들이 개인차를 분별할 수 있는가?

평가 영역에서 각 시험 항목의 대표성도 중요한데 이를 다음과 같은 그림으로 나타낼 수 있다. 즉, 타당도가 높은 평가를 하려면 그림에서 '훌륭한 대표성'의 경우처럼 평가 영역 전체에서 골고루 평가 항목을 뽑아서 실시할 필요가 있다.

다음의 두 가지는 평가 문항이 평가 내용을 적절하게 대표하는가와 평가의 목표와 일치하는가에 대한 예이다.

다음은 평가 문항의 평가 내용을 적절하게 대표하고 있는가에 대한 예이다(강완 외, 2009).

- 평가문항: 7로 나누었을 때 나머지가 되는 수를 쓰시오.
- 출제자의 예상: 0, 1, 2, 3, 4, 5, 6
- 학생의 답안: 1, 2, 3, 4, 5, 6

평가 문항은 수업의 목표를 적절하게 대표할 수 있어야 한다. 위의 예는 3학년 나눗셈 단원에서 '나누어 떨어진다'는 것의 의미를 학습한 후에 묻는 문항이다. 학생들의 경우 7로 나누었을 때 0을 제외한 1에서 6까지로 답을 하였다. 그리고 7로 나누었을 때 0을 포함한 7보다 작은 자연수가 나머지가 된다는 사실을 알고 있으면 '나머지가 있는 나눗셈을 할 수 있고 나머지를 구할 수 있다'는 수업의 목표와는 동떨어진 문항이라고 할 수 있다. 즉, 나머지가 있는 나눗셈을 전혀 하지 못하는 학생들이라도 나머지는 0을 포함한 나누는 수보다 작은 자연수가 됨을 외우고 보았다면 정답을 제시할 수 있다. 따라서 문항을 출제할 때 대표성을 적절히 나타낼 수 있는 문항이 되도록 해야 한다.

또한, 평가 문항이 학습 목표와 일치하고 적절한 곤란도를 가지고 있어야 한다. 곤란도가 너무 높거나 낮은 문항은 타당도가 낮은 평가문항이라고 볼 수 있다(남승인 외, 2009). 예를 들어, 측정능력을 평가함에 있어서 다음과 같은 문항은 타당도가 매우 낮은 문제라고 할 수 있을 것이다. 흔히 6학년 교과서는 볼 수 있는 문제로 이와 같은 문제는 '여러 가지 도형의 넓이를 이해하고 구할 수 있다'는 측정교육의 목표와는 거리가 있는 문제이다. 왜냐하면, 직사각형이나 원 넓이를 구하는 공식을 기억하고 곱셈 능력만 있으면 문제를 해결할 수 있기 때문이다.

- 다음 도형의 넓이를 구하시오.

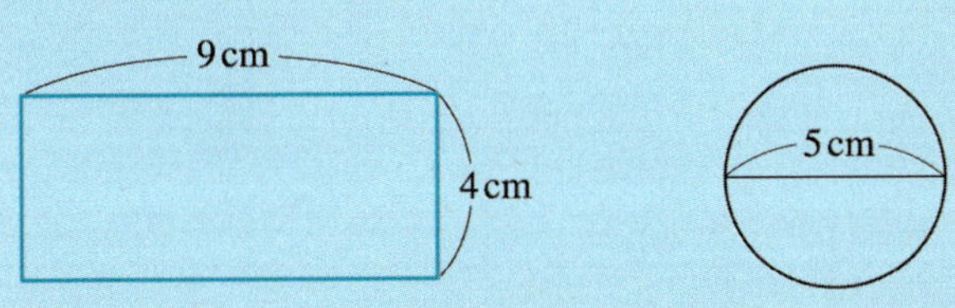

이와 같이 평가 문항의 타당도를 높이려면 문항을 출제하면서 교사는 학생들이 어떤 반응을 할 것인지를 가능한 정확히 예측하여 의도에 맞게 구성해야만 한다.

2. 신뢰성

신뢰성(reliability)이란 동일한 대상, 또는 동질집단이 같은 도구로 측정을 받을 때 얻어지는 일관성의 정도(degree of consistency)를 말한다. 즉, 측정하려는 것을 얼마나 안정적으로 일관성 있게 측정하느냐와 검사도구가 얼마나 정확하게 오차 없이 측정하느냐 하는 문제라고 할 수 있는데 언제, 어디서, 누구를 대상으로 검사를 하더라도 동일한 검사결과를 보장받을 수 있어야 한다. 예를 들어, 온도에 따라서 팽창도가 큰 플라스틱 자는 길이를 재는데 신뢰도가 낮다고 할 수 있다.

신뢰도를 높이기 위해서는 학습한 수학 내용의 범위에서 평가 문항을 고르게 출제하여야 하고 난이도도 유사해야 한다. 그리고 같은 내용에 대한 평가 문항의 형태를 가능한 다양하게 만들 필요가 있다. 평가의 외부 환경과 관련이 깊으므로 신뢰도를 높이기 위해서는 평가 대상, 시기 및 시간, 장소, 감독, 채점에 이르기까지 동일한 요건을 갖추었을 때 신뢰도를 높일 수 있다.

신뢰성을 높이기 위하여 다음의 방법을 고려할 수 있다.

- 채점의 객관성을 높인다.
- 문제를 택할 때 타당성이 높은 문제를 택한다.
- 문제의 의미가 일의적으로 해석되도록 명료하게 해야 한다.

다음은 평가문항의 명료성과 관련된 문항이다.

- 평가문항: 다음 도형의 이름을 쓰시오. (   )

- 출제자의 예상: 직사각형 ㄱㄴㄷㄹ
- 학생의 답안: 직사각형

문항의 신뢰성을 높이려면 문항이 묻는 바를 학생이 명확히 이해하여 답을 하도록 하여야 한다. 제시한 문제는 4학년 학생에게 직사각형의 의미와 읽기 방법을 학습한 후에 직사각형을 바르게 나타낼 수 있는지를 묻는 문항이다. 그런데 학생들은 출제자의 의도와는 다르게 답을 할 수 있다. 문항의 의도가 명료하지 않을 경우에는 학생들이 알고 있는 경우라도 정확한 답변을 얻어낼 수가 없으므로 문항의 신뢰도가 낮아질 수 있다.

3. 객관성

평가의 객관성(objectivity)이란 쉽게 말해서 여러 명의 채점자가 채점을 하는 경우 상호간에 측정치의 상호 유사성의 정도를 말한다. 그런데 객관도는 한 사람이 평가시기를 달리하여 서로 얼마나 일치 하는가의 경우도 포함한다. 평가에 있어서 객관도를 높이려면 측정 결과에 대해 검사자 사이, 또는 채점자 사이에 누가 채점하여도 동일한 판단을 할 수 있도록 하여야 한다. 일반적으로 객관도는 누가 채점을 하더라도 같은 수치를 얻게 되므로 객관성의 문제가 되지 않지만 주관식 시험과 같은 경우 평가된 결과를 채점하는 과정에서 문제가 된다. 검사의 객관도를 높이기 위한 방법으로 그 동안 주관식 검사를 객관식 검사로 바꾸는 방법과 검사 자체를 표준화시키는 방법이 논의되어 왔으나 평가가 학습을 정상화해야 한다는 측면의 강조로 서술형의 비중이 점차 강조됨에 따라 서술형 평가의 채점의 준거를 단계별로 세분화· 하여 객관도를 높이려는 노력을 하고 있다. 그 한 가지 방법으로 실제 평가 문항을 제작하기 전에 미리 준비한 기준에 따라서 여러 사람이 동일한 답안을 평가하여 그 결과의 일치도를 비교하여 일치의 정도를 높이는 반복적인 수정작업을 하는 것이다.

다음 문항은 채점 기준이나 모범답안을 얼마나 명료하게 구성하였는가에 대한 예시 문항이다(강완 외, 2009, p. 341).

- 평가문항:
  $1+3=2\times2=4$
  $1+3+5=3\times3=9$
  위의 풀이 과정을 보고, 다음을 풀이 과정을 써서 구하시오.
  $1+3+5+7+9+11+13+15+17$은?
- 출제자의 예상: 규칙을 발견하여 $9\times9=81$로 유추하여 간단히 구한다.
- 학생의 답안: $1+3+5+$, … $+15+17$과 같이 모두 더하여 구한다.
  1, 3, 5, 7, 9, 11, 13, 15, 17의 맨 끝 수 1과 17을 더하면 18이고, $18\times5+11=81$이다.

평가문항은 채점 기준이 명확하게 정해져 있어야 일관성 있게 채점을 할 수 있다. 제시한 문제의 경우 출제자는 학생들이 규칙성을 발견하여 유추함으로써 간단히 계산해 내도록 의도하였다. 그러나 학생들의 반응은 다양하게 나올 수 있다. 출제자는 이에 대한 반응을 가능한 다양하게 예상하여 각 경우에 어떻게 채점을 할 것인지 기준을 제시해 주어야 한다. 그리고 가능하다면 학생들에게도 어떤 기준에 의하여 채점을 할 것인지 그리고 어느 부분의 배점이 큰비 등에 대한 안내를 해 주어 학생들이 평가의 초점을 알고 답안을 작성할 수 있도록 해야 한다. 각 문항 당 배점을 밝혀 주는 것도 한 예라고 할 수 있다. 채점 기준이나 평가의 의도를 미리 밝혀 주는 것은 평가자의 의도를 드러내는 것이며, 평가할 부분에 대한 정보 수집과 수집한 정보의 객관성을 보다 더 확보할 수 있게 한다. 그러나 아무리 출제자가 예상을 한다고 하더라도 응시자의 모든 반응을 예상하는 것은 거의 불가능하여 예기치 못한 답안을 만나게 된다. 이것은 곧 차후에서의 수업에 좋은 정보가 된다. 이런 경우를 최대한 줄이기 위하여 본 채점 전에 가채점 등을 하여 채점 기준을 조정하거나 채점과정에서 예상치 못한 답안을 만나는 경우 추가적인 준거를 마련하여 사용할 수 있다.

4. 포괄성

평가의 포괄성이란 교수목표 달성 여부를 파악할 수 있도록 가능한 모든 학습한 내용 전반에 걸쳐서 골고루 문항들이 묻고 있는가의 정도를 일컫는 말이다. 문할 수는 이를 다룰 수 있을만큼 충분해야 하고, 각 문항의 가중치 또는 배점은 각 목표의 중요성에 따라 달라질 수 있다. 출제한 문항들은 교육목표에 포함된 내용이나 행동을 골고루 표집한 것이어야 한다. 예를 들어, 사고력을 보기 위한 것이라면 문제이해력, 가설 설정력, 자료 수집력, 가정 검증력, 자료 분석력, 응용력 등에 대한 다양한 부분을 고려하여 문항을 작성하여야 한다. 포괄성을 높이려면 다양한 문항 형태로 가능한 많은 내용을 다룰 수 있도록 풍부한 문항을 포함해야 한다.

5. 실용성

평가의 실용성(효율성)(usability 또는 utility)은 문제 작성에서의 시간이나 노력을 포함하지만 일반적으로는 모든 평가와 채점 작업이 완료된 상태에서 그 정보를 어떻게 학생 지도에 활용할 것인가의 문제이다. 이는 교사에 따라서 다양하게 활용될 수 있다. 평가의 결과가 학생들 사이의 상대적인 위치에 대한 정보만으로 활용한다면 최소한의 효율성을 갖게 된다. 아무리 타당도와 신뢰도다 높은 시험 문제라도 실용도가 낮으면 쓸모없는 시험문항이 된다. 평가 자료를 분석하여 과거 교사의 학습지도의 잘못을 반성하며 새로운 지도전략을 세울 수도 있고, 평균치, 표준편차 등을 산출하여 학생들의 집중 경향이나 산포도를 살펴 일반적 지도 대책을 세울 수도 있다. 이러한 실용도 높은 평가를 하기 위해서는 평가실시의 용이성, 채점의 용이성, 통계적 이해의 용이성, 평가비용을 생각하지 않으면 안 된다. 실기평가의 경우는 시행의 용이성과 결과 해석의 용이성을 그리고 관찰이나 면담의 경우는 결과 해석의 용이성에 대해서 명료한 기준과 교육적 가치에 대한 고려가 필요하다. 따라서 수학교육에서 평가를 학습 후의 정보 확보에 대한 것으로만 보지 않고, 학습과 지도를 서로 상보적인 관계로 보고 서로 상보적으로 도울 때, 차후의 학습을 위한 최대한의 효용성을 높이도록 할 수 있다.

6. 변별도

평가의 변별도(discriminability)란 신뢰도와 관계되는 것으로 문제가 피험자들 사이의 목표달성의 차이를 일컫는 말이다. 즉, 능력이 뛰어난 학생이 특정 문항에 대하여 높은 성취도를 나타내면 그 문항의 변별도는 높아지게 된다. 변별도를 높이기 위해서는 문항의 수가 일정 이상이 되어야 한다. 그리고 문항을 잘못 이해하거나 단순한 실수에 의하여 오류를 일으킬 여지를 가능한 제거해 주어야 한다. 즉, 본래의 수학적인 능력이 있는 학생은 맞추고 그렇지 못한 학생은 맞추지 못하도록 나들어야 변별도가 높아지게 된다.

7. 편리성

평가가 아무리 타당성이 띄어나고 신뢰성과 객관성을 가지고 있다고 하더라도 평가 도구의 제작과 실시가 편리하여야 한다. 평가의 도구가 평가자나 피평가자에게 불편한 경우에 다른 요인들이 뛰어나다고 할지라도 이 평가 방법을 사용하는데 주저하게 만들게 된다. 이미 제작된 평가도구의 경우 각 경우의 교사나 학생들에게 적절하게 않을 수 있다. 따라서 교사는 자시의 수업과 부합하는 일관된 좋은 평가 도구를 선택하여 수정 보완하거나 스스로 제작하여 사용하려는 노력을 계속해야 할 것이다. 행정가들은 교사의 이런 노력, 시간, 경비를 줄이면서 평가도구를 편리하게 개발하도록 전폭적이고 체계적이면서 지속적인 지원을 할 필요가 있다.

4.4 서술형 평가의 제작 및 채점 방법

서술형 평가 문항은 주관형 평가 문항의 일부이지만 최근의 서술형 평가에 대한 강조로 이 부분에서는 서술형 평가 문항 제작 절차와 채점 과정에 대하여 간략히 살펴본다. 서술형 문항의 제작은 다음 그림과 같이 생각할 수 있다(서술형 평가 길라잡이, 서울특별시교육청, 2010; 서울교육정보원, 2010).

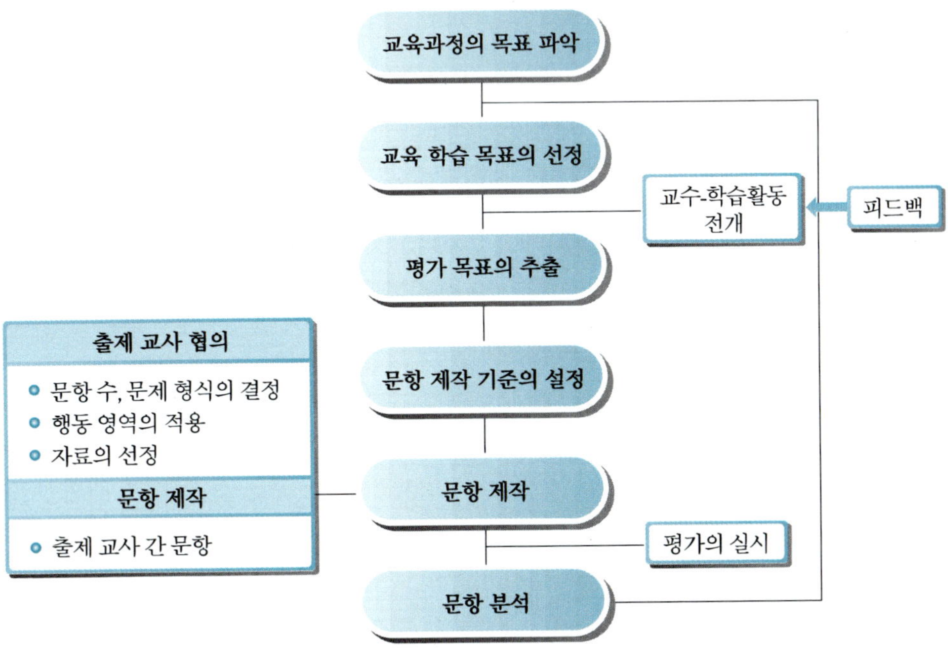

그림 3 서술형 평가 문항 채점 과정

어느 평가든 학교에서 이루어지는 평가는 교육과정의 목표와 내용에 입각하여 해당 교수학습 목표와 내용을 기반으로 출제가 이루어져야 한다. 이에 따라서 평가 목표를 추출하고 문항 제작 기준을 설정하여 문항을 제작한다. 이때 출제 교사들이 협의하여 문항 수나 출제 형식 등을 논의하여 문항을 제작한다. 평가를 실시한 후에는 문항의 분석 자료를 만들고 교수학습의 자료로 활용하고 평가의 기록으로 보관한다.

답안지 검토	◦ 채점 전 학생의 응답 확인
예비채점	◦ 예비 채점을 통해 추가할 답안과 채점기준 조정
채점 기준 및 유사답안 확정	◦ 채점기준 확정 ◦ 유사 답안에 대한 추가
공동·교차 채점	◦ 같은 장소에서 공동 채점 또는 상호 교차 채점
평가 결과 공개 및 이의 신청	◦ 평가 결과의 공개 ◦ 학생의 이의 신청 접수
이의 신청 처리 및 채점완료	◦ 이의 신청 처리 ◦ 채점 완료 및 피드백

그림 4 서술형 평가 문항 채점 과정

서술형 평가에서는 채점이 가장 중요한 부분 중의 하나이다. 교사는 가능한 객관적이고 공정하게 채점할 수 있는 방안을 마련할 필요가 있다. 다음은 서술형 문항의 채점과정이다(서울교육정보원, 2010).

답안지를 회수한 후에는 답안지의 매수나 전체적인 반응에 대한 검토를 한다. 이때 본격적인 채점에 들어가기 전에 일부분에 대하여 예비채점을 통하여 필요한 경우 채점기준에 추가하거나 수정 보완한다. 그리고 교차 채점을 통하여 객관성을 높이도록 한다. 평가 결과를 학생에게 공개한 후 이의 신청을 받고 이의신청에 대하여 처리를 하고 채점을 완료하게 된다.

이와 같이 학생의 능력을 다양한 측면에서 측정하고자 할 때 중요한 것은 채점하는 방법이다. 평가할 때, 학생들도 평가기준을 알 수 있도록 하여 그에 맞추어 과제의 수행 수준을 높이도록 한다. 이는 학생들을 채점표 작성과 학생들을 평가에 적극적으로 참여시키는 한 방법이다. 이는 학생들이 주어진 평가 과제에 대해 자유롭게 반응하여 미리 준비된 평가 요소와 점수 기준을 사용하여 평가의 객관성과 일관성을 유지하는데 도움이 되도록 한다.

다음은 서술형 지필평가의 일반적인 채점 방법인 분석적 방법과 총체적 방법에 대한 내용이다(남승인 외, 2009).

1. 분석적 채점법

분석적 채점법(analytic scoring)은 문제해결 과정의 각 단계에 대하여 점수를 할당하는 방법으로 분석적 등급을 개발하기 위한 첫 번째 단계는 흥미 있는 문제해결 과정의 국면을 찾고 각 단계에 대하여 가능한 점수의 범위를 정하는 것이다. 〈표 12〉는 Putt의 3단계 평정법에 의한 분석적 채점의 등급을 나타낸 것이다.

〈표 12〉 문제해결에서 분석적 채점의 등급

문제의 이해	0 : 문제를 완전히 이해하지 못함 1 : 문제를 부분적으로 이해함 2 : 문제를 완전한 이해함
풀이의 계획	0 : 시도를 하지 않거나 완전히 잘못된 계획임 1 : 부분적으로 옳은 계획을 세움 2 : 올바른 결과가 나올 수 있는 계획을 세웠음
결과	0 : 답을 구하지 않았거나 부적절한 계획에 따라 오답을 적었음 1 : 옮겨 적을 때 오류, 계산상의 오류, 다단계 문제에서 일부만 정답일 때 2 : 정확한 답과 답에 대한 정확한 단위를 붙였음

분석적 채점 방법의 장점과 단점은 다음과 같다.

◎ 분석적 채점법의 장점

① 단순한 답이 아닌 문제해결의 여러 과정을 고려한다.

② 학생들의 답에 대하여 점수를 배정하는 수단을 제공한다.

③ 교사가 특정한 영역에 있어서의 강점과 취약점을 지적하는 데 유익하다.

④ 다양한 지도 활동의 효율성에 대하여 구체적인 정보를 제공한다.

⑤ 등급을 구성하는 범주에 대하여 차별화된 가중치를 줄 수 있다.

◎ 분석적 채점법의 단점

① 학생의 답이 사고 과정에 대하여 충분한 정보를 주지 못하므로 교사가 확신을 가지고 1~2개의 범주에 대하여 점수를 배정할 수 없다.

② 분석적 등급을 구성하는 범주는 지도의 과정에서 직접적인 관심의 대상이

되어야 하므로 등급은 지도의 프로그램과 신중하게 연관되어야 한다.

③ 같은 점수를 받았을지라도 문제해결 양태는 다를 수 있기 때문에 학생들의 점수는 조심스럽게 비교되어야 한다.

◎ 분석적 채점 척도를 작성하는 절차

① 문제해결 과정 중 평가에 초점을 맞출 범주를 정한다.

② 각 범주의 가치에 따라 점수의 폭을 결정한다.

③ 각 범주의 점수에 대해 아동의 활동 단계에 따라 점수준거를 결정한다.

다음은 예시 문항에 대한 분석적 채점의 예이다.

예시

[문제] 종호는 형과 함께 할아버지의 농장에 갔다. 앞마당에 닭과 돼지가 있었다. 종호가 "모두 18마리가 있네"라고 말했다. 형은 "그래, 다리만 세었더니 모두 52개야"라고 대답하였다. 앞마당에 있는 닭과 돼지는 각각 몇 마리인가?

분석적 채점의 예

1. 표를 만든다.

닭	돼지	다리 수의 합
18	0	18×2=36 (너무 적다)
12	6	12×2+6×4=48 (여전히 너무 적다)
10	8	10×2+8×4=52 (이거야!)

따라서 닭 10마리, 돼지 8마리

점수: 이해 – 2점, 계획 – 2점, 결과 – 2점 합: 6점

2. 9×□　　9×○

$9\times2=18$　　$9\times4=34$

$$\begin{array}{r} 18 \\ +34 \\ \hline 52 \end{array}$$

점수: 이해 — 2점, 계획 — 1점, 결과 — 1점   합: 4점

3. $9+9=18$

답: 돼지 9마리, 닭 9마리

점수: 이해 — 1점, 계획 — 1점, 결과 — 1점   합: 3점

2. 총체적 채점법

총체적 채점법(holistic scoring)은 학생의 문제해결에 대하여 단일한 점수를 산출하는 것이다. 총체적 채점은 답만이 아닌 풀이 전체를 대상으로 하므로 총체적이며, 문제해결에 수반되는 사고과정과 관련된 특정한 기준에 의하여 하나의 점수를 배정하므로 단일화된 것이다. 분석적 등급과는 달리, 총체적 채점은 사고과정의 몇 가지 범주에 대하여 점수를 각각 배정하는 것이 아니라, 해결과정 전체에 대하여 단일한 점수를 매기는 것이다.

총체적 채점법의 장점과 단점은 다음과 같다.

◎ 총체적 채점법의 장점

① 학생들의 답안에 대하여 비교적 신속한 평가를 할 수 있다.

② 해답뿐만 아니라 과정을 중시한다.

③ 답안을 채점하는 구체적인 기준을 제공한다.

④ 수행에 대하여 단일한 점수를 준다.

◎ 총체적 채점법의 단점

① 학생의 특정한 장점이나 단점을 날카롭게 지적하지 못한다.

② 일부 학생의 답안은 사고과정에 대하여 충분한 정보를 주지 못하기 때문에 교사가 확신을 가지고 채점할 수 없다.

③ 문제해결의 사고과정에 대하여 다른 가중치를 적용할 수 없다.

총체적 채점은 일반적으로 앞에서 언급한 Malone의 5단계 평정법에 의하여 채점을 한다.

◎ 총체적 채점 척도를 작성하는 절차

① 점수의 폭을 결정한다. 각 점수에 대해 구체적 기준을 만들어야 하므로 5개 이하의 범주가 적당하다.

② 각 점수 범주에 대한 기준을 만든다. 분석적 채점척도를 만들 때와 유사하게 문제해결의 사고과정에 관련된 행동을 정하고, 이 행동에 줄 점수를 결정한다.

③ 총체적 채점척도를 만들 경우, 그것을 모든 답지에 적용하기 전에 몇 개의 답지를 뽑아 적용해 보고, 수정·보완하는 것이 필요하다.

다음은 예시 문항에 대한 총체적 채점의 예이다.

예시

[문제] 씨름 경기 리그에 7명의 선수가 참가했다. 각 선수는 다른 선수와 한 번씩 경기를 가져야 한다. 우승자를 가리기 위해서 모두 몇 경기를 치러야 할까?

총체적 채점의 예

A	B	C	D	E	F	G
B	C	D	E	F	G	
C	D	E	F	G		
D	E	F	G			
E	F	G				
F	G					
G						

$6+5+4+3+2+1+0=21$

우승자를 가리는 데 21경기가 필요하다. 점수 : (   )

4.5 결론

평가가 어떤 형태로 이루어지든 평가는 궁극적으로 학생들의 학습을 돕고 학생들의 수학적 힘을 키워 주기 위한 것이어야 한다. 이런 측면에서 단순히 학생들의 성취만을 알아보기 위한 진단적인 평가로는 충분하지 못하다. 즉, 보다 학생들의 학습과정과 어울리면서 이를 효과적으로 돕는 평가일 필요가 있다. 그러나 앞에서 살펴본 것과 같이 평가를 제대로 수행하는 것은 어려운 수학 문제해결을 하는 것만큼이나 어려운 여정이라고 할 수 있다. 따라서 수학과에서 평가를 잘 하기 위해서는 계획하고, 증거를 수집하고. 추론하고, 대화하고, 분석하고, 일반화하고, 자신이 한 평가에 확신을 가져야 한다.

다음은 본 장에서 다룬 초등 수학에 대한 과정 중심의 평가에 대한 요약이다.

본 장에서는 평가의 단계, 과정, 관점의 변화를 다루었다. 일반적으로 평가는 교육과정이나 교수학습에 대하여 후속적으로 행해지는 과정으로 보고 있지만, 평가의 내용이나 유형이 어떠냐에 따라서 교육과정이나 학교에서의 교수학습을 왜곡시키기도 한다. 따라서 평가는 교육과정이나 교수학습을 정상적으로 운영할 수 있는 방향으로 시행할 필요가 있다. 복잡하고 전문화되어가는 미래 사회에서 사회 구성원에게 필요한 핵심 역량으로는 창의적 사고 능력, 문제 해결 능력, 정보처리 능력, 의사소통 능력 등으로, 이는 주로 수학적 추론, 수학적 문제 해결, 수학적 의사소통과 같은 수학적 과정의 교수·학습을 통하여 증진된다. 수학적 과정을 통해 길러진 핵심 역량은 타 교과의 성공적인 학습에 기반이 될 뿐만 아니라, 나아가 개인의 전문적 능력의 증진과 창의·인성 중심의 21세기 지식 기반 사회의 민주 시민에게 필요한 소양과 경쟁력을 갖추는 데에도 토대가 된다. 따라서 수학과에서의 평가도 궁극적으로 모든 학생들에게 수학적인 힘을 기를 수 있도록 돕기 위한 하나의 과정으로서 이런 역량을 적절히 평가하는 방향으로 시행할 필요가 있다.

2009 개정 수학과 교육과정에 제시된 수학과 평가의 내용과 그 동안의 수학과 평가의 문제점을 고려하여 수학과 교수·학습에 도움이 되는 평가가 되기 위하여 다음과 같은 방향의 개선의 필요성을 강조할 필요가 있다. 첫째, 학습의 평가가 아니라 학습을 위한 평가가 되어야 하며 학습을 위한 평가에서, 평가는 학습에 대하여

교사와 학생에게 정보와 피드백을 제공하는 것이며 교사와 학생은 이러한 정보와 피드백을 이용하여 교수·학습을 향상시키도록 해야 한다. 둘째, 다양한 수학적 사고 관련 평가요소가 마련되어야 하며 이를 기초로 하여 실제 활용 가능한 평가 도구 및 방법 등도 연구·개발되어야 한다. 셋째, 이를 위한 평가방법으로써 지필평가와 같은 일회적이고 단순한 방법이 아닌 학습 수행 과정 중에서 학생들의 수학적 능력을 파악하기 위해서는 다양한 평가-지필, 면접, 관찰, 실험, 보고서 작성 등 다양한 방법으로 통합적으로 이루어져야 한다. 그리고 바람직한 수학과 학생평가가 이루어지기 위해서 평가가 다음과 같이 판단의 준거로 기능해야 한다. 즉, 모든 학생들에게 의미 있는 수학을 반영해야 하고, 학생의 수학 학습을 촉진시켜야 하며, 학생들의 수학 학습과 관련한 타당한 판단을 가능하게 해야 한다.

수학평가의 유형은 평가시기에 따라서 본 수업의 시작 전의 진단평가, 본 차시 수업의 이해도를 묻는 형성평가, 그리고 단원의 마지막에 전반적인 이해도를 묻는 총합평가로 나눌 수 있다. 지도 목표에 따라서 일반적으로 이해(지식), 기능(기술), 태도(관심 또는 성향), 수학적 사고에 대한 것으로 나누고, 평가 방법에 따라서 지필 평가, 구술평가, 토론형 평가, 실험·실습법, 면담법, 관찰법, 자기평가, 동료평가, 보고서법, 일지쓰기, 포트폴리오 이용법, 수행평가 등이 있으며, 각각 장단점을 가지고 있으므로 일관성, 타당성, 신뢰성 있는 평가를 위하여 다양한 평가 방법을 고려해 보았다.

수학과에서 평가에 대하여 보는 관점의 변화가 일어나고 있는데 이는 수학적인 지식 및 개념의 이해에 그치지 않고 수학적인 지식과 기능뿐만 아니라, 이해하고 응용하는 능력, 문제해결 능력, 수학적 추론의 능력, 의사소통의 능력, 그리고 수학에 대한 관심과 가치 등을 포함하는 태도의 영역까지 모두 수학 평가의 대상으로 강조하고 있다. 수학적인 과정의 평가인 문제 해결, 수학적 추론, 의사소통과 개념적 지식과 절차적 지식이다. 수학적 과정의 평가에 포함시켜야 할 것으로 다음을 제시하였다.

- 문제를 이해하고 적절한 자료와 전략을 선택하여 효율적으로 해결하는 능력
- 답의 합리성을 제시하는 능력
- 전략과 해를 일반화할 수 있는 문제 해결력
- 수학적 아이디어를 이해하고 이를 수학적 어휘와 기호 체계로 표현하는 능력
- 수학적 구조를 사용하여 말하고, 쓰고, 설명하고, 시각적으로 표현할 수 있는 의

사소통 능력

- 문제를 이해하고 적절한 자료와 전략을 선택하여 효율적으로 해결하고 답의 합리성을 평가할 수 있는 능력
- 전략과 해를 일반화할 수 있는 추론능력

수학교육에서 개념과 절차와 관련하여 교사는 각각 학생들이 수학적 개념을 어떻게 이해하고 그것을 어떻게 사용하는지를 알고 바르게 평가할 수 있어야 한다. 그리고 문제를 해결하는데 도구를 사용하는 것에서부터 연산을 수행하는 모든 일련의 행위들 전반에 걸쳐서 학생들이 사용하는 절차가 그 과정에서 왜 필요한지 그리고 어떻게 그 절차가 작용하는지 등에 대한 학생의 수학에 대한 저변의 수학(behind mathematics)에 대하여 이해를 할 수 있어야 한다. 수학적 성향은 학생들의 자신감이나 수학에 대한 신념, 수학에 대한 관심과 흥미 등을 알아보기 위해 자료를 수집하고, 시간에 따른 변화 정도를 알아보는 것은 중요한 평가의 항목 중 하나로 수업 중에 학생들을 관찰하는 동안에 더 많은 정보를 얻을 수 있다.

수학적 힘의 평가는 학생들이 얼마나 많은 정보를 알고 있는가보다는 정보를 어떻게 사용하고 적용하면서 적절히 의사소통을 하면서 문제를 효과적으로 해결하는가를 평가하여야 한다. 수학 창의성의 평가는 과정 중심의 평가에서 중요한 부분이기도 하다. 교사가 아무리 교실에서 창의적인 수업을 한다고 할지라도 평가가 이를 반영하지 않는다면 학생들은 수업에 관심을 기울이지 않을 것이고 창의성 신장을 위한 교육의 효과를 기대할 수 없기 때문이다. 따라서 수업에서 창의적인 사고를 격려하고 평가에서도 이를 반영해야 한다.

수학학습에서 고려해야 할 사항으로 평가의 도구의 선택의 문제가 있는데, 평가 도구의 조건으로 일반적으로 타당성, 신뢰성, 객관성, 포괄성, 효율성, 변별도, 편리성, 관리성 등이 있다. 그리고 서술형 지필평가의 일반적인 채점 방법인 분석적 방법과 총체적 방법에 대하여 살펴보았다. 평가의 타당성은 평가 내용이나 도구가 측정하고자 하는 목표를 어느 정도 정확하게 측정할 수 있느냐의 정도를 의미한다. 타당성을 높이기 위한 노력이 필요한데 타당도를 높이기 위해서는 분명한 평가 목표, 평가 내용, 곤란도, 적절한 평가 도구 등을 고려해야 한다. 신뢰성이란 동일한 대상, 또는 동질집단이 같은 도구로 측정을 받을 때 얻어지는 일관성의 정도(degree of consistency)를 말한다. 신뢰도를 높이기 위해서는 학습한 수학 내용의 범위에서 평가 문항을 고르게 출제하여야 하고 난이도도 유사해야 한다. 평가의 객관성이란

여러 명의 채점자가 채점을 하는 경우 상호간에 측정치의 상호 유사성의 정도를 말한다. 검사의 객관도를 높이기 위한 방법으로 실제 평가 문항을 제작하기 전에 미리 준비한 기준에 따라서 여러 사람이 동일한 답안을 평가하여 그 결과의 일치도를 비교하여 일치의 정도를 높이는 반복적인 수정작업을 하는 것이다.

포괄성이란 교수목표 달성 여부를 파악할 수 있도록 가능한 모든 학습한 내용 전반에 걸쳐서 골고루 문항들이 묻고 있는가의 정도를 일컫는 말이다. 포괄성을 높이려면 다양한 문항 형태로 가능한 많은 내용을 다룰 수 있도록 풍부한 문항을 포함해야 한다. 실용성은 문제 작성에서의 시간이나 노력을 포함하지만 일반적으로는 모든 평가와 채점 작업이 완료된 상태에서 그 정보를 어떻게 학생 지도에 활용할 것인가의 문제이다. 실용도 높은 평가를 하기 위해서는 평가 실시의 용이성, 채점의 용이성, 통계적 이해의 용이성, 평가비용을 생각해야 한다. 변별도란 신뢰도와 관계되는 것으로 문제가 피험자들 사이의 목표달성의 차이를 일컫는 말이다. 즉, 능력이 뛰어난 학생이 특정 문항에 대하여 높은 성취도를 나타내면 그 문항의 변별도는 높아지게 된다. 변별도를 높이기 위해서는 문항의 수가 일정 이상이 되어야 하고 문항을 잘못 이해하거나 단순한 실수에 의하여 오류를 일으킬 여지를 가능한 제거해 주어야 한다. 평가가 아무리 타당성이 띄어나고 신뢰성과 객관성을 가지고 있다고 하더라도 평가 도구의 제작과 실시가 편리하여야 한다. 평가의 도구가 평가자나 피평가자에게 불편한 경우에 다른 요인들이 뛰어나다고 할지라도 이 평가 방법을 사용하는데 주저하게 만들게 된다.

마지막으로, 앞에서 언급한 도전적인 평가의 작업을 효율적으로 수행하여 학생들의 학습에 유용한 정보를 제공하여 교사들이 자신의 교수에 반영할 수 있도록 평가에 관련된 교사, 행정가, 학부모 등이 모두 평가의 목표와 과정을 이해하고 이를 적극적으로 도와야 할 것이다.

정리하면서

01 학습 결손을 최소화시킬 목적으로 실시되는 평가는 다음 중 어느 것인가?
① 총합평가 ② 서술형 평가 ③ 형성평가 ④ 수행평가 ⑤ 진단평가

02 과정 중심의 평가의 장점은 무엇인가?

03 의사소통 능력의 평가할 수 있는 구체적인 방법에 대하여 설명하시오.

04 학생들의 정의적 영역에 대하여 평가하려고 합니다. 어떤 내용을 평가해야 하는지 쓰시오.

05 교사의 입장과 학생의 입장에서 평가의 주된 목적은 어디에 있는지를 전체 학생을 대상으로 설명하시오.

06 주관식 평가문항의 작성 시 문제의 타당도와 신뢰도를 높일 수 있는 방법을 써 보시오.

07 어느 학부모는 교사의 정의적 영역의 평가 결과를 믿을 수 없다고 주장하고 있다. 학부모의 이런 항의에 대처할 수 있는 방안은 무엇인가?

참고문헌

강명원, 김성호, 박지훈, 이선준, 차용우, 고상숙 (2010). 2009 개정 교육과정에 따른 수학과 평가가 나아가야 할 방향. 수학교육논문집, 24(2), 304-306.

강문봉 외 (2005). 초등수학교육의 이해. 서울: 경문사.

강시중 (1975). 수학교육론. 서울: 교육출판사.

강완, 김상미, 박만구, 백석윤, 오영열 (2009). 초등수학교육론. 서울: 경문사.

고상숙, 유기종, 김지연 (2011). 고 1 대수적 기하에서 수학적 추론을 위한 과정중심평가에 관한 연구. 대한수학교육학회 학술대회 수학교육학 논총, 40, 135-162.

교육과학기술부 (2010). 창의인재와 선진과학기술로 여는 미래 대한민국. 2011년 업무보고. 교육과학기술부.

교육과학기술부 (2012). 수학교육 선진화 방안. 교육과학기술부.

김경희 외 (2008). TIMSS 2007 공개문항 분석 자료집. 서울: 한국교육과정평가원.

김남준 (2006). 서술형 평가가 초등학생의 수학적 성향에 미치는 영향 연구. 서울교육대학교 교육대학원 석사 논문.

김명숙 (2008). 교육과정, 교수·학습 및 평가의 연계: 학습을 위한 평가. 교수학습혁신세미나 교수학습과 평가의 연계 연구자료 ORM.

김부윤, 김철언, 이지성 (2009). 수학적 창의성의 평가에 대한 고찰. 수하교육논총 26, 87-101.

김선희 (2005). 수학사에 근거한 수학영재의 창의적 산출물 평가 준거 개발. 한국수학사학회지, 18(2), 75-94.

김수동, 김선희 (2005). 수학 수업에서 학생평가를 잘 하려면 연구자료 ORM 2005-51-4. 서울: 한국교육과정평가원.

김은희 (2003). 수학적 추론 능력 평가기준에 관한 연구. 한국교원대학교 석사학위 논문.

남승인, 류성림, 권성룡, 김남균, 신준식, 박성선, 박만구, 최근배, 권점례 (2009). 초등수학교육론. 서울: 경문사.

노영순, 류춘식 (2001). 수행평가방법 중 서술형 평가를 를 적용한 학습이 학력신장에 미치는 영향. 한국학교수학회논문집, 4(1), 125-136.

류희찬 (1993). 우리나라 수학교육 평가체제의 문제점과 개선책. 제 3회 청람수학교육 자료집.

박금란 (2008). 서술형 평가를 통한 초등학교 6학년 학생들의 수학과 기본 지식이해에 관한 실태조사. 한국교원대학교 교육대학원 석사논문.

박만구 외 (2009). 평가문항개발사업 제안서. 한국과학창의재단.

박성선 (2002). 수학적 창의성 시장을 위한 탐구학습에 관한 소고. 초등수학교육연구, 6(2), 65-74.

변은진, 전평국 (2001). 개방형 문제를 활용한 평가가 수학적 창의력에 미치는 효과. 수학교육논문집, 11, 259-277.

서울교육정보원 (2010). Neo-Paradigm에 기초한 수학과 서술형 평가 문항 개발. 2010 수업개선교과교육연구팀 연구보고서. 서울시교육정보원.

서울시특별시교육청 (2005). 수학과 평가 예시 문항. 서울특별시교육청.

서울시특별시교육청 (2010). 평가의 길라잡이. 서울특별시교육청.

양길석 외 (2008). 국가수준 학업성취도 평가 결과 추이(2003년~2007년)-초등학교 6학년-. 한국교육과정평가원.

이명옥, 김홍규 (2000). 명화 속 신기한 수학이야기. 서울: 시공아트.

이미경 외 (2007). OECD/PISA 평가틀 및 공개 문항 분석-PISA 2000, PISA 2003, PISA 2006 공개 문항-. 한국교육과정평가원 연구자료 ORM 2007-25.

이종희, 김선희, 채미애 (2001). 수학적 의사소통 능력의 평가기준 개발. 수학교육학연구, 11(1), 207-221.

전평국, 김은희, 김원경 (2002). 수학적 추론 능력 평가기준에 관한 연구. 한국수학교육학회 수학교육논문집, 13, 425-455.

황혜정 (2001), 수학적 사고 과정 관련의 평가 요소 탐색. 수학교육, 40(2), 253-263.

황혜정, 최승현 (1999). 수학과 평가틀에 관한 고찰, 수학교육학 연구, 9(2), 457-472.

허미정 (2003). 관찰과 지필평가의 관계 비교 연구. 대구교육대학교 석사학위논문.

현종익 (2010). 초등수학교육론. 서울: 경문사.

Ausubel, D., Novak, J., & Hanesian, H. (1978). *Educational psychology: A cognitive view* (2nd Ed.). New York: Holt, Rinehart & Winston.

Becker, J., & Shimada, Y. (1997). The Open-ended Approach: *A New Proposal for Teaching Mathematics*. Reston, VA: National Council of Teachers of Mathematics.

Charles, R. I., & Lester, F. K. (1984). An evaluation of a process oriented instructional program in mathematical problem solving in Grades 5 and 7. *Journal for Research in Mathematics Education*, 15, 15-34.

Cobb, P. (1995). Mathematical learning and small-group interaction: Four case studies. In P. Cobb & H. Bauersfeld(Eds.), *The emergence of mathematical meaning: Interaction in classroom cultures* (pp. 25-129). Mahwah, NJ: Erlbaum.

Malone, J. A., Douglas, G. A., Kissane, B. V., & Mortlock, R. S. (1980). Measuring problem-solving ability. In S. Krulik & R. E. Reys (Eds.), *Problem solving in school mathematics*. 1980 Yearbook of the National Council of Teachers of Mathematics (pp. 204-215). Reston, VA: National Council of Teachers of Mathematics.

National Council of Teachers of Mathematics (1989). *Curriculum and evaluation standards for school mathematics*. Reston, VA: Author.

National Council of Teachers of Mathematics (1991). *Professional standards for teaching mathematics*. Reston, VA: Author.

National Council of Teachers of Mathematics (1995). *Assesment standards for school mathematics*. Reston, VA: Author.

National Council of Teachers of Mathematics (2000). *Principles and standards for school mathematics*. Reston, VA: Author.

Putt, I. J. (1978). *An exploratory investigation of two methods of instruction in mathematical problem solving at the fifth grade level*. IN: Indiana University Press.

Sheffield, L. J. (2006). Developing mathematical promise and creativity. *Proceedings of the 11th International Seminar on Education of Gifted Students in Mathematics* (pp.1-7). Kwangju, Chonnam National University.

Tayler, C. S. & Bidlingmaier, B. (1998). Using scoring criteria to communicate about the discipline of mathematics. *Mathematics Teacher*, 91(5), 416-425.

05

중등수학 과정중심의 평가

5.1 문제해결

1. 서론

최근 2009 개정교육과정에서 강조하는 수학적인 힘이란 비정형적(non-routine)인 문제를 푸는 다양한 수학적 방법을 효과적으로 사용하는 능력뿐만 아니라, 탐구하고, 추측하고, 논리적으로 추론하는 개인적인 능력을 뜻한다. 이러한 능력은 단순히 일제설명식 학습지도 방법에서 벗어나 토론과 자신의 아이디어를 타인과 의사소통함으로써 자신의 사고를 깊게 반성하고 다양한 상황에서의 문제해결을 할 수 있어야 한다. 수학학습에서 학생 본인이 알고 있는 수학적 지식이나 아이디어를 다른 사람에게 전달하는 능력의 중요성은 점차 부각되고 있으며 미국의 NCTM(2000)에서도 문제해결, 추론과 증명, 의사소통, 연결성, 표상 등을 강조하고 있다. 또한, 미국의 국가수준 교육 향상 평가(NAEP)에서도 수학·과학 성취도 국제 비교 연구(TIMSS)에서도 문제해결 활동, 추론 능력, 의사소통 능력 등과 같은 '수학적 과정' 요소가 행동 영역으로 설정되어 강조되고 있는 것이다.

그런데, 국제적인 평가인 PISA 2003이나 PISA 2006 등에서 우리나라 학생들의 수학적 능력의 특징을 살펴본 연구(박혜숙·나귀수, 2010)에서는 문제해결 과정에서 합리적으로 의사소통하고 수학적으로 옳은 추론을 하는데 미흡함을 확인할 수 있다. 문제해결에 대한 답을 쓰고 그 답에 대한 근거나 풀이과정을 제시하는데 매우 미숙하였으며, 문제해결을 위한 필요한 조건을 제시된 문장이나 그래프, 그림 등에서 스스로 찾아 결정해야 하는 문제에서 취약하였던 것이다. 이는 현재 우리나라의 교실현장에서 선다형의 선택형 평가방법을 가장 흔히 사용하고 있어 유의미한 수학적 사고과정과 수학적 사고활동을 필요로 하는 평가의 경험이 부족하며, 수학 수업시간의 문제해결에 있어서도 교과단위 시간을 거의 할애하여 다루는 교과서에 수록되어 있는 문제가 이미 교사의 교수 목표가 의도되어있는 문제로써 수학적 사고활동이 배제된 단순 계획적인 문제해결 활동을 하고 있음을 시사하고 있다. 따라서 학생들이 좀더 의미 있는 수학적 사고 과정과 수학적 사고 활동을 할 수 있도록 학습 현장을 개선할 필요가 있다.

학교 수학의 목표는 기본적인 수학적 지식과 기능을 바탕으로 수학적 사고력을 길러 문제를 창의적으로 해결하는 능력과 태도를 기르는 것으로, 문제해결은 수학을 가르치고 배우는 '방법'이며 동시에 '목적'이다. NCTM(1989)에서는 문제해결이란 학생들이 그들 주변의 세계에서 수학의 유용성과 힘을 경험하는 과정으로서 탐구와 적용의 방법이라 했으며, 문제해결의 방법이나 답의 타당성을 위해 창조적으로 사고하며 의사소통하는 능력은 학생들의 수학에 대한 문제해결력을 발달시킨다고 하였고 동시에, 문제해결 상황은 의사소통 능력을 확장 시킬 수 있는 환경을 제공한다고 하였다. 이렇듯, 문제해결 학습과 의사소통 학습은 불가분의 관계에 있다고 볼 수 있다.

본 평가에서는 행렬 단원에서 문제해결과 의사소통의 평가를 중심으로 과정중심의 평가모델을 구축하고 적용하는 과정에서 학생들의 학업의 진전은 어떻게 이루어가는지를 조사하고자 하였다. 본 평가를 통해 학생들은 다양한 문제를 해결할 수 있고, 수학적 아이디어의 표현과 교환이 가능함으로써 창의력을 길러주는 사고기능을 향상시키며 수학적 사고의 능력과 태도를 성장시킬 수 있길 기대한다.

2. 과정중심 평가 요소

1) 수학적 문제해결

수학교육에서 문제해결이 주요 화두가 된 것은 NCTM(1980)이 수학과 교육과정은 문제해결 중심으로 조직되어야 하고, 수학교사는 문제해결이 수업의 중심이 되는 교실 환경을 창출해야 하며, 문제해결의 교수학습에 필요한 적절한 교육과정 자료가 모든 학년급을 위해 개발되어야 한다는 등의 권고안을 내 놓은 이후로 볼 수 있다. 이 권고안을 실현하고자 제안되었던 NCTM(1989)와 이를 수정 보완한 NCTM(2000)에서도 문제해결은 추론, 수학적 연결성, 의사소통, 표상과 더불어 수학교육의 중요한 목표로 강조되고 있다. NCTM(1989)에서 문제해결의 평가는 하나의 평가규준으로서 다음과 같이 제안되고 있다.

- 문제를 구성할 수 있다.
- 문제해결에 있어 다양한 전략을 적용할 수 있다.
- 문제를 풀 수 있다.

• 결과를 증명하고 해석할 수 있다.
• 해를 일반화할 수 있다.

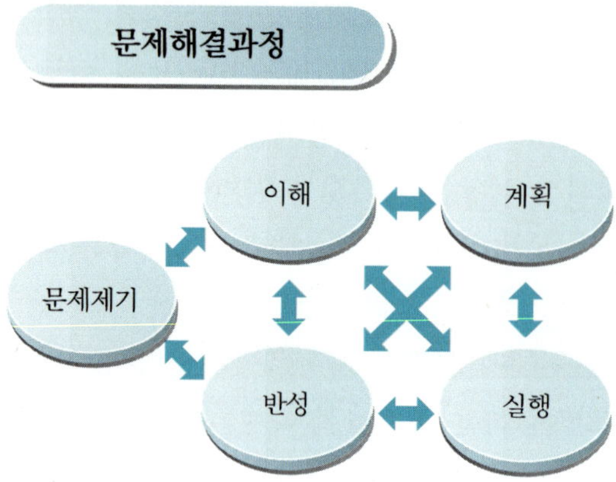

그림 1 문제해결과정(Wilson, 1991; Choi, 1996)

2009 개정교육과정에서도 문제해결력을 신장시키기 위한 교수·학습 방법으로 문제해결은 전 영역에서 지속적으로 지도해야 하고, 학생 스스로 문제 상황을 탐색하고 수학적 지식과 사고 방법을 토대로 문제해결 방법을 적절히 활용하여 문제를 해결하게 하며, 문제해결의 결과뿐만 아니라 문제해결 방법과 과정, 문제를 만들어 보는 활동도 중시해야 한다고 명시되어 있다.

Polya(1957)는 문제 해결은 학생들이 문제를 직접 해결하고 풀이를 분석해 보며, 다른 사람에게 문제를 제시하고 문제의 해결 과정을 반성해 보는 과정으로 볼 수 있다고 하였으며 문제해결의 과정을 다음과 같이 4단계(이해 → 계획 → 실행 → 반성)로 구분하여 제시하였다. 하지만 Wilson(1991)와 고상숙(Choi, 1996)에서는 문제제기(problem posing)를 넣어 문제해결과정이 선형적이 아니라 순환적이며 서로 양방향으로 상호작용하는 매우 역동적인 과정이라고 강조하였다. 이 문제제기는 우리나라에서는 늦은 감이 있지만 2007 개정교육과정에서부터 삽입되어 강조되기 시작하였다. 문제제기라는 단어는 연구자마다 문제만들기, 또는 문제설정이라는 다양한 용어로 사용하고 있다.

Schoenfeld(1985)는 Polya의 문제해결 4단계에 탐구의 단계를 추가하여 '분석 → 계획 → 탐구 → 실행 → 검증'이라는 문제 해결 모델을 제시하였다. 탐구 단계는 어려운 문제에 대한 계획을 수립하는 단계로 여러 가지 동등한 문제를 생각해 보고 그를 통해 특별한 시사를 얻지 못한다면 하위 목표를 설정하거나 조건을 완화하거나 문제의 영역을 분해하여 문제를 약간 수정해야 하는데, 그래도 불충분하면 수정한 문제를 생각해 보아야 한다고 하였다.

Kilpatrick(1987)은 문제만들기와 문제해결은 매우 밀접한 관계를 맺고 있어 서로 분리될 수 없다고 하였으며, Brown과 Walter(1983)도 문제제기와 문제해결 간의 본질적 관계를 강조하였다. 특히 Brown과 Walter(1983)는 "what if not" 이라는 주어진 조건을 바꾸어가는 전략을 사용하여 문제제기를 안내함으로써 누구나 쉽게 문제제기를 할 수 있게 하였다. 김경옥, 류성림(2009)도 문제 만들기는 아동들의 문제해결력을 향상시키는 수단이 되고, 동시에 아동들의 수학적 사고력을 높여주며, 또한 아동들의 수학에 대한 태도를 긍정적으로 개선하는 수단이 될 것이므로, 문제 만들기 활동은 다른 수학 학습과 동떨어져 있는 새로운 영역으로서의 학습 내용이 아니라, 모든 교수·학습 활동 속에 활용할 수 있는 교수·학습 방법의 하나로 수업 현장에서 자연스럽게 사용할 수 있어야 한다고 하였다.

최근엔 문제해결과 테크놀로지 활용에 대한 연구가 꾸준히 이루어지고 있다. Masalski(1990)는 Excel과 같은 소프트웨어를 활용함으로써 얻게 되는 이점을 다음과 같이 제시하였다. 첫째, Excel은 반복적, 재귀적인 계산을 요하는 문제나 표가 필요한 문제를 다룰 때 적합하고, 교사나 학생이 변수의 값, 상수 그리고 구간의 크기 등을 다룰 수 있도록 하며, 문제 해결 과정에서 부딪히는 "만일 ~이라면(what if ~)" 유형의 질문을 탐구하도록 도와준다. 둘째, Excel은 수학적 문제 해결을 위해 알고리즘과 모델을 개발하고 사용하는데 있어서 사용자의 직관을 향상시킨다. 셋째, Excel은 화면상에 학생이 생성한 계산결과의 과정을 보여줌으로써 변수의 변화가 전체적 계산 결과의 패턴에 어떤 변화를 가져오는지 알 수 있도록 한다. Bialas(2001)도 테크놀로지를 활용함으로써 다량의 계산을 빨리 처리하고 그래프와 표로 결과를 보여줄 수 있어 학생이 부분적인 그림보다는 전체적인 그림에 초점을 맞출 수 있도록 해준다고 하였다.

염상섭(2009)은 수학문제를 해결하는 데 있어서 학습자가 갖춰야 할 가장 중요한 요소이자 기법은 그 문제와 직접 혹은 간접적으로 관련되어 있는 수학적 개념에 대한 올바른 그리고 폭넓은 이해라고 하였고, 또한 주어진 문제에 대해 그 문제가 성립하는지 성립하지 않는지를 타진하면서 구체적인 예 또는 반례를 들어 보이는 것이 중요하며, 어떤 수학적 명제나 조건 혹은 사상이 주어졌을 때 그것과 동치 관계에 놓여 있는 다른 형태의 명제나 조건 또는 사상으로 바꾸어 봄으로써 현 시점에서는 보이지 않았던 해결의 실마리가 보일 수 있게 된다고 하였다. 게다가 큰 문제를 몇 개의 작은 문제로 쪼개어 생각하게 되면 처음에 주어진 문제는 크고 복잡하여 해결하기 어려워 보이지만 쪼개어진 작은 각각의 문제들은 학습자들이 이미 해결해 보았거나 다루어 본 경험을 가진 문제들이거나 아니면 원래의 문제보다는 훨씬 쉽게 해결할 수 있는 상황으로 변하게 된다고 하였다.

2) 수학적 의사소통

일반적으로 수학적 의사소통이라 하면 수학에 관한 생각, 느낌 등을 전달하고 이해하는 것을 말한다. 학생들은 의사소통을 통해 사고를 깊고 명확하게 정리함으로써 수학적인 힘을 향상시킬 수 있다. 수학 수업에서 학생들은 수학적 아이디어를 다른 사람이 이해할 수 있도록 표현하고 그것을 이해하는 능력을 배우고 교사는 의사소통을 가르쳐야 함과 동시에 학생에게 롤 모델이 될 수 있어야 한다.

수학적 의사소통은 NCTM(1989)의 "수학교육과정과 평가의 새로운 방향"에서 강조된 이후 수학 교수·학습에서 그 중요성이 폭넓게 인식되고 있고, 최근 NCTM(2000)의 "학교 수학을 위한 원리와 규준"에서도 수학교육의 질과 목표, 변화를 촉진하는 규준의 하나로써 의사소통을 제안하였다. NCTM(1989)에서 의사소통의 평가는 하나의 평가 규준으로서 다음과 같이 제안되고 있다.

- 수학적 아이디어를 말하고, 쓰고, 설명하고, 시각적으로 표현할 수 있다.
- 글이나 말 또는 시각적으로 표현된 수학적 아이디어를 이해하고 해석할 수 있다.
- 수학적 어휘와 기호 체계, 구조를 사용하여 아이디어를 표현하고 관계를 기술하며 상황을 모델링할 수 있다.

NCTM(1989)의 제안을 기초로 하여 수학적 의사소통은 "학생들 간에 그리고 학생 자신과 신념, 전략, 태도, 느낌 등을 교환하기 위해 읽고, 쓰고, 말하고, 듣는 등의 활동"으로 정의된다. NCTM의 규준집에 따르면 수학적으로 의사소통하며 학습한다는 것은 다음과 같음을 의미한다.

- 수학적 개념이나 상황을 구체물, 그림 및 다이어그램, 그래프, 말이나 글로써 대수적인 방법을 사용하여 나타내기
- 수학적인 아이디어를 해석하고 평가하는데에 읽고, 듣고, 관찰하는 기능을 이용하기

• 일상 생활 언어를 수학적 언어 및 기호와 관련 짓기
• 수학기호와 수학적 사고 발달에 있어서 기호의 역할을 음미하기

3. 선행연구

문제해결과 의사소통 중심으로 평가기준을 수립하고, 수학과의 평가기준 방향을 분석하기 위하여 살펴본 2009 개정교육과정에 따른 수학과 평가가 나아가야 할 방향(강명원, 김성호, 박지훈, 이선준, 차용우, 고상숙, 2010)에서는 창의성, 다문화 환경, 테크놀로지 활용이라는 3가지 측면에서 미래 수학과의 바람직한 평가 방향을 제시하고 있다. 그간 2000년부터 실시되고 있는 국가수준 학업 성취도 평가의 문항 분석을 통해 창의성 신장을 위해서는 융통성 관련 문항에 치우쳐있는 문제를 유연성, 독창성, 정교성을 신장할 수 있는 문항개발도 이루어져야 한다고 하였다. 다문화 환경에 관하여서는 우리사회가 다문화, 다민족 사회로 급변하고 있으므로 이들의 학습을 돕는 이중언어 평가문항을 제안하였으며, 테크놀로지 학습환경에 관하여서는 이미 미국, 호주, 뉴질랜드에서는 SAT와 같은 대학자격시험에서 계산기 활용을 허용하고 있고 우리현장이 수학교실을 구비하는 요즘 계산기와 컴퓨터, 더 나아가 모바일 폰을 이용한 테크놀로지를 활용하여 평가하는 방안을 제시하였다.

또한, 수학적 의사소통 능력의 평가 기준의 개발(이종희, 김선희, 채미애, 2001)에서는 말하기, 듣기, 읽기, 쓰기 각각에 대해 평가기준을 개발하였고, 인터넷 상에서 수학적 의사소통과 문제해결의 연구(류성림, 박신정, 2003)과 수학적 사고력 측정을 위한 수학평가도구의 개발(신준식외, 2011)에서는 문제해결 능력과 의사소통 능력을 함께 또는 분리하여 각각 평가할 수 있음을 제안하였다. 소집단 문제 해결 학습에서 수학 문제 유형에 따른 의사소통의 패턴 분석 연구(최지영, 이대영, 2009)에서나 수학과 교육과정에서 수학적 과정의 신설(박혜숙, 나귀수, 2010) 등에서 과정중심 평가의 중요성을 논의하였다. TAI 모델과 STAD 모델을 혼합한 협동학습 주장(김희정, 김응환, 2006)이나 시각적 스키마 프로그램이 문장제 표상과 문제 해결력에 미치는 효과(김종백, 이성원, 2011), 수학과 문제 중심 학습(PBL)을 위한 문제분석 기준 개발과 학습 모형 연구(이환철, 허난, 강옥기, 2010)에서는 문제해결력 향상을 위해 많은 제안을 제시하고 있다.

또한 수학교육에서 구체적인 평가기법을 다룬 선행연구 중 학생의 해결과정을 평가할 수 있는 채점기준표를 제공하고 그 적용사례를 제시한 연구로 NCTM(1999),

한국교육과정평가원(KICE, 2004), 그리고 고상숙 외(2004)에서 풀이방법이 다양한 준개방형 문제를 예로 들 수 있다.

[적용 예시[1]]

그림과 같이 내접하는 직사각형 넓이의 최대값은 얼마입니까? 풀이과정과 답을 쓰시오.

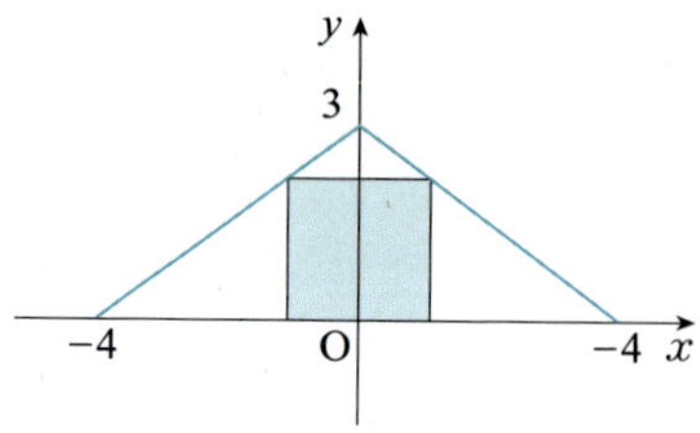

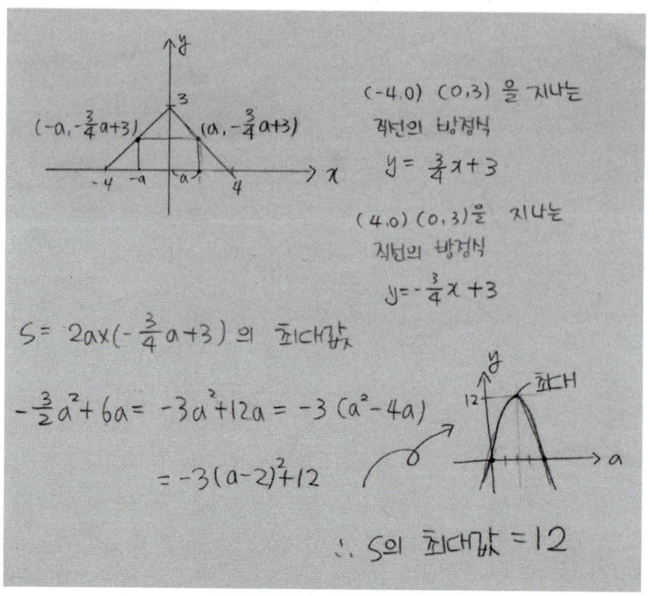

그림 2 학생답안

1) 경기도 안양○○고등학교 수학교사 박혜선이 평가자료에서 한 학생의 풀이과정을 분석적 채점기준표와 총체적 채점기준표, 두 가지로 점수화를 시도한 것이다.

1. 분석적 점수화

〈표 1〉 여러 요소를 포괄한 분석적 채점기준표

평가요소	평가기준	점수화
전략사용	완전하고 정확한 전략	2
	불완전 전략 또는 부분적으로 정확한 전략	1
	어떤 전략사용이 보이지 않음	0
직선의 방정식과 이차함수 이용	둘 다 올바르게 이용	2
	둘 중 하나만 올바르게 이용	1
	이용한 근거가 없음	0
계산 정확도	올바른 계산	2
	오직 사소한 계산 오류	1
	계산이 시도되지 않거나 계산에 큰 오류	0

〈표 2〉 학생의 답안을 분석적 점수화로 3점을 부여한 근거

평가요소	채점기준표에 의한 점수화 근거	
전략사용	사각형의 한 변의 길이의 제한 범위 없이 풀이하고, 함수에서 A=2A와 같은 잘못된 식을 사용함.	1
직선의 방정식과 이차함수 이용	직선의 방정식 이용을 통하여 직사각형의 세로의 길이를 바르게 구하였으나, 최대값 구하는 과정에서 이차함수식의 부적절한 전개$\left(-\frac{3}{2}a^2+6a=-3a^2+12a\right)$.	1
계산 정확도	$\left(-\frac{3}{2}a^2+6a=-3a^2+12a\right)$ 와 같은 계산 착오로 답이 틀림	1

2. 총체적 점수화

〈표 3〉 총체적 점수화에 따른 채점기준표

평가기준	점수화
학생이 질문에 정확한 답을 산출하거나 정확한 어림 값을 제시	4
답안이 정확한 답에 불완전한 전략 또는 정확한 전략에 불완전한 답을 제시	3
직선의 방정식과 이차함수의 사용이 나타나나 부분적으로만 맞는 전략을 사용	2
학생의 답이 과제와 상관이 없거나 몇 가지 맞는 계산을 나타냄	1
빈 칸으로 무응답	0

〈표 4〉 학생의 답안을 총체적 점수화로 2점을 부여한 근거

평가요소	채점기준표에 의한 점수화 근거	점수
답을 구하는 과정	사각형의 변의 길이를 구하기 위해 직선의 방정식을 이용하고, 그의 최대값을 구하기 위하여 이차함수를 이용하였으나, 사각형의 한 변의 6길이의 제한범위($0 < x < 4$)를 두지 않았고, 함수에서 잘못된 식 $\left(-\frac{3}{2}a^2+6a=-3a^2+12a\right)$을 사용하여 답안이 틀림.	2

또 다른 예로써는 고상숙과 백정환(2004)에서의 총체적 채점기준표는 Bloom(1956)을 응용하여 다음 〈표 5〉를 사용하였다. 이 연구에서는 현장의 과인수 학생을 대상으로 적용의 가능성을 높이기 위해 평가의 목표를 구성함에 있어 Bloom(1956)의 인지적 영역의 6단계의 구성요소 중 상위단계인 분석, 종합, 평가를 종합하나로 통합하여 표와 같이 4단계로 재구성하여 전체 12개 문항에 대해 학생들이 제시한 풀이과정을 평가하는데 활용하였다. 이때 삼각함수 단원에서 사용한 채점기준표는 〈표 6〉과 같다.

〈표 5〉 Bloom의 인지적 영역에 근거한 평가기준표

평가요소	평가기준
지식	내용을 기억하고 재생할 수 있다.
이해	문제를 이해하고 추론할 수 있다.
적용	응용하고 활용할 수 있다.
종합	내용의 요소들을 모아 새로운 전체로 만들어 낼 수 있다.

〈표 6〉 지식, 이해, 적용, 종합의 내용별 채점기준표

평가 요소	평가 내용	채점기준표	점수화
지식	일반각과 호도법	올바른 답을 구할 수 있다.	3
		문제와 관련된 공식을 나타낼 수 있다.	2
		문제에서 사용된 용어의 정의를 기억할 수 있다.	1
이해	삼각함수의 성질	올바른 설명과 문제풀이를 할 수 있다.	4
		문제를 자신의 방법으로 나타낼 수 있다.	3
		문제와 관련된 공식을 나타낼 수 있다.	2
		문제에서 사용된 용어의 정의를 기억할 수 있다.	1
적용	사인법칙과 코사인법칙	관련 공식들을 응용하고 활용할 수 있다.	4
		관련 공식들을 추론하고 유도할 수 있다.	3
		문제의 내용을 자신의 방법으로 나타낼 수 있다.	2
		관련 공식들을 나타낼 수 있다.	1
종합	삼각함수의 응용	문제의 조건들에 맞게 정확하게 증명할 수 있다.	4
		문제의 조건들과 공식들을 활용하여 필요한 식을 세울 수 있다.	3
		문제의 조건들을 자신의 방법으로 나타낼 수 있다.	2
		관련 공식들을 나타낼 수 있다.	1

이러한 선행연구를 바탕으로 수업과 평가는 통합되어야 한다라는 관점하에서 본 평가에서는 교실 현장에서 과정평가기준을 본 평가에 맞게 새로이 수립하고 수립된 평가기준을 학생들에게 적용하였다. 적용하기 전에는 학생들에게 평가기준을 미리 제시 하여 학생들이 평가기준을 인지하고 있는 상황에서 평가는 진행되었고, 전후 비교의 과정중심의 평가를 진행하여 학생들의 수학적 성향이나 태도의 변화과정을 살펴보았다.

4. 평가수행

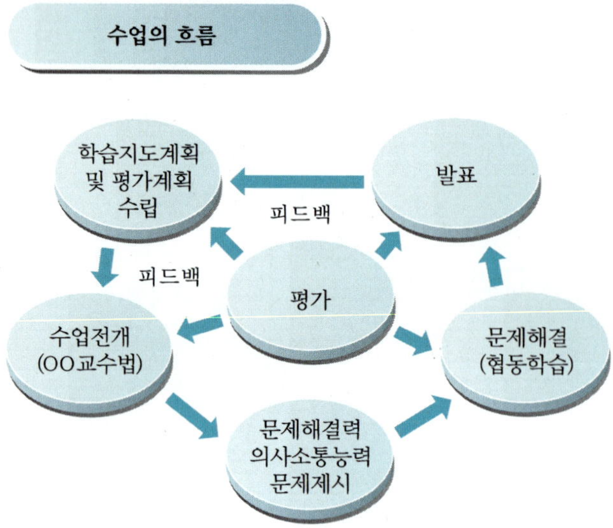

그림 3 수업과 평가

1) 평가 절차

(1) 학습 지도 계획

과정중심의 평가를 실시하기 위해서는 소집단 협력학습 상황에서 탐구학습이 이루어질 수 있도록 탐구에 적절한 과제나 상황을 제시해 주고 내가 탐구한 것이 다른 친구들에 의해 수정되고 보완되는 과정을 통해 학습이 이루어질 수 있도록 교사가 안내자의 입장에서 간섭을 최소화하고 지도하는 것이 필요하다.

이러한 점을 반영하여 평가자가 근무하는 특성화 고등학교 2학년 ○○○○과 학생 24명 전체를 대상으로 하여 성취도가 높은 학생이 한 조에 한명씩 들어가도록 이질적 집단 5개조로 편성하여 실시하였다.

사전 면담을 해 본 결과 대부분의 학생들은 문제를 해결할 때 혼자 푸는 것을 좋아하고 있었고, 모르는 문제나 문장제가 나올 경우에는 뒤로 미루어 두었다가 나중에 풀고, 그래도 모르겠으면 해답을 보거나 친구에게 물어보아 해결하는 경우가 대부분이었다.

각 차시별 수업을 실시하고 모둠 구성을 하여 수업 실시 후에 모둠별로 차시별 문제해결 능력 및 의사소통 능력 평가문제를 토의를 통하여 풀이하도록 하고 모둠별로 발표를 하도록 하였다. 토의 과정 및 발표 과정을 차시마다 교사가 평가를 하고 피드백을 하여 다음 발표에 반영을 할 수 있도록 〈표 7〉과 같이 지도 계획을 세웠다.

〈표 7〉 교수 · 학습 지도 내용 및 계획

차시	중단원	소단원	학습지도 내용	교수 · 학습 모형	평가모형
1	행렬과 그 연산	1-1 행렬	행렬의 뜻 두 행렬이 서로 같을 조건	탐구학습 소집단 협력학습	과정중심 평가(의사소통을 통한 문제해결평가)
2		1-2 행렬의 연산	행렬의 덧셈과 뺄셈		
3			행렬의 실수배		
4			행렬의 곱셈		
5	2. 연립일차방정식과 행렬	2-1. 역행렬	역행렬의 뜻 역행렬의 성질		

(2) 평가 계획

평가목표에 따라 평가유형을 결정하고 이들 유형에서 자료 수집을 위한 문제해결 평가기준과 의사소통 평가기준을 구축하였다. 또한 그 평가기준에 따라 채점기준을 마련하여 평가를 수행하는 전 과정을 계획하였으며, 문제해결과 의사소통 평가기준을 마련하여 학생들에게 매 시간 알려주어 과정중심 평가가 잘 이루어질 수 있도록 유도하였고, 문제해결과 의사소통에 있어서의 과정평가를 진행하기 위해 NCTM (1999)을 참고하고 본 평가에서 의사소통력을 위한 평가요소를 본 평가의 목적에 맞게 추가하여 〈표 8〉과 같이 평가기준을 수립해 적용하였다.

〈표 8〉 평가기준에 의한 채점기준표

평가요소	평가기준	점수화
문제 이해	문제를 완전히 이해하여 모형을 잘 선택하거나 문제의 골격에 대해 그림으로 잘 설명함	2
	문제를 잘못 이해한 부분이 있음	1
	이해를 했다는 증거가 거의 없음	0
전략 수립	바른 해답을 이끌어낼 수 있는 올바른 전략을 선택함	2
	해답을 이끌어내기에 가능한 전략을 선택했으나 순서에 있어서 많은 오류가 있거나 불충분함	1
	선택한 전략이 적절치 않음	0

<table>
<tr><td rowspan="3" colspan="2">전략 수행</td><td>실수가 적거나 실수없이 올바른 전략을 수행함</td><td>2</td></tr>
<tr><td>부분적으로 올바른 전략을 수행했거나 또는 올바른 전략을 선택했으나 수행이 미흡함</td><td>1</td></tr>
<tr><td>부족한 전략으로 부족하게 수행을 했거나 전략은 올바르게 세웠으나 수행을 하지 않음</td><td>0</td></tr>
<tr><td rowspan="6">의사소통</td><td rowspan="3">쓰기</td><td>풀이과정을 정확한 수학적 기호를 사용하여 잘 표현함</td><td>2</td></tr>
<tr><td>부정확한 수학적 기호를 사용하여 풀이하였거나, 풀이를 잘 하였음</td><td>1</td></tr>
<tr><td>풀이를 못하였음</td><td>0</td></tr>
<tr><td rowspan="3">말하기</td><td>잘 알아듣도록 쉽게 설명함</td><td>2</td></tr>
<tr><td>설명은 하였으나 전달이 되지 않아 학생들이 무슨 내용인지 알아듣지 못함</td><td>1</td></tr>
<tr><td>설명을 못함</td><td>0</td></tr>
<tr><td rowspan="3" colspan="2">표현의 종합적 질</td><td>풀이과정 및 발표과정이 매력적이고, 산뜻하고, 명쾌하고 쉬움</td><td>2</td></tr>
<tr><td>풀이과정 및 발표과정이 읽거나 이해하기에 쉽지 않고 조잡함</td><td>1</td></tr>
<tr><td>풀이과정 및 발표과정이 논리적으로 앞뒤가 맞지 않아 읽는 사람이 이해할 수 없음</td><td>0</td></tr>
<tr><td colspan="3">점수</td><td></td></tr>
</table>

학생들을 이질집단 5개로 나누어 모둠을 구성하고 각자의 역할을 분담 해주었고, 학습 목표에 따라 교사가 개념을 설명하고 개념 확인 문제를 조별로 소집단 협동학습을 통해 해결하여 개념을 모르고 지나가는 학생이 없도록 진행하였다. 개념을 확인한 후 본 차시와 관련있는 문제해결 평가 문제를 나누어 주고 토론을 통하여 문제를 해결하도록 하였다. Polya의 문제해결 과정에 따라 정한 분석적 평가기준과 의사소통능력 평가기준을 보완한 평가기준을 적용하여 문제 이해부터 문제 해결까지 이르는 과정과 발표 과정을 조별로 평가하였고 평가결과를 알려주어 피드백을 하도록 하였다. 5차시의 수업을 매 수업 시마다 위와 같이 실시한 후 본 평가의 목적에 맞게 수업을 진행하는 동안의 학생들의 변화를 전후 비교로 관찰하였다. 매시간 실시하는 문제해결 문제는 교과서에 수록되어 있는 준개방형 문제로 제시하여 모둠의 구성원들이 머리를 맞대고 풀고 서로 토론과 의사소통을 통하여 해결할 수 있도록 하였다. 매 시간 수업은 동영상으로 촬영을 하여 전사를 하였고, 문제해결 평가문제의 토의과정은 각 조별로 스마트폰을 사용하여 촬영 후 분석하였다.

매 차시마다 문제해결 평가문제를 제시하여 모둠별로 해결하도록 한 후 해결한 것을 스마트폰을 이용하여 촬영한 자료를 학생들에게 조별로 발표를 하도록 하였다. 풀이한 것과 발표하는 것을 위의 기준에 따라 평가하고 분석하여 과정 중심의 학습 지도 및 평가 방향을 제시하였다.

(3) 평가 실행

① 수업 및 평가 흐름도

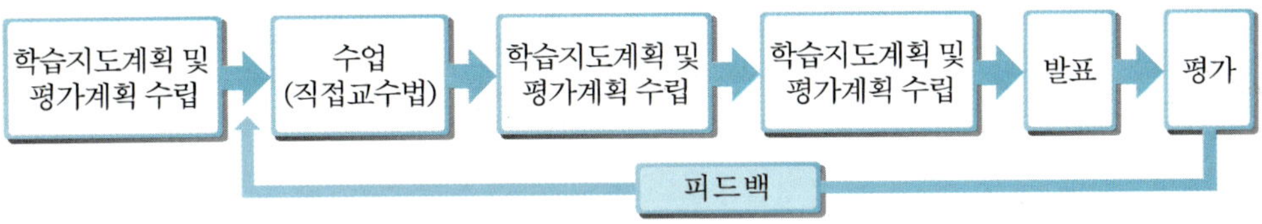

② 자료 분석

본 평가에서 수집된 자료는 학습지도안, 학습자료, 수업 동영상 기록, 토론 동영상 기록, 학생들의 문제해결능력 및 의사소통능력 평가문제지, 동영상 전사 자료 등을 포함한다.

5. 평가 결과

1) 수업 분석 및 평가 문제 풀이과정 분석

(1) 1차시 평가 문제

1차시 수업을 동영상으로 촬영한 후, 학생들의 쓰기 능력과 발표 자료와 토론 수업 후의 문제해결력을 분석하여 보았다.

행렬 단원을 지도하면서 교사는 먼저 행렬의 기본개념을 알려준 후, 준개방형 문제를 제시하면서, 문제해결 방법도 동시에 아래와 같이 제시하였다.

교사: 오늘은 여기까지 배우고 이제 조별로 문제를 해결 해 봅시다. 민수네 반은 수학 시간에 행렬의 뜻을 배운 후, 생년월일을 2×3 행렬로 만들어 서로의 생일을

맞히는 퀴즈 놀이를 하였다. 예를 들어, 1995년 3월 14일에 태어난 학생의 생년월일을 행렬 $A=\begin{pmatrix} 9 & 0 & 1 \\ 5 & 3 & 4 \end{pmatrix}$ 와 같이 나타내기로 하였다. 민수가 내준 다음 힌트를 보고, 민수의 생년월일을 행렬로 나타내어라.

> 내 생년월일을 나타낸 행렬은 (2, 1) 성분이 4이고, 2열의 성분의 합은 3이야. 그리고 (2, 2) 성분과 (1, 3) 성분이 같아. 또 각 행의 성분의 합은 12이지. 자, 내 생일을 맞혀 볼 사람?

교사: 문제를 해결할 때에는 일단 문제가 무슨 뜻인지 이해한 다음, 어떻게 풀 것인지 전략을 세우고 토론을 통해서 문제를 이끌어 내세요.

조별로 소집단 협동학습을 통해 문제해결을 한 뒤 학습지에 풀이과정을 쓰고 앞에 나와 스마트폰으로 풀이과정을 찍은 것을 화면으로 띄워 놓고 발표하는 과정을 관찰하여 분석해 보았다. 가장 높은 점수를 받은 1조와 가장 낮은 점수를 받은 조 중의 하나인 5조와의 비교 분석을 통하여 과정 중심 평가를 통한 문제해결 능력과 의사소통 능력의 변화를 살펴보았다.

① 1조

토론 영상을 분석해 볼 때, 문제 이해를 정확히 하고 문제풀이 전략도 제대로 세우고 있는 것을 알 수 있었다. 문제를 먼저 이해한 학생이 주도적으로 문제 전략을 세우고 조원들에게 설명을 해 주었으며, 쓰기도 과정에 따라 잘 쓰고 있었다.

학생 1: 2열 성분의 합이 3이라고?
학생 2: 그러니까 12월이나 3월 밖에 없잖아.
학생 1: 1, 2나 0, 3 밖에 없어.
학생 3: 그런데 (2, 1) 성분이 4라니까.
학생 1: 케이스 분류해서 해야 해.
학생 1: 물음표, 4, 0, 3, ⋯ 이렇게 나오지.
학생 2: 중요한 건 이렇게 합해서 12가 나와야 돼.
여기는 9가 나와야 돼.
여기는 6이니까 이렇게 나오고, 여기서는 9, 4, 0, 3, 3, 5.
35일이 나오니까 안되는 거지. 그래서 이게 답이 되는 거야.

민수네 반은 수학시간에 행렬의 뜻을 배운 후, 생년월일을 2×3 행렬로 만들어 서로의 생일을 맞히는 퀴즈 놀이를 하였다. 예를 들어, 1995년 3월, 14일에 태어난 학생의 생년월일을 행렬 $A=\begin{pmatrix} 9 & 0 & 1 \\ 5 & 3 & 4 \end{pmatrix}$와 같이 나타내기로 하였다. 민수가 내준 다음 힌트를 보고, 민수의 생년월일을 행렬로 나타내어라.

내 생년월일을 나타낸 행렬은 (2, 1) 성분이 4이고, 2열의 성분의 합은 3이야. 그리고 (2, 2) 성분과 (1, 3) 성분이 같아. 또 각 행의 성분의 합은 12이지. 자, 내 생일을 맞혀 볼 사람?

[풀이]

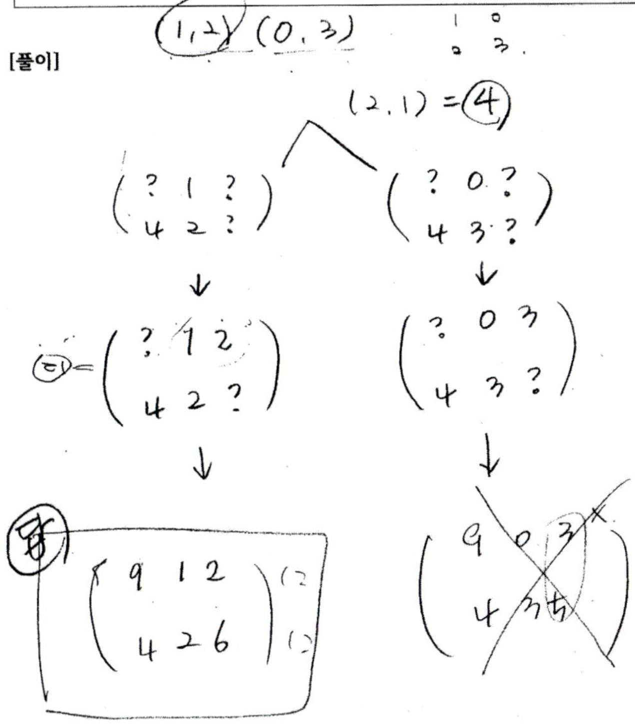

평가요소		점수화의 근거	점수화
문제 이해		문제를 완전히 이해함	2
전략 수립		바른 해답을 이끌어낼 수 있는 올바른 전략을 선택함	2
전략 수행		실수가 적거나 실수없이 올바른 전략을 수행함	2
의사소통	쓰기	풀이과정을 정확한 수학적 기호를 사용하여 잘 표현함	2
	말하기	잘 알아듣도록 쉽게 설명함	2
표현의 종합적인 질		풀이과정 및 발표과정이 매력적이고 산뜻함	2
점수			12

② **5조**

토론을 통해 문제해결을 해 보라고 시간을 주었더니 각자 풀고 답을 맞춰 보고 있었다. 문제를 이해하고 전략을 수립하고 문제 해결 과정을 쓰는 과정이 드러나지 않았고 머릿속으로 생각하고 있는 것을 체계적으로 쓰는 것이 서툴러 답만 쓰고 있었다.

열심히 각자 푼다. 한참 후 먼저 푼 학생이 답을 이야기한다.

학생1: 94년 12월 26일.

학생2: 어떻게 했어?

학생1: 처음에 (2, 1) 성분이 4랬잖아. 2열 성분의 합이 3이래. 둘 중 하나잖아. 12월이 돼야 한다구. 풀이를 어떻게 써야 할지 모르겠어.

나머지 구성원들은 묵묵하게 둘의 대화를 듣고 시종 가만히 있었다.

민수네 반은 수학시간에 행렬의 뜻을 배운 후, 생년월일을 2×3 행렬로 만들어 서로의 생일을 맞히는 퀴즈 놀이를 하였다. 예를 들어, 1995년 3월 14일에 태어난 학생의 생년월일을 행렬 $A=\begin{pmatrix} 9 & 0 & 1 \\ 5 & 3 & 4 \end{pmatrix}$와 같이 나타내기로 하였다. 민수가 내준 다음 힌트를 보고, 민수의 생년월일을 행렬로 나타내어라.

내 생년월일을 나타낸 행렬은 (2, 1) 성분이 4이고, 2열의 성분의 합은 3이야. 그리고 (2, 2) 성분과 (1, 3) 성분이 같아. 또 각 행의 성분의 합은 12이지. 자, 내 생일을 맞혀 볼 사람?

[풀이] 94년 12월 26일

평가요소	점수화의 근거	점수화
문제 이해	답이 나온 것으로 보아 문제를 이해하기는 했으나 문제를 이해했다는 증거가 없음	1
전략 수립	답이 나온 것으로 보아 전략을 수립하기는 했으나 전략을 제대로 수립했다는 증거가 없음	1
전략 수행	답이 나온 것으로 보아 전략을 수행하기는 한 것 같으나 전략 수행과정이 미흡함	1

<table>
<tr><td rowspan="2">의사
소통</td><td>쓰기</td><td>풀이를 못하였음</td><td>0</td></tr>
<tr><td>말하기</td><td>설명은 하였으나 전달이 제대로 되지 않아 학생들이 무슨 내용인지 알아듣지 못함</td><td>1</td></tr>
<tr><td colspan="2">표현의
종합적인 질</td><td>풀이과정이 없고 발표과정이 이해하기에 쉽지 않고 미흡함</td><td>0</td></tr>
<tr><td colspan="2">점수</td><td></td><td>3</td></tr>
</table>

학생들이 문제는 잘 이해하는 수준이나 문제해결을 위한 전략수립이 부족하며 전략을 수행하기 위한 활동이 활발한 조는 무척 활발했으나 대부분의 조는 전략 수행을 위한 활동이 거의 보이지 않는 수준이었다. 앞에 나와서 발표하는 수준도 체계적이지 못하고 전체적으로 종합적인 질적 수준이 낮은 편이었다.

수업 정리 부분에서 학생들의 문제해결에 대한 방법과 의사소통의 방법에 대해서 교사의 교정 지도가 있었다.

교사: 여러분들이 풀어놓은 과정을 살펴보니까 두가지를 가정해서 살펴보고 가정한 것중 답을 고르는 방법이 진영이네조이네요. 설명은 했지만 부족함이 보이죠? 보완해야겠네요. 또 다른 팀도 답은 보이지만 이해할 수 있도록 풀이과정이 되어있지 않군요. 여러분의 문제 해결 능력 과제를 풀면서 짚고 넘어갈 문제는 무엇일까요? 종합적으로 볼 때 어떤 과정을 거쳐야 할까요?

학생 1: 정리한다. 문제를 푼다.
학생 2: 토론에서 풀이를 잘 한다.
교사: 그 이전에 할 일은?
학생 3: 문제를 읽는다.
교사: 그렇죠. 문제를 먼저 읽은 다음 문제에서 원하는 것을 파악한 다음 그 다음에는?
학생 1: 각자 문제 푼 다음 이야기 한다.
학생 2: 서로 이야기 한다.
교사: 문제를 풀기 전에 해야 할 일은?
학생 2: 생각을 한다.
교사: 그렇죠. 문제 풀기 전 생각을 한다는 것은 전략을 수립한다는 것이죠.
이 문제를 풀기 위해 미지수를 몇 개로 할 것인지, 어떤 개념이 들어가야한다

든지, 예를 들면 그림이 필요하면 그림을 그리고, 방정식을 세워야 한다면 방정식을 세우고 이것이 전략이 짧은 시간 내에 토론을 통해 이루어져야 되요.

****** 〈중략〉 ******

교사: 그 다음에 문제 풀이과정이 이루어져야죠. 조원들 사이에 토론이 된 다음, 나와서 발표하는 것도 중요합니다. 생각하는 것도 중요하지만, 전달하는 것도 중요합니다. 이러한 연습들이 반복되어야 합니다.

(2) 5회 평가문제

누구나 알 수 있는 문장인 평문을 암호화한 문장을 암호문이라 하며, 암호문을 평문으로 복원하는 것을 해독한다고 한다. 힐(Hill)이 1929년 발표한 Hill 암호에서는 평문을 키(Key)행렬을 이용하여 암호문으로 만든다.

키행렬 $K=\begin{pmatrix}1 & 2\\2 & 5\end{pmatrix}$와 다음 대응표를 이용하여 평문을 암호문으로 만들어 보자

A	B	C	D	E	F	G	H	I	J	K	L	M	N	O	P	Q	R	S	T	U	V	W	X	Y	Z
0	1	2	3	4	5	6	7	8	9	10	11	12	13	14	15	16	17	18	19	20	21	22	23	24	25

(단, 위 표의 수는 26으로 나눈 나머지를 나타낸다.)

LOVE를 $\text{LO}=\begin{pmatrix}11\\14\end{pmatrix}$, $\text{VE}=\begin{pmatrix}21\\4\end{pmatrix}$로 나누어 각각 행렬 K와 곱하면

$\begin{pmatrix}1 & 2\\2 & 5\end{pmatrix}\begin{pmatrix}11\\14\end{pmatrix}=\begin{pmatrix}39\\92\end{pmatrix}=\begin{pmatrix}13\\14\end{pmatrix}=\text{NO}$, $\begin{pmatrix}1 & 2\\2 & 5\end{pmatrix}\begin{pmatrix}21\\4\end{pmatrix}=\begin{pmatrix}29\\62\end{pmatrix}=\begin{pmatrix}3\\10\end{pmatrix}=\text{DK}$

이므로 평문 LOVE는 암호문 NODK가 된다.

한편 키행렬 K의 역행렬 $K^{-1}=\begin{pmatrix}5 & -2\\-2 & 1\end{pmatrix}$을 이용하면 암호문을 해독할 수 있다.

암호문 NODK를 $\text{NO}=\begin{pmatrix}13\\14\end{pmatrix}$, $\text{DK}=\begin{pmatrix}3\\10\end{pmatrix}$으로 나누어 각각 행렬 K^{-1}와 곱하면

$\begin{pmatrix}5 & -2\\-2 & 1\end{pmatrix}\begin{pmatrix}13\\14\end{pmatrix}=\begin{pmatrix}37\\-12\end{pmatrix}=\begin{pmatrix}11\\14\end{pmatrix}=\text{LO}$, $\begin{pmatrix}5 & -2\\-2 & 1\end{pmatrix}\begin{pmatrix}3\\10\end{pmatrix}=\begin{pmatrix}-5\\4\end{pmatrix}=\begin{pmatrix}21\\4\end{pmatrix}=\text{VE}$

이므로 암호문 NODK는 평문 LOVE가 된다.

[문제] 키행렬 $K=\begin{pmatrix}3 & 4\\2 & 3\end{pmatrix}$과 위의 대응표를 이용하여 다음 물음에 답하여라.

1 평문 HOME을 암호문으로 만들고, 이 암호문을 평문으로 복원하여라.

2 암호문 LASSIKPUAN을 해독하여라.

① 1조

1회 평가문제 풀이에서부터 문제해결 과정에 있어서 꾸준하게 문제 이해를 제대

로 하고, 전략을 제대로 세우고, 조원들 간의 의사소통이 잘 되어 문제해결에 도달한 조였다. 5회 평가문제에서도 가장 먼저 문제를 해결하였고, 토론 과정을 지켜 보아도 먼저 이해한 학생이 주도적으로 문제 해결 전략을 세워 문제 이해가 되지 않은 학생들과 토의를 거쳐 문제를 해결하고 있음을 알 수 있었다.

누구나 알 수 있는 문장인 평문을 암호화한 문장을 암호문이라 하며, 암호문을 평문으로 복원하는 것을 해독한다고 한다. 힐(Hill)이 1929년 발표한 Hill 암호에서는 평문을 키(Key) 행렬을 이용하여 암호문으로 만든다.

키행렬 $K=\begin{pmatrix}1 & 2\\ 2 & 5\end{pmatrix}$와 다음 대응표를 이용하여 평문을 암호문으로 만들어 보자.

A	B	C	D	E	F	G	H	I	J	K	L	M	N	O	P	Q	R	S	T	U	V	W	X	Y	Z
0	1	2	3	4	5	6	7	8	9	10	11	12	13	14	15	16	17	18	19	20	21	22	23	24	25

(단, 위 표의 수는 26으로 나눈 나머지를 나타낸다.)

LOVE를 LO $=\begin{pmatrix}11\\14\end{pmatrix}$, VE $=\begin{pmatrix}21\\4\end{pmatrix}$로 나누어 각각 행렬 K와 곱하면

$$\begin{pmatrix}1 & 2\\ 2 & 5\end{pmatrix}\begin{pmatrix}11\\14\end{pmatrix}=\begin{pmatrix}39\\92\end{pmatrix}=\begin{pmatrix}13\\14\end{pmatrix}=\text{NO},\ \begin{pmatrix}1 & 2\\ 2 & 5\end{pmatrix}\begin{pmatrix}21\\4\end{pmatrix}=\begin{pmatrix}29\\62\end{pmatrix}=\begin{pmatrix}3\\10\end{pmatrix}=\text{DK}$$

이므로 평문 LOVE는 암호문 NODK가 된다.

한편 키행렬 K의 역행렬 $K^{-1}=\begin{pmatrix}5 & -2\\ -2 & 1\end{pmatrix}$을 이용하면 암호문을 해독할 수 있다.

암호문 NODK를 NO $=\begin{pmatrix}13\\14\end{pmatrix}$, DK $=\begin{pmatrix}3\\10\end{pmatrix}$으로 나누어 각각 행렬 K^{-1}와 곱하면

$$\begin{pmatrix}5 & -2\\ -2 & 1\end{pmatrix}\begin{pmatrix}13\\14\end{pmatrix}=\begin{pmatrix}37\\-12\end{pmatrix}=\begin{pmatrix}11\\14\end{pmatrix}=\text{LO},\ \begin{pmatrix}5 & -2\\ -2 & 1\end{pmatrix}\begin{pmatrix}3\\10\end{pmatrix}=\begin{pmatrix}-5\\4\end{pmatrix}=\begin{pmatrix}21\\4\end{pmatrix}=\text{VE}$$

이므로 암호문 NODK는 평문 LOVE가 된다.

키행렬 $K=\begin{pmatrix}3 & 4\\ 2 & 3\end{pmatrix}$과 위의 대응표를 이용하여 다음 물음에 답하여라.

1 평문 HOME을 암호문으로 만들고, 이 암호문을 평문으로 복원하여라.

HO $=\begin{pmatrix}7\\14\end{pmatrix}$: $\begin{pmatrix}3 & 4\\ 2 & 3\end{pmatrix}\begin{pmatrix}7\\14\end{pmatrix}=\begin{pmatrix}77\\56\end{pmatrix}=\begin{pmatrix}25\\4\end{pmatrix}$, ME $=\begin{pmatrix}12\\4\end{pmatrix}$: $\begin{pmatrix}3 & 4\\ 2 & 3\end{pmatrix}\begin{pmatrix}12\\4\end{pmatrix}=\begin{pmatrix}52\\36\end{pmatrix}=\begin{pmatrix}0\\10\end{pmatrix}$

답: ZEAK

2 암호문 LASSIKPUAN을 해독하여라.

LA: $\begin{pmatrix}3 & -4\\ -2 & 3\end{pmatrix}\begin{pmatrix}11\\0\end{pmatrix}=\begin{pmatrix}33\\-22\end{pmatrix}=\begin{pmatrix}7\\4\end{pmatrix}$ = HE

SS = $\begin{pmatrix}3 & -4\\ -2 & 3\end{pmatrix}\begin{pmatrix}18\\18\end{pmatrix}=\begin{pmatrix}-18\\18\end{pmatrix}=\begin{pmatrix}8\\18\end{pmatrix}$ = IS

IK = $\begin{pmatrix}3 & -4\\ -2 & 3\end{pmatrix}\begin{pmatrix}8\\10\end{pmatrix}=\begin{pmatrix}-16\\14\end{pmatrix}=\begin{pmatrix}10\\14\end{pmatrix}$ = KO

PU = $\begin{pmatrix}3 & -4\\ -2 & 3\end{pmatrix}\begin{pmatrix}15\\20\end{pmatrix}=\begin{pmatrix}-35\\30\end{pmatrix}=\begin{pmatrix}17\\4\end{pmatrix}$ = RE

AN = $\begin{pmatrix}3 & -4\\ -2 & 3\end{pmatrix}\begin{pmatrix}0\\13\end{pmatrix}=\begin{pmatrix}-52\\39\end{pmatrix}=\begin{pmatrix}0\\13\end{pmatrix}$ = AN

답: HEISKOREAN

평가요소		점수화의 근거	점수화
문제 이해		문제를 완전히 이해함	2
전략 수립		바른 해답을 이끌어낼 수 있는 올바른 전략을 선택함	2
전략 수행		실수없이 올바른 전략을 수행함	2
의사 소통	쓰기	풀이를 잘 하였으나 역행렬을 구하는 과정 등이 생략되어 있어 약간의 미흡함이 있음	1
	말하기	잘 알아듣도록 쉽게 설명함	2
표현의 종합적인 질		풀이과정에 실수가 없고 알아듣도록 잘 발표함	2
점수			11점

② 5조

1차 평가문제에서는 서로 토론도 안 되고 각자 풀이를 해서 답만 맞춰 보던 조였다. 5회의 문제해결 과정을 거치면서 매회 과정평가를 실시하고 피드백을 통해 교정을 해준 결과 문제해결 능력이 좋아지고 있음을 알 수 있었다. 토론 과정에서 스스로 잘못 계산한 것을 찾아 수정을 하고 있었으며, 혼자 해결하지 못하던 것을 함께 해결하는 모습을 보여 주었다.

학생 1: 근데 저거 무슨 말이야? He is ....
학생 2: He is Ko... ?
학생 1: Korean 아닐까?
학생 3: 히 이즈 코, 코잔, 코제안?
안 나오지? AN 나오지?
학생 2: 어, AN이다.
학생 3: 맞지? 그러니까 PU를 다시 구하는거야.
학생 2: 어, PU 잘못했나 봐. J가 아닌가 봐.
학생 3: 그러니까, 빨리 구하자, 우리.
학생 3: U가 어디 박혀 있어?
학생 2: 80에서 45를 빼면 35 아니야?
학생 1: 아니지, -80이잖아. $45-80$이잖아.
학생 2: -35네.
학생 1: 너, 그래서 틀린 거 아니야?

학생 2: 아, 그렇다.

학생 4: 왜, 코리안이야?

학생 1: 코리안 같은데, 이게 답이 다르게 나온 거야. 그래서 다시 풀어보고 있는데, 수한이가 틀린게, 80 − 45로 계산한 거야. 그래서 틀렸어.

학생 4: 그럼 원래 뭐로 계산해야 되는 거야?

학생 1: 45 − 80으로.

학생 2: 아, 맞아.

학생 1: 맞지?

누구나 알 수 있는 문장인 평문을 암호화한 문장을 암호문이라 하며, 암호문을 평문으로 복원하는 것을 해독한다고 한다. 힐(Hill)이 1929년 발표한 Hill 암호에서는 평문을 키(Key) 행렬을 이용하여 암호문으로 만든다.

키행렬 $K=\begin{pmatrix}1 & 2\\2 & 5\end{pmatrix}$와 다음 대응표를 이용하여 평문을 암호문으로 만들어 보자.

A	B	C	D	E	F	G	H	I	J	K	L	M	N	O	P	Q	R	S	T	U	V	W	X	Y	Z
0	1	2	3	4	5	6	7	8	9	10	11	12	13	14	15	16	17	18	19	20	21	22	23	24	25

(단, 위 표의 수는 26으로 나눈 나머지를 나타낸다.)

LOVE를 LO $=\begin{pmatrix}11\\14\end{pmatrix}$, VE $=\begin{pmatrix}21\\4\end{pmatrix}$로 나누어 각각 행렬 K와 곱하면

$$\begin{pmatrix}1 & 2\\2 & 5\end{pmatrix}\begin{pmatrix}11\\14\end{pmatrix}=\begin{pmatrix}39\\92\end{pmatrix}=\begin{pmatrix}13\\14\end{pmatrix}=\text{NO},\ \begin{pmatrix}1 & 2\\2 & 5\end{pmatrix}\begin{pmatrix}21\\4\end{pmatrix}=\begin{pmatrix}29\\62\end{pmatrix}=\begin{pmatrix}3\\10\end{pmatrix}=\text{DK}$$

이므로 평문 LOVE는 암호문 NODK가 된다.

한편 키행렬 K의 역행렬 $K^{-1}=\begin{pmatrix}5 & -2\\-2 & 1\end{pmatrix}$을 이용하면 암호문을 해독할 수 있다.

암호문 NODK를 NO $=\begin{pmatrix}13\\14\end{pmatrix}$, DK $=\begin{pmatrix}3\\10\end{pmatrix}$으로 나누어 각각 행렬 K^{-1}와 곱하면

$$\begin{pmatrix}5 & -2\\-2 & 1\end{pmatrix}\begin{pmatrix}13\\14\end{pmatrix}=\begin{pmatrix}37\\-12\end{pmatrix}=\begin{pmatrix}11\\14\end{pmatrix}=\text{LO},\ \begin{pmatrix}5 & -2\\-2 & 1\end{pmatrix}\begin{pmatrix}3\\10\end{pmatrix}=\begin{pmatrix}-5\\4\end{pmatrix}=\begin{pmatrix}21\\4\end{pmatrix}=\text{VE}$$

이므로 암호문 NODK는 평문 LOVE가 된다.

키행렬 $K=\begin{pmatrix}3 & 4\\2 & 3\end{pmatrix}$과 위의 대응표를 이용하여 다음 물음에 답하여라.

1 평문 HOME을 암호문으로 만들고, 이 암호문을 평문으로 복원하여라.

2 암호문 LASSIKPUAN을 해독하여라.

평가요소		점수화의 근거	점수화
문제 이해		문제를 완전히 이해함	2
전략 수립		바른 해답을 이끌어낼 수 있는 올바른 전략을 선택함	2
전략 수행		실수없이 올바른 전략을 수행함	2
의사소통	쓰기	풀이를 잘 하였으나 답을 쓸 때 약간의 미흡함이 있음	1
	말하기	잘 알아듣도록 쉽게 설명함	2
표현의 종합적인 질		풀이과정이 잘 되었고 알아듣도록 잘 발표함	2
점수			11점

2) 과정 중심 평가에 대한 학생들의 인식 변화

매 차시 소집단 협동학습을 통하여 문제해결 능력 및 의사소통 능력을 측정할 수 있는 평가문제에 대한 전략을 수립하여 학생들에게 제시하면, 학생들은 모둠원끼리 토의를 통하여 해결 한 후에, 서로 다른 모둠에게 발표를 통하여 의사소통을 하고, 교사의 과정 중심 평가를 통해 피드백을 해 본 학생들은 교수·학습에 과정중심 평가 투입을 하는 것에 대하여 비교적 긍정적인 반응을 보였다. 토론 과정에서 본인의 생각을 말하고 남의 논리를 들으면서 문제해결을 하는 데에 대하여 의사소통의 어려움을 말하는 학생도 있었고, 쓰기의 어려움을 겪은 학생도 있었다.

그러나 문제해결 과정에 있어서 토론을 하는 과정이나 발표를 하는 과정이 의사소통이 비교적 잘 되는 1조 학생들 뿐만 아니라 토론에 익숙하지 않았던 5조 학생들 모두 의사소통 능력을 향상시키는 데에 도움이 되었다는 것으로 반응하였다. 문제 풀이 과정을 쓰는 과정도 처음에는 체계적으로 잘 못 쓰던 학생들이 매시간 달라지는 것을 관찰할 수 있었다. 실제로 1회 평가 문제 해결 과정에서 토론을 하지 않고 각자 풀고 맞춰보고 문제 해결 과정을 하나도 못쓰던 5조 학생들이 차시를 거듭할수록 처음에는 없었던 전략 수립 과정과 전략 수행 과정이 나타나게 되었다. 그리하여 5차시쯤 되었을 때는 자연스럽게 서로의 의견을 나누고 토론하는 과정을 체계적으로 적을 수 있게 되는 것이 관찰되었다.

학생 1(1조): 토론을 통해서 문제를 해결하면 수학을 풀면서 모르는 애들은 소외

되게 되고 잘하는 애들은 더 나서게 되잖아요? 자신을 봤을 때 토론을 하게 되면 자기보다 못하는 애한테 가르쳐 주어서 못하는 애가 수학을 좀 더 잘 할 수 있게 되고 잘하는 애는 좀 더 잘 할 수 있는 발판이 될 수 있어요. 발표를 하면서 제가 정리를 막 하는데 이걸 하면서 더 논리적으로 잘 할 수 있었구요. 애들끼리 대화는 저희 조는 잘 안되는 편이고, 경청은 많이 하려고 노력하고, 쓰는 것은 논리적으로 잘 쓰고 있어요.

학생 2(2조): 토론을 통해 문제를 해결하게 되면 혼자 풀 때보다 혼자 모르는 게 있으면 옆의 친구가 알면 같이 풀 수 있어서 좋고, 발표를 하면 다른 조들이 이렇게도 풀 수도 있구나 하고 생각도 하게 되고 저희 조는 주장이 강한 애도 있고 모르면 모르는 친구들에게 알려 주고 듣고 알려주고 쓰는 것을 하는데 쓰기는 잘 되었던 것 같아요.

학생 3(2조): 토론 학습을 하기 전에는 선생님 수업을 앉아서 들으니까 졸립기도 하고 이해가 안 가는 부분은 다시 물어볼 수도 없었는데, 토론 수업을 한 다음에 친구들과 수업을 하면서 모르는 것도 물어볼 수도 있고, 혼자 풀 수 없는 것도 여럿이 힘을 합치니까 이해도 잘 가고 좋은 것 같아요. 많은 도움이 되는 것 같아요.

학생 4(4조): 토론을 통해서 모르는 문제는 혼자 해결을 못하는 경우가 있었는데, 같은 조원들끼리 내가 모르는 문제를 다른 사람이 알고 이런 식으로 알려주면서 풀었기 때문에 좀 더 편한 면이 있었던 것 같아요. 발표를 하면서 얻어진 것은 나는 한가지 방법을 알고 있는데 다른 조 사람들은 내가 아는 방법 이외에 여러 가지 방법을 알고 있어서 조금 더 많은 방법을 알게 된 것 같아요. 토론을 통해서 내가 못 푸는 문제를 같이 풀 수 있으니까 조금 더 쉽고 편하게 했던 것 같아요.

학생 5(5조): 저희 조는 다른 조와 다르게 먼저 문제를 풀고 토의하는 과정을 가졌어요. 그런데 여기서 나타난 문제점이 문제를 풀지 못하는 친구들은 그냥 백지 상태로 있다가 나중에 토의에 참여하지 못하는 경우가 생겨서 이걸 고치는 방향으로 해야겠다고 생각했고, 또 이렇게 하면서 발표 참여를 못하는 친구들도 있었고, 쓰는 것도 못하고 말로만 하는 친구도 있었어요. 저희는 이러한 토의를 하면서 문제를 푸는 것을 통해서 집중력도 기를 수 있었던 것 같고, 다른 조가 어떻게 풀었는지 다양한 방법을 알 수 있어서 좋았어요.

3) 교사의 변화

강의식 수업에서는 이해가 빠른 몇몇의 학생에 의해 수업이 진행되는 면이 있고, 이해가 느린 학생의 경우 의사표현을 하지 않으면 그들이 이해를 못했다는 것을 교사가 인지하지 못한 채 계속 진도를 나가게 되는 경우가 많다.

수업에 문제해결력 문제를 투입하여 토론을 통하여 해결하도록 하고 풀이과정을 발표하게 하는 수업을 하면서 문제풀이 과정을 채점기준을 정하여 채점하고 그 결과를 바로 알려주어 피드백을 해 주는 수업을 진행하다 보니 학생들이 놓치는 부분이 무엇인지 정확하게 알게 되고, 개개인의 이해 정도까지 확인할 수 있게 되어 학생 이해 부분에서 큰 효과를 보게 되었다. 따라서 보편적인 수준에서 작성하게 되던 학습지도안도 학생들의 수준을 반영한 지도안이 나오게 되어 학생들의 이해도와 참여도가 높은 질 좋은 수업을 할 수 있게 되었다.

학생들 또한 모르면 그냥 넘어가던 것들을 하나하나 짚고 넘어가게 되니까 질문이 많아지고, 협동학습을 통한 완전학습을 추구할 수 있게 되었다.

6. 결론

과정 평가를 통해 문제해결 능력 및 의사소통 능력 향상을 시키기 위한 5차시 수업을 진행하는 동안 학생들에게서는 아래와 같은 변화가 일어났다.

1) 문제해결 능력

처음 문제해결 문제를 제시했을 때 학생들은 문제를 이해하는 데는 별 문제가 없으나 전략을 세우고 전략을 수행하는 부분에 있어서 매우 서툴렀다. 토론과 발표수업의 의사소통을 통한 문제해결의 과정평가를 진행 한 후의 결과를 보면, 가장 점수가 높았던 부분은 문제 이해 부분이었고, 점수가 낮았던 부분은 전략 수행, 의사소통 능력 부분이었다. 문제를 잘 이해했어도 전략을 수행하는 과정에 있어서 실수를 하는 경우가 많았고, 의사소통하는 과정에서도 조별 토의과정에서 의사소통이 안 되고 쓰는 것이 체계적이지 못해 좋은 점수를 받지 못한 경우가 많았다.

과정평가를 통해 문제해결 자체에 충실한 평가를 할 수 있고, 각 과정을 체크할 수 있는 기회를 가짐으로써, 학생의 부족한 부분을 교정하고 교사도 부족한 부분을 활발하게 피드백을 할 수 있었다.

2) 의사소통 능력

수학 I 의 〈행렬〉 단원에서 문제해결을 위해 토론과 발표수업의 의사소통을 유도한 수업은 토론이 활발한 모둠의 학생들은 학습 목표의 도달도가 빠르고 높으나, 모둠원들이 토론을 낯설어 하거나 개개인 독립적으로 활동한 모둠은 문제에 대한 반응이 늦고 학습 목표의 도달도가 낮은 현상을 보였다.

또한, 토론과 발표를 통하여 수학적 언어를 듣는데 집중도가 높아짐으로써 문제해결의 다양한 방법을 습득하며, 수학적으로 사고하거나 창의적인 아이디어를 엮어가며 말할 수 있는 능력이 향상되고 더불어 다양한 현상에서 일어날 수 있는 문제해결을 논리적이고 발전적인 사고로 이어질 수 있도록 노력하는 수학적 자신감 등의 태도 향상에도 성장이 있었음을 발견할 수 있었다.

결국, 과정중심의 평가모델을 수립하고 적용을 해 보면, 학생들이 수학적 언어를 사용하여 말하거나 수학적 기호나 그래프 등을 사용하여 수학적 문장을 기술하는데 있어서 훨씬 빠른 속도로 향상되어 문제해결을 다양하고 창의적으로 할 수 있으리라 본다.

3) 앞으로 더 보완하여야 할 부분

본 평가를 실시한 후의 앞으로 지향해야하는 부분은 다음과 같다. 첫째, 과정평가는 일반 선다형평가보다 훨씬 시간이 많이 걸리고 교사의 수고가 많이 필요하여 매시간 투입하기에는 어려운 점이 있어 일선 교실현장에서 교사들이 꺼리는 이유 중에 하나라고 볼 수 있다. 이를 극복하기 위해서는 방학 중이나 휴일 등을 이용하여 한 학기 동안의 과정평가를 투입할 수 있도록 학습 과정안을 미리 짜 놓는 것이 필요하다.

둘째, 학생들에게 문제해결을 탐색하기 위해 좀 더 다양한 난이도의 문제를 투입해 볼 필요가 있었으나 짧은 평가기간으로 접근하지 못했던 아쉬움이 있다.

셋째, 좀 더 다양한 상황에서 의사소통을 유도 해 보는 것도 의미가 있을 듯하다.

넷째, 부진아나 저소득층 자녀 등 소외학생들에 대하여 과정평가 투입해 보는 것도 뜻 깊은 의미가 도출될 것으로 생각되며, 이들에 대한 과정평가의 평가기준을 구축해 보는 것도 시도해볼 만하다.

5.2 수학적 추론

1. 서론

1990년대 수학 교육의 개선방향으로 제시한 '학교수학의 교육과정 평가규준' (NCTM, 1989)에서는 모든 학생들을 위한 주요한 수학적 소양의 하나로서 수학적 추론 능력을 제안하고 추론으로서의 수학 관련 규준을 의도적으로 선택하여 수학적 추론을 수학 교육의 핵심주제로 부각시키고 있다. 이는 수학은 추론을 하는 것으로, 추론 없이는 수학을 할 수가 없으며, 수학에 의미를 주고 수학의 힘의 근원이 되는 것은 추론 능력이라는 것이다.

이와 같이 수학 교육의 목표로서 강조되고 있는 수학적 추론에 대한 이해를 돕고 학생들의 다양한 수학적 활동 상황에서 추론 활동을 분석하고 평가할 수 있는 기준 및 관점을 마련하기 위해, 먼저 수학적 사고에 대한 여러 학자들의 의견과 수학적 사고 중의 하나인 수학적 추론의 위치를 알아보고자 한다.

수학적 사고와 추론 능력을 발전시키기 위하여 교수·학습에서 다음 사항에 유의한다.

(1) 귀납, 유추 등을 통해 학생 스스로 수학적 사실을 추측하게 하고, 이를 정당화하거나 증명해 보게 할 수 있다.

(2) 수학적 사실이나 명제를 분석하고, 수학적 관계를 조직하고 종합하며, 학생 자신의 사고 과정을 반성하게 한다.

즉, 수학 학습의 평가는 학생의 인지적 영역과 정의적 영역에 대한 유용한 정보를 제공하여 학생 개개인의 수학 학습과 전인적인 성장을 돕고 교사의 교수 활동과 수업 방법을 개선하는 데 활용해야한다. 인지적 영역에 대한 평가에서는 학생의 수학적 사고력 신장을 위하여 결과뿐만 아니라 과정도 중시하여 평가하되, 수학의 교수·학습에서 전반적으로 요구되는 사항을 강조해야 하고, 정의적 영역에 대한 평가에서는 학생의 수학에 대한 긍정적 태도를 신장시키기 위하여 학생의 수학에 대한 바람직한 가치관이나 수학 학습에 대한 관심, 흥미, 자신감 등의 정도를 파악해야한다(교육인적자원부, 2007).

이와 같이 수학교육의 교수·학습과 평가에서 추론 능력을 향상시키기 위해서는 교사들이 문제 해결 전략으로 추론에 대한 다양한 전략과 이해가 있어야 하며, 학생들의 추론 능력을 분석하여 피드백을 할 수 있어야 할 것이다. 중학교의 대수적 문제해결과 기하학적 추론 능력을 고등학교에서 문제해결 전략으로 채택하여 학생들이 적절히 사용하고 학업성취도를 향상시킬 수 있는 교수학적 전략을 연구해야 할 것이다.

Polya(1973)는 수학이 논증적 추론인 연역적 추론을 배우는데 뛰어난 기회를 제공하지만, 개연적 추론에 있어서도 그 기회를 제공하는 중요한 교과라고 하면서 논증과 더불어 개연적인 수학적 추론 지도의 필요성을 언급하였다. 수학자의 창조적인 연구 결과는 연역적 추론에 의해 확보되지만, 그 증명은 개연적 추론에 의해 발견되는 것이다. 수학 학습이 수학적 지식의 발견과 관련이 있는 것이라면 학생은 마땅히 개연적 추론을 할 수 있는 기회를 가져야 한다. 수학에서는 주로 논리적인 증명을 하기 위한 연역적 추론을 강조해 왔다. 연역은 형식적인 체계 속에서 정의, 공리, 정리들을 이용하여 규칙을 따라 결론을 이끌어 내는 엄밀한 증명으로 사실을 언급하는데 사용된다. 개연적 추론의 유형으로 귀납적 추론이 있다. 과학은 관찰로부터 시작해서 탐구되며, 과학적 지식은 관찰로부터 귀납에 의해 이끌어내어진다. 전통적인 철학에 의하면 귀납은 구체적인 전제에서 일반적인 결론을 이끌어 내는 추론으로 기술되며, 이런 방식으로 이해된 귀납은 일반적인 전제에서 개별적인 결론을 이끌어내는 추론으로 규정된 연역과 대조된다(이종희, 김선희, 2002). 우정호(1999)는 유추는 부분적이 유사성을 바탕으로 어떤 대상에 대하여 성립하는 성질이나 어떤 관계 체계로부터 그와 유사한 대상의 성질이나 관계 체계를 추측하게 하며, 부분적인 닮음을 근거로 하여 어떤 상황에 대한 개념적 지식이 다른 유사한 상황으로 전이되어 관련된 개념적 지식을 형성하게 하는 형태의 개연적 추론이다.

학교수학에서 기하교육은 기하학적 직관능력과 이를 바탕으로 한 추론능력을 발달시키는 것을 주요 목적으로 한다. 추론(reasoning)은 이미 알고 있는 사실로부터 새로운 결론을 이끌어내는 방법적 측면의 수학적 사고를 말하며, 일반적으로 귀납적 추론, 유추, 연역적 추론의 유형으로 분류한다. 학생의 추론능력을 이해하려면 각 추론유형 속에 포함되어 있는 사고 과정에 대한 증거를 찾을 수 있어야 한다.

박혜숙과 나귀수(2010)는 '수학적 과정'은 다양한 현상을 수학과 연결하고 다양한 상황에서 발생하는 문제를 해결할 때 활성화되어야 하는 수학적 능력을 의미하며, 수학적 문제해결, 수학적 추론, 수학적 의사소통 등을 구성 요소로 포함하는 개념이라고 강조했는데, '수학적 과정'의 하위 요소로 구분한 수학적 문제해결, 수학적 추론, 수학적 의사소통은 우리나라의 수학과 교육과정에서 지속적으로 강조되어 온 사항이다.

박한식, 구광조(1984)는 수학적 사고를 수학의 내용 그 자체에서의 사고와 수학의 내용을 매개로하여 개별적인 내용에 구애되지 않는 사고의 두 가지로 나누고 있으며, 사고 작용의 측면이 강조된 후자의 예로 논리적 사고, 연역적 사고, 귀납적 사고, 유추적 사고를 들고 있다.

2. 수학적 추론의 요소

1) 귀납적 추론

O'Daffier & Thornquist(1993)는 귀납적인 추론을 한 모임의 다른 요소 또는 모든 요소들에 대한 일반화를 이끌어 내기 위해서 하나의 모임에서 몇몇 요소에 대한 정보를 사용하는 수학적 추론이라고 말하고 있으며, 우정호(1999)는 관찰된 특수한 사례의 공통 성질에 주목하여 그러한 사례 전체에 대해서 성립하리라고 예상되는 숨겨져 있는 일반적인 법칙을 추측하는 추론이라고 말하고 있다. 즉, 귀납 추론은 관찰된 사실 뒤의 규칙성을 찾는 사고 과정으로서 특수한 경우에 대한 관찰과 분석, 결합을 통한 사실을 토대로 전체에 적용되는 일반 법칙을 발견하는 과정, 다시 말해 어느 사상의 부분에 관한 지식이나 개개의 특수 사례에서 출발하여 전체에 관한 지식이나 공통적이고 보편적인 성질을 찾아내는 과정에 사용되는 수학적인 추론 방법이라 할 수 있으며 부분의 열거에 따라 완전귀납추론과 불완전귀납추론으로 구분된다.

완전귀납추론은 귀납추론의 결론이 포함할 모든 사례를 소전제에서 남김없이 열거한 것으로서, 예를 들어 주사위의 마주보는 면에 있는 눈의 수인 (1,6), (2,5), (3,4) 사이에 '두 눈의 합이 7로 일정하다'란 관계가 있다는 것을 발전시키고자 할 때 이용할 수 있다. 그러나 Milk(1943)에 따르면 이와 같은 추론은 "이미 알려진 사실의 단순한 기록"에 지나지 않으므로 새로운 법칙에는 이르지 못한다(류성림 재인용, 1998).

불완전귀납추론은 전체에 대한 부분의 열거가 헤아릴 수 없이 많은 경우에 일일이 다 열거 할 수 없으므로, 부분적으로 열거된 많은 사례에서 볼 수 있는 동일한 주장이 열거되지 않은 다른 사례에서도 성립할 것으로 보고, 전체에 대한 보편적인 결론에 도달하는 귀납적 추론으로서, 그 근거는 주로 자연의 일반성에 두고 있다.

2) 연역적 추론

연역적 추론이란 상위의 일반적 원리나 법칙을 하위의 구체적인 상황에 적용시키는 추론 과정이다. 연역적 추론을 넓은 의미로는 전제로 주어진 몇 개의 명제로부터 논리적인 규칙을 써서 필연적인 결론을 도출하는 방법이며, 좁은 의미로는 일반적인 주장으로부터 특수한 주장으로 결론에 도출하는 방법으로 두 측면으로 볼 수 있다. 또한 O'Daffer & Thornquist(1993)는 연역적 추론을 전제로 주어진 몇 개의 명제로부터 타당한 추리 패턴을 사용하여 결론을 이끌어내는 수학적인 추론 과정이라고 정의하였다. 이와 같은 의미로 생각할 때 연역적 추론은 대부분의 문제 상황을 해결하는 과정에 포함되어 나타나지만 특히, 자신이 내린 결론에 대해 알려진 정리 또는 고유의 성질에 의거하여 타당한 근거를 제시하여 정당화하는 것을 목적으로 하는 문제 상황이나 주어진 명제를 증명하는 과정에서 주로 사용된다. 따라서 전제된 가정 아래에서 어떠한 결론을 내리고 결론에 대해 타당한 근거를 제시하는 증명의 과정으로 생각할 수 있을 것이다.

이러한 연역적 추론은 전체 속에 들어 있지 않은 내용을 이끌어 내어 새로운 지식으로 내용을 확장할 수 없으나 전제와 결론의 관계가 필연적이며 옳은 전제로부터 반드시 옳은 결론을 이끌어내므로 지식을 확립한다. 또한 직관 또는 귀납이 논리적으로 일관성 있는지와 그것이 실제로 검증된 경우에만 적용되는지 아니면 더 일반적으로 적용되는 지를 결정하는 수단이 되며(Baroody, 1993), 여러 가지 추론 방식 중에서도 논리적 사고와 비판적 사고의 함양에 크게 기여하는 것으로 인식되고 있다(나귀수, 1998). 특히 학교 수학에서는 증명을 통하여 연역적 추론 능력을 개발하고 수학적 이해를 증진시킴으로써 수학적으로 사고하는 힘을 키우도록 하고 있다.

3) 유비적 추론

현대 수학교육에서 유추는 수학적 사실의 인식 방법으로써 다양한 측면에서 연구되어지고 있다. Polya(1957)는 유추란 일종의 닮음이고 닮은 대상이란 어떤 점에서 서로 일치하는 것이며, 유사한 대상이란 서로 대응되는 부분에 대한 어떤 관계가 일치하는 것이라고 말하고 있다. 이용률, 성현경(1997)은 유추란 엄밀하지는 않지만, 한 대상이 어떤 성질을 지닐 때 이와 유사한 다른 대상에도 그 성질이 있으리라고 추측하는 것이라 하였다. 또한 우정호(1999)는 부분적인 유사성을 바탕으로 어떤 대상에 대하여 성립하는 성질이나 어떤 관계 체계로부터 그와 유사한 대상의 성질이나 관계 체계를 추측하게 하며 부분적인 닮음을 근거로 하여 어떤 상황에 대한 개념적 지식이 다른 유사한 상황으로 전이되어 관련된 개념적 지식을 형성하게 하는 형태의 개연적 추론이라고 정의하고, 패턴이나 법칙을 다루는 수학학습의 매우 필요한 강력한 사고도구로써 수학 학습 지도의 기본 바탕이 된다고 주장하였다.

유비적 추론이란 유출한 두 대상들 사이에서 몇 개의 유사점을 가지고 있는 경우 이에 근거하여 어떤 특수한 성질을 추론하는 것이라는 결론을 얻을 수 있다. 학생들이 이미 경험한 문제를 통한 문제해결 전략을 유사한 문제에 적용하여 문제를 해결하는 것도 일종의 유비적 관계를 이용한 추론의 적용이라 할 수 있을 것이다.

3. 선행 연구

수학적 추론에 관한 선행 연구들은 지금까지 추론 능력에 대한 다양한 연구가 진행되어 오고 있다. 본 평가에서는 추론 능력에 관한 여러 가지 방안을 강구한 NCTM(1989, 1995, 1999)를 중심으로 국내의 연구 사례에 대해 알아보고자 한다.

연역적 추론과 귀납적 추론은 수학의 모든 영역에서 요구된다. 연역적 추론은 논리적 증명이나 반례를 찾음으로써 가설을 검증하고, 귀납적 추론은 관찰의 규칙성을 일반화함으로써 가설을 설정하여 추론하는 것이다. 수학의 안팎의 상황에서 이러한 활동을 경험하게 함으로써 두 가지 추론의 역할을 이해할 수 있게 하는 것이 이 규준의 목적이다.

수학을 하는 것은 추론하는 것이요, 수학에 의미를 주고 수학하는 힘의 근원이 되는 것은 추론 능력이며, 수학 교육의 주요한 목적 중의 하나는 발견의 논리적인 귀납과 유추에 의한 개연적 추론 능력과 함께 강력한 정당화의 논리인 연역적 추론 능력을 개발하는 것이다. 그러나 최근의 수학 학습지도에서는 추론의 지도보다 결과적인 수학적 지식의 습득을 강조하고 있으며, 추론 능력의 평가를 소홀히 하고 있다(우정호, 1999). 1990년대 NCTM에서 수학 교육의 개선 방향으로 제시한 '학교 수학의 교육과정 평가의 규준'에서 모든 학생들을 위한 주요한 수학적 소양의 하나로서 수학적 추론 능력을 들고, 학교 수학의 모든 분야에서 추론을 보다 강조할 것을 요구하고 있는 것도 그러한 이유에서 일 것이다.

NCTM(1989, p. 310)에서는 수학적으로 추론하는 능력에 대한 평가 규준을 다음과 같이 제시하면서 구체적인 평가 방향을 제시하고 있다.

- 규칙성을 인식하고 가설을 설정하는데 귀납적 추론을 사용할 수 있다.
- 수학적 명제에 대한 개연적 논증(plausible arguments)을 전제하기 위해 추론을 사용할 수 있다.
- 비례추론과 공간추론을 사용하여 문제를 해결할 수 있다.
- 결론을 내리고 논증의 타당성을 판단하며, 타당한 논증을 구성하는데 연역추론을 사용할 수 있다.
- 상황을 분석하여 공통 성질과 구조를 결정할 수 있다.
- 수학의 공리적 성질을 이해할 수 있다.

즉 제시된 귀납적, 연역적 유비적 추론은 다양한 문제 상황을 통해 학생들의 수준에 맞게 제공되어야 하고, 이는 관찰, 면담, 질문, 지필 검사 등 다양한 기법으로 학생들의 능력이 평가되어야 함을 알 수 있다.

방정숙(1995)은 '초·중학생의 수학적 조건 추론 능력에 관한 분석에 관한 연구'에서 초등학교 아동의 수학적 추론 능력 향상을 위한 다음과 같은 이론적인 방안을 제시하였다. 첫째, 논리적인 논제를 만들어 봄으로써 수학적 추론을 연습해야 한다. 둘째, 새로 획득할 경험과 지식의 기초의 경험과 지식에 잘 연결되거나 통합됨으로서 지식이 청크(chunk)로 조직되어 추론이 잘 일어난다. 즉, 지식을 잘 구조화할수록 추론을 쉽게 할 수 있다는 것이다. 셋째, 명확한 개념의 이해를 바탕으로 규칙이나 절차들을 학습해야 한다. 넷째, 다양한 과제 환경을 제시하여 추론할 수 있는 기회를 제공해 주어야 한다. 다섯째, 적절한 발문 전략을 통해 추론 능력을 향상시킬 수 있다. 위 연구에서는 정형적인 과제보다는 다양한 사고를 자극할 수 있는 문제 상황을 제시하여 추론 할 수 있는 기회를 제공되어야 함을 시사되는 점이라고 할 수 있다.

역사적으로 추론발달의 기원은 그리스 수학으로 거슬러 올라간다. 수학에서 추론은 문자의 도식(lettered diagram)과 수학적 언어를 통해 발달하였고, 비로소 데카르트 이후에 도식 의존성과 언어적 문맥 상호의존성이 사라지게 되었다(Netz, 1999). Fischbein(1987)은 7~8세 학생의 80%만이 AAA형의 삼단논법에 올바른 답을 내릴 수 있었고, p→q와 같은 조건문의 활용은 초등학교 수준에선 적절하지 않은 것으로 보았다. Freudenthal(1991)은 추론이 국소적 조직화와 대역적 조직화를 통한 점진적 수학화의 과정으로 안내되어한다고 주장하며 단순히 수준만을 낮추어 가르치는 것에 대해 반교수학적 전도 가능성의 경고를 하였다.

황동욱(1997)은 '수학적 추론 능력 향상을 위한 학습 자료의 개발'에서 학생들의 수학적 추론 능력 향상을 위해 추론형 문제의 제시, 사전 지식의 구조화, 추론 상황 가지기, 추론에 따른 문제해결, 추론 형성평가 실시의 5단계 학습 과정을 거치면 수학적 추론 능력을 향상 시킨다는 것을 보이며 귀납적 추론 능력보다는 연역적 추론 능력이 더욱 향상된다고 하였다. 또한, 김은희(2002)는 '수학적 추론 능력 평가기준에 관한 연구'에서 수학적 추론 능력 평가에 대한 기준과 추론의 유형, 추론 능력 평가에 대한 다양한 자료를 통해 평가의 새로운 방향에 맞추어 수학적 추론 능력의 본질적인 사고 기능에 초점을 두고 일반적이고 적응력 있는 평가기준을 제시하였으며, 이종희 외 (2002)는 수학적 추론을 지도할 수 있는 방법 중 선다형 문항에서 가장 좋은 두 가지가 있다. 1순위에는 교사의 설명을 통한 방법이 많이 나왔으나 종합해보면 학생 사고를 유도하는 학습지 중심의 개별학습이 추론 지도의 방법으로 많이 선택되었다. 수학적 추론은 교사에게서 전달될 수 있는 것이기 보다, 교사의 설명을 들으면서 학생 스스로 생각해보고, 학습자가 중심이 되어 그런 생각을 유도할 수 있는 학습지를 통한 개별 학습이 추론지도에 적합하다고 교사들은 생각하고 있다고 했다.

Goldin(2000)은 문제해결에서 나타나는 정의를 크게 국소적 정의(local affect)와 전반적 정의(gobal affect)로 나눌 수 있다하였다. 문제를 해결하면서 겪게 되는 느낌, 감정적인 반응을 국소적 정의라 하고, 일반적인 구조를 형성하는데 있어 자아개념, 수학적 신념, 태도 등 지속적으로 기여하는 것을 전반적 정의로 하였다. 인지적 사고 과정과 정의적 반응이 결합되어 행해지는 것을 수학적 문제 해결이다. 즉, 학생이 어떤 수학적인 문제를 접했을 때, 문제의 의미를 이해하고 해결방법을 찾는 인지적인 사고 과정과 함께 그 문제를 풀면서 변화하는 국소적 정의가 결합되어 문제가 해결될 수 있다. 따라서 교사는 학습자가 문제를 해결하는 과정에서 나타나는 감정을 이해하고, 그것이 문제 해결 과정에 어떤 영향을 주는지 알고 안내할 필요가 있다.

4. 평가수행

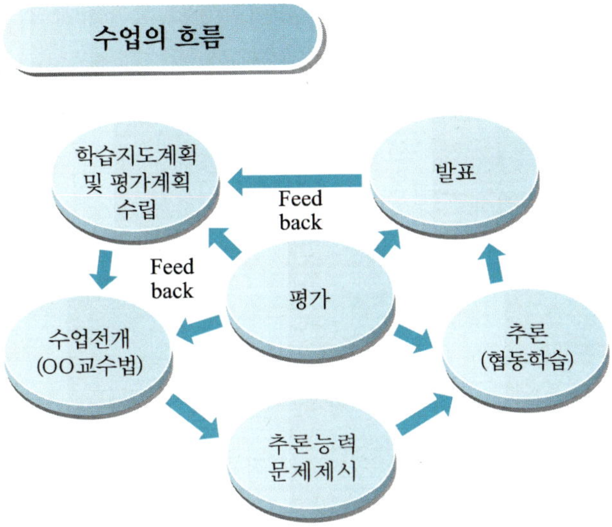

그림 4 수업과 평가

1) 평가대상

연구자가 소속되어 있는 학교에서 사교육을 받지 않고 학교 교육만으로 공부하는 학생들 중 자발적 참여 의사를 밝힌 21명(남학생 8명, 여학생 13명)의 고등학교 1학년을 대상으로 하였다.

2) 평가 도구

교과 지도 시 학생의 추론과정에서 나타난 반응과 수학적 태도를 검사하기 위하여 개별학습 후 모둠학습을 실시하였으며, 사전·사후 설문조사와 개별 면담을 실시하였다. 평가는 각 단계별 3문항으로 구성하였는데, 중학교와 고등학교의 기하내용에서 문제에 따라 상황을 전환하여 해결할 수 있는 문제를 중심으로 국가 성취도 평가문항에서 추출하였고 이를 과정중심으로 평가하였다. 또한, 모둠학습을 통하여 문제 해결 방법을 서로 공유하고 발표하도록 하여 다양한 풀이 방법에 대한 안내를 하고자 하였다. 사전 면담에서도 나타났듯이 일반적으로 비평준화 지역의 인문계 고등학교에 재학하는 학생들은 본인 스스로 수학을 잘 한다고 지나치게 생각하는 경향이 있다.

본 과정 중심의 평가를 통해 학생 스스로 자신을 돌아보고 학습의 기회를 의미있게 활용하게 하고자하는 교사의 의도가 있었기 때문에 추론과 관련된 각 단계별 3문항은 귀납적, 유비적, 연역적 추론에서 각 1문항씩, 3단계에 걸쳐 실시하였는데, 1단계에는 우선 중수준의 문항으로 자신을 돌아보게 한 후, 자신감을 위해 2단계는 가장 쉬운 문항을 다룬 후 마지막 3단계는 가장 어려운 문항으로 구성하였다. 따라서 학생들은 자신을 뒤돌아볼 수 있는 기회를 통해 자신의 수학학습에서 문제점을 발견하고 수정 가능하게 될 것으로 보인다.

1 단계

1-1. 직선 $y=x$에 대하여 대칭인 두 직선 $y=ax$, $y=bx$가 이루는 각이 30°일 때, $3(a^2+b^2)$의 값을 구하시오. [유비적]

1-2. △ABC의 세 변의 수직이등분선이 한 점에서 만남을 증명하여라. [연역적]

1-3. 좌표평면 위의 네 점 $(-2,\ 2)$, $(4,\ 2)$, $(1,\ -2)$, $(4,\ -2)$에 있는 나사를 모두 조이는 작업을 반복하는 로봇팔의 한쪽 끝을 점 P에 고정시키려한다. 로봇팔을 점 P를 중심으로 360° 회전 가능하고, 점 P로부터의 거리가 로봇팔의 길이 이하인 모든 곳의 나사를 조일 수 있다. 로봇팔의 길이를 최소로 할 수 있는 점 P의 좌표를 구하시오. [귀납적]

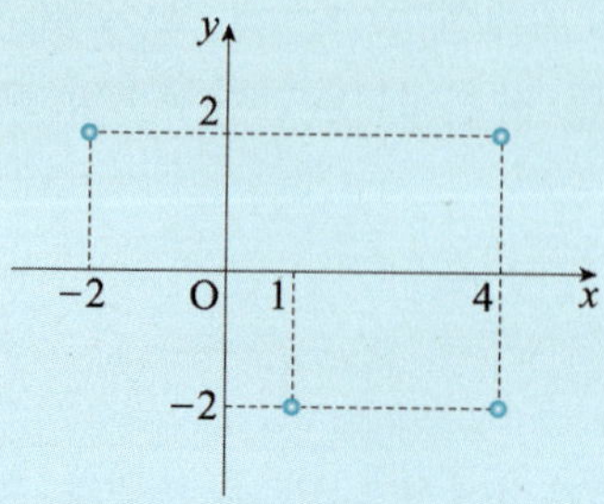

2 단계

2-1. 원 $(x+8)^2+(y-6)^2=10^2$ 위에 두 점 $A(-8,\ -4)$, $B(2,\ 6)$가 있다. △PAB의 넓이가 최대가 되도록 하는 원 위의 한 점 P와 원의 중심을 지나는 직선의 방정식을 $y=ax+b$라고 할 때, $a+b$의 값을 구하시오. [귀납적]

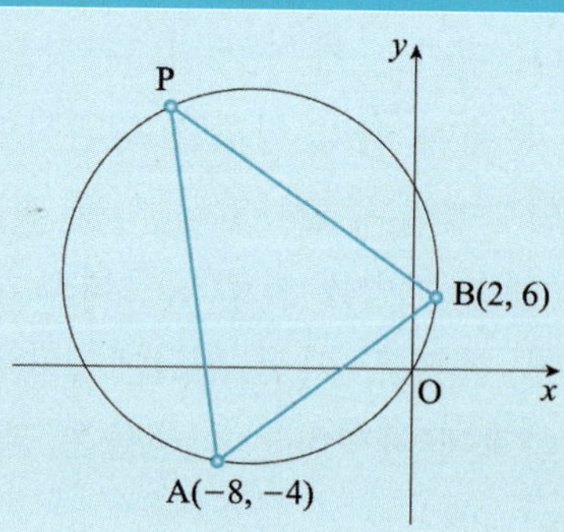

2-2. 좌표평면에서 두 점 (1, 3), (3, 1)을 지나는 직선과 원점 사이의 거리를 구하시오. [연역적]

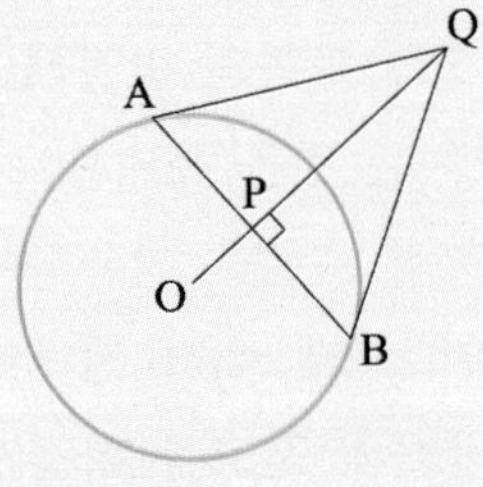

2-3. 반지름의 길이가 10인 원 O의 내부에 한 점 P가 있다. 점 P를 지나고 직선 OP에 수직인 직선이 원과 만나는 두 점을 A, B라 하고, A, B에서의 두 접선의 교점을 Q라 하자. $\overline{OP}=5$일 때, 선분 PQ의 길이를 구하시오. [유비적]

3 단계

3-1. 좌표평면 위에 원 $(x-1)^2+(y-2)^2=r^2$과 원 밖의 점 A(5, 4)가 있다. 점 A에서 원에 그은 두 접선이 서로 수직일 때, 반지름의 길이 r의 값을 구하시오. [유비적]

3-2. 아래 그림과 같은 사다리꼴 ABCD가 있다. $\overline{AB}=\overline{AD}=1$, $\overline{BC}=2$, $\angle A$와 $\angle B$의 크기는 $\frac{\pi}{2}$이다. 윗변 AD에 임의의 점 P를 잡아 $\overline{PB}=x$, $\overline{PC}=y$라 할 때, 다음 〈보기〉 중 옳은 것을 모두 고르면? [귀납적]

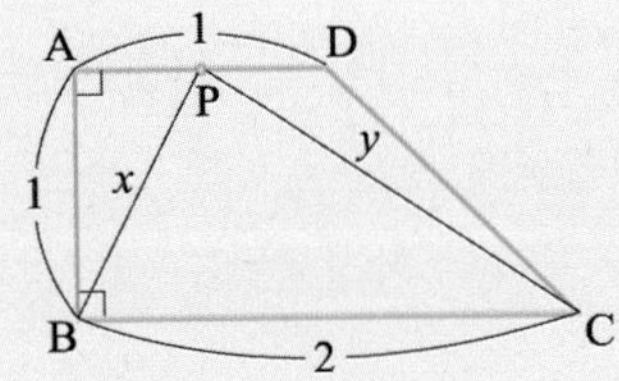

〈보 기〉

ㄱ. $xy \geq 2$이다.
ㄴ. $xy=2$이면 $\triangle BCP$는 직각삼각형이다.
ㄷ. $xy \leq \sqrt{5}$ 이다.

① ㄱ ② ㄷ ③ ㄱ, ㄷ ④ ㄴ, ㄷ ⑤ ㄱ, ㄴ, ㄷ

3-3. 좌표평면 위의 세 점 A(0, 2), B(−1, 0), C(1, 0)으로 이루어지는 △ABC의 내부 또는 변위의 점 P에서 변 AB, BC, CA까지의 거리를 a, b, c라 하자. $4b=5(a+c)^2$일 때, 점 P의 자취는? [연역적]

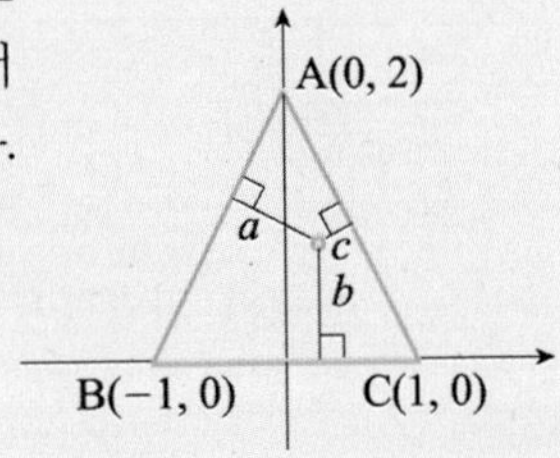

① 한 점 ② x축에 평행인 선분
③ y축에 평행인 선분
④ 포물선의 일부인 곡선
⑤ 원의 일부인 곡선

본 평가는 〈표 8〉 평가기준에 의한 각 단계별 문항 평가를 통해 중학교 기하학습이 고1 도형의 방정식의 문제해결 전략으로 수학적 추론을 적절히 사용할 수 있도록 하는 것을 목적으로 하고 있다. 또한, 좌표평면에서 대수적 기하보다는 유클리드 기하적 추론을 이용하여 문제를 해결할 수 있는 사례문항을 중심으로 평가를 하였으며, 문제 해결 전략에 유클리드 기하적 추론을 이용하여 문제를 해결하는 것이 학생들의 사고를 확장시켜 형식적 추론 단계의 수준에 이르게 할 수 있을 것이다.

〈표 8〉 평가기준에 따른 분석적 채점기준표

	평가 요소	평가기준	점수화
귀납적 추론의 평가	자료수집	문제를 해결하는데 조건과 자료를 정확하게 수집하였다.	3
		문제의 조건은 정확하게 찾지는 못하였으나 부분적으로 부족한 자료를 수집하였다.	2
		문제의 조건을 찾지 못하였으며, 문제 해결과 상관없는 자료를 수집하여 일반적인 규칙을 찾으려는 의도로 자료를 수집하였다.	1
		문제의 조건을 찾지 못하였으며, 시도하지 않았다.	0
	규칙발견 및 확인	문제의 규칙성을 정확하게 찾아 수학적 언어로 표현하였다.	3
		① 문제의 규칙성을 찾아 수학적 언어로 표현하는 정확성이 부분적으로 부족하였다. ② 문제의 규칙성을 찾는 시도는 하였으나 문제의 규칙성과 관련 없는 변수 사이의 관계를 찾았다.	2
		문제의 규칙성을 찾으려는 시도를 부분적으로만 하였다.	1
		문제의 규칙성을 찾으려는 시도를 하지 않았거나 관련 없는 규칙을 제시하였다.	0
	일반화	문제의 일반화를 수학적 언어로 정확하게 표현하였다.	3
		문제의 일반화를 찾으려고 시도하였으나 수학적 언어로 표현하는데 있어 부분적으로 부족하였다.	2
		문제의 일반화를 수학적 언어로 표현하지 못하였으나, 그림, 그래프 등 수학적 언어로 표현하려는 시도가 부분적으로 보였다.	1
		문제의 일반화를 시도하지 않았으며, 문제와 관계없는 일반화를 수학적 언어로 표현하였다.	0

〈표 8(계속)〉 평가기준에 따른 분석적 채점기준표

<table>
<tr><th></th><th>평가요소</th><th>평가기준</th><th>점수화</th></tr>
<tr><td rowspan="12">유비적 추론의 평가</td><td rowspan="4">유사성 인식</td><td>문제의 유사성을 정확하게 인식하였다.</td><td>3</td></tr>
<tr><td>문제의 유사성을 부분적으로 인식하였다.</td><td>2</td></tr>
<tr><td>문제의 유사성을 인식하려는 시도가 보였다.</td><td>1</td></tr>
<tr><td>문제의 유사성을 인식하지 못하였거나, 시도하지 않았다.</td><td>0</td></tr>
<tr><td rowspan="4">기저 상황의 핵심 파악</td><td>문제의 기저 상황의 핵심을 유사성을 기초하여 정확하게 파악하였다.</td><td>3</td></tr>
<tr><td>문제의 기저 상황의 핵심과 유사성을 부분적으로 파악하였다.</td><td>2</td></tr>
<tr><td>문제의 기저 상황의 핵심과 유사성을 부분적으로 파악하려는 시도가 보였다.</td><td>1</td></tr>
<tr><td>문제의 기저 상황의 핵심과 유사성에 대한 파악이 전혀 이루어지지 않았으며, 전혀 시도하지 않았다.</td><td>0</td></tr>
<tr><td rowspan="4">대응 및 적용</td><td>문제의 기저 상황에 대한 대응을 문제 해결의 상황에 맞게 유연성을 정확하게 적용하여 해결하고 있다.</td><td>3</td></tr>
<tr><td>문제의 기저 상황에 대한 대응은 이루어졌으나 적용하는 과정에 유연성이 부분적으로 부족하였다.</td><td>2</td></tr>
<tr><td>문제의 기저 상황에 대한 대응과 적용이 부분적으로만 시도하였다.</td><td>1</td></tr>
<tr><td>문제의 기저 상황에 관련 없는 대응과 적용이 타당하지 않게 이루어졌으며, 시도하지 않았다.</td><td>0</td></tr>
</table>

<table>
<tr><th></th><th>평가요소</th><th>평가기준</th><th>점수화</th></tr>
<tr><td rowspan="8">연역적 추론의 평가</td><td rowspan="4">가정과 결론 구분</td><td>문제의 가정과 결론을 정확하게 구분하였다.</td><td>3</td></tr>
<tr><td>문제의 가정을 구분하여 결론을 부분적으로 표현하였다.</td><td>2</td></tr>
<tr><td>문제의 가정과 결론을 구분하려는 시도는 보였다.</td><td>1</td></tr>
<tr><td>문제의 가정과 결론을 구분하지 못하였으며, 시도조차 하지 않았다.</td><td>0</td></tr>
<tr><td rowspan="4">자료의 분석</td><td>문제의 결론을 증명하기 위해 주어진 자료 분석을 정확하게 제시하였다.</td><td>3</td></tr>
<tr><td>문제의 결론을 증명하기 위해 타당한 자료 분석하려 하였으나 중요한 연역적 추론 단계에서 타당하지 못한 자료를 부분적으로 제시하였다.</td><td>2</td></tr>
<tr><td>문제의 결론을 증명하기 위해 자료 분석이 다소 부족하였다.</td><td>1</td></tr>
<tr><td>문제의 결론을 증명하기 위해 전혀 타당하지 않은 자료 분석을 하였거나 시도하지 않았다.</td><td>0</td></tr>
</table>

〈표 8(계속)〉 평가기준에 따른 분석적 채점기준표

연역적 추론의 평가	평가요소	평가기준	점수
	자료의 종합	문제 해결에 논리적으로 모든 단계를 서술하였다.	3
		문제 해결에 부분적으로 논리적으로 표현하였으나 수학적 언어 표현에 있어 부분적으로 부족하였다.	2
		문제 해결의 과정이 생략되었거나 모든 단계가 논리적이지 못하였다.	1
		문제 해결의 결론과 관련 없는 자료를 나열하였거나 시도하지 않았다.	0

학생들의 수학적 성향과 태도를 분석하기 위하여 〈표 10〉과 같은 '자기효능감 체크 테스트'를 사전·사후 반응도를 조사하였다. 자기효능감은 Bandura(1977)가 주장하여 관심을 끌기 시작한다. 김아영, 박인영(2001)이 그 하위요인으로 자신감, 자기조절효능감, 과제난이도 선호로 구분한 것을 바탕으로 김명생(2007)의 연구에서 자기효능감 체크리스트를 사용하였는데 본 평가에서는 평가에 참여하는 학생그룹에 맞게 이를 다시 수정하여 사용하였다(〈표 10〉 참조).

3) 평가결과

학생들은 수학의 추론하는 과정을 매우 어려워한다. 이러한 이유는 중학교에서 배운 기하 내용을 고등학교 입학 후 확인하는 과정과 적용하여 해결할 수 있는 문제에 대한 훈련 과정이 없어 기하학적 추론의 사고의 확장을 할 수 없기 때문인 것으로 분석된다. 다음 채점표 21명의 학생 중 상위권에 속하는 학생 2명의 점수이다. 각 단계별 27점이 만점이다.

다음 〈표 9〉는 학생 A와 학생 B의 평가 결과이다.

〈표 9〉 학생들의 추론과정 평가 결과

		귀납			유비			연역			
	평가 요소	자료 수집	규칙 발견, 확인	일반화	유사성 인식	기저 상황의 핵심파악	대응 및 적용	가정과 결론구분	자료의 분석	자료의 종합	계
학	1단계	2	2	1	2	3	3	2	2	2	19
생	2단계	2	3	2	3	3	3	3	3	3	25
A	3단계	2	2	1	3	3	3	2	2	1	19
학	1단계	2	3	1	3	3	3	1	2	2	20
생	2단계	2	3	2	3	3	3	3	3	3	25
B	3단계	2	2	2	3	3	3	2	2	2	21

다음 [그림 5]는 학생 A의 1단계, 2단계, 3단계의 평가 답안 중 일부이다.

3. 좌표평면 위의 네 점 $(-2,\ 2)$, $(4,\ 2)$, $(1,\ -2)$, $(4,\ -2)$에 있는 나사를 모두 조이는 작업을 반복하는 로봇팔의 한쪽 끝을 점 P에 고정시키려한다. 로봇팔을 점 P를 중심으로 360° 회전 가능하고, 점 P로부터의 거리가 로봇팔의 길이 이하인 모든 곳의 나사를 조일 수 있다. 로봇팔의 길이를 최소로 할 수 있는 점 P의 좌표를 구하시오.

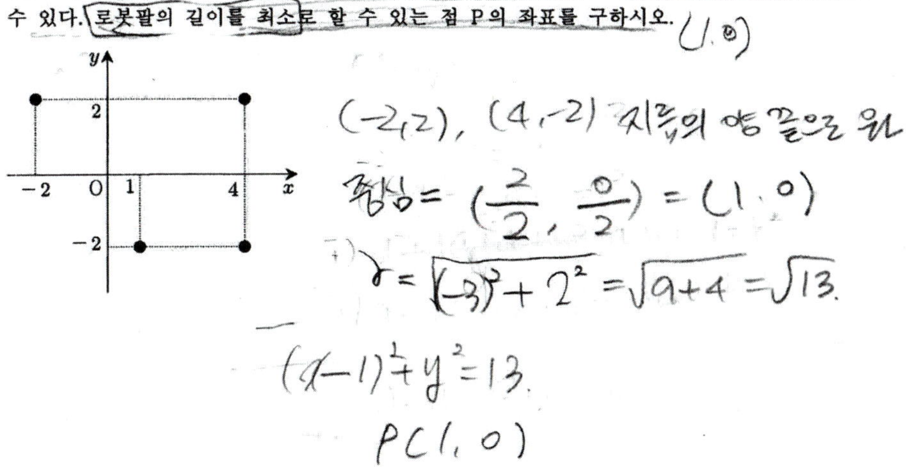

[문제 1-3]

그림 5 학생 A의 평가지

2. 좌표평면에서 두 점 (1, 3), (3, 1)을 지나는 직선과 원점 사이의 거리를 구하시오.

[문제 2-2]

2. 아래 그림과 같은 사다리꼴 ABCD가 있다. $\overline{AB}=\overline{AD}=1$, $\overline{BC}=2$, $\angle A$와 $\angle B$의 크기는 $\frac{\pi}{2}$이다. 윗변 AD에 임의의 점 P를 잡아 $\overline{PB}=x$, $\overline{PC}=y$라 할 때, 다음 <보기>중 옳은 것을 모두 고르면?

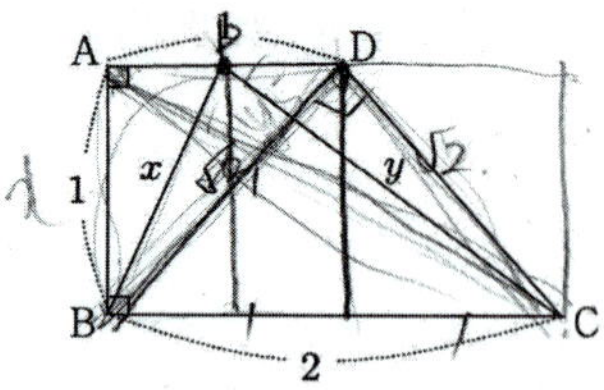

<보기>

ㄱ. $xy \geq 2$이다.
ㄴ. $xy=2$이면 $\triangle BCP$는 직각삼각형이다.
ㄷ. $xy \leq \sqrt{5}$이다.

① ㄱ ② ㄷ ③ ㄱ, ㄷ ④ ㄴ, ㄷ ⑤ ㄱ, ㄴ, ㄷ

[문제 3-2]

그림 5(계속) 학생 A의 평가지

3. 좌표평면 위의 세 점 A(0, 2), B(−1, 0), C(1, 0)으로 이루어지는 △ABC의 내부 또는 변 위의 점 P에서 변 AB, BC, CA까지의 거리를 a, b, c라 하자. $4b=5(a+c)^2$일 때, 점 P의 자취는?

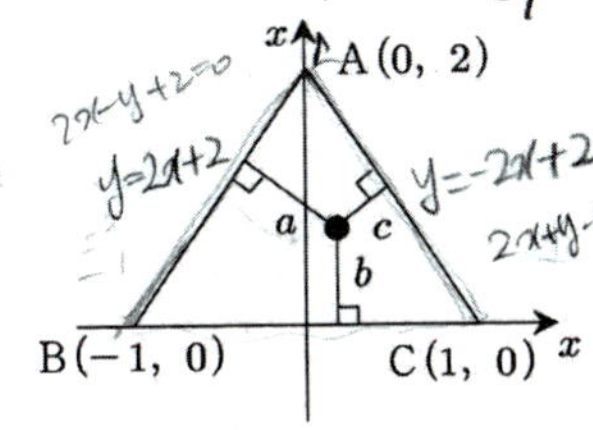

① 한 점 ② x축에 평행인 선분 ③ y축에 평행인 선분 ④ 포물선의 일부인 곡선
⑤ 원의 일부인 곡선

[문제 3-3]

그림 5(계속) 학생 A의 평가지

학생 A의 [문제 1-3], [문제 3-2]는 귀납적 추론 과정에서 문제의 조건을 정확하게 찾지 못하였지만 [문제 1-3]의 경우 답은 맞고, [문제 3-2]의 경우는 답을 찾지 못하였다. 문제가 선다형 문제일 경우 정확한 추론 과정 없이 답이 맞으면 학생들은 반성의 기회를 갖지 않고 결과만을 기억하기 때문에 다음 단계로 발전이 보장할 수 없다. [문제 2-2]는 좌표평면에 그림을 그리면 원점과 두 점에 의해 이등변삼각형이 만들어지고, 피타고라스 정리를 이용하면 이등변삼각형의 높이를 구할 수 있는데 대수적 방법을 이용해 문제를 해결한 경우이다. 대부분의 학생은 대수적 방법으로 문제를 해결하였으며 2명의 학생만이 이등변삼각형의 성질을 이용해 문제를 해결하였다. [문제 3-3]의 경우 문제를 해결하려고 시도한 학생은 10명이며 그 중 3명만이 넓이를 이용하여 시도하였으며 정확히 문제를 해결한 학생은 없었다. 대수적 방법으로 해결한 학생의 풀이는 점 P(x, y)에 대하여 점과 직선 사이의 거리를 이용하여 삼각형의 세 변에 이르는 거리사이의 조건을 이용하여 식

$5\left(\frac{|2x-y+2|}{\sqrt{5}}+\frac{|2x+y-2|}{\sqrt{5}}\right)^2=4y$을 세워 해결하려고 하였으나 절댓값이 있는 복잡한 식을 제대로 풀지 못하였다. 넓이를 이용하여 학생의 경우 점 P를 이용해 삼각형 ABC의 넓이를 세 개의 삼각형으로 분할하여 전체의 넓이와 같음을 이용한 식 $\frac{1}{2}\times\sqrt{5}\times a+\frac{1}{2}\times 2\times b+\frac{1}{2}\times\sqrt{5}\times c=\frac{1}{2}\times 2\times 2$를 세운 학생은 1명이었지만 이 식과 주어진 조건식을 적절히 변형하여 문제를 해결하지 못하였다.

다음 [그림 6]은 학생 B의 1단계, 2단계, 3단계 평가지의 답안 중 일부이다.

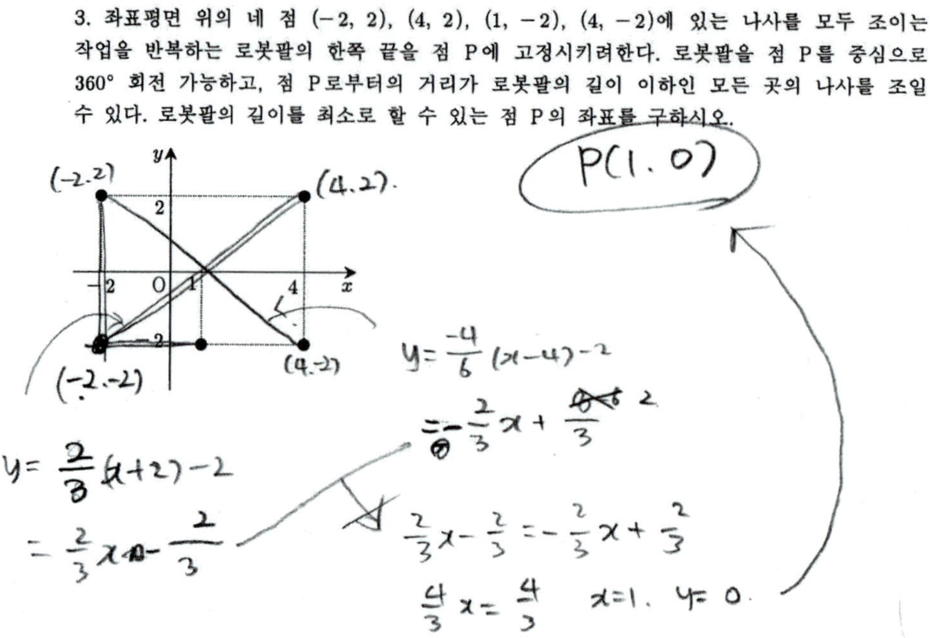
3. 좌표평면 위의 네 점 (−2, 2), (4, 2), (1, −2), (4, −2)에 있는 나사를 모두 조이는 작업을 반복하는 로봇팔의 한쪽 끝을 점 P에 고정시키려한다. 로봇팔을 점 P를 중심으로 360° 회전 가능하고, 점 P로부터의 거리가 로봇팔의 길이 이하인 모든 곳의 나사를 조일 수 있다. 로봇팔의 길이를 최소로 할 수 있는 점 P의 좌표를 구하시오.

[문제 1–3]

그림 6 학생 B의 평가지

2. 좌표평면에서 두 점 (1, 3), (3, 1)을 지나는 직선과 원점 사이의 거리를 구하시오.

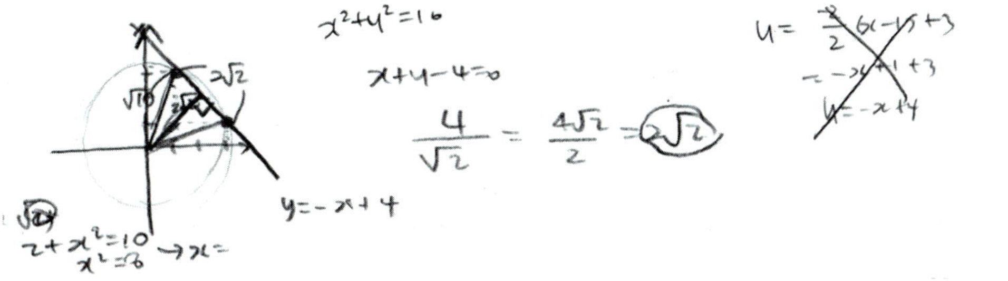

[문제 2-2]

2. 아래 그림과 같은 사다리꼴 ABCD가 있다. $\overline{AB}=\overline{AD}=1$, $\overline{BC}=2$, ∠A와 ∠B의 크기는 $\frac{\pi}{2}$ 이다. 윗변 AD에 임의의 점 P를 잡아 $\overline{PB}=x$, $\overline{PC}=y$라 할 때, 다음 <보기>중 옳은 것을 모두 고르면?

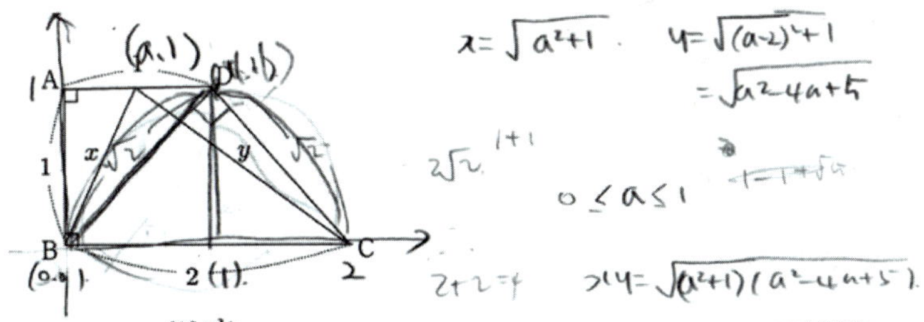

<보기>

ㄱ. $xy \ge 2$이다.
ㄴ. $xy = 2$이면 △BCP는 직각삼각형이다.
ㄷ. $xy \le \sqrt{5}$이다.

① ㄱ ② ㄷ ③ ㄱ, ㄷ ④ ㄴ, ㄷ ⑤ ㄱ, ㄴ, ㄷ

[문제 3-2]

그림 6(계속) 학생 B의 평가지

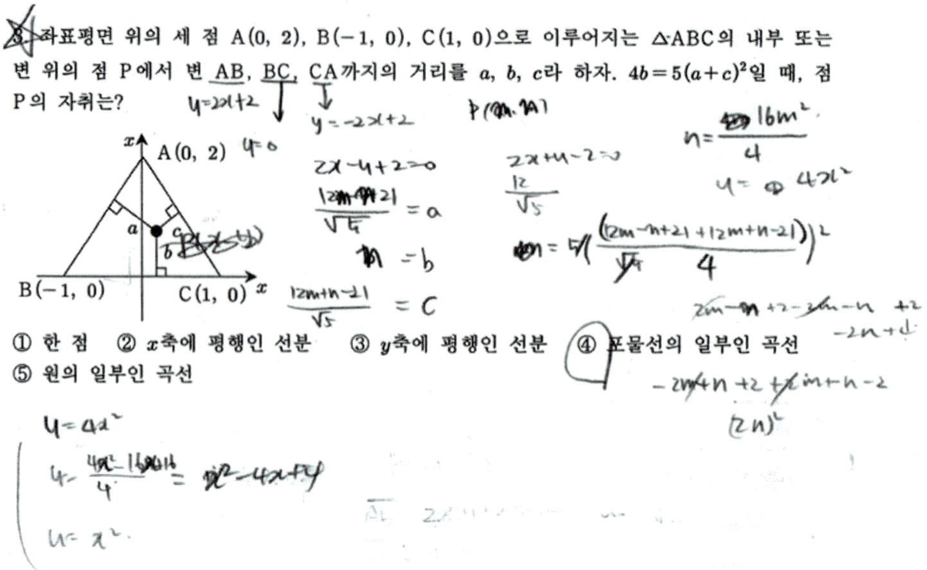

[문제 3-3]

그림 6(계속) 학생 B의 평가지

[문제 1-3]은 직사각형의 성질을 좌표평면에서 귀납적으로 추론하여 문제를 해결하여 답은 맞았으나 수학적 언어로 표현하지 못하였다. [문제 2-2]는 좌표평면에 그림을 이용하여 이등변삼각형과 피타고라스의 정리, 점과 직선 사이의 거리를 구하는 공식을 연역적으로 추론하여 문제를 해결하였다. [문제 3-2]는 답을 맞추었으나 학생이 구한 식 $xy = \sqrt{(a^2+1)(a^2-4a+5)}$ 은 고 1학생이 해결할 수 없는 대수식임을 학생이 알지 못하는 경우이다. 이렇듯 학생들이 문제를 해결하는 과정에서 자신이 할 수 있는 것과 할 수 없는 것이 무엇인지를 정확히 알지 못한 경우가 있으며 이것은 문제해결 과정에 대한 수학적 반성을 갖는 평가가 이루어지지 않기 때문이다.

이상의 3단계의 학습이 이루어진 후 설문지와 비형식적 개별 면담을 통한 학생들의 반응을 분석하여 정리하면 다음과 같다.

모둠 별 협동학습은 서로의 생각을 공유할 수 있다는 점에서 좋지만 비슷비슷한 의견을 내놓는 한계가 있었다. 그렇지만 다른 모둠의 풀이를 볼 수 있는 것과 나의 실수를 발견할 수 있어서 좋았다.

유클리드 기하학적 추론을 이용한 문제 해결 방법은 여러 가지 면에서 도움이 되었으며, 중학교 때 배운 것을 복습할 수 있어서 좋았다. 그리고 사고를 폭넓게 할 수 있는 것 같아 앞으로 문제 풀이할 때 연습하는 편이 좋을 것 같다. 그렇지만 문제를 빨리 적용하지 못하는 단점이 나타났다.

유클리드 기하를 이용한 풀이는 모둠활동을 통한 문제해결에서는 도움이 되었으며, 수학적 추론을 다각도로 접근하는 연습도 가능하게 될 뿐만 아니라 더욱 효율적인 문제해결방법이 나왔다. 그러나, 대부분 학생은 대수적으로 접근하여 문제를 해결하는 경향을 보였는데 이것은 중학교 교육과정의 절반이 유클리드 기하임에도 불구하고 학생들의 수학적 해결방법은 대수적으로 해결하는 의존도가 높음을 알 수 있다. 그러한 이유는 도형의 방정식을 배우기 전 고등학교 1학년 교육과정도 방정식, 부등식 등 대수관련 내용이 많아서 학생들이 더 편리함을 느끼고 있기 때문이라 판단된다.

학생들의 자기효능감을 조사한 체크리스트를 분석한 결과, 학생들은 대체적으로 수학공부를 하는데 있어 긍정적이지만 약 33%의 학생의 경우 자신감이 없는 것으로 나타났다. 특히, 〈표 10〉의 21번과 22번의 사전·사후 반응 결과를 살펴보면 학생들이 자신의 문제해결을 위한 추론 방법에 대해 반성적 사고를 하고 있는 것으로 나타났다.

〈표 10〉 자기효능감 체크 테스트(고상숙 외, 2011)

연번	질 문 내 용	사후 반응도					사전 반응도				
		1	2	3	4	0	1	2	3	4	0
1	나는 수학시간에 대부분의 내용을 잘 학습할 수 있다고 생각한다.	0	2	17	2		0	7	13	1	
2	나의 단점 중 하나는 문제를 해결할 때, 즉시 시작할 수 없다는 점이다.	0	9	10	2		0	11	9	1	
3	나는 주어진 문제의 내용이 복잡 하더라도이해 할 때까지 노력을 계속한다.	0	2	17	2		0	3	16	2	
4	나는 수학공부를 할 때 계획한 만큼 하기 전에 절대로 그만 두지 않는다.	1	17	3	0		0	17	3	0	1
5	나는 수학문제를 해결할 때 어려운 내용이 나오면 그대로 넘어간다.	3	13	5	0		3	13	5	0	
6	나는 수학시간에 학습한 내용이 어렵다고 생각되는 내용이라도 잘 해낼 수 있다고 생각한다.	1	1	14	5		0	4	17	0	
7	나는 수학공부를 할 때 대부분의 수학내용에서 자신감이 없다.	5	9	6	1		3	11	6	1	1

〈표 10〉 자기효능감 체크 테스트(고상숙 외, 2011)

연번	질문내용	사후 반응도					사전 반응도				
		1	2	3	4	0	1	2	3	4	0
8	나는 수학공부를 할 때 내가 세운 목표를 달성 할 때까지 노력을 계속한다.	0	4	16	1		1	8	12	0	
9	나는 수학공부를 할 때 별로 공부하고 싶지 않은 내용이라도 끝까지 한다.	1	9	9	2		1	8	12	0	
10	나는 수학공부를 해야겠다고 결정하면 즉시 시작 한다.	1	12	4	4		2	4	10	5	
11	나는 새로운 수학내용을 배우고자 할 때 처음에 어려움을 느끼면 곧 그만둔다.	5	15	1	0		8	12	1	0	
12	나는 수학공부를 할 때 공부에 방해가 되는 상황이 나타나면 공부를 계속할 수 없다.	0	12	8	1		4	7	9	1	
13	나는 새로 배우는 수학내용이 어렵다고 생각되면 노력할 수가 없게 된다.	5	14	2	0		7	10	3	1	
14	나는 수학을 잘 할 수 있으리라고 느껴진다.	1	2	7	11		0	3	12	6	
15	나는 수학 공부를 할 때나 자신의 능력을 신뢰한 다.	1	3	16	1		0	4	15	2	
16	나는 수학공부를 할 때 대부분의 수학 내용을 쉽게 그만둔다.	7	12	2	0		5	13	3	0	
17	나는 새로운 수학내용을 공부할 때면 대개 어떻게 공부해야 할지 모른다.	1	10	10	0		0	13	8	0	
18	나는 수학공부를 할 때 대부분의 내용을 잘 배울 수 없는 것처럼 생각된다.	2	14	4	1		2	17	2	0	
19	나는 새로운 수학 내용이 나오면 이해하는데 매우 힘이 든다.	1	16	2	1	1	0	13	4	1	3
20	나는 수학공부를 할 때 대개 어떻게 공부를 하면 효과적인지를 안다.	1	15	5	0		3	15	3	0	
21	나는 수학공부를 할 때 내가 이용하는 수학공부 방법이 대부분 효과적이라고 생각한다.	0	14	6	1		1	18	2	0	
22	나는 노력만 한다면 어려운 수학문제도 잘해 낼 수 있다고 생각한다.	0	3	13	5		0	0	19	2	
23	나는 수학공부를 할 때면 내가 어려움을 느끼는 이유를 대개는 쉽게 알 수 있다.	0	9	10	2		0	10	8	0	3
24	나는 수학공부를 할 때 다른 사람의 도움 없이는 거의 수학문제를 해결할 수가 없다.	4	15	1	1		5	13	3	0	

〈표 10(계속)〉 자기효능감 체크 테스트(고상숙 외, 2011)

연번	질 문 내 용	사후 반응도					사전 반응도				
		1	2	3	4	0	1	2	3	4	0
25	나는 수학공부를 하는 데 적합한 수학적 지식을 가지고 있지 못한 것 같다.	1	11	7	2		2	11	7	1	
26	나는 수학공부를 할 때 아무리 곤란한 상황이 나타나더라도 그런 상황을 잘 이겨낸다.	0	5	14	2		0	13	7	0	1

※ 1. 전혀 그렇지 않다 2. 그렇지 않다 3. 그렇다 4. 매우 그렇다 0. 무응답

5. 결론

학교 수준의 평가에서부터 단원의 특성에 맞게 평가를 해야 할 것이다. 특히, 2007 개정교육과정은 인문계 학생들도 상급학교 진학하기 위해 미분과 적분을 이수해야 하므로 유클리드 기하를 이용한 추론적 사고는 더욱 더 중요한 역할을 하게 되었다. 고등학교 진학 후 유클리드 기하를 훈련할 수 있는 유일한 단원인 도형의 방정식에서 충분한 학습이 이뤄지지 않았기 때문에 인문계 학생들의 경우 대학수학능력 시험 문항 중 그림(도형)을 이용한 문제를 매우 어렵게 느끼며 정답률 또한 매우 낮다. 또한, 자연계 학생의 경우, 기하와 벡터 교과를 어렵게 느끼는 이유도 유클리드 기하에 대한 충분한 이해가 부족하여 대수적으로 문제를 해결하기 때문에 어렵게 느낀다. 중학교 교육과정의 절반인 유클리드 기하를 고등학교 교과 내용과 연결 지어 지도하는 것은 학생들에게 수학적 추론 능력을 향상시키고 문제를 해결할 수 있는 힘을 길러주는 것이라 본다. 본 평가에서는 학생의 추론 문제에 대한 이해도와 이에 상응하는 독립적인 평가기준에 근거하기보다는 수학교사들간의 협의를 거쳐 문제를 해결하는 서술 과정에 맞는 대안적인 평가기준의 마련이 시급하다고 본다.

본 평가에서 수학적 추론활동을 통한 문제해결이 기하학습에 있어 긍정적인 영향을 끼친다는 것을 입증할 수 있었다. 또한 교사가 학생의 수준에 맞추어 수학적 추론 활동을 제시함으로서 학생 스스로 문제해결 과정을 인식하고 자기주도적 탐구를 하여 수학에 대한 긍정적인 태도를 향상시킬 수 있고 더 나아가 수학적 추론 사고를 자극하게 되어 수학적 추론능력이 신장되는 것을 보이고 있다. 본 평가를 통해 학생과 교사의 변화를 다음과 같이 요약해볼 수 있다.

1) 학생변화

- 사전조사에서 학생들은 교과내용을 '잘 알고 있다'고 과도하게 자신을 평가했다.
  - '중학교 기하영역 자기 진단 체크리스트'를 표기하도록 하고 반응도를 분석했다.
  - 예상대로 사전조사에서 약 64%가 '그렇다, 또는 매우 그렇다'는 반응을 했다.
- 전체 3단계로 진행된 수업에서 사용된 문제의 각 단계별 3문항, 난이도(곤란도)는 [1단계]-중, [2단계]-하, [3단계]-상으로 구성하여 학생들의 학습과정을 조사하였다.
  - [1단계]의 문제 해결 시간이 지나자 학생들의 반응은 '어렵다', '모르는 교과 내용이 많다', '아는 것과 모르는 것을 약간 구분할 수 있다'등 이었다.
  - [1단계] 중학교 기하 내용의 강의식 수업에서 학생들의 수업 집중도가 상당히 높았다.
  - 기대했던 것처럼 [1단계]를 마친 후 얻은 성과는 학생들이 자신이 '알고 있는 것'과 '모르는 것'에 대하여 솔직해졌다는 것이다.
  - 아는 것은 더 정확히, 잘 기억해내지 못한 내용은 메모를 하면서 교과 내용을 이해하려는 반응을 보였다.
  - 이해를 못하고 있거나 잘 알지 못하면서 자신은 알고 있다고 스스로 억측을 부리지 않는 다는 것을 면담과정에서 표현하였다.
  - [2단계]-하는 [1단계]-중보다 좀 더 적극적이고 자신감있게 학생들이 문제를 풀었으며, 점수 또한 향상되었다.
  - [3단계]-상은 [1단계]-중보다 더 어려운 문제였음에도 불구하고 많은 학생이 문제 해결을 위해 시도하였고, 점수는 [1단계]-하와 거의 비슷한 점수를 얻었다.
- 전체적으로 학생이 교과내용에 대해서 아는 것과 모르는 것에 대하여 솔직해지는 학습태도를 가질 때, 교과내용에 대한 필요성과 집중도가 향상되리라 예상할 수 있었다.

2) 교사변화

- 과정평가 이전에는 교사도 학생들이 자신을 신뢰하는 정도로 학생들의 수학적

능력이 비평준화 지역에서 꽤 우수하다고 생각했다. 하지만 본 평가를 위해 실시한 사전조사에서 학생들의 수학학습 수준이 사실과 많이 다르다는 것을 파악하게 되었다.

- 교과 내용의 전달을 가능한 간결하고 정확하게, 그 식이 가지는 의미를 학생들 스스로 알아 낼 수 있도록 하는 것이 교수법에서 중요하다는 생각을 했고 세 단계의 평가전략을 구성하였다.
- 아이디어의 제공은 힌트를 제공하는 정도의 소극적 수준으로 가능한 학생들이 문제를 해결할 수 있도록 시간을 배분하였다.
- 교과내용에 대한 피드백은 모둠별 문제 풀이 시간에 교사가 학생들이 미처 생각하지 못한 풀이에서는 단서를 제공하였고, 교과내용에 대한 점검과 확인을 할 수 있게 도왔다.
- 본 과정중심의 평가를 통해 추론 영역의 문제 경우, '귀납', '유비', '연역'적 접근 방법이 필요하며 교사가 이를 잘 알고 있어야 문제해결 전략 방법에 대한 개선이 있을 것으로 인지하게 되었고 이를 위해 교사 스스로 수학내용과 교수법, 이와 연계하여 평가에 꾸준한 연구를 게을리 하지 말아야함을 알 수 있었다.

5.3 수학적 개념적·절차적 지식

1. 서론

수학적 지식은 여러 가지 유형으로 나눌 수 있지만 최근에는 많은 수학 교육학자들이 수학적 지식을 개념적 지식과 절차적 지식으로 구분하고 있다. 미국수학교사협의회(이하 NCTM, 1995)는 개념을 일반적이고 기본적이 아이디어, 예를 들면 추론하기, 문제형성, 비형식적 상황에서의 문제해결에 필요한 아이디어들이라고 해설하고 있다. 절차적 지식은 흔히 수학적 기능으로 분류하기도 한다. NCTM(1995)에 의하면 기능(skill)은 고정된 수학적 절차를 계산방법이나 조작 방법 등을 사용하여 실행하는 능력이다. 기능의 중요한 특징은 활동이나 변형을 포함한다.

학생들의 기하에 대한 이해는 수학적 개념과 절차에 대한 이해를 바탕으로 이어져 귀납적 추론을 하도록 연결 될 가능성이 매우 높은 단원이다. 기하 단원에서는 객관성이 필수적이면서 고차원적인 사고를 다루는 수준의 과정중심 평가가 이루어지기 위해서는 평가의 기준이 명확해야 한다. 학생들의 고차원적이고 복합적인 능력을 다루는 과정중심 평가는 수학적 개념, 절차 등 여러 측면에서 각각을 평가하는 것이 바람직할 것이다. 국내에서 현재 실시되고 있는 수학교육의 과정중심이란 주제의 연구에서 문제해결, 의사소통, 추론만으로 수학적 과정이라고 다뤄지고 있는 것에 반해, PISA 평가 틀의 수학적 과정의 범주에는 2009년 PISA는 수학능력 안에, 그리고 앞으로 실시될 2012년 PISA[2]는 기본수학능력 안에 "상징적·형식적·기법적인 언어와 조작의 활용"이란 요소로써 개념적·절차적 지식을 함의하고 있음을 상기할 필요가 있다.

본 평가는 학생의 개념적·절차적 지식의 평가를 위하여 수학태도에 대해 알아보기 위해 '자기효능감' 체크리스트를 실시하였으며, 사후 개별 면담을 실시하였다. 평가는 5문항으로 이루어진 평가지로 총 2번 진행되었으며, 중학교 1학년과 2학년

2) 수학적 과정으로는 이외에도 표현, 수학화, 수학적 도구의 사용이 2012년 PISA 평가 틀에 포함되어 있다.

기하내용을 수업 실시 후 과정을 중심으로 평가하였다. 또한, 문제에 대한 신뢰도를 갖추기 위해 교과서를 분석하여 교과서에 있는 문제들로 난이도는 중·상으로 구성하였다.

본 평가는 평가기준에 의한 각 단계별 문항 평가를 통해 중학교 기하학습 중에서 삼각형과 여러 가지 사각형에서 개념적·절차적 지식의 과정중심을 평가를 하는 것을 목적으로 하고 있다. 또한 개념적·절차적 지식을 결과중심이 아닌 과정중심으로 평가할 수 있는 사례 문항을 중심으로 평가하였으며, 문제를 해결하는 과정에서 학생들의 개념적·절차적 지식의 평가를 할 뿐만 아니라 절차적·개념적 지식 상호 연결하는데 목적이 있으며 더 나아가 이들 정보 제공 개념을 추론과 문제해결에 응용하는 정보를 사용할 수 있는 수준에 있는가에 초점을 두고 있다. 따라서 본 평가에서 더 나아가 개념적 지식과 절차적 지식은 적절한 균형을 이루어 지도하여야 하며 과정중심에 대한 평가가 이 두 지식을 균형 있게 통합적으로 평가되어야 해야 할 것이다.

2. 수학적 개념적 지식

NCTM(1989)에 따르면 '수학적 개념을 지식의 본질이다'라고 설명한다. 학생들은 개념과 개념의 의미나 해석 등을 이해 할 때만이 수학을 의미 있게 만들 수 있다. 예를 들어, 학생들이 재그룹에 의한 빼셈과정을 의미 있게 만들기 위해서는 자릿값의 개념을 이해하고 있어야 한다. 비슷하게 주어진 상황이 빼셈을 필요로 한다는 것을 인식하려면 빼셈의 개념을 이해하고, 상황 속에서 나타난 행위가 그것의 의미(비교, 분해)와 일치한다는 것을 인식해야 한다. 수학을 의미 있게 행하기 위해서는 개념적 이해가 근본이기 때문에 학생의 수학적 지식의 평가는 반드시 수학적 개념을 파악하고 있는지 조사해야 한다.

수학적 지식의 이해는 단순히 정의를 떠올리거나, 평범한 예제를 인식하는 것 이상의 것이다. 그것은 이 규준에서 확인된 광범위한 능력을 포함해야 한다. 평가 역시, 개념적 이해의 이러한 측면을 강조하여야 한다. 평가 과제는 예와 반례를 선택하는데 있어서 적절한 개념 또는 부적절한 개념의 속성을 구별할 줄 아는 능력과, 개념을 다양하게 표현하는 능력, 그리고 그들의 다양한 의미를 인식하는 능력에 초점을 맞추어야 한다. 학생들로 하여금 새로운 상황에서 주어진 개념에 관한 정보를 적용하도록 하는 과제는 그 개념의 지식과 이해에 관한 강력한 증거를 제공해준다.

학생들이 가지고 있는 잘못된 개념에 대한 정보를 이끌어 내기 위해 고안된 문제는 수업을 수정하거나 계획하는 데 유용한 정보를 제공해준다.[3)]

본 평가에서는 삼각형과 여러 가지 사각형의 기하 단원에 대한 수학적 개념에 대한 지식의 평가에 대한 증거를 제시하고자 함으로서 더 나아가 평가의 실제를 제시하고자 하였다.

- 삼각형과 여러 가지 사각형의 개념을 정의하고, 수학적 언어로 표현하고, 삼각형를 분류할 수 있다.
- 삼각형과 여러 가지 사각형의 적당한 예와 반례를 확인할 수 있다.
- 삼각형과 여러 가지 사각형의 개념을 수학적으로 표현하기 위해 기호, 도식과 모델을 이용할 수 있다.
- 삼각형과 여러 가지 사각형의 개념에 다양한 의미나 해석을 할 수 있다.
- 주어진 삼각형 사각형의 개념 성질을 밝히고, 특정 개념을 결정짓는 조건을 해석할 수 있다.
- 여러 가지 삼각형과 사각형의 개념을 비교할 수 있다.

3. 수학적 절차적 지식

학교수학에서 절차는 일반적으로 계산 방법을 의미한다. 그러나 수학교육과정에서 모든 절차가 계산적인 것은 아니다. 각을 이등분하는 것과 직선 위의 한 점에서 수선을 긋는 것과 같은 기하학적 작도는 절차적이지만 계산적이 아니다. 이 규준에서 확인된 절차적 지식의 다양한 측면은 비계산적 절차에 똑같이 잘 적용된다. 수학적 절차를 어떻게 확실하고 효율적으로 실행하느냐 하는 것 역시 중요하기는 하지만 절차적 지식은 단순한 실행 이상을 포함한다. 학생들은 언제 절차를 적용하며, 절차가 작동하는 이유와, 그 절차가 옳은 답을 준다는 것을 입증하며, 절차의 기초가 되는 개념과 그 절차를 정당화하는 논리를 이해해야 한다. 절차적 지식은 작동되는 절차와 작동되지 않는 절차를 구별하고, 절차를 수정하고 새로운 절차를 만드는 능력을 포함한다. 학생들은 수학에서 절차의 성격과 역할을 음미하도록 격려되어져야 한다. 즉 절차는 특별한 필요성을 효율적으로 충족시키는 도구이며, 절차적 지식의 평가는 절차를 수행하는 능력의 평가뿐 아니라, 이 규준에서 주장된 절차적

3) 구광조, 오병승, 류희찬(2003). 수학교육과정과 평가의 새로운 방향(pp. 316-317). 서울: 경문사

지식의 모든 측면을 강조해야 한다.[4)]

본 평가에서는 삼각형과 여러 가지 사각형의 기하 단원에 대한 수학적 절차의 평가에 대한 증거를 제시하고자 함으로서 더 나아가 평가의 실제를 제시하고자 하였다.

- 삼각형과 여러 가지 사각형에서 어떤 절차가 적절한지를 해석할 수 있다.
- 학생들이 제시한 각 단계의 절차에서 이유를 제시할 수 있다.
- 학생이 제시한 절차의 옳고 그름을 해석할 수 있다.
- 학생이 제시한 절차의 결과를 경험적으로 또는 분석적으로 입증할 수 있다.

4. 선행연구

벨(Bell et al., 1983)등에 의하면 두 종류의 개념이 있다. 하나는 '마름모'나 '분수'와 같이 정의를 필요로 하는 것이고, 다른 하나는 '실수집합에서의 곱셈은 교환성이 성립한다'와 같이 문장으로 표현된 관계이다. 첫째 유형의 개념은 예와 예가 아닌 것을 제시함으로써 외연적으로 정의되기도 하며, 성질을 정의하는 진술에 의한 내포적으로 정의되기도 한다. 개념적 구조는 개념들과 관계들의 네트워크를 구성하는데 이것을 스키마(schema)라고 부르기도 한다. 이 구조들은 절차를 선택하고 실행하게 하며 문제해결자가 새로운 상황에 어떤 절차를 응용할 수 있게 한다. 새로운 개념이나 관계가 학습되면, 기존의 개념 구조에 새로운 연결이 형성된다.

Carpenter & James(1984)과 Carpenter(1985)는 단편적인 정보들 사이의 관계들을 풍부한 네트워크로 구성하고 정보를 받아들이고 사용하는 것에 유연성을 주는 지식을 개념적 지식이라고 정의한다. Hiebert(1986)에 의하면 수학적 개념을 이해하고 개념들 사이의 관련성을 이해하는 것보다 높은 수준의 수학적 개념이나 성질을 학습할 수 있게 하며 문제해결을 위해 수학을 응용할 수 있게 한다. Hiebert는 수학적 개념을 이해하고 그 개념들 사이의 관련성을 이해하는 능력을 개념적 지식이라고 정의하였다.

절차적 지식은 흔히 수학적 기능으로 분류하기도 한다. NCTM(1995)에 의하면 기능(skill)은 고정된 수학적 절차를 계산방법이나 조작 방법 등을 사용하여 실행하는 능력이다. 기능의 중요한 특징은 활동이나 변형을 포함한다. Carpenter는 기능을

---

4) 구광조, 오병승, 류희찬(2003). 수학교육과정과 평가의 새로운 방향(pp. 324-325). 서울: 경문사

절차적 지식과 같은 뜻으로 보며, 구체적인 계열을 따라 차례 차례로 절차를 실행하는 능력을 절차적 지식이라고 정의하였다.

5. 평가수행

다음은 수학적 개념적 절차적 지식을 학생을 대상으로 실제로 평가하여 그 결과물을 제시하고자 하였다. 중학교 1학년 삼각형의 합동조건 단원과 관련한 학생들의 삼각형의 합동조건의 개념적·절차적 지식의 수학적 내용에 관한 평가를 하고자 2011년 2학기에 보충학습 시간을 이용하여 사전 사후 면담과 관찰을 통해 진행하였다.

1) 평가대상

현재 연구자가 개인적으로 수업을 진행하고 있는 예비 중학교 1학년 남학생 2명과 여학생 1명을 대상으로 하였다.

2) 평가 도구

지도 시 학생의 개념적·절차적 지식의 평가를 위하여 수학태도에 대해 알아보기 위해 '자기효능감' 체크리스트(고상숙 외, 2011 참고)를 실시하였으며, 사전·사후 설문조사와 개별 면담을 실시하였다. 평가는 5문항으로 이루어진 평가지로 총 2번 진행되었으며, 중학교 1학년과 2학년 기하내용을 수업 실시 후 과정을 중심으로 평가하였다. 또한, 문제에 대한 신뢰도를 갖기 위해 교과서를 분석하여 교과서에 있는 문제들로 난이도는 중·상으로 구성하였다. 1차시 평가는 개념적 지식의 평가문항으로 구성이 되어 있으며, 2차시 평가는 절차적 지식의 평가문항으로 구성되어 있다.

본 평가는 〈표 9〉 평가기준에 의한 각 단계별 문항 평가를 통해 중학교 기하학습 중에서 삼각형과 여러 가지 사각형에서 개념적·절차적 지식의 평가를 하는 것을 목적으로 하고 있다.

또한 개념적·절차적 지식을 결과중심이 아닌 과정중심으로 평가할 수 있는 사례 문항을 중심으로 평가하였으며, 문제를 해결하는 과정에서 학생들의 개념적·절차적 지식의 평가를 할 뿐만 아니라 절차적·개념적 지식 상호 연결하는데 목적이 있으며 더 나아가 이들 개념과 절차적 지식이 수학적 추론과 문제해결에 응용할 수 있는 정도로 확장될 수 있기를 기대하며 준비되었다.

〈표 11〉 채점기준표

	평가기준	점수화
개념적 지식의 평가	개념을 이해하고 사용한 증거를 찾을 수 있다. ① 문제를 해결하는 과정에서 수학적 용어, 그림, 수학적 기호를 광범위하게 사용하였다. ② 개념의 의미와 해석을 인식하고 있는 표현을 사용하였다.	4
	개념적 이해에 오개념이 거의 없었다. ① 문제를 해결하는 과정에서 수학적 용어, 그림, 수학적 기호를 정확하게 사용하였다. ② 개념의 의미와 해석을 인식하고 있는 표현을 사용하였다.	3
	개념적 이해에 다소 거리가 있거나 문제를 잘못 이해하였다. ① 문제를 해결하는 과정에서 수학적 용어, 그림, 수학적 기호를 표현하려고 시도하였다. ② 수학적 절차는 사용하고 있었으나 실수가 있었다. ③ 개념적 의미와 해석을 인식하는데 있어 다소 약함이 보였다.	2
	개념적 이해와는 거리가 멀거나 문제를 크게 잘못 이해하고 있었다. ① 문제를 해결하는 과정에서 수학적 용어, 그림, 수학적 기호를 거의 사용하지 않았다. ② 수학적 절차는 사용하고 있지 않았다. ③ 개념적 의미와 해석을 이해하는데 있어 상당 부분 부족하였다.	1
	문제의 개념적 의미의 파악이 전혀 이루어지지 않았으며, 전혀 시도하지 않았다.	0
절차적 지식의 평가	평가기준	점수화
	수학적 연산과 절차를 광범위하게 사용하였다. ① 문제를 해결하는 절차에 있어 각 단계에 대한 바른 설명과 이유를 보여주었다. ② 새로운 절차로 확장하거나 새로운 절차를 수용하는 창의적인 문제해결 과정을 보여 주었다.	4
	수학적 연산과 절차를 바르게 사용하였다. ① 문제를 해결하는 절차에 있어 각 단계에 대해 바르게 표현하고 설명하였다. ② 문제를 해결하는 절차에 있어 단계에 대한 이유를 알고 있다는 증거를 찾을 수 있으나 표현하는 능력이 다소 부족하였다.	3

수학적 연산과 절차를 사용하는데 있어 약간의 실수가 있으나 적절히 사용하였다. ① 문제를 해결하는 절차에 있어 설명하고 표현하는 능력이 다소 부족 하였다. ② 문제를 해결하는 절차에 있어 단계에 대한 이유를 알고 있다는 증거를 약하게 찾을 수 있으나 실수한 부분이 보였다.	2
수학적 연산과 절차를 사용하는데 있어 잘못 사용하였거나 실수를 한 부분이 많았다. ① 문제를 해결하는 절차에 있어 단계에 대한 이유를 알고 있다는 증거를 찾을 수 없었다.	1
문제의 절차적 의미의 파악이 전혀 이루어지지 않았으며, 전혀 시도하지 않았다.	0

3) 평가 절차

첫째, 문헌연구는 수학적 개념적·절차적 지식의 평가 방법으로 나누어 이루어졌다. 특히, 중학교의 삼각형과 사각형에 단원 학습에 필요한 교과 내용을 분석하고 정리하였다.

둘째, 개념적·절차적 지식에 관한 문항 수집을 위하여 교과서 3권[5]과 문제집 4권[6]의 해당 단원 문항을 분석하여 문헌 연구 결과에 따른 각 문항을 수집하였다.

셋째, 연구자가 개인적으로 수업을 진행하고 있는 학생들을 대상으로 수학 성적 수준을 고려하지 않고 본인의 의사를 밝힌 3명의 학생을 인터뷰를 통하여 선정하였다.

넷째, 대상학생들의 수학과목에 대한 개인의 수학적 성향과 태도를 분석하기 위하여 '자기효능감 체크리스트'를 조사하여 분석하였다. 삼각형의 합동조건과 여러 가지 사각형 단원에 대한 수업 후 개념과 절차의 지식의 평가 검사지를 만들었으며, 설문지는 1차시와 2차시를 마치고 학생들의 인지적·정의적 측면을 분석하기 위하여 만들었다. 평가가 있은 다음의 사후 면담은 학생들의 수학적 성향 및 태도, 기하 단원에 대한 일반적인 느낌 및 견해, 기하 단원의 학습 시 애로점등을 알아보기 위하여 이루어졌다.

---

5) 천재교육(최용준 외), 지학사(이강섭 외)

6) 좋은 책 신사고(홍범준), 비상교육(박미정 외)

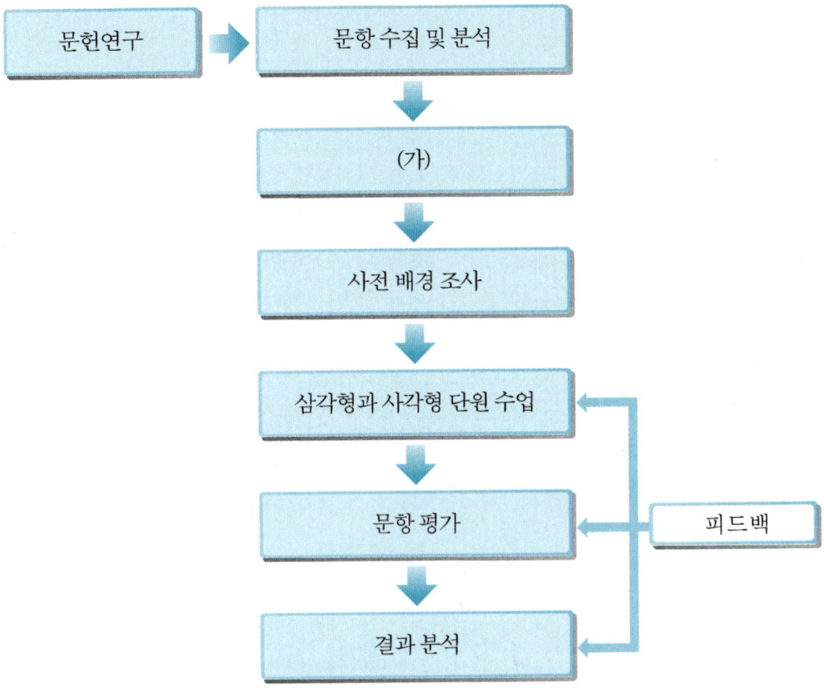

그림 7 본 평가의 절차

다섯째, 1~2차시 수업을 진행한 후 일정한 시간동안 평가문항을 제시하여 정해진 시간동안 개별적으로 문제를 해결하게 한 후 총체적 채점기준표에 따라 3명의 학생의 답안에 대한 과정중심 평가를 하였다. 이때 연구자는 학생이 문제를 해결하는 과정에 있어 도움을 주지 않았다. 그리고 연구자는 수업이 진행되는 동안 학생들의 개념적 절차적 정의에 대한 수업관찰 체크리스트를 작성하였다.

4) 평가결과

평가 학생 중 예비 중학교 1학년 남학생들은 현재 대학부설 및 지역공동 영재학급에 소속되어 있는 수학과 과학을 다른 과목에 비해 월등히 좋아하는 학생들이다. 반면에 여학생은 학교에서 성적은 중·상위권이지만 수학을 다른 과목에 비해 잘 하지 못하는 학생이다.

수학 과목에 대한 자기효능감 체크리스트에서 남학생 2명은 전반적으로 모든 문항에 대한 대답을 '매우 그렇다.'로 응답하였으며 부정적인 질문에는 '전혀 그렇지 않다.'라고 응답하였다. 이는 남학생들은 수학에 대한 강한 자신감을 엿볼 수 있는 것으로 분석되었다. 반면에 여학생은 2번 "나의 단점 중 하나는 문제를 해결할 때 즉시 시작할 수 없다는 점이다."에 대한 응답으로 '매우 그렇다.'라고 응답하였으며, 26번 "나는 수학공부를 할 때 아무리 곤란한 상황이 나타나더라도 그런 상황을 잘 이겨낸다."에 대한 응답으로 '전혀 그렇지 않다.'라고 응답하였다. 이는 여학생은 수학에 대한 다소 부담감이 있음을 짐작할 수 있었다.

학생들의 평가지에 문제를 해결하는 과정에 답안의 보기 힘든 관계로 연구자가 학생들의 답안을 그대로 한글작업을 하였다. 이는 과정중심평가를 하는데 있어 보다 용이하고 하는데 목적을 두었다. 또한 남학생을 A, B로 하고 여학생을 C로 대체하여 평가에 대한 분석을 하고자 한다.

제1차시 평가의 1번 문항에서 등변 사다리꼴의 정의를 서술하는데 있어 세 명의 학생이 모두 다르게 다음과 같이 서술하였다. 이는 학생들이 등변사다리꼴을 정의하는 과정에 있어서 정의와 정리를 A, C는 혼동하는 오개념을 보이고 있었다. 반면에 학생 B는 정의를 올바르게 이해하고 있으며 표현하는데 있어서도 문제가 되지 않았다. 또한 1번 문항은 여러 가지 다각형에 11개에 대한 정의를 묻는 문항으로 각 문항별 채점을 하였다. 채점을 한 결과 학생 B는 정의를 표현하는 데 있어 그림과 수학적 기호를 정확하게 사용하여 서술하는 능력이 다른 2명의 학생에 비해 뛰

이름	A	B	C
서술 답안	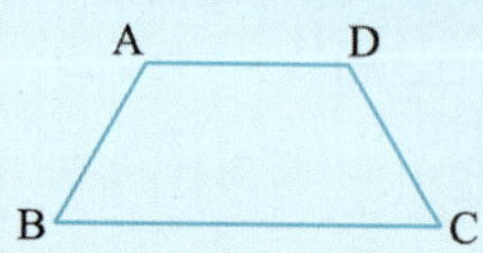 $\overline{AB}=\overline{CD}$, $\angle ABC = \angle DCB$ 이다.	한 쌍의 대변이 평행하고, 그 평행한 두 변 중 하나의 양 끝각의 크기가 같은 사각형이다. 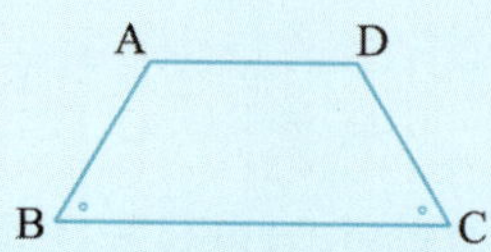	한 쌍의 대변이 평행하고 평행하지 않은 $\overline{AB}=\overline{CD}$인 사각형이다. 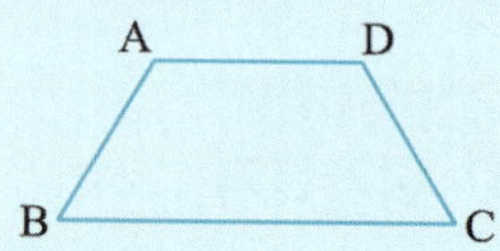
점수	2	4	3
채점 근거	등변사다리꼴의 개념적 이해에 다소 거리가 있거나 그림으로 표현하는데 있어 실수가 있었으며, 개념적 이해와 의미를 해석하는데 있어 다소 약함이 보였다.	등변사다리꼴의 개념적 이해가 정확하고, 그림을 그려 정확하게 표현하였다.	등변사다리꼴의 개념을 이해에 다소 거리가 있거나 그림으로 시도하는데 있어 다소 실수가 있었다.

어났으며 다각형에 개념에 대한 정확한 이해를 하고 있는 것으로 분석되었다. 반면에 학생 A는 등변사다리꼴과 같이 다소 정의와 정리를 혼동하는 오개념을 보여주었으며, 정의에 대한 수학적으로 표현보다는 그림으로 표현하여 답안을 서술하였다. 그리고 C학생은 서술하는데 3번~5번 문항은 학생들은 어떤 사각형이 가지고 있는 성질과 그들을 정의하기에 충분한 성질들을 구별할 수 있어야 했다. 이 세 개의 문항에 올바르게 대답하기 위해서는 학생들은 평행사변형, 마름모의 정의를 이해하여 성질을 이해하여 인식할 수 있다. 3번 문항에 대한 학생들의 답안은 다음과 같이 서술하였다. 3번 문항에서 학생들은 모두 정답을 작성하였으나 세 명의 학생 모두 이

이름	A	B	C
서술 답안	∴ 평행사변형	각 변에 중점을 이은 선분은 두 대각선에 서로 각각 평행하게 되고, 길이가 대각선의 $\frac{1}{2}$이 되므로 $\frac{1}{2}\overline{AC}=\overline{QR}=\overline{SP}$ $\frac{1}{2}\overline{BD}=\overline{QP}=\overline{SR}$ 마주보는 두 대변의 길이가 같고 서로 평행하므로 평행사변형이다. ∴ 평행사변형	∴ 평행사변형
점수	3	4	1
채점 근거	평행사변형의 개념적 이해에 오개념은 거의 없었다. 문제해결과정에서 그림을 사용하여 표현하려는 시도가 보였다. 개념적 의미와 해석을 인식하는데 있어 다소 약함이 보였다.	평행사변형의 개념을 이해하고 사용한 증거를 찾을 수 있다. 문제를 해결하는 과정에서 그림과 수학적 기호를 광범위하게 사용하였다.	문제를 해결하는 과정에 있어 수학적 용어나 그림을 거의 사용하지 않았다.

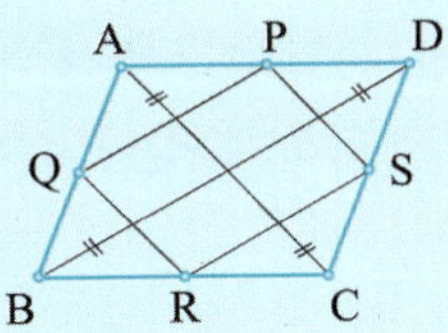

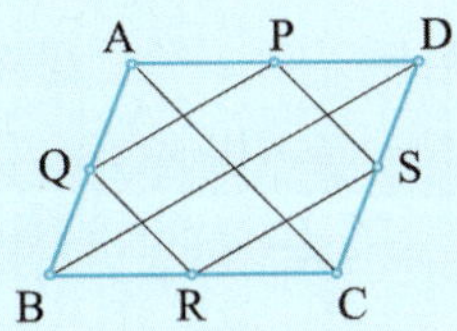

유를 서술하는 과정에 있어 다소 차이를 보이고 있었다. A학생은 평행사변형의 정의와 성질을 올바르게 이해한 듯하나 수학적 언어로 표현하는데 있어 다소 부족한 면이 답안에 서술로 나타났으며, 학생 B는 문제를 정확하게 인식하여 평행사변형이 되는 이유를 서술하는데 있어 개념을 이해하고 문제해결과정에서 수학적 용어, 그림, 수학적 기호를 자연스럽게 사용하는 모습을 답안의 서술과정을 통해 분석되었다. 반면에 C학생은 3~5번까지 답안에 모두 정답만 기록하였을 뿐 '왜 그 사각형이 되는 이유'를 서술하지 못하였다. 이는 정답은 인정이 되나 과정중심평가로 볼 때 부분적으로만 인정을 하였다. 학생 C가 이유를 제시하기 못한 결과에 대한 분석을 위해 사후 면담을 한 결과 학생이 여러 가지 사각형의 성질을 이용하는데 있어 다소 부족하였으며, 그를 또한 수학적 언어로 표현하는데 있어 "틀리면 어떻하지?"하는 약간의 수학과목에 대한 두려움이 나타나는 것으로 분석되었다.

제2차시 평가에서 1~2번 문항에서는 C학생이 합동인 삼각형을 찾는데 있어 대응변과 대응각을 일치하지 못하는 실수를 범하였다. 이는 학생이 개념적 이해와 해석은 할 수 있으나 이를 수학적 언어를 사용하는 절차적인 면에서 약간의 실수를 하는 모습이 답안을 통하여 분석되었다. 이는 문제를 해결하는 절차에 있어 단계에 대한 이유를 분명히 알고 있다는 증거를 찾을 수 있으마 표현하는데 있어 다소 부족함이 나타났다. 반면에 학생 A, B는 합동인 삼각형을 정확하게 찾아 수학적 언어

이름	A	B	C
서술 답안	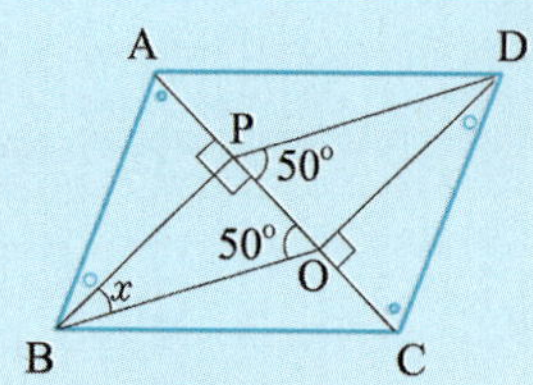 ∴ 50°	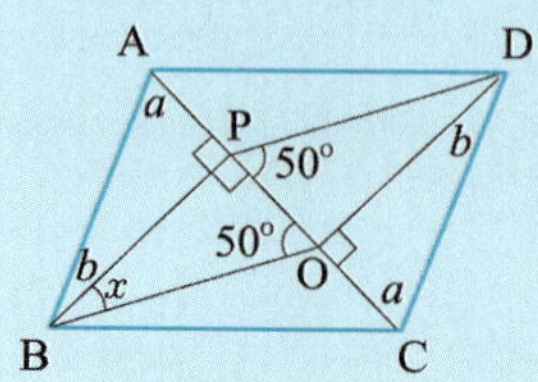 $\triangle ABP \equiv \triangle CDO$ 이므로 $\angle BPO = 90°$ 이다. ∴ 50°	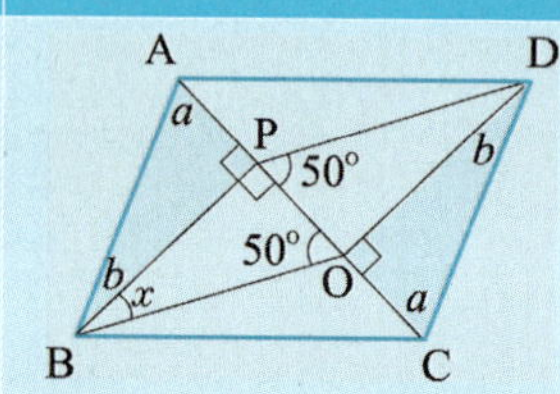 ∴ 50°
점수	3	3	3
채점 근거	문제를 해결하는 절차에 있어 이유를 알고 있다는 증거를 찾을 수 있으나 수학적 언어로 표현하는데 있어 다소 부족하였다.	문제를 해결하는 절차에 있어 이유를 알고 있다는 증거를 찾을 수 있으나 수학적 언어로 표현하는데 있어 다소 부족하였다.	문제를 해결하는 절차에 있어 이유를 알고 있다는 증거를 찾을 수 있으나 수학적 언어로 표현하는데 있어 다소 부족하였다.

를 사용하여 각 단계에 대해 바르게 표현하고 설명하는 것으로 분석되었다.

4번 문항에서는 세 명의 모든 학생이 그림으로 표현하여 수학적으로 서술하는데 있어 약간의 차이를 보이는 것으로 분석되었다. 세 명의 학생의 4번 문항에 대한 답안을 다음과 같이 서술하였다.

6. 결론

본 평가에서 제1차시 평가는 수학적 개념적 지식에 대한 평가문항들로 이루어진 평가이며, 2차시 평가는 수학적 절차적 지식에 대한 평가문항들로 구성하였다.

제1차시 평가에서는 학생들이 개념을 정리할 수 있는가? 개념을 결정짓는 조건들을 적당하게 골라 낼 수 있는가?에 맞추어져 있었다. 세 명의 학생들로 하여금 개념을 나타내는 용어, 기호, 정의를 바르게 기억하고 있는지를 평가하고 개념을 적절한 상황에 사용할 수 있는지를 평가하려고 하였다. 세 명의 학생 모두 개념을 평가하는 과정에 있어서는 예비 중학생이다 보니 수학적 기호를 사용하는데 있어 익숙하지 않았다.

제2차시 평가에서는 학생들의 수학적 법칙이나 알고리즘을 단순히 암기하고 처리하는 기계적인 처리 기능뿐만 아니라 그 절차의 타당성을 이해하고 있는지를 평가하려고 하였다. 이는 학생들이 문제를 해결하는 과정에 있어 수행한 결과만을 보고 평가하는 것이 아니라 절차의 처리과정을 분석하고 오류의 배경을 찾는데 있어 결과만 평가하는 방식보다는 과정중심의 평가를 함으로서 학생들에게 작은 반성적 사고가 일어나고 있었다. 가령, 제2차시 4번 평가문항에서 학생 A, C가 문제를 해결하는 절차에 있어 이유를 알고 있다는 증거를 수학적 언어로 표현하여 평가 후 면담에서 제시하는 모습은 결과중심이 아닌 과정중심의 평가를 한 후 학생들이 변화하고 있는 것으로 분석하였다.

본 평가는 개념적 지식의 과정중심평가에서는 개념의 용어에 중점을 두고 개념적 지식을 바탕으로 하여 학생들로 하여금 절차적 지식의 과정중심평가가 상호관련성이 있음을 학생들의 답안을 통하여 분석되었다. 따라서 개념적 지식이 형성된 후 절차적 지식을 통하여 문제를 해결하는 과정중심평가는 상호보완적인 관계에서 다뤄져야 한다고 본다.

여기서 이루어진 평가로 인하여 개념적 지식의 지도는 개념적 지식 자체가 다양하고 풍부해지고 더 발전된 절차적 지식을 습득하기 위한 방향으로 교수법이 개선되어야 할 것이다. 세 명의 학생들이 절차적 지식을 적용할 때 그와 관련된 개념적 지식에 대한 고려 없이 절차적 지식을 기계적으로 적용하는 것을 평가에서 분석할 수 있었다. 절차적 지식의 사용에 효율성이나 문제 해결의 신속성이라는 장점이 있는 것은 중요하지만 그 절차적 지식이 갖고 있는 한계나 한 차원 높은 문제를 해결하는데 있어 개념적 지식이 필요성을 요구 된다는 사실을 학생들이 인지 할 수 있도록 교수법의 개선이 되어야 할 것이다. 다시 말해, 수학교과를 지도하는 것은 수학에서 요구하는 개념적 지식이 발달될 수 있도록 하는 동시에 절차적 지식과 상호관계를 맺을 수 있도록 지도하는 교사의 교수법의 개선이 중요하다.

더 나아가 우리나라는 수능이라는 입시가 직면해 있는데 요즘 수능은 기본적인 개념만을 묻는 쉬운 수능의 경향에서 벗어나 개념의 원리를 제대로 이해하고 있는지 또는 여러 개념을 결합시켜 고차원적인 사고를 할 수 있는지를 묻는 문항 위주로 출제가 되고 있다. 이는 학생들에게 개념 원리를 중요시하고, 문항마다 여러 개념을 결합시켜 묻고 있으므로 이는 개념적·절차적 지식을 과정중심평가에서부터 실시한다면 이를 대비하는 전략이 될 수 있고 이러한 추세는 꾸준히 강조될 것으로 보인다.

본 평가는 한 삼각형과 여러 가지 사각형이라는 과제로 수학에서의 절차적 성질과 역할에 대한 학생들의 이해를 평가하기에는 다소 부족하였던 것으로 분석된다. 이는 타당한 과정중심의 평가는 장기적으로 이루어져야 하는데 비해 본 평가는 시간이 다소 단기적이었으며, 또한 학생들이 새로운 절차를 만들 수 있는 수학적 활동이나 과제에 대한 학습이 이루어져야 하는데 그렇지 못했던 것이 아쉬움으로 남는다. 또한 연구자가 진행되어온 과정을 판단하기 위한 방법으로 설문조사와 면담에 대한 관찰기록카드를 장기간 동안 만들어 구체적인 사실을 기록하였다면 본 평가에서보다 나은 평가결과를 얻을 수 있을 것이다.

끝으로 본 평가에서 더 나아가 개념적 지식과 절차적 지식은 적절한 균형을 이루어 지도하여야 하며 과정중심에 대한 평가가 이 두 지식을 균형 있게 통합적으로 평가할 수 있어야 할 것이다.

정리하면서

01 다음의 기술은 연역적 추론을 평가하고자 점수화를 하는 과정으로써 평가 기준을 나타내고 있다. 연역적 추론의 어느 평가요소에 해당되는지 밝히고 이와 또 다른 점수화 방안을 제시하시오.

문제 해결에 논리적으로 모든 단계를 서술하였다.
문제 해결에 부분적으로 논리적으로 표현하였으나 수학적 언어 표현에 있어 부분적으로 부족하였다.
문제 해결의 과정이 생략되었거나 모든 단계가 논리적이지 못하였다.
문제 해결의 결론과 관련 없는 자료를 나열하였거나 시도하지 않았다.

① 가정과 결론 구분　　② 자료의 분석

③ 자료의 종합　　④ 대응 및 적용

02 다음은 삼각형과 사각형의 기하수업에서 평가의 절차를 설명하고 있다. (가)에 해당하는 절차는 무엇인가?

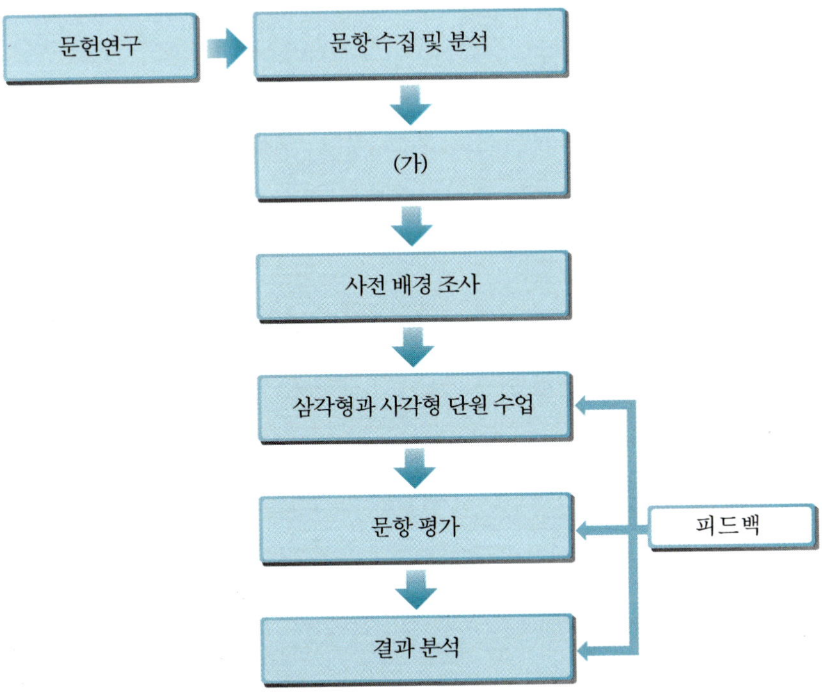

03 밑변의 길이가 8이고 높이가 3인 이등변 삼각형에 내접하는 직사각형 넓의 의 최댓값을 구하는 과정을 기술한 학생의 답안이다. 교사가 학생의 문제해결력을 평가하고자하는 분석적 채점기준표를 작성하시오.

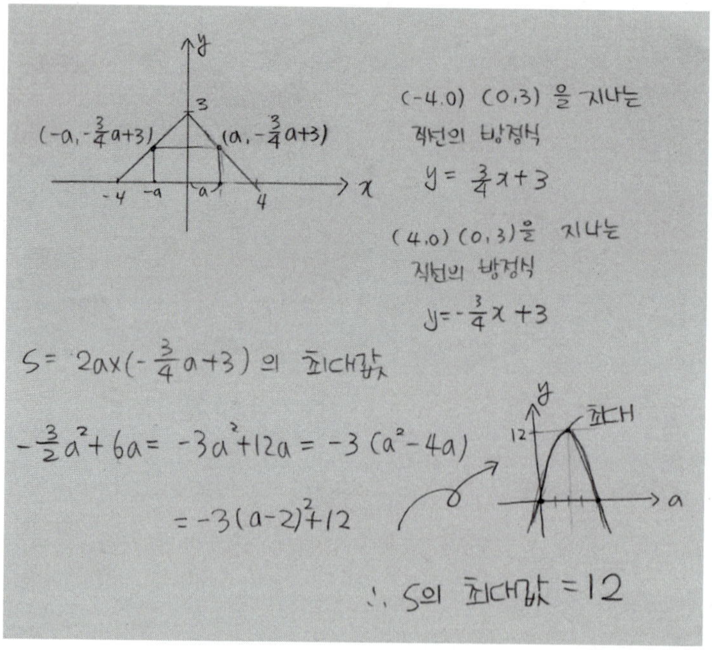

(-4,0) (0,3) 을 지나는 직선의 방정식

$y = \frac{3}{4}x + 3$

(4,0) (0,3)을 지나는 직선의 방정식

$y = -\frac{3}{4}x + 3$

$S = 2a \times (-\frac{3}{4}a + 3)$ 의 최대값

$-\frac{3}{2}a^2 + 6a = -3a^2 + 12a = -3(a^2 - 4a)$

$= -3(a-2)^2 + 12$

∴ S의 최대값 = 12

04 본서는 평가목적에 따라 평가주관자들에 의한 다양한 평가 틀을 제안하고 있다. 다음은 기본수학능력의 평가 틀을 구성하는 평가내용을 기술한 것이다. 어떤 기본수학능력을 평가하고자 하는지 밝히고 중·고등학교 교과서에서 이에 해당하는 단원을 선택하여 평가계획을 수립하시오.

* 수학적 맥락 내에서 수학적 규칙에 의거한 기호 표현을 이해하고, 해석하고, 조작하고, 사용하는 것
* 정의, 규칙, 형식 체계에 기초한 형식적 구성, 알고리즘을 이해하고 사용하는 것

① 상징적·형식적·기법적인 언어와 조작의 사용

② 의사소통

③ 추론과 논증

④ 수학화

05 평가를 수행하는 과정 중 다음은 어떤 절차에서 점검하는 질문들인지 조사하고 평가를 수행하는 과정에서 가장 우선적으로 고려되어야하는 요소들을 평가기능(skill)에 대한 교사의 전문성과 관련지어 토론하시오.

* 학습활동의 초점과 균형을 주기 위해 어떤 구성을 사용할 것인가?
* 정보를 수집하고 해석하는데 어떤 방법을 사용할 것인가?
* 학습활동의 수행을 판단하는데 어떤 기준을 사용할 것인가?
* 결과를 판단하고 보고를 요약할 때 어떤 체계를 사용할 것인가?

참고문헌

강명원, 김성호, 박지훈, 이선준, 차용우, 고상숙 (2010). 2009 개정 교육과정에 따른 수학과 평가가 나아가야 할 방향. 수학교육논문집, 24(2), 301-323.

고상숙, 백정환 (2004). 삼각함수단원의 수행평가도구 개발 및 적용. 학교수학, 6(1), 21-35.

고상숙, 유기종, 김지연 (2011). 고 1 대수적 기하에서 수학적 추론을 위한 과정중심평가에 관한 연구. 대한수학교육학회 학술대회 수학교육학 논총, 40, 135-162.

고상숙 외 (2005). 수학교사의 학생 평가 전문성 범주 및 기준 개발. 수학교육, 44(2), 281-295.

김경옥, 류성림 (2009). 상황제시형 수학 문제 만들기(WQA) 활동이 문제해결력 및 수학적 태도에 미치는 영향. 대한수학교육학회지 학교수학, 11(4), 665-683.

김명생 (2007). 중학교 수학과 특별보충과정이 자기효능감 및 수학불안에 미치는 효과. 부경대학교 교육대학원 석사학위논문.

김아영, 박인영 (2001). 학업적 자기효능감 척도 개발 및 타당화연구. 교육학연구, 39(1), 95-123.

김은희 (2002). 수학적 추론 능력 평가기준에 관한 연구. 한국교원대학교 대학원 석사학위논문.

김희정, 김응환 (2006). TAI 모델과 STAD 모델을 혼합한 협동학습이 수학과의 문제 해결 능력에 미치는 효과. 한국학교수학회논문집, 9(1), 1-17.

나귀수 (1998). 증명의 수리 철학적 분석과 지도 방향 탐색. 수학교육학연구, 8(1), 351-364.

류성림 (1998). 수학 교육에서 '증명의 의의'에 관한 연구. 수학교육, 37(1), 73-85.

류성림, 박신정 (2003). 인터넷을 활용한 패턴 학습에서의 수학적 의사소통 및 문제해결에 관한 연구. 학교수학, 5(4), 459-476.

박혜숙, 나귀수 (2010). 수학과 교육과정에서 '수학적 과정'의 신설에 대한 소고. 수학교육 논문집, 24(3), 503-523.

박혜진, 권혁진 (2010). 메타인지, 몰입과 수학 창의적 문제해결력 간의 구조적 관계 분석. 한국학교수학회논문집, 13(2), 205-224..

방정숙 (1995). 초·중학생의 수학적 조건 추론 능력에 관한 분석에 관한 연구. 한국교원대학교 수학교육연구소, 청람수학교육, 5, 31-58.

박한식, 구광조 (1984). 수학과 교수법. 서울: 교학사.

신준식, 고정화, 박문환, 박성선, 서동엽 (2011). 수학적 사고력 측정을 위한 수학 평가도구의 개발. 한국초등수학교육학회지, 15(3), 619-640.

염상섭 (2009). 수학문제 해결의 기법에 관한 고찰. 수학교육논문집, 23(4), 1015-1022,

우정호 (1999). 학교수학의 교육적 기초. 서울: 서울대학교 출판부.

이광호, 신현성 (2009). 숙련된 교사의 문장제 문제해결 지도 전략 - 미국 교사들을 중심으로. 한국학교수학회논문집, 12(4), 433-452.

이용률, 성현경 (1997). 초등수학교육론. 서울: 경문사.

이종희, 김선희 (2002). 학교 현장에서 수학적 추론에 대한 실태 조사: 수학적 추론 유형 중심으로. 수학교육, 41(3), 273-289.

이종희, 김선희, 채미애 (2001). 수학적 의사소통 능력의 평가기준 개발. 수학교육학연구, 11(1), 207-221.

이환철, 허난, 강옥기 (2010). 동료를 지도하는 수학 학습 능력 우수 학생의 학습 탐색 과정. 학교수학, 12(2), 177-191.

최지영, 이대현 (2009). 소집단 문제해결학습에서 수학 문제 유형에 따른 의사소통의 패턴 분석. 한국학교수학회논문집, 12(3), 247-265.

한국교육과정평가원 (2004). 수학교사의 학생평가 전문성 기준 및 모형 개발. 한국수학교육학회와 공동연구보고서, JRC 2004-12.

황동욱 (1997). 추론 능력 향상을 위한 학습 자료 개발. 한국교원대학교 교육대학원 석사학위논문.

황혜정, 나귀수, 최승현, 박경미, 임재훈 공저 (2007). 수학교육학신론(개정판). 서울: 문음사.

Bandura, A. (1977). Self-efficacy: Toward a Unifying theory of behavioral change. *Psychological Review*, 84, 191-215.

Baroody, A. J. (1993). The relationship between the order-irrelevance principle and counting skills. *Journal for Research in Mathematics Education*, 24(5), 415-427.

Bell, M., Bell, J., & Hartfield, R. (1993). *Everyday Mathematics*. Evanston, IL: Everyday Learning Corporation.

Bialas, P. (2001). *Spreadsheet Use in an Elementary Statistics Course*. Unpublished Doctoral Dissertation, Teachers College, Columbia University, New York.

Brown, S. I. & Walter, M. I. (1983). *The Art of Problem Posing*. Philadelphia, PA: Franklin Institute Press.

Burton, L. (1984). Mathematics thinking: The struggle for meaning. *Journal for Research in Mathematics Education*, 15(1), 35-39.

Carpenter, T. (1985). Learning to add and subtract: An exercise in problem solving. In E. A. Silver (Ed.), *Teaching and Learning Mathematical Problem Solving: Multiple Research Perspectives*. Hillsdale, NJ: LEA.

Carpenter, T. P., & James M. M. (1984). The Acquisition of addition and subtraction concepts in grades one through three. *Journal for Research in Mathematics Education*, 15, 179–202.

Choi, S. S. (1996). *Students' geometric learning using a computer: Three case studies.* Unpublished Doctoral Dissertation. University of Georgia Athens, GA.

Fischbein, E. (1987). *Intuition in Science and Mathematics*. 우정호 외 7인 공역(2006), 수학과학 학습과 직관. 서울: 경문사.

Freudenthal, H. (1991). *Revisiting Mathematics Education*. Dordrecht: Kluwer Academic Publishers.

Goldin, G. A. (2000). Affective pathways and representation in mathematical problem solving. *Mathematical Thinking and Learning*, 2(3), 209-219.

Hiebert, J. (Ed.) .(1986). *Conceptual and Procedural Knowledge: The Case of Mathematics.* Hillsdale, NJ: Erlbaum.

Kilpatrick, J. (1987). Problem formulating: Where do good problems come from? In A. H. Schoenfeld(Ed.), *Cognitive Science and Mathematics Education*(pp. 123-147). Hillsdale, NJ: Erlbaum.

Masalski, W. J. (1990). *How to Use the Spreadsheet as a Tool in the Secondary School Mathematics Classroom*, Reston, VA: National Council of Teachers of Mathematics.

National Council of Teachers of Mathematics. (1980). *An Agenda for Action: Recommendations for School Mathematics of the 1980s*. Reston, VA: National Council of Teachers of Mathematics.

National Council of Teachers of Mathematics. (1989). *Curriculum and Evaluation Standards for School Mathematics*. 구광조, 오병승, 류희찬 공역 (1992). 수학교육과정과 평가의 새로운 방향. 서울: 경문사.

National Council of Teachers of Mathematics. (1995). *Assessment Standards for School Mathematics. Reston*, VA: National Council of Teachers of Mathematics.

National Council of Teachers of Mathematics. (1999). *Mathematics Assessment: A Practical Handbook for Grades 9-12*. Reston, VA: National Council of Teachers of Mathematics.

National Council of Teachers of Mathematics. (2000). *Principles and Standards for School Mathematics*. Reston, VA: National Council of Teachers of Mathematics. 류희찬, 조완영, 이경화, 나귀수, 김남균, 방정숙(공역) (2007). 학교수학을 위한 원리와 규준. 서울: 경문사.

Netz, R. (1999). *The Shaping of Deduction in Greek Mathematics: A Study in Cognitive History*: NY: Cambridge University Press.

O'Daffer, P. G. & Thornquist, B. A. (1993). Critical thinking, Mathematical reasoning, and proof. P. Wilson(Ed.), *Research Ideas for the Classroom: High School Mathematics*(pp. 39-56) NY: Macmillan Publishing Company.

Polya, G. (1957). *How to Solve It. New York*: Doubleday & Co. Inc.

Schoenfeld, A. H. (1985). *Mathematical Problem Solving*. New York Academic Press, INC.

Wilson, J. (1991). *Mathematical Visualization in Problem Solving Facilitated by Computers.* Papers presented at the joint U.S.-Japan seminar. Honolulu: East-West Center, University of Hawaii.

06

정의적 영역평가

6.1 서론

수학 교육의 목표는 크게 인지적인 측면과 정의적 측면의 두 가지로 나누어 볼 수 있다. 인지적 측면에서의 목표는 학생들로 하여금 수학적 지식 및 기능의 습득과 더불어 수학적 사고력, 의사소통 능력, 문제해결력 등의 수학적 능력을 신장시키는 것으로 볼 수 있고, 정의적 측면에서의 목표는 수학에 대한 관심과 흥미, 자신감, 가치 인식 등과 같은 수학에 대한 긍정적인 태도를 육성하는 것으로 볼 수 있다. 그러나 우리나라의 수학교육은 주로 수학적 지식 및 기능의 습득과 문제해결력의 신장과 같은 인지적인 측면에서의 목표 달성에 치중해왔다. 이는 국내외적으로 수행된 여러 연구 결과에서도 나타났다. 예를 들면, 1995년부터 2007년까지 4년 주기로 수행되어온 성취도 국제 비교 연구인 TIMSS(Trends in International Mathematics and Science Study) 연구 결과에 의하면 우리나라 중학교 2학년 학생들의 수학 학업에 대한 성취(인지적 영역의 성취도)는 상위 3위 이내의 우수한 성적을 유지하는 반면 수학에 대한 즐거움, 자신감, 가치 인식 등과 같은 정의적 영역에 대한 성취는 지속적으로 매우 낮은 수준을 유지하고 있는 것으로 나타났다(박정, 2007; 김경희 외, 2008).

학생들의 수학에 대한 정의적 영역의 성취는 학생 개인의 측면에서 뿐만 아니라 국가적인 측면에서도 중요한 의미를 갖는다고 볼 수 있다. 수학에 대한 관심과 흥미, 자신감 및 가치 인식과 같은 수학 교과에 대한 긍정적인 정의적 특성은 학생 개인의 경쟁력의 바탕이 되는 인지적 성취의 향상에 중대한 영향을 미치는 교육맥락 변인이라는 점에서 학생 개인의 측면에서 중요한 의미를 갖는다. 과학 기술 문명을 기초로 하고 있는 현대 사회에서는 과학 기술의 발전이 곧 그 나라의 국가 경쟁력을 발달시키는 원동력이라 볼 수 있다. 학생들의 수학 교과에 대한 부정적인 정의적 특성은 결국 수학이나 과학과 같은 국가 경쟁력의 발전에 토대가 되는 기초 학문 분야의 발전을 저하시키는 원인이 될 수 있으므로 학생들의 정의적 특성은 국가적인 측면에서도 중요한 의미를 갖는다고 볼 수 있다.

국내·외적으로 학생들의 수학에 대한 긍정적인 태도나 긍정적인 수학적 성향의 발달과 같은 정의적 특성의 개선은 학교 수학교육의 중요한 목표 중 하나로서 인식되고 있다.

미국의 경우 NCTM(1989)에서는 학생들을 위한 새로운 교육 목표 5가지를 다음과 같이 제시하고 있는데 처음 2가지 목표가 정의적 영역과 관련된 목표라고 볼 수 있다.

- 학생들은 수학의 가치를 이해할 수 있어야 한다.
- 수학을 행하는 자신의 능력에 대해 확신을 가져야 한다.
- 수학적 문제해결자가 되어야 한다.
- 수학적으로 의사소통하는 것을 배워야 한다.
- 수학적으로 추론하는 것을 배워야 한다.

NCTM(1989)에서 제시하는 정의적 영역과 관련된 목표에 대해서 좀 더 자세히 살펴보면, 학생들이 수학의 가치를 이해할 수 있어야 한다는 것은 수학의 문화적, 역사적, 과학적 진화와 관련된 많은 다양한 경험을 함으로써 현대사회의 발달에서 수학의 역할을 음미할 수 있어야 하고, 수학과 관련되는 타 학문과 수학 사이의 관계를 탐구할 수 있어야 한다는 것을 의미한다. 수학을 행하는 자신의 능력에 대해

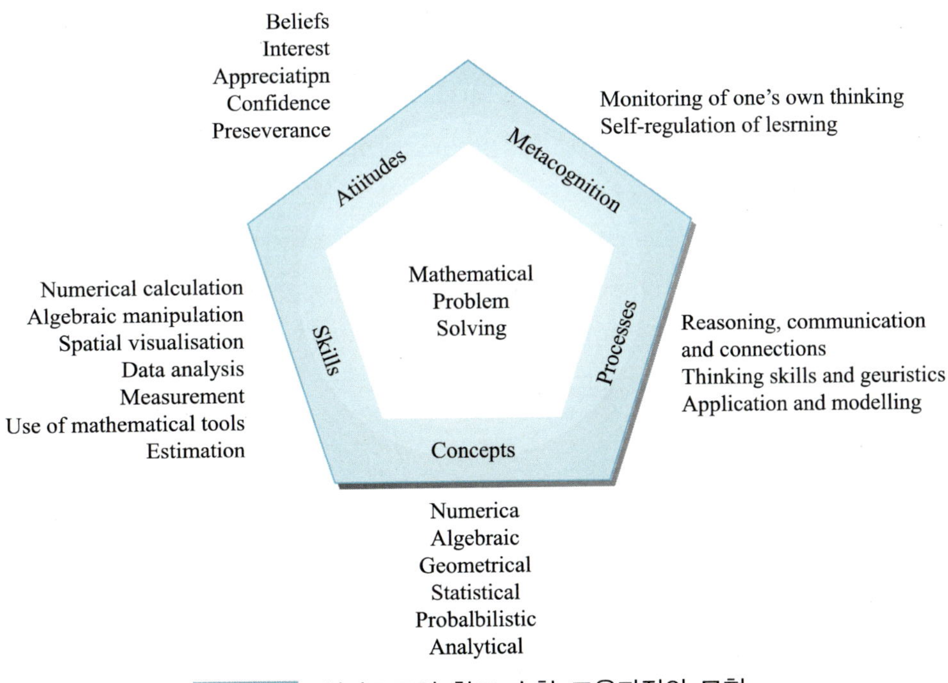

그림 1 싱가포르의 학교 수학 교육과정의 모형

확신을 가져야 한다는 것은 수학을 학습한 결과, 학생들은 그들 주위의 새로운 문제 상황을 이해하는데 있어서 수학적인 능력을 사용하는데 자신감을 가질 수 있어야 한다는 것을 의미한다.

싱가포르의 경우는 학생들의 수학적 문제해결능력 발달이라는 중대한 교육과정 목표를 이루기 위한 5가지 토대로 개념, 기능, 과정, 메타인지, 태도(Ministry of Education, 2006)를 들어 싱가포르 역시 정의적 영역을 중요하게 고려하고 있는 것으로 나타났다.

싱가포르의 교육과정에서 의미하는 태도는 수학 학습에 대한 정의적 측면을 의미하며 구체적인 내용은 아래와 같다(Ministry of Education, 2006).

- 수학과 그것의 유용성에 대한 신념
- 수학학습에서 흥미와 즐거움
- 수학의 아름다움과 파워에 대한 인식
- 수학을 사용하는데 있어서 자신감
- 문제를 해결하는데 있어서 끈기

우리나라는 제3차 교육과정부터 학생들의 수학에 대한 태도 교육의 필요성이 제기되면서 수학 교육에서 학생들의 흥미, 자신감, 가치인식 등과 같은 정의적 측면을 강조하기 시작하였다. 특히, 2007년 개정 수학과 교육과정에서는 수학 교과에서의 학생들의 정의적 측면에 대한 목표를 이전의 교육과정보다 구체적으로 제시하며 정의적 영역에 대한 교육과 평가를 보다 강조하고 있는 것으로 나타났다. 또한 2011년에 고시된 2009 개정교육과정에 따른 수학과 교육과정에서도 "수학에 대하여 관심과 흥미를 가지고, 수학의 가치를 이해하며, 수학 학습자로서 바람직한 인성과 태도를 기른다."(교육과학기술부, 2011, p. 3)라는 목표 하에 정의적 측면에 대한 교육을 지속적으로 강조하고 있는 것을 볼 수 있다.

6.2 정의적 영역의 정의 및 구성 요소

학교 교육에서 정의적 영역에 대한 교육을 명시적으로 인식하게 된 것은 20세기 중반 Bloom을 중심으로 한 연구진들이 교육 목표의 하나로서 정의적 영역에 대한 교육을 구분한데서 비롯된다(박선화, 김명화, 주미경, 2010). 그들은 교육 목표를 인지적(cognitive), 정의적(affective), 기능적(psychomotor)영역의 세 가지 영역으로 분류하여 제시하였다. Krathwohl, Bloom, Masia(1964)는 정의적 영역을 감정적 색조, 정서, 수용 또는 거부의 태도 등이 강조되는 교육 목표라고 설명하며 정의적 영역을 감수(receiving), 반응(responding), 가치화(valuing), 조직화(organization), 가치 또는 가치복합에 의한 인격화(characterization by value or value set)라는 5개의 수준으로 분류하고 위계적으로 나열하였다. Tyler(1973)도 정의적 영역에 대한 교육의 중요성을 강조하였는데 그는 정의적 영역이 학교 교육의 절차를 촉진시키는데 필요한 수단으로서 뿐만 아니라 학교 교육 자체의 목표로서도 중요성을 가진다고 주장하였다. 학교 교육의 절차를 촉진시키는 수단으로서 정의적 영역에는 흥미, 불안, 통제의 소재, 자부심이 포함되고, 학교 교육 자체의 목표로서의 정의적 영역에는 가치와 태도가 포함된다고 하였다. 이후 많은 교육학자들이 정의적 영역의 정의, 특성, 구성 요소 등을 밝히기 위해서 다양한 연구를 수행하였다.

수학교육에서 정의적 영역에 대한 연구의 중요성은 1970년대 중반부터 점차적으로 강조되었다. 수학 교과에서 정의적 영역에 관한 연구의 선구자로 알려진 McLeod(1989)는 정의적 영역을 일반적으로 인지(cognition)와는 다른 것으로 여겨지는 태도(attitudes), 신념(beliefs), 정서(emotion)와 같은 요소를 포함하는 포괄적인 감정이라고 정의하였다. McLeod(1992)는 신념을 수학에 대한 신념, 자신(oneself)에 대한 신념, 수학수업(mathematics teaching)에 대한 신념, 수학 교육이 행해지는 맥락(사회적 맥락:social context)에 대한 신념으로 구분하였고, 특히 수학에 대한 신념과 자신에 대한 신념이 수학 학습에 많은 영향을 미치는 것으로 보았다. 또한 자신에 대한 신념은 자신감, 자기 개념, 학업 성패에 관한 귀인 등을 고려하는 신념이라고 표현하였다. Reyes(1984)는 정의적 영역을 수학 학습자로서 수학에 대한 또는 수학 학습의 측면에서 느끼는 감정이라 정의하고 수학 학습과 관련된 정의적 요인으로 수학 학습에 대한 자신감, 수학불안, 수학 학습에서의 성공과 실패에 대한 귀인, 수학에 대한 유용성 인식으로 규정하였다(박선화, 김명화, 주미경, 2010, 재인용). Goldin (2002)은 정의적 영역을 정서(emotions), 태도(attitudes), 신념(beliefs), 가치관(values)의 4개의 하위 영역으로 구분하여 설명하며 정의를 개인이 가지고 있는 내적 표현 체계 가운데 하나로 정의하였다. Hannula(2004)는 동기, 느낌, 무드, 관념, 흥미, 불안, 관점과 같은 용어 또한 정의에서 고려되어야 한다고 하였다. PISA에서는 정의적 영역을 수학에 대한 흥미, 수학에 대한 도구적 동기, 수학에 대한 자아개념, 수학에 대한 자기효능감, 수학에 대한 불안으로 보았고(이미경 외 2004), TIMSS에서는 수학 교과에서 정의적 영역을 수학에 대한 자신감, 수학 학습에 대한 즐거움, 수학에 대한 가치 인식으로 보고 있다(김경희 외, 2009). 우리나라의 국가 학업 성취도 평가에서는 정의적 영역을 흥미, 자신감, 가치인식으로 구분하였다(고정화 외, 2008).

최근 국내에서는 정의적 영역에 대한 정의 및 구성 요소에 대한 개념을 보다 명확하게 정립하고 학생들의 정의적 영역의 성취를 측정할 수 있는 검사 도구를 개발하기 위한 대규모 연구들이 수행되었는데 대표적으로 박선화 외(2010)의 연구와 이종희 외(2011)의 연구가 있다.

박선화 외(2010)는 여러 선행연구 결과와 전문가협의회 및 델파이조사에서 나타난 전문가들의 의견을 종합하여 수학에 대한 정의적 특성을 "수학에 대한 경험으로 인하여 형성된 정서와 신념, 동기와 관련된 심리적 특성"(p. 38)으로 정의하였고, 정의적 특성을 정서, 신념, 동기의 크게 세 가지로 범주로 나누어 각 범주의 정의를 〈표 1〉과 같이 제시하였다.

〈표 1〉 수학에 대한 정의적 특성의 구성 요소 범주의 정의 (p. 39)

범주	정의
정서	비교적 강하게 단시간 동안 계속되는 감정으로, 희노애락(喜怒哀樂), 애증(愛憎), 공포, 쾌고(快苦) 등을 말함.
신념	어떤 아이디어, 사건, 행위 등과 같은 대상에 대해 여러 반응을 시도하고 다양한 시행착오의 과정을 반복하면서 형성된 가치 체계
동기	학습활동을 유발하고 지속하게 하는 힘으로써 학습활동을 의미 있고 가치 있는 것으로 보고 학습활동으로부터 의도된 가치를 얻고자 하는 경향성

그들은 각 범주에 속하는 정의적 특성의 하위 요소에 대해서도 제시하였는데 정서 범주에 속하는 하위 요소로는 '흥미, 호기심, 수학불안'을 들었고, 신념 범주에 속하는 하위 요소로는 '수학관, 가치인식, 귀인'을 들었고, 동기 범주의 하위 요소로는 '목표지향성, 자기효능감, 자기조절력'을 들었다. 각 범주별 하위 요소에 대한 정의는 〈표 2〉와 같다.

〈표 2〉 수학에 대한 정의적 특성의 구성 요소 범주별 하위 요소의 정의 (p. 40)

범주	하위 요소	정의
정서	흥미	교과나 학습주제 등에 대해 주관적으로 느끼는 선호도 및 학습활동에 참여함으로써 발생하는 즉각적인 재미
	호기심	지속적이면서 일관되게 새로운 것을 추구하는 개인의 심리적 경향성
	수학불안	수학 교과 자체 또는 수학과 관련된 일이나 문제 등에 대하여 긴장하고 두려워하거나 걱정하고 염려하는 심리 상태
신념	수학관	문화적 가치와 사회적 기대를 경험과 학습을 통하여 내면화 된 것으로서 수학이 갖고 있는 교과로서의 특성과 그에 적절한 학습 방법에 관한 개인적인 관점
	가치인식	사회적 맥락이나 학습자 자신의 삶의 맥락과의 관계 속에서 수학의 기능과 유용성에 대한 평가
	귀인	수학과 관련된 성공과 실패의 원인에 대한 개인적 지각으로 원인의 소재(내적·외적요인), 안정성, 통제가능성에 대한 추론
동기	목표지향성	성취 상황에서 개인이 과제를 수행하는 목표에 대한 개인의 지향성으로 타인과 비교하거나 자신의 능력을 타인에게 증명하기 위한 목표인 수행목표와 과제의 숙달이나 능력을 향상하기 위한 목표인 숙달목표로 구분됨
	자기효능감(자신감)	목표달성에 필요한 행동 과정을 조직하고 행하는 자신의 능력에 대한 믿음으로, 특정한 시간에 주어진 특정 과제를 잘 수행할 수 있는지에 대한 인식
	자기조절력	개인적 목표설정과 설정한 목표를 성취하기 위한 행동조정으로 장기적 목표 달성을 위해 바람직한 행동을 추구하고 그렇지 않은 행동은 억제하여 충동적이거나 즉각적이지 않고 스스로 문제를 신중하게 계획, 해결, 평가하려는 경향성

이종희 외(2011)는 기존의 정의적 영역의 구성 요소에 자기 조절이나 통제와 같이 새롭게 관심을 받고 있는 정의적 영역의 개념을 추가하여 정의적 영역의 구성 요소를 '학습지향성, 자기통제, 불안, 흥미, 수학에 대한 가치 인식, 자신감'의 6가지로 제시하였다. 그들은 각 요소에 대해서는 다음과 같이 설명하였다.

학습지향성이란 '수학 학습 상황에서 쉽지 않고 낯선 문제나 과제에 적극적으로 도전하려는 자세'라고 정의하였으며 이것은 수학을 학습하고자 하는 의지라고 할 수도 있으며, 수학 학습에 열의를 갖고 포기하지 않는 태도를 포함한고 하였다. 학습지향성은 과제난이도와 관련이 있는데 과제난이도에 대한 선호와는 달리 수학 학습 상황에서 낯선 문제를 만났다거나 주어진 과제를 수행하려는 학생 개개인의 수학 학습 의지 즉 어려운 과제나 낯선 문제 해결을 수행할 때 얼마나 스스로 열성적으로 헌신할 수 있게 만드는 정도, 노력의 양, 끈기를 보이는 자세와 더 관련이 깊다.

자기통제는 '학습자 스스로 자신의 학습방법을 알고 자신을 제어하여 수학 학습 행동을 취하는 능력'이라고 정의하였다. 자기통제는 달성해야 할 목표가 있는 수행 상황에서 목표 달성을 위해 자신이 가진 자기조절전략 혹은 기술이 얼마나 효과적이라고 생각하는가에 대한 확신 정도와 관련된다고 하였다.

불안은 '수학을 잘 하지 못할까봐 걱정하고 염려하는 심리 상태 또는 수학 학습 상황에서 학습자가 느끼는 곤란함과 불편함'이라고 정의하며 수학 불안은 학생의 수학 학습 성취 경험과 관련되어 자기 평가를 통하여 개념화된 자기도식이고 정서적 반응으로 표출되는 상황 특수적인 개념이라고 하였다.

흥미는 '수학에 대한 관심과 선호 및 수학 학습 활동에 대하여 느끼는 재미'로 정의하였고, 학생들이 수학에 대해 관심을 가지고 높은 선호를 보인다는 것은 현재의 학습과 앞으로의 학습을 지속적으로 이어갈 수 있는 연결고리의 역할을 할 수 있으며 수학에 대한 긍정적 정의를 형성하는 데에 있어서 중요한 역할을 한다고 하였다.

수학에 대한 가치 인식은 '사회적, 직업적, 학문적 맥락이나 학생의 삶의 맥락에서 수학의 기능과 유용성, 중요성에 대한 판단이나 평가'라 정의하며 수학이라는 교과 또는 학문적 맥락에서 수학의 유용성, 중요성 등에 대한 학생의 개인적인 견해를 포함한다고 하였다.

자신감은 '자신의 수학적 능력에 대한 긍정적인 기대'를 의미하며 불안과 대치되는 것이기는 하지만 반대의 개념은 아니라고 하였다. 수학 학습에 있어서 현재 무엇을 할 수 있으며 앞으로 어떤 과업을 달성해 갈 수 있을 것인지에 대해 자신의 능력을 평가하고 확신하는 개념이라고 하였다.

6.3 2009 개정 교육과정에 따른 수학과 정의적 영역

2011년 8월에 고시된 2009 개정 교육과정에 따른 수학과 교육과정에서는 학생들의 수학의 가치제고 및 정의적 태도 개선을 강조하기 위하여 수학과 목표, 교수·학습방법, 평가에 〈표 3〉[1]과 같이 제시하고 있다.

〈표 3〉 정의적 영역과 관련된 2009 개정 교육과정에 따른 수학과 교육과정의 목표, 교수·학습 방법, 평가(교육과학기술부, 2011)

2. 목표

다. 수학에 대하여 관심과 흥미를 가지고, 수학의 가치를 이해하며, 수학 학습자로서 바람직한 인성과 태도를 기른다(p. 3).

5. 교수·학습 방법

타. 수학에 대한 긍정적 태도를 신장시키기 위하여 교수·학습에서 다음 사항에 유의한다(pp. 35-36).

(1) 생활 주변 현상, 사회 현상, 자연 현상 등의 여러 가지 현상과 관련지어 수학을 배움으로써, 수학에 대한 가치를 인식하고 수학의 필요성을 알게 한다.

(2) 수학에 대한 흥미, 관심, 자신감을 갖도록 학습 동기와 의욕을 유발한다.

6. 평가

바. 정의적 영역에 대한 평가에서는 학생의 수학에 대한 긍정적 태도를 신장시키기 위하여 수학 및 수학 학습에 대한 관심, 흥미, 자신감, 가치 인식 등의 정도를 파악한다(p. 37).

---

1) 2009 개정 교육과정에 따른 수학과 교육과정 중 공통 교육과정인 초등학교 1-중학교 3학년까지의 수학 과목의 목표, 교수·학습방법, 평가와 관련된 내용의 일부를 발췌한 것이다. 그러나 선택 교육과정에서도 목표, 교수·학습방법, 평가부분에 정의적 측면과 관련해서 동일한 내용이 제시되어 있다.

6.4 선행연구

수학 및 수학 학습에 대한 정의적 영역과 관련해서 많은 연구들이 수행되었다. 이 절에서는 정의적 영역의 하위 요소에 대한 선행연구 및 우리나라 학생들의 정의적 성취에 관한 선행연구 결과에 대해서 살펴보고자 한다.

1. 정의적 영역의 하위 요소에 대한 선행연구

Tyler(1973)는 학업에 있어서 흥미는 학업을 위한 긍정적인 동기를 제공해 준다고 하였다. 실제로 흥미는 학생들의 수학 학습에 대한 태도를 비롯한 다양한 정의적 영역 검사 도구에서 중요한 요소이자 척도로 여겨졌다. TIMSS와 PISA의 연구 결과에 의하면 학생들의 수학 학습에 대한 흥미나 즐거움은 수학 성취도와 높은 상관성이 있다. 게다가 수학에 대한 흥미는 진로의 선택에도 많은 영향을 미치는 것으로 나타났다(문희철, 2008).

수학에서 자기효능감에 대한 측정은 Fennema와 Sherman(1976)에 의해 처음으로 시도 되었고, 학생들의 수학성취에서의 성별차이에 대한 연구를 수행하기위해 '수학에 대한 태도 척도(Mathematics Attitude Scale: MAS)'를 개발하고 하위척도인 '수학학습에 대한 자신감(confidence in learning mathematics)' 척도를 통해 수학과목에서 자신이 얼마나 잘 할 것인가에 대한 개인의 기대를 평가하였다. MAS의 자신감 척도를 사용한 연구들에서 수학학습이나 교과에 대한 포괄적인 자신감은 수학성취를 설명하는데 있어 인지적인 변수 못지않게 중요한 역할을 하였으며 그러한 연구 결과들은 수학에 있어서 정의적 특성과 수행과의 관계를 확립하는데 기여하였다(Fennema & Sherman, 1978). 학생들이 자신의 수학능력에 대해 가지는 자기효능감은 수학 성취나 수학과 관련한 학업적·직업적 선택에 있어서 중요함을 입증해 주는 많은 선행연구 결과가 있다.

Zimmerrman & Martines-Ponz(1988)는 자기조절력을 측정하기 위해서 3가지 하위 요소인 개인적인, 행동적인, 환경적인 요소로 구성된 총 40문항의 검사 도구를 개발하였다. 자기조절력은 아동과 청소년들의 자기효능감의 신장 및 긍정적인 자아

개념의 형성에 중요한 역할을 하며, 학생들의 학업성취 뿐만 아니라 학습에 대한 태도나 동기에도 긍정적인 영향을 미친다(이명진, 2011). 여러 연구 결과(예. Pintrich & DeGroot, 1990; 장희진, 양용칠, 2002; 양애경, 조호제, 2010)에 의하면 자기조절력이 높은 학생들은 그렇지 못한 학생들보다 더 높은 학업 성취를 보여주며 학습동기 또한 높은 것으로 나타났다. Zimmerman과 Martinez-Pons(1990)는 자기조절학습 점수와 수학학습 점수 사이에는 0.55의 상관이 있다고 보고하였다. 또한 초등학교 6학년 학생들을 대상으로 실시한 장혜원(2006)의 연구에서도 자기조절 학습전략 훈련이 학생들의 수학 학습에 대한 성취도 향상에 긍정적인 역할을 한 것으로 나타났다.

수학불안에 대한 연구는 1950년대 이후부터 심리학자들과 수학교육학자들의 관심을 받으며 시작되었고 국내에서는 1980년대 이후부터 시작되어 꾸준히 진행되고 있다. 1957년 Dreger와 Aiken이 최초로 '수 불안 척도'(NAS: numerical anxiety scale) 만들면서 학생들의 수학불안에 대한 체계적인 연구가 시작되었다. 허혜자(1996)는 수학불안의 요인을 수학교과요인, 수학성취요인, 인지요인 및 부정적 생각, 수학에 대한 태도, 교사요인을 제시하였고, Lazarus(1974)는 수학불안의 요인을 수학 그 자체의 특성, 기호와 용어, 학생의 학습 유형, 교과과정, 교사로 보았다. 몇몇 선행 연구 결과에서는 수학불안과 수학 학업 성취가 부적 상관관계가 있는 것으로 나타났다(Hackett, & Betz, 1989; 허혜자, 1996; 김미정, 2001; 이명희, 2006; 민병찬, 2010). 즉 수학 성적이 높은 학생일수록 불안도 높게 나타났고, 성적이 낮은 학생들은 수학불안도 낮게 나타났다. Meece, Wigfiled, & Eccles(1990)는 수학불안을 감소시키기 위해서는 정서적 각성의 제거 방법 외에도 수학불안에 대한 인지적 매개자의 역할을 하는 학생들의 자기효능감을 증진시키려는 전략들이 필요하다고 하였다.

박정(2007)은 TIMSS 1995년, 1999년, 2003년의 검사에서 공통으로 사용된 정의적 영역의 문항 가운데 수학에 대한 가치 인식 및 수학의 유용성을 파악하기 위한 문항과 수학 성취와의 관련성을 분석하였다. 그 결과, 수학 관련 직업이나 원하는 직업을 갖기 위해서 수학을 잘해야 한다는 인식이 학생들의 수학 성취에 미치는 영향력이 점차 증가하는 것으로 나타났다. 여러 연구를 통해서도 학생들의 수학에 대한 가치인식이 수학 성취와 밀접한 관련이 있음이 밝혀졌다(Tocci & Engelhard, 1991; Walker & Plata, 2000; 고정화 외, 2008; 김경희 외, 2009). 학생들이 수학에 대한 필요성과 가치를 높게 평가하면 할수록 수학 학습의 필요성에 대한 인식이 달라질 수 있고, 학생들이 수학이 인간의 생활과 문화의 변화와 발전에 필요한 도구이자 언어의 역할을 수행한다는 것을 이해함으로써 수학의 필요성을 인식하고 그 유용성에 대한 기대를 형성할 수 있게 될 것이다(이종희 외, 2011).

2. 우리나라 학생들의 정의적 성취에 대한 선행연구

국제 수학, 과학 성취도 비교 연구인 TIMSS 2007의 연구에서 우리나라 중학교 2학년 학생들의 수학 학업에 대한 인지적 영역의 성취도는 50개국 중에서 2위를 차지한 반면 정의적 영역에 대한 성취는 국제 평균보다 낮게 나타났다. 설문 조사 결과 수학 학습에 대한 자신감이 높은 학생의 비율은 43위, 수학 학습을 즐겁게 인식하는 학생의 비율도 43위, 수학의 가치를 높게 인식하는 학생의 비율은 45위로 나타났다(김경희 외, 2008).

이와 같은 현상은 PISA 2003의 연구결과에서도 찾아볼 수 있다. PISA 2003에서 우리나라 고등학교 1학년 학생들은 수학 영역에서(인지적 영역) 40개국 중 3위를 기록했지만 정의적 영역의 성취는 OECD 국가의 평균보다 낮은 수준으로 나타났다. 학생 설문 결과에 의하면 수학에 대한 흥미도는 31위, 도구적 동기는 38위, 자아개념도는 38위, 자아효능감도 38위로 매우 낮은 수준이었고 수학에 대한 불안감은 6위로 매우 높게 나타났다(이미경 외, 2004).

국내에서는 박선화 외 (2010)가 우리나라 중학교 3학년 학생들의 수학에 대한 흥미, 자신감, 가치인식, 자기조절력, 수학불안을 파악하기 위해서 대규모의 설문조사를 실시하였다. 각 설문 문항에 대하여 학생들은 4단계 리커트 척도, 즉 '전혀 그렇지 않다(=1점)', '그렇지 않다(=2점)', '그렇다(=3점)', '매우 그렇다(=4점)'로 응답하도록 하였다. 각 요인별 척도의 평균을 이용하여 설문 결과를 분석하였는데 이 설문 결과에 따르면 학생들은 수학불안을 제외한 나머지 요인에서 모두 부정적인 성향을 보여주었다. 전체 학생에게서 가장 높게 나타난 정의적 특성 요인은 가치인식으로 평균이 2.48이었고, 그 다음은 수학불안 2.33, 자기조절력 2.28, 자신감 2.27, 흥미 2.21 순으로 나타났다. 수학불안의 경우 2.5보다 낮은 것이 수학불안이 높지 않은 긍정적인 결과로 해석할 수 있다. 각 요인별 문항에 대한 응답을 좀 더 심층적으로 살펴보면 수학에 대한 흥미와 관련된 문항 중 '다른 과목보다 수학이 더 공부하기가 싫다', '수학이 재미없고 지루하다'는 문항에 긍정적인 응답이 높게 나타나 결국 학생들은 수학 공부를 하는 것을 싫어하고 수학을 재미없고 지루하게 생각하고 있었다. 수학에 대한 자신감과 관련하여 '복잡한 수학 문제도 풀 수 있다', '어려움 없이 수학 문제를 풀 수 있다', '처음 보는 수학 문제를 푸는 것이 두렵지 않다'는 문항에 대한 부정적인 응답이 높게 나타났다. 가치인식과 관련해서는 '수학은 일상생활의 문제들을 해결하는 데 도움이 된다'는 문항에 대한 부정적인 응답이 가장 높게 나타났다. 자기조절력과 관련해서는 '수학 시간에 이해하지 못한 내용이 있으면 수학 시간이 끝난 후에도 그것에 대해 계속 생각한다' 는 문항에 부정적인 응답이 가장 높게 나타났다. 수학불안과 관련해서는 '수학 성적이 나쁠까봐 걱정된다'는 문항에 대한 긍정적인 반응이 가장 높게 나타났으나 대부분의 수학 불안과 관련된 문항에서는 그렇지 않다는 반응이 더 높게 나타났다.

그들은 성별 집단 평균을 이용하여 각 요인에 대한 성별 분석도 실시하였는데 그 결과 흥미, 자신감, 가치인식, 자기조절력 모두에서 남학생이 여학생보다 높고, 수학불안은 여학생이 더 높은 것으로 나타났다. 이러한 여학생들의 수학에 대한 부정적인 정의적 특성이 향후 여학생들이 수학을 학습하거나 수학과 관련된 직업을 갖는데 부정적인 영향을 미칠 수 있으므로 여학생들의 수학에 대한 정의적 특성 향상에 더 많은 관심을 기울여야 한다(박선화 외, 2010).

6.5 정의적 영역에서 다양한 평가방법

수학을 학습한다는 것은 단순히 수학적 개념이나 절차 및 문제 해결에 대해서 학습하는 것뿐만 아니라 수학에 대한 긍정적인 태도와 바람직한 가치관을 형성하도록 하는 것을 포함한다. 따라서 수학 학습에서의 평가 역시 학생들의 인지적인 측면뿐만 아니라 정의적인 측면에서도 이루어져야 한다. 인지적 영역에서의 평가가 주로 수학적 지식 및 수학적 사고방식과 관련된 지적인 특성을 대상으로 이루어진다면 정의적 영역에서의 평가는 수학에 대한 학생들의 전형적인 태도 및 감정 표현의 방식과 관련된 특성을 대상으로 한다(교육과학기술부, 2008).

NCTM(1989)에서는 수학 학습에서 정의적 측면을 수학적 성향으로 나타냈는데 수학적 성향에 대한 평가가 아래와 같은 정보를 얻을 수 있도록 이루어져야 한다고 제안하였다(p. 233).

- 문제를 해결하고, 아이디어에 대해서 의사소통하고, 추론하기 위해서 수학을 사용하는데 있어서 자신감
- 수학적 아이디어를 탐구하고 문제를 해결하는데 있어서 대안적 방법을 찾는데 있어서의 유연성
- 수학적 과제를 지속하려는 의지
- 수학을 하는데 있어서 흥미, 호기심, 창의성
- 자신의 생각과 수행 결과를 반성하고 모니터하려는 경향
- 타 학문과 일상생활의 다양한 상황에 수학을 적용하는 것에 대한 가치 인식
- 우리의 문화에서 수학의 역할과 도구와 언어로써 수학의 가치 인식

우리나라의 수학과 교육과정(교육과학기술부, 2011)에서는 학생들의 수학에 대한 긍정적인 태도를 신장시키기 위해서 정의적 측면에 대한 평가가 학생들의 수학 및 수학 학습에 대한 관심, 흥미, 자신감, 가치 인식 등의 정도를 파악하는 수준에서 이루어지도록 제안하고 있다. 그러나 학생들의 정의적 특성에 대한 평가는 평가의 목적이나 평가 방법에 따라서 다양한 측면에서 이루어질 수 있다.

이 절에서는 학생들의 정의적 특성에 대한 평가에 적절한 몇 가지 평가도구 및 평가 방법에 대해서 알아보겠다.

1. 설문방법

설문방법은 대규모의 학생들의 정의적 특성을 빠르고 손쉽게 분석하고 평가할 수 있다는 점에서 국내외적으로 많이 활용되는 방법이다. 학생들의 정의적 특성을 파악하기 위해서 교사들이 손쉽게 활용할 수 있는 몇 가지 설문지에 대해서 소개하겠다.

1) TIMSS 2007

TIMSS 2007에서는 학생들의 정의적 태도를 수학에 대한 자아개념(교과에 대한 자신감)과 학습동기(가치인식과 즐거움)로 구분하여(김경희 외, 2009) 학생들의 정

〈표 4〉 TIMSS 2007의 정의적 태도 평가에 활용된 문항을 토대로 만든 설문지

범주	문항	① 매우 그렇다	② 그렇다	③ 그렇지 않다	④ 전혀 그렇지 않다
자아 개념 (자신감)	1) 반 친구들에 비해 수학을 더 어렵게 느낀다.				
	2) 수학은 내가 잘하는 과목이 아니다.				
	3) 나는 수학 내용을 빨리 배운다.				
	4) 나는 대체로 수학을 잘한다 .				
내적 동기 (즐거움)	5) 나는 수학 공부하는 것이 즐겁다.				
	6) 나는 수학을 좋아한다.				
	7) 나는 학교에서 수학 수업을 더 많이 했으면 한다.				
	8) 수학은 지루하다.				
도구적 동기 (가치)	9) 원하는 직업을 얻기 위해 수학을 잘해야 한다.				
	10) 대학에 들어가기 위해 수학을 잘해야 한다.				
	11) 다른 과목을 배우는 데 수학이 필요하다.				
	12) 수학을 배우는 것이 일상생활을 하는 데 도움이 된다.				

의적 특성을 수학에 대한 자신감, 즐거움, 가치인식의 세 가지 측면에서 평가하였다. 〈표 4〉는 TIMSS 2007에서 활용한 평가 문항 및 평가 척도를 토대로 만든 설문지의 예시이다.

TIMSS 2007에서 제시하는 설문 결과에 대한 분석 방법은 각 하위 범주에 해당되는 각 문항에 대하여 '매우 그렇다=1점', '그렇다=2점', '그렇지 않다=3점', '매우 그렇지 않다=4점'으로 환산한 후(단, 문항이 부정문일 경우에는 역코딩을 한다) 응답한 결과를 토대로 각 범주의 척도 평균을 산출하여 평균이 2점 이하일 때 '상', 2점 초과 3점 미만일 때 '중', 3점 이상일 때 '하'로 분류할 수 있다. 예를 들어, 자신감 범주의 평균이 1.5인 경우 자신감 지수는 '상'으로 분류되어 학생들의 학습에 대한 자신감이 매우 높은 것으로 해석한다.

2) PISA 2003

PISA 2003의 경우는 학생들의 정의적 특성을 자아효능감, 자아개념, 도구적 동기, 내적 동기, 수학불안의 범주로 나누어 평가하였다. 그러나 자아효능감을 묻는 문항들이 구체적이고 실질적인 교과 관련 기술(또는 지식)을 포함하고 있어 〈표 5〉에서는 자아개념(자신감), 도구적 동기(가치), 내적 동기(흥미), 수학불안의 범주에 해당되는 문항만을 소개하겠다. 내적 동기의 범주에는 수학 과목에 대한 흥미와 수학을 학습할 때 느끼는 즐거움에 대한 질문으로 구성되어 있고, 도구적 동기의 범주는 좋은 직업을 갖는 데 도움이 될 것이라는 등의 외적 보상에 의해 얼마나 학습의욕이 생기는지에 대한 질문들로 구성되었고 자아개념의 범주에는 자신의 수학 능력에 대한 신념을 묻는 질문으로 구성되었고, 수학불안에 대한 범주에는 수학을 공부할 때 어느 정도로 무기력함과 감정적인 스트레스를 느끼는지에 대한 질문으로 구성되었다(이미경 외, 2004).

〈표 5〉 PISA 2003의 정의적 특성 평가에 활용된 문항을 토대로 만든 설문지

범주	문항	① 매우 동의한다	② 동의한다	③ 동의하지 않는다	④ 매우 동의하지 않는다
내적 동기 (수학에 대한 흥미와 즐거움)	1) 수학과 관련된 것을 읽는 것을 좋아한다.				
	2) 수학 수업 시간이 기다려진다.				
	3) 나는 수학을 좋아하기 때문에 한다.				
	4) 수학에서 배우는 것들에 대하여 흥미가 있다.				
도구적 동기 (가치)	5) 수학을 열심히 하는 것은 내가 장래에 하고자 하는 일을 도울 수 있기 때문에 가치가 있다.				
	6) 수학을 배우는 것은 내가 나중에 공부하려는 과목에 도움이 되기 때문에 중요하다.				
	7) 수학은 내가 나중에 공부하고 싶은 것들을 위해 필요하므로 중요한 과목이다.				
	8) 내가 직업을 얻는데 도움이 되는 많은 것들을 수학에서 배울 수 있을 것이다.				
자아 개념 (자신감)	9) 나는 그냥 수학을 잘하지 못한다.				
	10) 나는 수학에서 좋은 성적을 얻는다.				
	11) 나는 수학을 빨리 배운다.				
	12) 나는 수학이 내가 가장 잘하는 과목 중의 하나라고 믿어 왔다.				
	13) 수학 수업 시간에 나는 가장 어려운 내용까지도 이해한다.				
수학 불안	14) 나는 수학 수업이 어려울 것이라는 걱정을 종종 한다.				
	15) 수학 숙제를 해야 할 때 나는 매우 긴장한다.				
	16) 나는 수학 문제를 풀 때 매우 긴장한다.				
	17) 나는 수학 문제를 풀 때 무기력함을 느낀다.				
	18) 수학 과목에서 나쁜 성적을 받을까봐 걱정이 된다.				

설문 결과에 대한 분석 방법은 앞서 제시한 TIMSS 2007 설문 결과 분석 방법과 동일한 방법으로 분석할 수 있다.

3) 이미경 외(2004)

이미경 외 (2004)는 정의적 영역을 흥미와 호기심, 수학에 대한 자신감, 수학에 대한 불안, 수학의 유용성 인식, 과제집착력과 의지, 창의적 사고, 수학 수업에의 참여 등 다양한 하위 영역으로 구분하여 평가하도록 제안하였다. 〈표 6〉은 이미경 외 (2004)가 제안한 평가 항목을 토대로 5단계 리커트 척도를 활용하여 만든 설문지의 예시이다.

〈표 6〉 5단계 척도를 활용한 정의적 영역의 평가 설문지

하위 영역	세부항목(내용)	① 전혀 그렇지 않다	② 그렇지 않다	③ 보통이다	④ 그렇다	⑤ 매우 그렇다
수학에 대한 흥미와 호기심	1) 수학을 하는 것을 즐거워한다.					
	2) 수학에서 배우는 것들에 대해 흥미가 있다.					
	3) 수학 수업 시간을 기다린다.					
	4) 수학에 대한 것을 읽기를 좋아한다.					
	5) 수학의 개념이나 원리를 알려고 한다.					
수학에 대한 자신감	6) 수학 공부에 자신감을 가지고 있다.					
	7) 수학에서 좋은 성적을 받을 것이라고 생각한다.					
	8) 수학에서 어려운 내용까지도 잘 이해할 수 있다.					
	9) 수학을 가장 잘하는 과목 중의 하나로 생각한다.					
수학에 대한 불안	10) 수학 수업이 어려울까봐 걱정한다.					
	11) 수학 성적이 나빠질까봐 걱정한다.					
	12) 수학 문제를 풀 때 긴장한다.					

〈표 6(계속)〉 5단계 척도를 활용한 정의적 영역의 평가 설문지

하위 영역	세부항목(내용)	① 전혀 그렇지 않다	② 그렇지 않다	③ 보통이다	④ 그렇다	⑤ 매우 그렇다
수학의 유용성 인식	13) 수학이 우리의 생활에 많은 도움을 준다고 생각한다.					
	14) 수학이 사고력을 기르는 데 도움이 된다는 생각한다.					
	15) 수학이 나중에 공부하는 데 필요하므로 중요한 과목이라고 생각한다.					
	16) 수학이 나중에 직장 생활을 하는데 도움이 된다고 생각한다.					
과제 집착력과 의지	17) 수학 공부를 열심히 한다.					
	18) 수학 시간에 배운 내용을 확실히 알려고 노력한다.					
	19) 수학 문제를 풀 때, 답을 구할 때까지 중단하지 않고 열심히 하려고 노력한다.					
	20) 수학 공부를 잘하기 위해 계획을 세우고 스스로 노력한다.					
창의적 사고	21) 다른 사람의 방법을 그대로 따라하는 것보다는 스스로 생각하고 탐구한다.					
	22) 수학 문제를 풀 때 다른 사람과는 다른 독특한 방법을 찾아보려고 한다.					
	23) 수학 문제를 풀 때 한 가지 방법으로 해결하는 것보다는 다양한 방법을 찾아보려고 한다.					
	24) 수학 문제를 풀 때 내가 알고 있는 방법 중에 어떤 것이 더 적절한지를 생각한다.					
수학 수업에의 참여	25) 수학 수업 시간에 모둠 활동에 적극적으로 참여한다.					
	26) 수학 수업 시간에 다른 생각을 한다.					
	27) 수학 수업 시간에 발표를 많이 한다.					
	28) 수학 문제를 풀 때 아이디어를 다른 학생들과 공유한다.					

설문 결과에 대한 분석 방법은 각 하위 범주에 해당되는 각 문항에 대하여 '전혀 그렇지 않다=1점', '그렇지 않다=2점', '보통이다=3점', '그렇다=4점', '매우 그렇다=5점'으로 환산한 후 응답한 결과를 토대로 각 범주의 척도 평균을 산출하여 그 결과를 분석할 수 있다.

4) 한국교육과정평가원(2010)

박선화 외(2010)의 연구에서는 학생들의 정의적 특성을 파악하기 위해서 수학에 대한 흥미, 자신감, 가치인식, 자기조절력, 수학불안을 평가하였다. 〈표 7〉은 박선화 외(2010)의 연구에서 활용된 설문 문항을 범주별로 재배열하여 만든 설문지의 예시이다.

〈표 7〉 한국교육과정평가원(2010)의 정의적 특성 평가 문항을 토대로 만든 설문지

범주	문항	① 전혀 그렇지 않다	② 그렇지 않다	③ 그렇다	④ 매우 그렇다
수학에 대한 흥미	1) 나는 수학을 좋아한다.				
	2) 수학은 공부를 할수록 재미있다.				
	3) 나는 다른 과목 수업 시간보다 수학 수업 시간이 더 좋다.				
	4) 나는 학교에서 수학 수업이 좀 더 많아졌으면 좋겠다.				
	5) 나는 수학시간이 다른 과목 시간보다 더 짧게 느껴진다.				
	6) 나는 다른 과제보다 수학 과제를 먼저 하고 싶다.				
	7) 나는 수학과 관련된 책을 읽는 것을 좋아한다.				
	8) 나는 수학이 재미없고 지루하다.				
	9) 나는 다른 과목보다 수학이 더 공부하기가 싫다.				
	10) 나는 수학이 재미있어서 공부한다.				
수학에 대한 자기 효능감 (자신감)	11) 나는 대체로 수학을 잘한다.				
	12) 나는 수학을 빨리 배운다.				
	13) 나는 어려움 없이 수학 문제를 풀 수 있다.				
	14) 나는 처음 보는 수학 문제를 푸는 것이 두렵지 않다.				

〈표 7(계속)〉 한국교육과정평가원(2010)의 정의적 특성 평가 문항을 토대로 만든 설문지

범주	문항	① 전혀 그렇지 않다	② 그렇지 않다	③ 그렇다	④ 매우 그렇다
수학에 대한 자기 효능감 (자신감)	15) 나는 복잡한 수학 문제도 풀 수 있다.				
	16) 나는 수학 시간에 배우는 내용을 이해한다.				
	17) 나는 다른 사람의 도움 없이 수학을 공부할 수 있다.				
	18) 나는 친구들에 비해 수학을 더 어려워한다.				
	19) 수학은 내가 잘 하는 과목이 아니다.				
	20) 나는 수학 성적이 좋다.				
가치 인식	21) 수학은 일상생활의 문제들을 해결하는 데 도움이 된다.				
	22) 수학은 공부할만한 가치가 있는 과목이다.				
	23) 수학은 창의적으로 생각하는데 도움이 된다.				
	24) 다른 과목을 배우는 데 수학이 필요하다.				
	25) 원하는 직업을 얻는 데 수학이 도움이 된다.				
	26) 원하는 대학에 가는 데 수학이 도움이 된다.				
	27) 나는 내가 원하는 대학에 가기 위해서 수학을 공부한다.				
	28) 나는 내가 원하는 직업을 얻기 위해서 수학을 공부한다.				
자기 조절력	29) 나는 쉽게 풀리지 않는 수학 문제를 풀 수 있을 때까지 끝까지 도전한다.				
	30) 나는 수학시간에 이해하지 못한 내용이 있으면, 수업시간이 끝난 후에도 그것에 대해 계속 생각한다.				
수학 불안	31) 나는 수학 수업이 어려울까봐 종종 걱정된다.				
	32) 나는 수학 수업 시간이 두렵다.				
	33) 수학 문제를 풀 때 긴장된다.				
	34) 나는 수학 성적이 나쁠까봐 걱정된다.				
	35) 나는 수학 시험을 보는 것이 두렵다.				
	36) 평소에는 풀 수 있는 문제도 시험지를 받아들면 아무생각도 나지 않는다.				
	37) 수학을 공부할 생각만 하면 부담스럽고 가능하다면 수학 공부는 피하고 싶다.				

설문 결과에 대한 분석 방법은 각 하위 범주에 해당되는 각 문항에 대하여 '전혀 그렇지 않다=1점', '그렇지 않다=2점', '그렇다=3점', '매우 그렇다=4점'으로 환산한 후 응답한 결과를 토대로 각 범주의 척도 평균을 산출하여 그 결과를 분석할 수 있다.

5) 이종희 외 (2011)

이종희 외(2011)는 학생들의 수학 학습에서의 정의적 성취를 측정하기 위한 검사 도구를 개발하였는데 검사 도구에 대한 타당도 및 신뢰도 검증을 통해서 최종 30문항이 개발되었다. 검사 도구는 학습지향성 5문항, 자기통제력 6문항, 불안 4문항, 흥미 5문항, 가치인식 6문항, 자신감 4문항으로 구성되었다. 〈표 8〉은 이종의 외(2011)의 연구에서 개발된 정의적 성취 검사 문항을 토대로 만든 설문지의 예시이다.

〈표 8〉 이종희 외(2011)의 정의적 성취 검사 문항을 토대로 만든 설문지

범주	문항	① 전혀 그렇지 않다	② 그렇지 않다	③ 그렇다	④ 매우 그렇다
학습 지향성	1) 복잡하고 어려운 수학 문제에 도전하는 것이 재미있다.				
	2) 틀리더라도 어려운 수학 문제를 푸는 것이 더 좋다.				
	3) 쉬운 문제를 여러 개 푸는 것보다 어려운 수학 문제 하나를 푸는 것을 좋아한다.				
	4) 낯선 수학 문제에 도전하는 것이 즐겁다.				
	5) 시간이 많이 들더라도 깊이 생각하게 만드는 수학 문제가 재미있다.				
자기 통제	6) 싫어하는 수학 내용을 배울 때에도 주의집중을 할 수 있다.				
	7) 어떻게 수학을 공부하는 것이 효과적인지를 안다.				
	8) 수학 공부를 해야 할 때 미루지 않고 바로 시작한다.				
	9) 수학 시험 문제가 어려워도 끝까지 침착하게 시험을 치를 수 있다.				
	10) 누가 시키지 않아도 스스로 수학 공부를 한다.				
	11) 수학 공부를 시작하면 끝까지 열심히 한다.				

〈표 8(계속)〉 이종희 외(2011)의 정의적 성취 검사 문항을 토대로 만든 설문지

범주	문항	① 전혀 그렇지 않다	② 그렇지 않다	③ 그렇다	④ 매우 그렇다
불안	12) 수학 시험을 치르기 전에 시험을 망칠 것 같은 생각이 자꾸 든다.				
	13) 수학 시험이 다가오면 불안해서 잠을 이룰 수가 없다.				
	14) 수학 시간에 발표를 할 때 실수를 할 것 같아 불안하다.				
	15) 수학 시간에 앞에 나가서 문제를 풀 때 실수를 할 것 같아 불안하다.				
흥미	16) 수학은 재미있는 교과이다.				
	17) 수학 공부가 싫다.				
	18) 수학은 지루하다.				
	19) 수학 시간에 집중하다 보면 수업이 너무 빨리 끝나 버리는 것 같은 생각이 들 때가 많다.				
	20) 수학 공부 시간이 즐겁다.				
가치 인식	21) 수학 성적이 좋은 학생들은 미래 직업에서 더 성공적일 것이다.				
	22) 수학을 잘 하는 학생이 더 좋은 대학을 갈 것이다.				
	23) 수학은 일상생활에서 매우 필요한 학문이다.				
	24) 수학을 배우면 논리적으로 사고하는 데 도움이 된다.				
	25) 수학은 학교에서 배우는 중요한 과목 중 하나이다.				
	26) 수학을 배우면 장래 여러 직업에서 쓸모 있을 것이다.				
자신감	27) 내가 노력만 한다면 수학을 잘 할 수 있다.				
	28) 수학 공부는 쉽다.				
	29) 수학 공부만큼은 잘 할 수 있다.				
	30) 나는 수학을 잘 하지 못한다.				

설문 결과는 앞서 제시한 4단계 척도 설문지의 결과 분석 방법과 동일한 방법으로 분석할 수 있다.

6) 자기효능감 체크리스트

〈표 9〉는 학생들의 자기효능감 측정을 위해 김나영, 박인영(2001)이 세 가지 구성요인 과제난이도(8), 자기조절효능감(10), 자신감(8)으로 개발한 것을 수학교과에서 평가에 맞게 수정한 자기효능감 체크리스트이다.

〈표 9〉 자기효능감 체크리스트(김나영·박인영, 2001 수정)

번호	질문내용	0	1	2	3	4
1	나는 복잡하고 어려운 문제에 도전하는 것이 재미있다.					
2	나는 깊이 생각해야하는 문제보다는 쉽게 풀 수 있는 문제를 더 좋아한다.(R)					
3	비록 실패하더라도 다른 친구들이 풀지 못한 문제에 도전하는 것이 즐겁다.					
4	시간이 많이 들더라도 깊이 생각하게 하는 문제가 더 재밌다.					
5	만약 여러 문제 중 몇 문제만 선택할 수 있다면 쉬운 문제만을 선택할 것이다.(R)					
6	수학공부는 무조건 쉬울수록 좋다.(R)					
7	쉬운 문제보다는 조금 틀리더라도 어려운 문제를 푸는 것이 좋다.					
8	나는 쉬운 문제를 여러 개 푸는 것보다 어려운 문제 하나를 푸는 것을 더 좋아한다.					
9	나는 새로 배운 것들을 이미 알고 있는 것과 쉽게 연결시킬 수 있다.					
10	나는 보통 수학공부를 시작하기 전에 계획을 세우고 거기에 맞추어 공부한다.					
11	나는 수업시간 중에 중요한 내용을 잘 기록할 수 있다.					
12	내가 싫어하는 수학내용에도 집중을 잘 할 수 있다.					
13	나는 복잡하고 어려운 내용을 기억하기 쉽게 바꿀 수 있다.					
14	나는 수업시간에 배운 내용을 잘 기억할 수 있다.					
15	나는 어떻게 수학 공부하는 것이 효과적인 방법인지 잘 안다.					
16	나는 정해진 시간 안에 주어진 과제를 잘 마칠 수 있다.					
17	나는 수업시간에 배운 내용 중에 내가 무엇을 알고, 무엇을 모르는지 정확히 판단할 수 있다.					
18	나는 수업시간에 배운 내용 중에 중요한 것이 무엇인지를 잘 파악할 수 있다.					

〈표 9(계속)〉 자기효능감 체크리스트(김나영·박인영, 2001 수정)

번호	질문 내용	0	1	2	3	4
19	선생님과 친구들 앞에서 발표하는 것은 내게 큰 스트레스를 준다.(R)					
20	시험을 치르기 전에는 시험을 망칠 것 같은 생각이 든다.(R)					
21	수업시간 중에 선생님이 문제를 풀라고 시킬까봐 불안하다.(R)					
22	토론을 할 때 혹시 창피를 당할까봐 내 의견을 제대로 발표하지 못한다.(R)					
23	수업시간에 발표를 할 때 실수를 할 것 같아 불안하다.(R)					
24	선생님이 모두에게 질문을 할 때 답을 알아도 대답하지 못한다.(R)					
25	시험이 다가오면 불안해서 잠을 이룰 수가 없다. (R)					
26	나는 시험 때만 되면 우울해진다.(R)					

※ 1. 전혀 그렇지 않다 2. 그렇지 않다 3. 그렇다 4. 매우 그렇다 0. 무응답
(R) 표시를 한 문항은 역채점 문항임.

7) 수학불안 설문지

〈표 10〉은 학생들의 수학 불안을 보다 정확하게 측정하기 위해서 허혜자(1996)가 개발한 106개로 문항으로 구성된 수학불안 검사 도구를 Ko, & Lee(2011)가 탐색적 요인 분석을 통해 최종적으로 65개의 문항만을 선정하여 재구성한 수학불안 설문지를 5단계 리커트 척도로 바꾼 예시이다.

〈표 10〉 수학불안 설문지의 예시[2)]

문항번호	질문 내용	매우그렇다	그렇다	보통이다	아니다	전혀아니다
1	지문이 긴 문항을 보면 풀기도 전에 벌써 불안해진다.					
2	서술형/논술형 문제를 풀 때 불안하다.					
3	계산한 답이 간단한 수가 아니라 복잡한 답이 나왔을 때 불안하다.					

2) Ko, H. K, & Lee, H. S.(2011)

〈표 10(계속)〉 수학불안 설문지의 예시

문항번호	질문 내용	매우그렇다	그렇다	보통이다	아니다	전혀아니다
4	문제에 주어진 조건이 많으면 이를 어떻게 활용해야 할 지 몰라 불안하다.					
5	한 가지 개념이 여러 가지 다양한(또는 다른 형태의) 문제들로 제시될 때가 많아 불안하다.					
6	사용해야 할 수학적인 개념은 알고 있는데 문제에 어떻게 적용시켜야 할지 모를 때 불안하다.					
7	여러 가지 복합적인 개념을 다루는 문제를 접하면 불안해진다.					
8	수학 문제가 물리, 화학, 음악 등 다른 과목과 연계되어 나오는 문제를 접하면 불안감을 느낀다. 물리, 화학, 음악 등 다른 과목과 연계된 수학 문제를 접하면 불안하다.					
9	문제에 복잡한 그림이 주어지면 불안하다					
10	전에 풀었던 비슷한 문제가 생각나지 않으면 어떻게 문제에 접근해야할지 몰라 불안하다.					
11	수학적 용어, 정의, 정리, 공식 등 외워야 할 것이 많이 나오면 불안해진다.					
12	2, 3과 같은 숫자 대신에 α, β와 같은 문자를 포함한 식을 대할 때 더 불안을 느낀다.					
13	$A=\{x \| \|x-5\| \leq 1\}$과 같이 기호로 가득한 문장을 읽을 때 불안하다.					
14	계산 과정이 길어지면 불안하다.					
15	나는 문장으로 주어진 문제를 식이나 그림, 수식, 기호 등으로 나타내어 푸는 것이 어려워서 불안하다.					
16	보는 것 없이 듣는 것만으로 수학적 내용을 이해해야하는 상황에서는 불안해진다.					
17	수학적 내용을 글로 잘 표현해야 할 때 불안해진다.					

〈표 10(계속)〉 수학불안 설문지의 예시

문항번호	질문 내용	매우그렇다	그렇다	보통이다	아니다	전혀아니다
18	나는 수업 내용 중에 내가 모르는 내용이 나오면 불안함을 느낀다.					
19	일상생활에서 쓰지 않는 수학 용어를 대할 때 불안해진다.					
20	수학 개념이나 용어를 접했을 때 구체적인 예가 제시되지 않으면 불안해진다.					
21	눈으로 확인할 수 없고 머릿속으로만 생각해야하는 수학적 내용을 접했을 때 불안해진다.					
22	수학적 개념, 원리 법칙 등을 이해하지 못해서 불안하다.					
23	나는 문제 풀이 과정을 차분히 써 내려가지 못할 때 불안하다.					
24	수학에 대한 기초 지식이 부족하여 따라가기 힘들다는 생각으로 불안하다.					
25	수학 공식을 외워도 무슨 뜻인지 의미를 이해하기 어려워 불안하다.					
26	수학은 학습량이 많다고 생각되기 때문에 불안하다.					
27	스스로 개념, 원리, 법칙을 찾고 해를 구할 수 있는 시간이나 환경이 제공되지 않아 불안하다.					
28	힌트나 풀이 없이 혼자서 문제를 풀려고 하면 불안해진다.					
29	수학 공부에 몰입할 수 없어 불안하다.					
30	수학을 어떻게 공부해야 하는지 몰라서 불안하다.					
31	수학 수업시간에 질문을 받을까봐 불안하다.					
32	수학 수업이 집중을 할 수 없는 환경이어서 불안하다.					
33	다른 과목은 열심히 외우면 되는데 수학은 외운다고 되는 것 같지 않아 부담스럽다.					
34	예전에 수학을 못한다고 선생님이나 부모님께 꾸중을 들은 적이 있어서 수학공부할 때 불안해진다.					
35	수학은 이해하기 어려운 과목이라고 생각하기 때문에 불안을 느낀다.					
36	나는 수학에 소질이 없는 것 같아서 불안하다.					

〈표 10(계속)〉 수학불안 설문지의 예시

문항 번호	질문 내용	매우 그렇다	그렇다	보통이다	아니다	전혀 아니다
37	수학적 재능을 가진 사람이 따로 있다고 생각하기 때문에 불안하다.					
38	수학은 아무리 열심히 해도 노력한 만큼 결과가 나오지 않아 잘 할 수 없다고 생각하기 때문에 불안하다.					
39	수학에 대한 관심과 흥미가 없어서 불안하다.					
40	왜 수학을 공부해야 하는지 몰라서 불안하다.					
41	수학문제를 보면 풀어보고 싶은 마음이 생기지 않아서 불안하다.					
42	어려운 문제를 보면, 풀고 싶은 의지가 생기지 않아서 불안해진다.					
43	내 스스로 개념, 원리, 법칙을 찾고 해를 구해야 하는 것이 부담스럽다.					
44	수업내용보다 시험내용이 어려워 성적에 대해 불안하다.					
45	대학에 들어가기 위해 수학 성적이 좋아야 한다는 말을 들을 때 불안하다.					
46	상급학년으로 올라갈수록 수학 성적이 떨어져서 불안하다.					
47	수학은 짧은 시간 내에 성적을 올릴 수 없기 때문에 불안하다.					
48	수학은 공부한 만큼 성적이 나오지 않아서 불안하다.					
49	시험을 위해 수학 공부를 어느 정도 해야 충분한지 몰라서 불안하다.					
50	수학 시험 시간이 부족할 것 같아 불안하다.					
51	예전에 풀었던 수학 문제를 시험시간에 못 풀 것 같아 불안하다.					
52	시험 볼 때마다 수학 성적이 떨어질 것 같아 불안하다.					
53	수학 시간에 친구들이 내가 모르는 것을 알고 있을 때 불안하다.					
54	내가 푸는 방법과 다른 기발한 방법으로 문제를 푸는 학생들을 보면 불안하다.					
55	내 수학 성적을 다른 아이들이 알게 될까봐 불안하다.					
56	수학 선생님으로부터 인정받지 못하였을 때 불안하다.					

〈표 10(계속)〉 수학불안 설문지의 예시

문항번호	질문 내용	매우그렇다	그렇다	보통이다	아니다	전혀아니다
57	시험을 잘 못 보면 선생님께 꾸중을 듣게 될 것 같아 불안하다.					
58	수학수업에서 배운 법칙이 어떻게 이용되는지를 충분히 설명해 주지 않기 때문에 불안하다.					
59	교과서 진도가 너무 빨라서 불안하다.					
60	수업시간에 응용문제를 충분히 다루지 않아 불안하다.					
61	수업시간에 혼자 생각하거나 해결할 시간을 주지 않아 불안하다.					
62	학교 진도와 학원(과외 등) 진도가 다르면 불안하다.					
63	학원을 다니지 않으면(혹은 과외를 받지 않으면) 다른 학생들 보다 뒤떨어질까봐 불안하다.					
64	학교에서 배운 수학 내용이나 풀이 방식이 학원이나 과외에서 배운 것과 다르면 불안하다.					
65	학교에서 배웠더라도 나는 학원이나 과외들을 통해 복습을 하지 않으면 불안해진다.					

학교 현장에서 교사들은 평가의 목적에 따라 앞서 제시한 여러 종류의 설문지 중에서 적절한 것을 선택하거나 설문지의 세부 항목들을 적절하게 선택하고 재구성하여 학생들의 정의적 특성 평가에 활용할 수 있다. 또한 학생의 입장에서는 설문지를 자신의 수학적 태도나 수학 교과에 대한 정의적 특성을 반성하기 위한 자기평가지로 활용할 수 있다.

2. 관찰 및 면담법

앞서 제시한 설문지를 활용한 정의적 특성 평가 방법은 교사가 사용하기 편리하고 대규모의 학생들의 정의적 특성을 쉽고 빠르게 파악할 수 있다는 장점을 갖고 있지만 각 개인의 정의적 특성을 면밀히 파악하기는 어렵다는 단점을 가지고 있다.

관찰이나 면담을 통한 정의적 특성에 대한 평가 방법은 설문지를 통해서 양적으로 확인한 학생의 정의적 특성을 보다 깊이 있고 면밀하게 파악할 수 있다는 장점을 가지고 있다. 교사는 학생들의 수업 태도나 반응, 토론이나 토의 과정, 문제해결 과정 등을 비형식적으로 관찰함으로써 자연스럽게 학생들의 정의적 특성을 파악할 수 있다. 면담의 경우는 학생들과 직접 대화를 통해서 이루어지므로 수학에 대한 학생들의 정의적 특성을 보다 깊이 있고 구체적으로 파악할 수 있다.

학생들의 정의적 특성을 평가하기 위한 관찰 및 면담 내용 기록은 다양한 형태로 이루어질 수 있으나 관찰(면담)기록지, 체크리스트, 평정척도지 등을 활용하면 관찰 및 면담 내용을 분석하고 평가하는데 매우 편리하다.

1) 관찰(면담)기록법

관찰(면담)기록법은 교사가 관찰(면담)하면서 포착되는 학생 개인의 구체적인 정의적 특성 또는 행동 사례를 간략하게 기술하는 방법을 의미한다. 〈표 11〉은 정의적 특성 관찰 기록지의 예시이다.

〈표 11〉 정의적 특성 관찰 기록지 예시

정의적 특성 관찰(면담)기록지

학생 이름: 날짜:

정의적 특성	관찰(면담)내용
1. 흥미와 호기심	
2. 자신감	
3. 가치 인식	
4. 자기조절력	
5. 수학불안	
기타	
종합의견	

2) 체크리스트

체크리스트는 관찰(면담)하려는 정의적 특성에 대한 구체적인 항목을 미리 분류하고, 그러한 특성이 포착되었을 때 표기하는 방법을 의미한다. 〈표 12〉는 앞서 살펴본 설문 문항을 수정하여 정의적 특성 체크리스트를 만든 예시이다.

〈표 12〉 정의적 특성 체크리스트

정의적 특성 체크리스트

정의적 특성 범주	관찰 항목	학생 1	학생 2	학생 3	학생 4
흥미와 호기심	수학에 흥미와 호기심을 가지고 있다.				
	수학과 관련된 책을 읽는 것을 좋아한다.				
	수학 문제 푸는 것을 좋아한다.				
자신감	복잡하고 어려운 수학 문제 푸는 것을 두려워하지 않는다.				
	교사의 질문에 자신 있게 대답한다.				
	수학 문제를 자신 있게 푼다.				
가치 인식	수학은 일상생활의 문제들을 해결하는데 도움이 된다는 것을 인식한다.				
	수학은 다른 과목을 배우는데 도움이 되는 학문임을 인식한다.				
	수학은 논리적이고 창의적으로 생각하는데 도움이 되는 것을 인식한다.				
자기 조절력	쉽게 풀리지 않는 수학 문제를 풀 수 있을 때까지 끝까지 도전한다.				
	이해하지 못하는 내용이 있으면 교사나 친구들에게 물어봄으로써 이해하려고 노력한다.				
수학 불안	수학 문제를 풀 때 긴장한다.				
	문제 해결 과정이나 답이 틀릴까봐 불안해한다.				
	교사가 질문에 많이 불안해하거나 초조해한다.				
	수학 시험 보는 것을 많이 두려워한다.				
기타					

3) 평정척도법

일반적으로 평정척도법은 관찰(면담)하는 목적에 맞추어 대상을 일정한 척도로 분류하고 평가하는 방법을 의미한다. 〈표 13〉은 5점 척도를 활용한 평정척도지의 예시이다.

〈표 13〉 정의적 특성 평정척도지

정의적 특성 평정척도지

학생 이름: 날짜:

정의적 특성	관찰(면담) 내용 요약	① 매우 부족함	② 부족함	③ 보통	④ 많음	⑤ 매우 많음
1. 흥미와 호기심						
2. 자신감						
3. 가치 인식						
4. 자기조절력						
5. 수학불안						
기타						

3. 의미분별법

의미분별법(semantic differential method)은 미국의 심리학자 Osgood에 의해 처음 제안된 심리평가 척도법으로 개념의 함축적인 의미를 측정하기 위해서 고안되었다. 의미분별법은 응답자가 두 개의 양극 형용사(예를 들면, "적당한-부적당한", "좋은-나쁜", "가치있는-쓸모없는")사이에서 자신의 감성을 선택하도록 하는 것이다(Wikipedia, 2011). 의미분별법은 사람에 따라 다른 의미를 가지는 개념 또는 막연한 개념에 대하여 사람들이 느끼고 있는 바를 측정할 때 유용하게 이용될 수 있다(류영현, 최유현, 2005).

〈표 14〉는 이차식의 인수분해에 관한 학생들의 정의적 특성을 평가하기 위해서 의미분별법을 적용한 예시이다(Tay, Quek, & Toh, 2011). 학습 주제에 대한 본인의 생각을 가장 잘 나타내는 각각의 형용사 쌍 사이의 빈 공간에 V를 표시하게 한다.

〈표 14〉 3단계 의미분별척도지

나만의 의미분별척도지

이름: 날짜:

주제: 이차식의 인수분해

재미있는	______ :	______ :	______	지루한
배우기 쉬운	______ :	______ :	______	배우기 어려운
유용한	______ :	______ :	______	유용하지 않은
좋아하는	______ :	______ :	______	싫어하는
두려워하지 않는	______ :	______ :	______	두려운

특정 주제에 대한 학생들의 정의적 특성은 각 열의 V의 개수를 더해서 그 합계나 퍼센트를 구해서 평가할 수 있다. 이때 가운데 빈 칸에 V를 했을 경우는 "미정" 또는 "차이 없음"으로 해석한다. 의미분별척도지를 만들 때 유의할 점은 긍정을 나타내는 형용사와 부정을 나타내는 형용사가 섞이지 않도록 해야 한다. 만약 긍정을 나타내는 형용사들을 왼쪽 방향에 위치하도록 배열한다면 부정을 나타내는 형용사들은 모두 오른쪽 방향에 위치하도록 해야 한다.

다음은 Wong과 Quek(2009)가 사용한 5단계 의미분별척도법의 예이다(Tay, Quek & Toh, 2011, 재인용).

〈 표 15〉 5단계 의미분별척도지

나만의 의미분별척도지

이름: 날짜:

수학에 대해서 여러분이 생각하거나 느끼는 것에 가장 가까운 곳에 V를 하세요.

나에게 수학은...

쉬운	___	___	___	___	___	어려운
재미있는	___	___	___	___	___	지루한
사고하는	___	___	___	___	___	규칙을 암기하는
창의적인	___	___	___	___	___	창의적이지 않은
중요한	___	___	___	___	___	중요하지 않은
의미 있는	___	___	___	___	___	의미 없는
모든 사람을 위한	___	___	___	___	___	오직 우수한 사람을 위한
즐길만한	___	___	___	___	___	즐길만하지 않은
간단한	___	___	___	___	___	복잡한
학교 밖에서 유용한	___	___	___	___	___	학교 밖에서 유용하지 않은

4. 다양한 쓰기 활동을 통한 정의적 특성 평가

다양한 쓰기 활동을 통해서도 학생들의 정의적 특성을 평가할 수 있다. 학생들의 정의적 특성을 평가하기에 적합한 쓰기 활동으로는 수학과 관련된 책을 읽고 독후감 쓰기, 수학과 관련된 에세이 또는 저널(연구 논문) 쓰기, 수학 일지 및 일기 쓰기, 수학 편지 쓰기 등이 있다. 그러한 쓰기 활동을 통해서 교사들은 학생들의 정의적 특성을 파악할 수 있고 학생들은 쓰기 활동을 통해서 수학 교과에 대한 자신의 생각이나 감정 등을 반성해 볼 수 있는 기회를 가질 수 있다. NCTM(1989)에서는 학생들의 수학적 성향을 평가하기에 적합한 쓰기 활동 주제로 다음과 같은 것들을 제안하였다.

- 오늘날 우리 사회에서 기하의 역할
- 수학과 컴퓨터
- 만일, 측정의 표준 단위가 만들어지지 않았다면?
- 스포츠에서 통계 이용의 변화

6.6 결론

수학 교육의 목표는 학생들로 하여금 수학적 지식이나 기능의 습득과 더불어 수학적 사고력, 의사소통 능력, 문제해결력 등의 능력을 신장시키고 수학에 대한 긍정적인 태도와 바람직한 가치관을 형성하도록 하는 것이다. 그러나 수학 교실에서 정의적 측면에 대한 교육은 인지적 측면에 비해 소홀히 다루어진 경향이 있었다.

최근 우리나라를 비롯한 많은 국가에서 수학 교과에 대한 학생들의 정의적 성취 향상에 많은 관심을 보이고 있다. 학생들의 정의적 성취의 향상은 여러 가지 측면에서 의미가 있지만 특히, 정의적 특성이 학업 성취에 많은 영향을 미친다는 연구 결과들이 보고되면서 그 관심이 더욱 증가되고 있다. 박정(2007)은 TIMSS 1995, 1999, 2003년의 자료를 활용하여 우리나라 중학생들의 수학에 대한 정의적 특성의 변화 및 이것이 수학 성취(인지적 영역의 성취)에 주는 영향력에 대한 추이 분석을 하였는데 그는 정의적 특성이 수학 성취에 미치는 영향력이 점차 증가하고 있다고 보고하였다. TIMSS 2007 결과에서는 참여한 50개국 중 47개 국가에서 학생들의 성취도와 자신감이 밀접한 관계가 있는 것으로 나타났다. 우리나라를 포함한 대부분의 국가에서 학생들의 수학 교과에 대한 자신감이 높을수록 수학 성취도 또한 높게 나타나 두 변수간의 상관이 높게 나타났다(김경희 외, 2009).

정의적 측면에 대한 교육의 중요성이 부각됨에 따라 교사들은 학생들의 정의적 특성을 파악하고 개선하기 위한 노력을 기울여야 한다. 이는 학교 현장에서 정의적 측면에 대한 교육뿐 아니라 학생들의 정의적 특성에 대한 평가도 보다 적극적으로 이루어져야 함을 의미한다. 실제로 많은 수학 교사들이 정의적 측면에 대한 교육 및 평가의 중요성과 필요성은 인식하면서도 구체적인 지도 방안이나 평가 방안을 모색하는데 어려움을 겪고 있는 것으로 나타났다(박선화, 문광호, 2009; 한혜숙, 최계현, 2011). 교사들은 자신의 수업을 통해 학생들이 보통 이상의 정의적 성취를 이룰 것이라고 기대한 연구 결과도 있었는데(한혜숙, 최계현, 2011) 이는 기존의 학생들을 대상으로 수행된 선행 연구의 결과와는 다소 상반된 결과이기도 하다. 이러한 연구 결과는 교사들이 자신이 가르치는 학생들의 정의적 특성에 대해서 보다 정확하게 파악하기 위해서 학생들의 정의적 특성에 대한 평가도 반드시 이루어져야 함을 의미한다고 볼 수 있다.

따라서 본 장에서는 학교 현장에서 보다 적극적으로 학생들의 정의적 특성에 대한 평가가 이루어지도록 하기 위해서 교사들이 편리하게 사용할 수 있는 다양한 평가도구 및 평가 방법에 대해서 소개하였다. 교사들이 앞서 소개한 평가도구들을 평가의 방법이나 목적에 맞게 적절하게 재구성하거나 수정하여 활용할 수 있기를 기대한다.

정리하면서

01 2011년 8월에 고시된 개정 수학과 교육과정에서는 학생들의 수학의 가치 제고 및 정의적 태도 개선을 강조하였다. 정의적 측면에 대한 교육은 인지적 측면 못지않게 그 중요성이 부각되고 있는데 그 이유가 무엇인지 설명하시오.

02 학생들의 수학에 대한 정의적 특성을 평가하기 위해서 교사는 다양한 방법을 활용할 수 있다. 정의적 특성을 평가하기 위한 방법을 3가지 제시하고, 각각의 평가 방법의 장점과 단점에 대해서 기술하시오.

03 다음은 김 교사가 삼각함수 단원을 수업한 후 수행평가를 위하여 만든 과제이다. 이 과제로 평가할 수 있는 항목이 무엇인지 인지적인 측면과 정의적인 측면에서 설명하시오.

1. 우리 도시의 지난 2년간 월평균 온도를 조사하시오.
2. x축을 월, y축을 월평균 온도(℃)로 하고, 이 자료를 순서쌍 (x, y)로 하여 좌표평면 위에 나타내시오.
3. 이 점들이 나타낼 수 있는 적당한 삼각함수를 찾는 과정을 자세히 기록하시오.
4. 내년 우리 도시의 월별 온도를 예측하시오.

〈2009학년도 임용고사 기출문제〉

04 다음은 김교사 반 학생들의 대화 내용의 일부이다.

학생 A: 나는 우리가 왜 수학을 배워야 하는지 모르겠어. 어렵기만하고 싫은데.

학생 B: 음… 나도 수학이 너무 어렵고 재미없지만 대학을 가기 위해서 수학 공부를 열심히 해야 한다고 생각해.

학생 C: 나도 그렇게 생각해. 그런데 우리 반 수학 선생님께서 수학이 일상생활에 도움이 되는 매우 유용한 학문이라고 하셨어. 나는 좀 안 믿겨져.

학생 D: 나는 수학만 생각하면 머리가 아프고 심지어 마음도 불안해져.

(1) 김교사 반 학생들의 수학에 대한 정의적 특성을 평가하기 위한 방법을 제시하여라.

(2) 학생 A, B, C, D의 수학에 대한 정의적 특성에 대해서 기술하고 학생들의 정의적 특성을 향상시킬 수 있는 방안을 제시하여라.

05 다음은 학생의 수학 학습에 대한 정의적 태도 평가를 위한 교사용 관찰 점검표이다. 〈보기〉에서 적절한 설명을 모두 고른 것은?

〈2010학년도 임용고사 기출문제〉

정의적 태도 관찰 점검표

학생 이름: ____________

항목	세부 관찰 항목	매우 그렇다	그렇다	보통이다	그렇지 않다	매우 그렇지 않다
수학에 대한 흥미와 호기심	수학 시간에 즐거워한다.					
	수학적 개념이나 원리를 알려고 한다.					
수학에 대한 자신감	어려운 수학 문제를 잘 풀 수 있다고 생각한다.					
과제집착력과 의지	주어진 문제를 끝까지 해결한다.					
	모르는 점은 교사와 친구에게 질문하여 알려고 한다.					

〈보기〉

ㄱ. 위의 관찰 점검표는 교사가 평가를 위해 관찰해야 할 학생의 행동 목록을 제공하므로 기록한 자료의 분석을 수월하게 한다.

ㄴ. '발견술에 대한 지식을 많이 가지고 있다'는 정의적 태도 평가를 위한 세부 관찰 항목으로 적합하다.

ㄷ. 위의 관찰 점검표는 학생이 자신의 수학적 태도를 스스로 자기 평가하는 데에도 활용될 수 있다.

① ㄱ ② ㄴ ③ ㄷ

④ ㄱ, ㄷ ⑤ ㄴ, ㄷ

참고문헌

고정화, 서보억, 이학렬, 양길석, 송미영, 최인봉 외 (2008). 2007년 국가수준 학업성취도 평가 연구-수학, 한국교육과정평가원 연구보고 RRE 2008-5-3.

교육과학기술부 (2011). 수학과 교육과정.

교육과학기술부 (2008). 중학교 교육과정 해설(III) - 수학, 과학, 기술, 가정-, 광주: 한솔사.

김경희, 김수진, 김남희, 박선용, 김지영, 박효희, 정송 (2008). 수학·과학 성취도 추이변화 국제비교 연구 - TIMSS 2007 결과보고서 -, 한국교육과정평가원 연구보고 RRE 2008-3-3.

김경희, 김수진, 김미영, 김선희, 강민경, 박효희, 정송 (2009). PISA와 TIMSS 상위국과 우리나라의 교육과정 및 성취 특성 비교 분석, 한국교육과정평가원 연구보고 RRE 2009-7-2.

김미정 (2001). 수학불안 요인에 관하여: 중학교 남녀를 중심으로, 성신여자대학교 교육대학원 석사학위논문.

김아영, 박인영 (2001). 학업적 자기효능감 척도개발 및 타당화 연구. 교육학연구, 39(1), 95-123.

류영현, 최유현 (2005). 의미분별법에 의한 중·고등학생의 기술교과에 대한 이미지. 한국실과교육연구학회, 11(2), 141-156.

문희철 (2008). 수학교과에 대한 정의적 특성 분석. 서원대학교 교육대학원 석사학위논문.

민병찬 (2010). 수학 불안 요인에 대한 연구. 울산대학교 교육대학원 석사학위논문.

박선화, 김명화, 주미경 (2010). 수학에 대한 정의적 특성 향상 방안 연구. 한국교육과정평가원 연구보고 RRI 2010-9.

박선화, 문광호 (2009). 학교 교육 경쟁력 강화를 위한 교육과정 실행 방안 연구 - 수학과. 한국교육과정평가원 연구보고 RRE 2009-4-1.

박정 (2007). 우리나라 중학생의 수학에 대한 정의적 특성 변화와 수학 성취에 미치는 영향력 분석. 수학교육, 46(1), 19-31.

양애경, 조호제 (2010). 자기주도학습과 학업성취도간의 관계. 한국교육논단, 8(3), 61-82.

이명진 (2011). 자기조절 연구의 현황과 과제. 교육문제연구, 39, 161-193.

이명희 (2006). 수학불안의 요인분석을 통한 개선방안 연구. 대구대학교 교육대학원 석사학위논문.

이미경, 곽영순, 민경석, 채선희, 최성연, 최미숙 외 (2004). PISA 2003 결과 분석 연구-수학적 소양, 읽기, 과학적 소양 수준 및 배경 변인 분석. 한국교육과정평가원 연구보고 RRE 2004-2-1.

이종희, 김선희, 김수진, 김기연, 김부미, 윤수철, 김윤민 (2011). 수학 학습에 대한 정의적 성취 검사 도구 개발 및 검증. 한국수학교육학회 시리즈A, 50(2), 247-261.

장혜원 (2006). 적응적 자기조절학습전략 향상프로그램이 자기조절학습능력과 학업성취도에 미치는 영향 : 초등학교 6학년을 대상으로. 고려대학교 교육대학원 석사학위논문.

장희진, 양용칠 (2002). 자기조절학습 기능훈련이 초등학교 4학년 학생의 학습기능습과 학업성취에 미치는 영향. 교육학연구, 40(6), 145-165.

한혜숙, 최계현 (2011). 중등 수학 교사들의 정의적 특성에 대한 인식과 수업 실태 분석. 한국학교수학회논문집, 14(4), 491-518.

허혜자 (1996). 수학불안 요인에 관한 연구: 고등학생을 중심으로. 서울대학교대학원 박사학위논문.

Dreger, R. M. & Aiken, L. R. (1957). The identification of number anxiety in a college population. *Journal of Educational Psychology*, 48, 10-15

Fennema, E., & Sherman, J. (1976). Fennema-Sherma Mathematics Attitude Scales: Instruments designed to measure attitudes toward the learning of mathematics by females and males. *Catalogue of Selected Documents in Psychology*, 6(2), 31.

Fennema, E., & Sherman, J. (1978). Sex-related differences in mathematics achievement and related factors: A further study. *Journal for Research in Mathematics Education*, 9(3), 189-203.

Goldin, G. A. (2002). Affect, meta-affect, and mathematical belief structures. In G. C. Leder, E. Pehkonen, & Torner, G. (Eds.), *Beliefs: A Hidden Variable in Mathematics Education?*(pp. 59-72). Dordrecht: Kluwer Academic Publishers.

Hackett, G., & Bets, N. E. (1989). An exploration of the mathematics self-efficacy /mathematics performance correspondence. *Journal for Research in Mathematics Education*, 20(3), 261-273.

Hannula, M. (2004). Introduction. PME 28th Conference, vol. 1, 107-109.

Ko, H. K, & Lee, H. S. (2011). Development and Validation of Mathematics Anxiety Scale for Students. Asia Pacific Education Review, 12(6), 509-521

Krathwohl, D. R., Bloom, B. S. & Masia, B. B. (1964). *Taxonomy of Educational Objectives: The Classification of Educational Goals-Handbook II: Affective Domain*. David Mckay Company, Inc.

Lazarus, M. (1974). Mathophobia: Some personal speculations. *The National Elementary Principal*, 53(2), 16-22.

McLeod, D. B. (1989). Beliefs, Attitudes, and Emotions: New Views of Affect in Mathematics Education. In D. B. McLeod & V. M. Adams (Eds). *Affect and Mathematics Problem Solving: A New Perspective*(pp. 245-258), New York: Springer Verleg.

McLeod, D. B. (1992). Research on affect in mathematics education: A reconceptualization. In D. Grouws (Ed.), *Handbook of Research on Mathematics Teaching and Learning* (pp. 575–596). New York: Macmillan.

Meece, J. L., Wigfield, A., & Eccles, J. S. (1990). Predictors of math anxiety and its consequences for young adolescents' course enrollment intentions and performances in mathematics. *Journal of Educational Psychology*, 82, 60-70.

Ministry of Education (2006). *A guide to teaching and learning of O-level mathematics 2007.* Singapore: Author.

National Council of Teachers of Mathematics. (1989). *Curriculum and Evaluation Standards for*

School Mathematics. Reston, VA: Author.

Pintrich, R. R., & DeGroot, E.V. (1990). Motivational and self-regulated learning components of classroom academic performance. *Journal of Educational Psychology*, 82(1), 33-40.

Tay, E. G., Quek, K. S., Toh, T. L. (2011). Affective assessment in the mathematics Classroom: A quick start. In *Assessment in the Mathematics Classroom Yearbook 2011*(pp. 257-273). Singapore: Association of Mathematics Educators.

Tocci, C. M. & Englehard, G. (1991). Achievement, parental support, and gender differences in attitudes toward mathematics. *Journal of Educational Research*, 84. 280-286.

Tyler, R. W. (1973). Assessing educational achievement in the affective domain. *Measurement in Education*, 4, 1-8.

Walker, W. & Plata, M. (2000). Race/gender/age differences in college mathematics students. *Journal of Development Education*, 23, 24-30.

Zimmerman, B. J., & Martinez-Pons, M. (1990). Student differences in Self-regulated learning : Relating grade, sex, and giftedness to self-efficacy and strategy use. *Journal of Educational Psychology*, 82, 51-59.

07

테크놀로지를 활용한 과정중심 평가

7.1 서론

전자기술 및 컴퓨터, 인터넷 관련 기술의 발전은 우리의 실생활 가운데 깊숙이 자리 잡게 되었으며, 스마트폰, 팜탑, 넷북, 태블릿 PC등과 같은 테크놀로지는 지속적으로 전 세계 웹에 연결할 수 있게 되었다. 이러한 새로운 테크놀로지의 발전은 수학교육에 있어서도 컴퓨터를 통한 자료 검색, GSP, Autograph와 같은 소프트웨어의 활용 그리고 그래핑 계산기와 같은 공학 도구를 활용할 수 있도록 함으로써, 학습자가 교사로부터 지식을 전달 받는 수동적인 입장에서 주어진 정보를 가지고 스스로 찾아서 자기주도 학습이 가능하게 하는 학습보조의 역할로서의 한 부분을 차지하게 되었다. 또한 스마트 e-Learning과 같이 테크놀로지를 활용하는 다양한 학습 방법의 개발이 이루어지고 있는 실정이다. 이러한 추세에 따라서 수학과 교육의 교수·학습 및 평가방법에 있어서도, 그래핑 계산기와 같은 테크놀로지를 활용하는 학습방법의 필요성이 커지고 있다.

이러한 추세에 따라 미국의 NCTM(National Council of Teachers of Mathematics)은 "새로운 기술공학은 수학의 활용 및 응용범위를 크게 변화시켰기 때문에, 학생들은 문제를 탐구하고 해결하는 도구로써 계산기와 컴퓨터를 적절하게 사용할 필요성이 요구되었다"(NCTM, 1989)고 하였다. 영국의 경우에는 5세부터 19세까지의 수학교육과 관련하여 CAS(Computer Algebra System) 활용지침서(Oldknow & Flower, 1996)를 출간하였으며, 1999년 수학교육과정의 학습프로그램에 CAS의 적절한 활용을 포함하고 있다. 그리고 호주에서는 대학수학능력시험의 수학과 문제에 끼치는 그래핑 계산기의 영향을 고찰하여(Kissane, Bradley & Kemp, 1994), 그래핑 계산기의 적극적인 활용을 가능하게 하는 중립적인 문제를 출제하도록 제시 함으로써(Kemp, Kissane & Bradley, 1996), 1997년부터 호주의 빅토리아(Victoria)주, 그리고 1998년부터 호주의 웨스턴 오스트레일리아(Western Australia) 주에서 대학수학능력시험에 그래핑 계산기의 사용을 허용하는 것을 가능하게 하였다. 뉴질랜드의 경우를 보면, 수학교육에 관한 교육과정(Ministry of Education, 1992)은 계산기와 컴퓨터의 활용에 대해 강조하였고, 모든 수준의 수학 학습에 있어서 그래핑 계산기와 그래픽 패키지, 스프레드시트 등과 같은 컴퓨터 관련소프트웨어를 활용함으로써,

학생들로 하여금 틀에 박힌 기계적 조작보다는 수학적 사고에 중점을 두도록 할 수 있으며, 특별한 학습상황에 있어서 이를 응용할 수 있도록 하는 중요한 도구라고 언급하였다. 이와 같이 많은 나라에서 그래핑 계산기와 같은 CAS(Computer Algebra System) 기능을 갖춘 공학적 도구와 관련한 활발한 연구가 이루어져 왔으며, 이미 미국, 영국, 싱가포르, 호주, 뉴질랜드 등의 여러 나라에서는 그래핑 계산기를 수학과 교수·학습에 활용하고 있을 뿐만 아니라 대학수학능력시험과 같은 국가 공통 평가시험에도 계산기의 사용을 허용하고 있다.

우리나라의 경우를 살펴보면, 교육과학기술부에서는 제7차 교육과정을 통하여 중등수학교육에서도 "컴퓨터나 계산기를 수학교육에 적극 활용"(교육인적자원부, 2000, p. 281) 하도록 권고했을 뿐만 아니라 2007 개정교육과정에서 "교수·학습의 전 과정을 통하여 적절하고 다양한 교육 기자재를 활용하여 수학 학습의 효과를 높이도록 한다"고 하였으며, "복잡한 계산 수행, 수학적 개념·원리·법칙의 이해, 문제해결력 향상 등을 위하여 계산기, 컴퓨터, 교육용 소프트웨어 등의 공학적 도구와 다양한 교구를 확보하여 활용한다"라고 언급하였다. 또한 교육평가와 관련하여서도 "수학 학습의 평가에서는 평가하는 학습 내용에 따라 학생에게 계산기, 컴퓨터와 같은 공학적 도구와 다양한 교구를 이용할 수 있는 기회를 제공할 수 있다"라고 하였으며, 이에 관하여 2011년 교육과학기술부에서 고시한 수학과 교육과정에서 다시 제시 함으로써 앞으로 교육평가방법에 공학적 도구를 활용해야 할 필요성을 구체적으로 명시하고 있다(교육과학기술부, 2011, pp. 36-37).

이러한 시대적인 변화에 힘입어 고상숙(2005)에서 다음과 같은 조건을 갖추었을 때 테크놀로지 사용은 학생의 학습에서 의미 있게 사용될 수 있다고 제안하였다.

첫째, 사용자가 사용하는 테크놀로지로 무엇을 해내길 원하는지, 그리고 어떻게 테크놀로지가 그것을 도울 수 있는지 잘 알고 있어야 한다. 즉, 테크놀로지가 가지고 있는 각 특성을 잘 숙지하여 그 목적에 맞게 사용하여야 한다. 둘째, 테크놀로지 사용 가능한 내용을 교육과정에 단순히 더하는 것이 아니라 교육과정의 수학적 사고(구조)에 맞게 잘 통합되어야 한다. 또한 그렇게 함으로써 새로운 교육과정의 접근도 가능하다. 셋째, 무엇보다도 중요한 것은 모든 활동의 초점이 하드웨어나 소프트웨어가 아니라 수학적 지식에 관한 것이어야 한다며 테크놀로지 활용을 통해 수학학습의 환경이 탐구중심의 활동으로 나아갈 수 있을 수 있는 가능성을 확고히 하였다.

7.2 테크놀로지 활용의 의의

테크놀로지의 활용은 현 교육과정에서 지속되고 있는 교사중심의 학습지도와 지필 방식의 한계성을 극복하고, 교사와 학생 간의 상호작용, 학습 내용 간의 연결고리 형성, 학생들의 자기주도적인 탐구학습 형태의 새로운 면을 부각시킬 수 있다는 데에 그 필요성이 있다고 할 수 있다. 이에 부합되는 교과 과정의 충실한 내용 변화와 그래핑 계산기의 교육과정으로의 도입 시에 어떻게 통합적인 평가가 이루어져야 할 것인가에 대한 기준 연구가 앞으로의 수반되어야 할 과제라고 할 것이다. 현재의 중등 수학교육과정을 보면, 교사의 수업 지도가 아직도 개념의 이해에 중점을 두기보다는 문제풀이 위주로 진행되고 있는 것이 현실이다. 일례로, 중학교에서 배우는 대수의 경우를 보면, 반복되는 계산위주의 지식이 중요하긴 하지만 그것을 도구로써 사용하려는 경향이 있으며(Skemp, 1976), 때로는 풀이의 의미와 개념을 이해하기보다는 어떻게 식을 간단히 하고, 전개하고, 인수분해하고, 그 해를 구하는 것에 치중한다(Tall et al., 1999)고 할 수 있다.

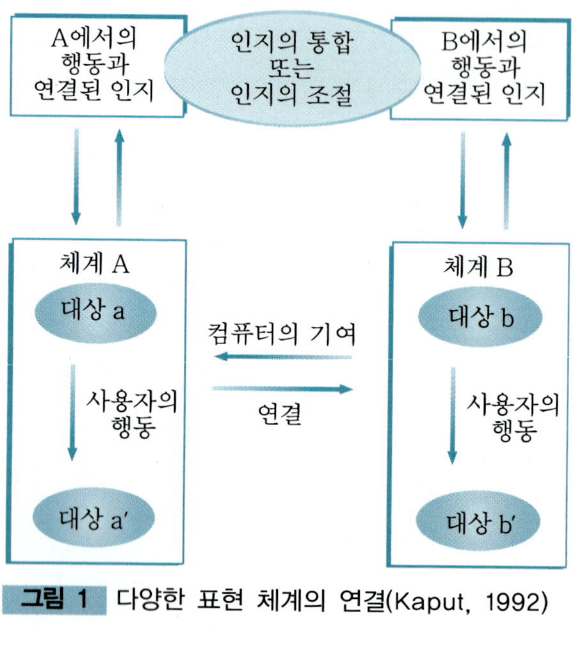

그림 1 다양한 표현 체계의 연결(Kaput, 1992)

Kaput(1992, p. 524)은 학교에서의 수학적 활동에서 나타날 수 있는 수업 중 한 가지 형태는 "행동의 좌표를 가로지르는 개념이 포함된 체계간의 이동"이라고 언급하면서 "다양한 표현들 간에 수학적 개념의 조작 능력을 가능하게 하는 것이 테크놀로지이다"라고 그 가치를 중요시하였다. 또한 수학적 개념을 형성하는데 있어서 다양한 표현 형태들뿐만 아니라 개념적인 상호작용이 필요하다고 볼 수 있다(Thomas & Hong, 2001). Duncan(2010)은 이러한 관점에서 그래핑 계산기의 동적이고 다양한 표현방법을 통하여 학생들이 더욱 다양한 문제를 해결 할 수 있으며 수학적 개념을 증진시킬 수 있다고 하였다.

7.3 테크놀로지 활용을 위한 교육환경의 조성

많은 학습현장 연구보고서와 연구물이 제시되고 있음에도 불구하고 Hoyles & Lagrange(2010)가 "아직까지는 테크놀로지가 수학 교실에서 한계가 있다(p. 312)." 그리고 "컴퓨터 대수체계(CAS)가 교육과정에 미치는 영향은 약하다(p. 426)."라고 언급한 것처럼 수학교육과정에 있어서 공학도구의 사용은 여전히 제한되고 있다. 따라서 공학도구를 활용한 교수·학습 과정이 좀더 적극적으로 실현되기 위해서는 다음과 같이 국가적 차원에서의 지원과 학교 차원에서의 지원 및 교사를 비롯한 교육관계자들의 관심과 노력이 뒷받침 되어야 한다. 첫째, 교육현장에서 교사와 학생들이 그래핑 계산기와 같은 공학도구를 사용하고 이를 활용할 수 있는 환경을 조성할 수 있도록 국가적인 차원에서의 교육정책수립과 재정보조 등의 적극적인 지원이 선행되어야 한다. 둘째, 공학도구의 도구기제와 도구화가 가능하도록 학교에서는 교사들을 대상으로 CAS에 관한 교육이 선행됨으로써 전문성을 갖도록 하며, 테크놀로지에 대한 교사연수 등을 통하여 다양한 학습자료를 제공하고, 교사들 간의 상호소통이 원활할 수 있도록 학교의 지속적인 지원이 있어야 한다. 셋째, 새로운 테크놀로지와 공학도구의 사용이 교사와 학생들에게 오히려 부담을 안겨 줄 수 있는 역기능을 방지할 수 있도록 수학적 교육과정의 각각의 구성 요소에 관한 구체

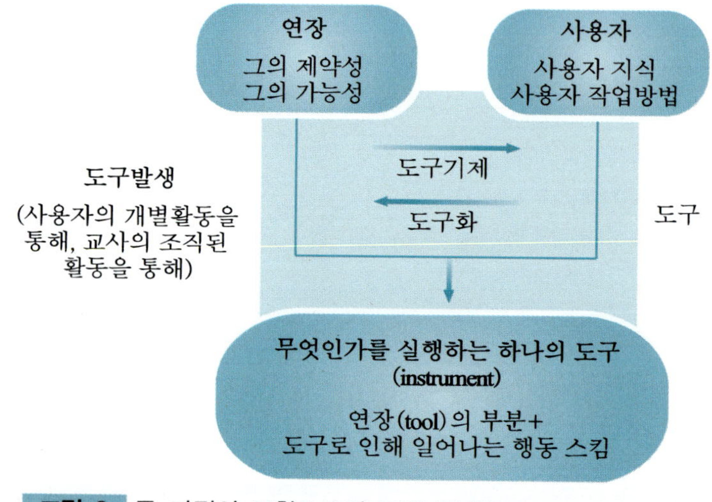

그림 2 두 과정의 조합으로써 도구 발생(Trouche, 2004)

적이고 명확한 평가 기준을 제시하고, 이에 따른 평가 방법에 적합한 평가 문항 등을 개발하여야 한다.

Trouche(2004)는 도구의 발전에 대한 개인적 그리고 사회적 본질을 언급하였다. 도구 발생 과정을 앞쪽의 [그림 2]와 같이 설명하였다. 가공물(artifact)의 도구화(instrumentalization)는 도구적 가치가 없는 가공물의 잠재적 기능을 충분히 잘 파악하여 특정 목적에 맞게 변형(adapt)하여 사용하는 것을 뜻하고, 도구기제(instrumentaion)은 그 도구로 인해 일어나는 행동(instrumented action)을 통해 주어진 과제를 효율적으로 처리하게 하고 테크닉의 점진적 발달을 바탕으로 스키마의 발달이 이루어질 때 연장(tool)이 도구기제로 사용된다고 본다.

수학교육에서 도구 생성의 핵심은 공학에 의해 만들어진 수학을 이해하는 것과 자신의 목적에 맞게 공학을 사용할 수 있는 것이다. 어떤 학생이 계산기를 잘 쓰고 못 쓰고는 도구발생(가공물의 도구화와 도구기제)에 의해 그 차이가 발생한다. 공학의 명료성은 가공물 그 자체가 아니라 조정자(mediator)로서 기능을 수행할 때 얻어진다(Lave, & Wenger, 1991; 조정수· 김진환, 2010, 재인용).

7.4 수학과 교육과정에서 정보처리역량 강화

2015년 세계경제포럼(World Economic Forum: WEF)의 보고서에 따르면, 미래사회의 기회와 위험을 재편하는 기술공학의 6대 메가트렌드로 사람과 인터넷, 컴퓨팅, 커뮤니케이션과 스토리지의 편재, 사물인터넷, 인공지능과 빅데이터, 공유경제와 분산된 신뢰, 그리고 물질의 디지털화를 들고 있다. 도래하는 기술공학 시대에서는 사람이 사물에 의한 가상세계의 연결망에 의해 소통하게 되므로 개인의 정서적·인성적 요소가 잘 드러나지 않을 수 있어서 자칫 공허하고 메마른 사회로 진화해갈 수 있다. 따라서 사회구성원으로서 정서적·인성적 요소를 강조할 필요가 제기된다.

2015 개정 교육과정에서는 핵심역량을 문제해결, 추론, 창의·융합, 의사소통, 정보처리, 수학적 태도 및 실천의 6가지를 수학 교과 역량으로 선정하였다(교육부, 2015). 또 이광우(2014)는 '사회 공동체 구성원으로서의 역할을 성공적으로 수행하기 위해 학습자에게 요구되는 지식, 기능, 태도의 총체를 말하는 것으로 초·중등교육을 통해 모든 학습자가 길러야 할 기본적이고 필수적이며 보편적인 능력이라고 규정하고 나아가 나귀수 외(2018)에서는 미래 수학적 역량으로 추론, 문제해결, 의사소통, 모델링, 창의·융합을, 미래 사회·정서적 역량으로 공감, 책임감, 수학가치를 제시하고 있다. 이들 선행연구에서 제시한 미래사회의 인재가 갖추어야 할 역량에서 공통사항은 수학적 역량과 정서적·인성적 역량을 골고루 제시하고 있음을 알 수 있는데, 이는 수학교육에서 여전히 전인교육의 실현을 중시하고 있으며 다만 시대적으로 요구되는 하위 요소들의 구성이 변화되고 있음을 알 수 있다. 수학교육에서 필요한 역량을 [그림 3]과 같이 제시할 수 있다.

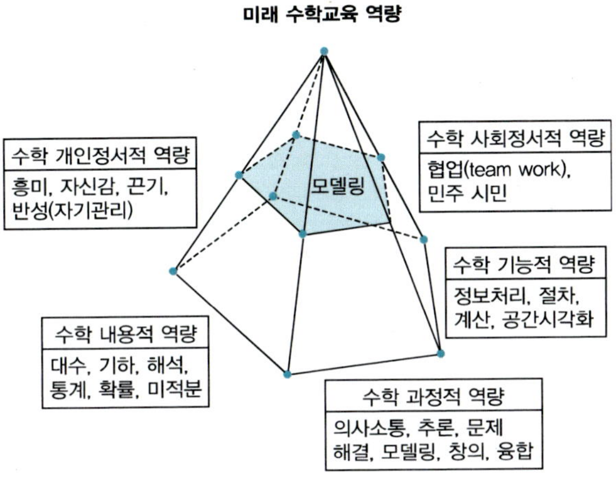

그림 3 미래 수학교육 역량 모델(고상숙 외, 2020. pp. 119–120)

1. **수학 내용적 역량**: 학교수학에서 다루는 내용 영역에 필요한 사고능력
2. **수학 과정적 역량**: 학교수학에서 과정적 사고에 필요한 능력으로 의사소통, 추론, 문제해결, 모델링, 창의 융합 능력
3. **수학 기능적 역량**: 정보를 처리하는 능력, 교구 및 도구 다루는 능력, 계산적, 절차적 사고를 활용하는 능력
4. **수학 사회정서적 역량**: 민주 사회 구성원으로서 필요한 능력
5. **수학 개인정서적 역량**: 수학학습의 성취를 위해 개인으로서 필요한 능력

(참고) 수학교육에서 필요한 역량을 다섯 가지 측면으로 구조화한 것이며 최근 사회적 변화로 인해 개인과 사회의 정서적 역량을 강화하였다. 특히, 상하의 구조로써 위로 점진적으로 발달해나간다는 의미를 나타낸 것이다.

이들 역량에 대한 평가를 위해 현장교육에서 적용할 수 있는 과정중심의 평가 문항, 평가기준과 그에 따른 채점기준표를 다음 문항을 중심으로 모색해볼 수 있겠다.

평가문항:

그림과 같이 지름이 $\overline{AB}$ 인 반원에서 $\angle CAB = x$ 인 현 AC 가 있다. 또 $\overline{AB}$ 위의 점 D에 대하여 $\overline{BD}$를 지름으로 하고 현 AC와 점 T에서 접하는 작은 반원이 있다. 점 B에서 그은 접선과 현 AC와 점 T에서 접하는 작은 반원이 있다. 점 B에서 그은 접선과 현 AC의 연장선과의 교점을 E, 점 T에서 $\overline{AB}$에 내린 수선의 발을 H, $\overline{DH}=3$, $\angle TCH=y$ 라고 하자.

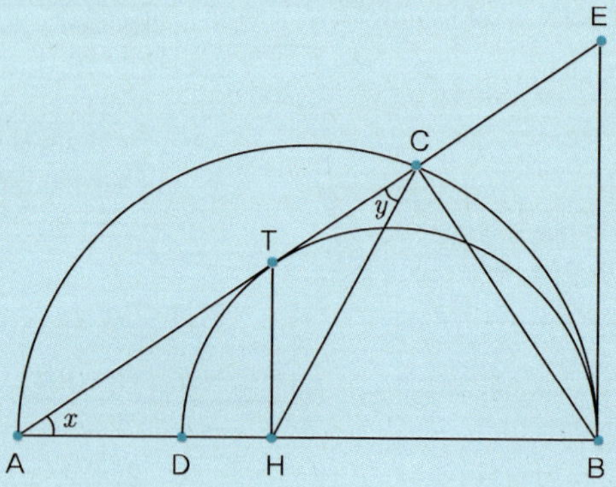

*다음 글을 읽고 물음에 답하시오.

문제 1 x, y 사이의 관계식을 구하고, 이때 사용된 수학적 개념을 함께 써놓으시오. 단, 출처와 함께 기재함.

문제 2 $\tan y=\dfrac{1}{2}$ 일 때, $\overline{AE}$ 의 길이를 구하고 때 사용된 수학적 개념을 함께 써놓으시오 단, 출처와 함께 기재함.

〈표 1〉 총괄적 채점기준표

평 가 기 준 (최고점 6점)	점 수
· 주어진 정보로부터 논리화를 거쳐 문제를 해결함 (5점)	
· 주어진 정보를 해석하여 논리화하고 문제해결을 하였으나 답이 적절하지 못함(4점)	
· 주어진 정보를 해석하였으나 논리화 도중 문제과정을 진행하지 못함 (3점)	
· 정보의 해석과 논리화 과정이 없음 (0점)	
· 도구의 사용이 적절함(추가 점수로 준다.) (+1점)	
· 도구의 사용이 적절하지 못함 (0점)	
평 점	

〈표 2〉 분석적 채점기준표

평 가 단 계	평 가 기 준 (최고점 12)	점 수
정보수집단계	· 주어진 문제의 풀이 과정에서 필요한 정보를 출처가 다양하고, 적절히 찾아 사용하였다. (3점)	
정보수집단계	· 주어진 문제를 풀기위해 찾은 정보가 부정확하거나, 정보의 출처가 다양하지 못하고, 문제 풀이를 위해 일부만 정보만을 찾아 문제풀이를 완성함.(2점)	
	· 문제 풀이의 필요한 정보를 찾았으나. 수학적으로 활용하지 못함.(1점)	
	· 주어진 문제의 정보찾지 못하거나 수학적으로 사용하지 못함. (0점)	
정보 활용 및 논리화단계	· 찾은 정보(개념)를 논리화를 거쳐 문제를 풀어나감 (5점)	
	· 논리화의 과정에서 일부 문제가 있으나 문제를 품 (4점)	
	· 논리화의 과정에서 일부 문제가 있어 문제를 끝까지 풀지 못함 (2점)	
	· 논리화 및 풀이가 없다. (0점)	
수정 및 보완 단계	· 풀이의 오류가 없이 모든 문제 풀이 과정을 진행함, 혹은 문제풀이의 과정이 진행 중 변경되어 풀이를 완성함 (2점)	
	· 풀이와 논리에 오류가 있으나 이를 알지 못하고 문제를 풀어냄 (1.5점)	
	· 풀이와 논리에 오류가 있어 도중에 문제풀이를 그만둠 (0.5점)	
도구의 사용 (지필 외 도구의 사용이 있는 경우)	· 풀이 과정에 전자도구의 활용이 적절하였다. (2점)	
	· 풀이 과정에 전자도구의 활용이 적거나 찾은 정보를 전부 기입하지 않고, 문제 풀이를 완성함 (1.5점)	
	· 풀이 과정에 전자도구의 사용이 없으나 문제를 품 (1점)	
	· 전자도구의 활용이 없고 문제를 해결하지 못함 (0점)	
총점 및 피드백	평 점 :	

(참고) 총체적 또는 분석적 채점기준표는 교사의 재량으로 확대나 축소하여 활용할 수 있다.

(예시 답안 및 채점)

평 가 지

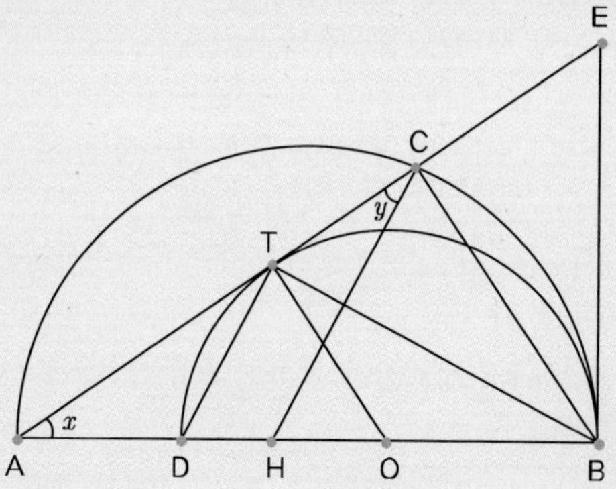

문제 1

지름이 $\overline{DB}$인 원의 중심 O에서 접점 T에 선분을 그으면 1) 접점 T이므로 $\angle ATO = 90°$이고 $\angle AOT = \frac{\pi}{2} - x$이다. 이때 $\overline{TB}$를 이으면 2) 원의 호의 중심각의 성질에 따라 $\angle OBT = \frac{\pi}{4} - \frac{x}{2}$이다. $\triangle OBT$는 3) $\overline{OT}$, $\overline{OB}$가 반지름인 이등변삼각형이므로 $\angle OTB = \frac{\pi}{4} - \frac{x}{2}$이다.

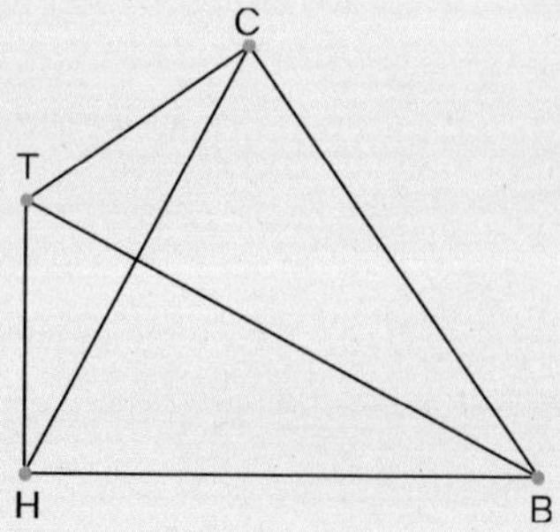

$\triangle ABC$는 4) $\overline{AB}$가 지름이고 원 위의 점 C이므로 $\angle ACB = 90°$이다. 이때 $\angle BEC = \frac{\pi}{2} - x$이고 $\angle EBC = x$이므로 $\angle CBA = \frac{\pi}{2} - x$이다. 즉 $\angle OBT = \frac{\pi}{4} - \frac{x}{2}$이므로 $\angle CBT = \frac{\pi}{4} - \frac{x}{2}$이다. 따라서 5) $\triangle THB \equiv \triangle TBC$ (ASA)이다. 그러므로 $\overline{CH}$와 $\overline{TB}$는 직교한다.(직교점을 M이라 하자.)

이때 $\angle CTB = \frac{\pi}{4} + \frac{x}{2}$이다. 그러므로 6) $\triangle CTM$에서 $\angle MCT$ 와 $\angle MTC$의 합은 $\frac{\pi}{4} + \frac{x}{2} + y = \frac{\pi}{2}$ → $\frac{x}{2} + y = \frac{\pi}{4}$ → $x + 2y = \frac{\pi}{2}$이다.

평 가 지

문제 2

$\overline{DB}$는 원의 지름이고 점 T는 원위의 점이므로 $\angle DTB = 90°$이다. 이때 $\angle HTB = \frac{\pi}{4} + \frac{x}{2}$이므로 $\angle HTD = \frac{\pi}{4} - \frac{x}{2}$이고 위에서 $\frac{x}{2} = \frac{\pi}{4} - y$이므로

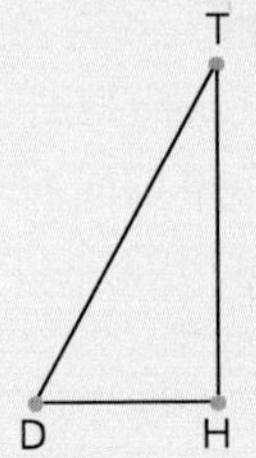

$\angle HTD = y$ 이다.

7) $\tan(\angle HTD = y) = \frac{1}{2}$이므로 $\overline{TH} = 6$이다.

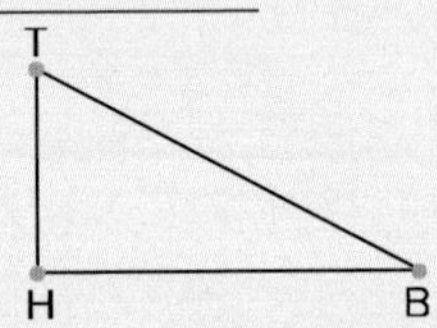

이때 $\angle TBH = \frac{\pi}{4} - \frac{x}{2} = y$이므로 $\overline{HB} = 12$, $\overline{HB} + \overline{HD} = 15$이 원의 지름이고, 이때 $\overline{OD}$는 반지름이므로 7.5이다. 즉

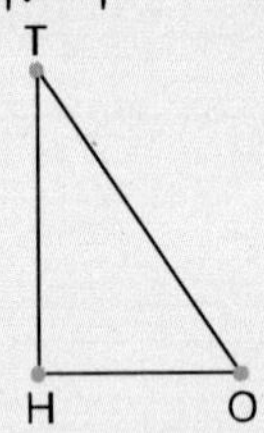

$\overline{OH} = 7.5 - 3 = 4.5$이고, 따라서 $\tan x = \frac{4.5}{6} = \frac{3}{4}$이다.

$\overline{HT} = 6$이므로 $\overline{AH} = 8$이다. 즉 $\overline{AB} = \overline{AH} + \overline{HB} = 8 + 12 = 20$이다.

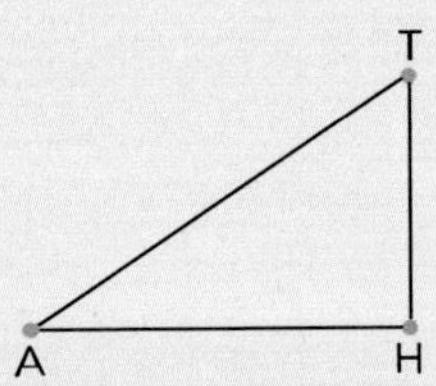

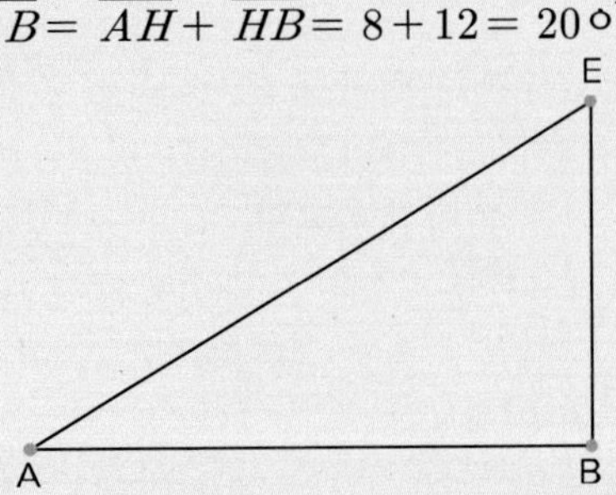

$\tan x = \frac{3}{4}$이고 $\overline{AB} = 20$이므로 $\overline{EB} = 15$이고 8) 피타고라스 정리에 의해 $\overline{AE} = \sqrt{400 + 224} = \sqrt{625} = 25$이다.

	정 보 평 가 지 (밑줄 친 수학적 개념의 출처를 적으시오. 교과서의 경우 페이지를 기록하거나 인터넷의 경우 주소를 적으시오.)	

(※밑줄 친 수학적 개념의 출처를 적으시오. 교과서의 경우 페이지를 기록하거나 인터넷의 경우 주소를 적으시오.)

1) 접점의 성질 https://mathbang.net/1962
2) 원주각의 성질 https://mathbang.net/186
3) 이등변삼각형의 성질 https://mathbang.net/122
4) 지름에 대한 원주각의 크기 https://mathbang.net/186
5) 삼각형의 합동조건 https://mathbang.net/93
6) 삼각형 내각의 합 https://mathbang.net/96
7) 삼각비 https://mathbang.net/155
8) 피타고라스 정리 https://mathbang.net/130

평 가 기 준 (최고점 6점)	점 수 (총체적)
· 주어진 정보로부터 논리화를 거쳐 문제를 해결함 (5점)	V
· 주어진 정보를 해석하여 논리화하고 문제해결 하였으나 답이 적절하지 못함(4점)	
· 주어진 정보를 해석하였으나 논리화 도중 문제과정을 진행하지 못함 (3점)	
· 정보의 해석과 논리화 과정이 없음 (0점)	
· 도구의 사용이 적절함 (추가 점수로 준다,) (+1점)	V
· 도구의 사용이 적절하지 못함 (0점)	
평 점	6

평 가 단 계	평 가 기 준 (최고점 12)	점 수 (분석적)
정보수집 단계	· 주어진 문제의 풀이 과정에서 필요한 정보를 출처를 다양하고 적절히 찾아 사용하였다. (3점)	2
	· 주어진 문제를 풀기 위해 찾은 정보가 부정확하거나, 정보의 출저가 다양하지 못하고, 문제 풀이를 위해 일부만 정보만을 찾아 문제풀이를 완성함 (2점)	
	· 문제 풀이의 필요한 정보를 찾았으나. 수학적으로 활용하지 못함 (1점)	
	· 주어진 문제의 정보를 찾지 못하거나 수학적으로 사용하지 못함 (0점)	
정보 활용 및 논리화단계	· 찾은 정보(개념)를 논리화를 거쳐 문제를 풀어나감 (5점)	5
	· 논리화의 과정에서 일부 문제가 있으나 문제를 품 (4점)	
	· 논리화의 과정에서 일부 문제가 있어 문제를 끝까지 풀지 못함 (2점)	
	· 논리화 및 풀이가 없다. (0점)	

평 가 단 계	평 가 기 준 (최고점 12)	점 수 (분석적)
수정 및 보완 단계	· 풀이의 오류가 없이 모든 문제 풀이 과정을 진행함, 혹은 문제 풀이의 과정이 진행 중 변경되어 풀이를 완성함 (2점)	2
	· 풀이와 논리에 오류가 있으나 이를 알지 못하고 문제를 풀어 냄 (1.5점)	
	· 풀이와 논리에 오류가 있어 도중에 문제풀이를 그만둠 (0.5점)	
도구의 사용 (지필외 도구의 사용이 있는 경우)	· 풀이 과정에 전자도구의 활용이 적절하였다. (2점)	2
	· 풀이 과정에 전자도구의 활용이 적거나 찾은 정보를 전부 기입하지 않고, 문제 풀이를 완성함 (1.5점)	
	· 풀이 과정에 전자도구의 사용이 없으나 문제를 품 (1점)	
	· 전자도구의 활용이 없고 문제를 해결하지 못함 (0점)	
총점 및 피드백	평 점 : 11	
	문제 풀이의 과정에 있어 논리적으로 풀었지만 정보의 출처가 사이트 한 곳으로 정해져 있어서 정보처리 능력에 있어 수집의 다양성이 필요하다. 한 개의 사이트에 의존하기보다 4)번 정보만 정확하게 나온 다른 출처도 있는지 조사가 함께 이루어지면 좋겠음	

7.5 수준별 학습활동에서 평가

다음은 NCTM(1989)에서 제시한 필수교육과정의 개념적 기반이 되는 수준별 구성을 참고하여 4 단계로 나누어 도함수의 개념을 예로써 보여주고자 한다. 수준별 접근은 다양한 수준의 학생들에게 그들의 필요와 능력에 맞게 높은 수준으로 발달할 수 있도록 하고, 학생들의 수학적 이해와 흥미를 유발시키고, 창의적 사고를 촉진시킬 수 있다고 본다.

1. 도함수 문제 (1)

문제 $x=2$에서 함수 $f(x)=x^2$에 대한 순간 변화율을 구하시오.

수준 ❶ 그래핑 계산기를 사용하여 평균변화율 $r(h)=\dfrac{f(2+h)-f(2)}{h}$을 정의하고 h의 값을 0.1, 0.01, 0.001, …으로 0에 가까워지게 정의함으로써 4에 가까워진다는 것을 알 수 있다.

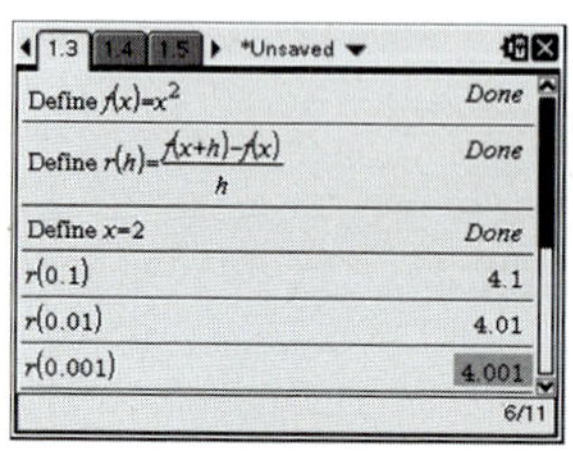

그림 5

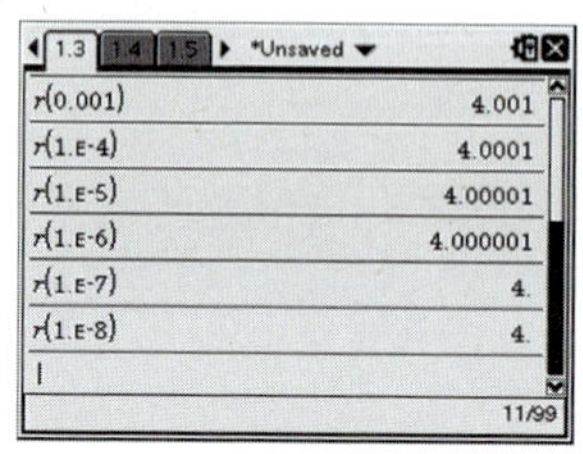

그림 6

$2+h$	$f(2+h)$	$\dfrac{f(2+h)-f(2)}{h}$
2.1		
2.01		
2.001		
2.0001		
2.00001		
2.000001		

학생들로 하여금 다음 표를 완성하게 함으로써 $x=2$에서의 순간 변화율이 4임을 알게 할 수 있다.

학생들로 하여금 그래핑 계산기의 엑셀의 기능을 활용하여 다음과 같이 A열을 2.1, 2.01, 2.001, ⋯로써 2에 가까워지게 정의하고, B열에 함수 $f(x)$의 값을 정의하고, C열에 평균변화율을 정의함으로써 4에 가까워진다라는 것을 다음과 같이 탐구하게 할 수 있다.

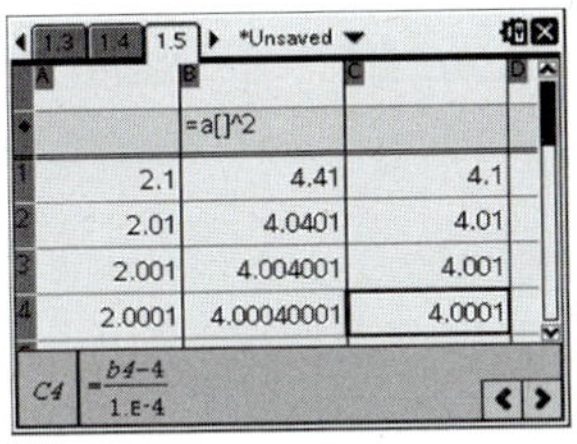

그림 7

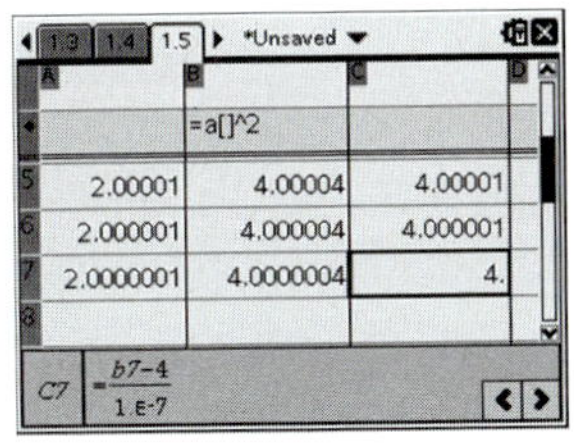

그림 8

수준 ❷ 수준 1을 마친 후 학생들은 $x=2$에서의 순간변화율을 구하기 위해서는 h의 값이 점점 0에 가까워져야 한다는 것을 알 수 있고, 위의 표를 이용하여 극한개념을 사용하면서 기호화하여 다음과 같이 바꿀 수 있다.

$$\text{순간변화율 } f'(2)=\lim_{h\to 0}\frac{(2+h)^2-2^2}{h}=\lim_{h\to 0}\frac{4+4h+h^2-4}{h}$$

$$=\lim_{h\to 0}\frac{h(4+h)}{h}=\lim_{h\to 0}(4+h)=4$$

또한 그래핑 계산기를 이용하여 그래프와 $x=2$에서의 접선을 그려보게 함으로써, $x=2$에서의 순간변화율이 접선의 기울기와 같다는 사실을 탐구하게 할 수 있다.

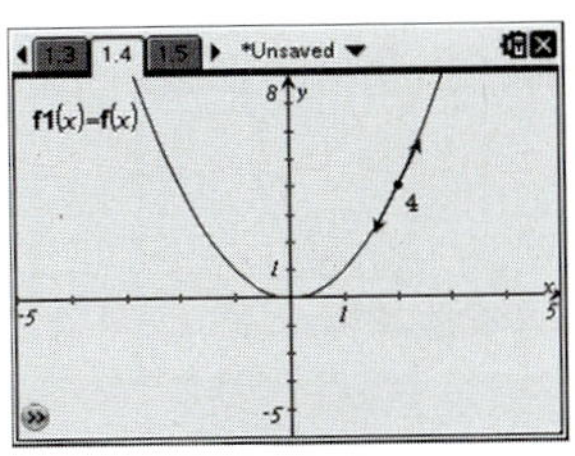

그림 9

수준 ❸ 수준 2를 마친 후, 학생들은 순간변화율을 더욱 일반화 할 수 있을 것이다. x에서의 도함수를 구하기 위해 그래핑 계산기를 이용하여 $x=a$에서의 순간 변화율을 이용할 수 있다. 예를 들어 $a=-1, 0, 1, 2, 3$라고 할 때, $x=a$에서 h가 0에 가까워짐에 따라 순간변화율이 -2, 0, 2, 4, 6으로 변화되는 것을 탐구해봄으로써 학생 스스로가 그 규칙을 찾아 일반화 할 수 있고, 도함수가 $2x$가 된다는 결론에 도달할 수 있다.

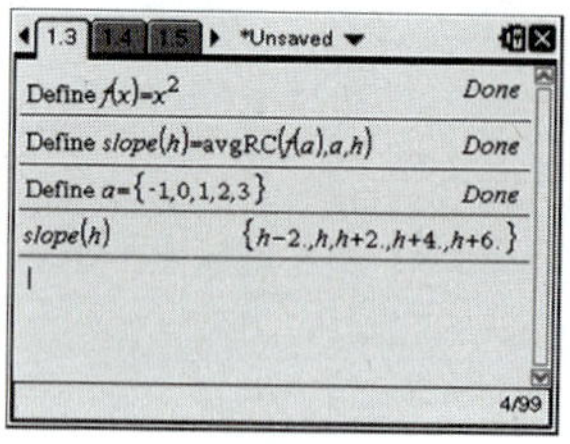

그림 10

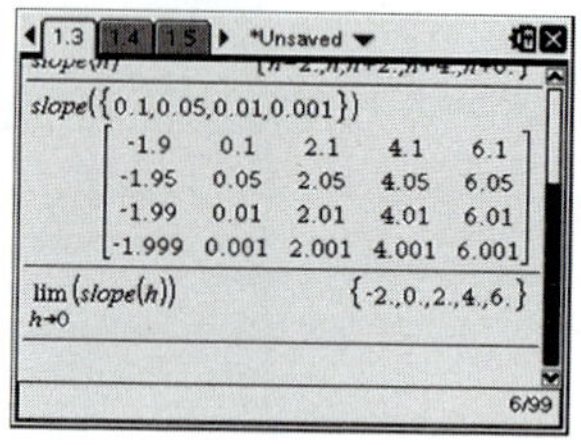

그림 11

또한 함수의 그래프와 접선의 기울기, 그리고 도함수 그래프와의 관계를 탐구하게 할 수 있다. $x=-2$, -1, 0, 1, 2에서의 순간변화율이 각각 -4, -2, 0, 2, 4가 된다는 것을 탐구하게 함으로써, 그 값들이 접선의 기울기와 같다는 사실에 확신을 갖게 할 수 있으며, $2x$의 관계가 있음을 유추하게 할 수 있다. 아래 [그림 13]과 같이 함수 $f(x)$와 도함수의 그래프를 그리고 표로 나타내어 보면 접선의 기울기의 값이 음수이면 도함수의 그래프가 x축 아래에 위치하고, $x=0$을 전환점으로 하여 접선의 기울기의 값이 양수이면 그 값이 점점 커지면서 x축 위에 그려진다는 사실을 알게 된다. 따라서 접선의 기울기의 변화에 따른 도함수 그래프와의 관계를 이해함으로써 일반화할 수 있고, 도함수의 그래프를 그릴 수 있다.

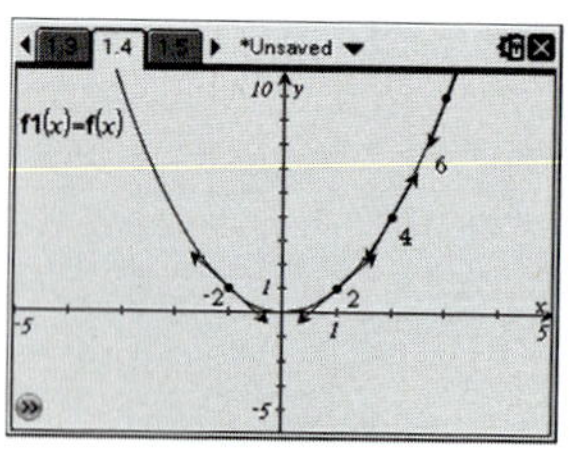

그림 12

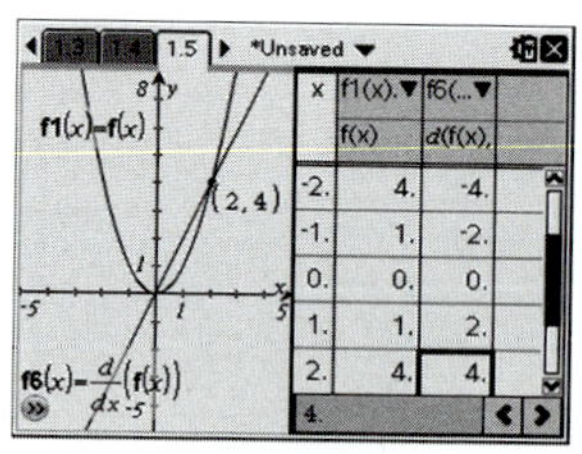

그림 13

따라서, x에서의 도함수를 다음과 같이 기호화한 것에 대한 이해가 가능하다.

$$f'(x) = \frac{d}{dx}f(x) = \lim_{h \to 0}\frac{(x+h)^2 - x^2}{h} = \lim_{h \to 0}\frac{2hx + h^2}{h} = \lim_{h \to 0}(2x+h) = 2x$$

수준 ❹ 수준 3을 마친 후, 학생들은 함수 $f(x) = x^n$에 대하여 $f(x) = x^2$을 일반화시켜서 함수와 도함수와의 관계를 기호화하여 유추할 수 있다. 아래에 제시한 [그림 14]와 같이 그래핑 계산기를 이용하여, $f(x) = x^n$를 정의하고, $n = 1, 2, 3, 4, 10$이라고 하면, $f(x) = x, x^2, x^3, x^4, x^{10}$임을 알 수 있고, 평균 변화율을 solpe(h)라고 정의하고 h값이 0에 가까워질 때의 극한값을 탐구해 봄으로써, $1, 2x, 3x^2, 4x^3, 10x^9$임을 알 수 있다.

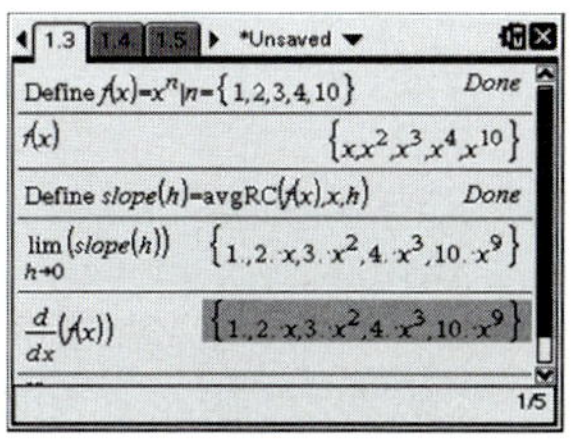

그림 14

따라서 다음과 같이 $f'(x) = nx^{n-1}$의 관계임을 추론하여 기호화하는 것이 가능하다.

$$\frac{d}{dx}(f(x)) = f'(x) = \lim_{h \to 0}\frac{(x+h)^n - x^n}{h} = nx^{n-1}$$

위의 예제에서 교사가 학생의 수준의 향상을 목적으로 하였다면 다음과 같은 일반적인 총체적 채점기준표를 사용할 수 있다.

〈표 3〉 수준에 따른 학습에서 채점기준표

수준	평가기준	점수화
1	단순히 예상과 확인을 통해 답을 산출하였다.	1
2	함수의 그래프와 $x=2$에서의 접선을 그려봄으로써, $x=2$에서의 순간변화율이 접선의 기울기와 같다는 사실을 탐구하였다.	2
3	x에서의 도함수를 구하기 위해 $x=a$에서의 순간 변화율을 탐구해봄으로써 학생 스스로가 그 규칙을 찾아 일반화 할 수 있고, 도함수가 $2x$가 된다는 과정을 보였다.	3
4	함수식으로 일반화시켜서 함수와 도함수의 관계를 기호화하여 산출하였다.	4

2. 도함수 문제 (2)

다음은 서울에 소재한 고등학교의 한 교사가 그래핑 계산기로 수업한 후에 미분의 개념에 대한 문항을 제시하고 그에 대한 채점 기준과 실제 학생의 답안을 제시한 예이다. 문항에 대한 평가는 수업시간에 학습한 그래핑 계산기의 활용을 바탕으로 직접 미분계수의 정의 및 기하학적 의미를 알아가는 수업 과정중의 형성평가 단계로 진행하였으며, 수행평가에 활용하기 위해 세부적인 채점 기준과 학생의 실제 사례를 첨부하였다.

문제 다음은 $f(x)=x^3$에서 h가 0으로 가까이 갈 때, $\dfrac{f(1+h)-f(1)}{h}$의 값의 변화를 조사한 것이다. 공학도구를 이용하여 다음 문제를 해결하시오. (단, A열은 h의 값이며, B열은 $\dfrac{f(1+h)-f(1)}{h}$이다.)

활동 ❶ 다음 표의 빈칸을 채우시오. (5점)

	A	B
1	1	
2	0.1	
3	0.01	
4	0.001	
5	0.0001	

6	-1	
7	-0.1	
8	-0.01	
9	-0.001	
10	-0.0001	

활동 ❷ 위 표로부터 h가 0으로 가까이 갈 때, $\dfrac{f(1+h)-f(1)}{h}$의 값을 추정하시오. [5점]

활동 ❸ 공학도구를 이용하여 $f(x)=x^3$의 그래프를 그리고, $x=1$에서의 미분계수를 구하고 도함수의 그래프를 그리시오. [5점]

활동 ❹ 순간 변화율의 정의에 의하여 $f'(1)$을 구하시오. [5점]

평가 1. 계산기를 도구화하여 잘 사용한 경우

문항의 총점을 20점으로 하며, 각 활동마다 문제풀이 단계에 따라 5점을 만점으로 점수화하면 다음과 같다.

<table>
<tr><th>문항</th><th>평가기준</th><th>점수화</th></tr>
<tr><td>1</td><td>
<table>
<tr><th></th><th>A</th><th>B</th></tr>
<tr><td>1</td><td>1</td><td>7</td></tr>
<tr><td>2</td><td>0,1</td><td>3,31</td></tr>
<tr><td>3</td><td>0,01</td><td>3,0301</td></tr>
<tr><td>4</td><td>0,001</td><td>3,003001</td></tr>
<tr><td>5</td><td>0,0001</td><td>3,00030001</td></tr>
<tr><td>6</td><td>-1</td><td>1</td></tr>
<tr><td>7</td><td>-0,1</td><td>2,71</td></tr>
<tr><td>8</td><td>-0,01</td><td>2,9701</td></tr>
<tr><td>9</td><td>-0,001</td><td>2,997001</td></tr>
<tr><td>10</td><td>-0,0001</td><td>2,99970001</td></tr>
</table>
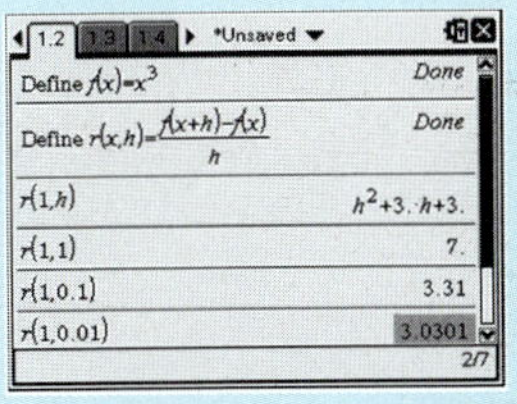

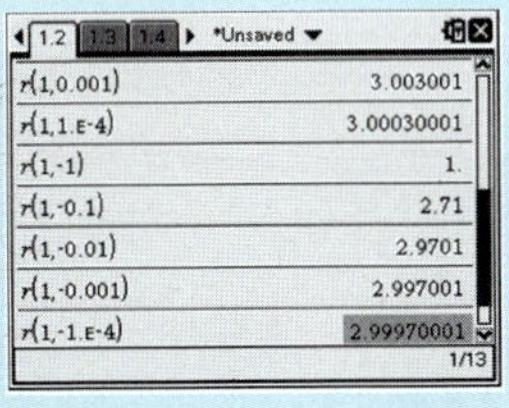

</td><td>빈 칸의 값을 각각 0.5점씩 한다.(부분점수 없음)
그래핑 계산기를 이용하여, 함수 $f(x)=x^3$, 평균변화율을 $r(x, h)$라고 정의하면 주어진 표를 완성할 수 있다.

5점</td></tr>
<tr><td>2</td><td>A가 양의 값을 가지면서 0에 가까이 갈 때, 3에 가까워지고, A가 음의 값을 가지면서 0에 가까이 갈 때, 3에 가까워지므로 $\dfrac{f(1+h)-f(1)}{h}$의 값은 h가 0에 가까워 질 때, 3에 가까워진다는 것을 알 수 있다.</td><td>가까워진다는 극한의 의미가 포함되면 2점.
$\displaystyle\lim_{h\to0}\frac{f(1+h)-f(1)}{h}=3$
을 구하면 3점.</td></tr>
</table>

문항	평가기준	점수화
	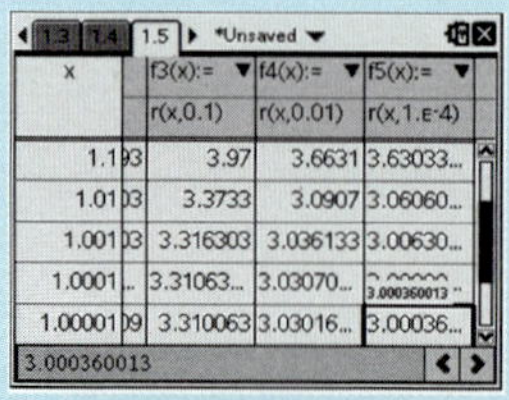 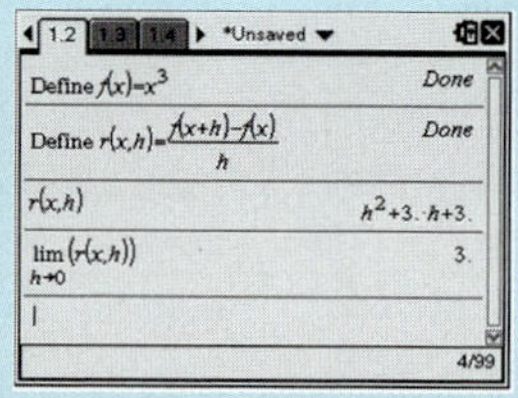 그래핑 계산기의 표를 이용하면, 극한의 의미를 나타낼 수 있고, 대수화면에서 극한값을 구해보면 그 값이 3임을 알 수 있다.	
3	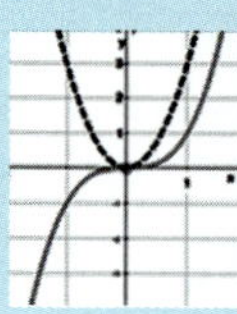 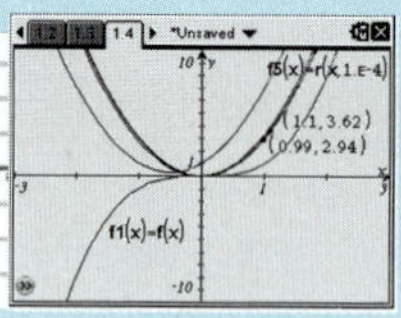 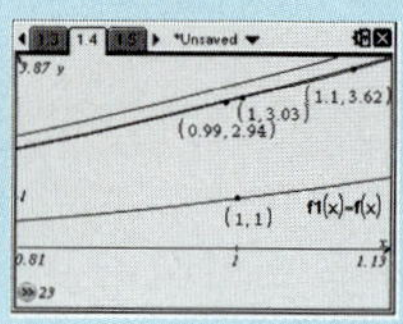	$f(x)=x^3$의 그래프를 정확하게 그리면 2점. $x=1$에서의 미분계수를 나타내고 도함수를 그래프로 정확하게 그리면 3점.
4	$f'(x)=\lim_{h\to 0}\frac{f(x+h)-f(x)}{h}$ $=\lim_{h\to 0}(3x^2+3xh+h^2)$ $=3x^2$ $\therefore f'(1)=3$	순간변화율의 정의가 포함되면 3점. $f'(1)=3$을 구하면 2점.

평가 2. 계산기를 도구화하여 사용하지 못한 경우

문항	학생의 답안지	평가기준	점수화
1	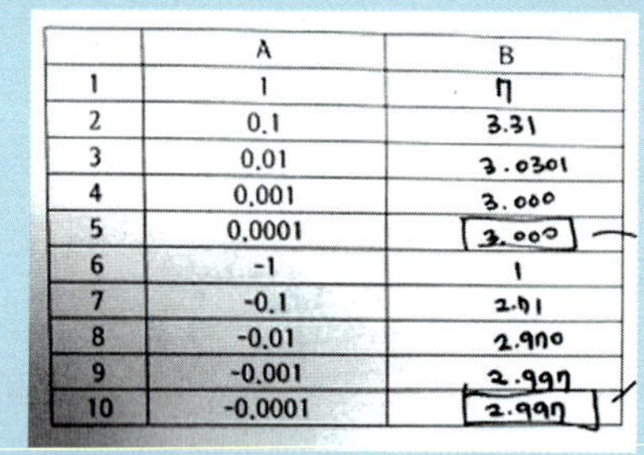 | | A | B | | 1 | 1 | 7 | | 2 | 0.1 | 3.31 | | 3 | 0.01 | 3.0301 | | 4 | 0.001 | 3.000 | | 5 | 0.0001 | 3.000 | | 6 | -1 | 1 | | 7 | -0.1 | 2.71 | | 8 | -0.01 | 2.970 | | 9 | -0.001 | 2.997 | | 10 | -0.0001 | 2.997 |	표의 각 값을 모두 올바르게 완성하였다.	5점
2	0으로 가까워진다.	[활동 1]의 문제에서 표의 결과값과 연결하지 못하였고 [활동 2]의 문제를 제대로 이해하지 못하였다.	0점

문항	학생의 답안지	평가기준	점수화
3	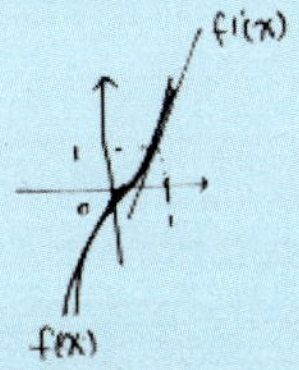	$f(x)=x^3$의 그래프를 정확하게 그리고, $x=1$에서의 미분계수를 나타내었지만 도함수를 그래프로 나타내지 못하였다.	3점
4	$\lim_{h\to 0}\frac{f(1+h)-f(1)}{h}=\lim_{h\to 0}\frac{1+3h^2+3h+h^3-1}{h}=3$	순간변화율의 정의가 포함되었고, $f'(1)=3$을 구하였다.	5점

위의 학생은 그래핑 계산기를 사용함으로써 쉽게 [활동 1]에서의 표를 완성할 수 있었지만, [활동 2]의 답변으로 보아 표를 완성한 것이 무엇을 의미한 것인지 이해를 못했다고 볼 수 있으며 위의 학생에 있어서 계산기의 활용은 단지 값을 구하는 데에 활용 된 것이라고 볼 수 있다. [활용 3]의 결과에서 나타난 것처럼 함수 $f(x)$는 이미 아는 지식으로 쉽게 그렸고, $x=1$에서의 미분계수의 의미까지는 지식으로 알고 있었던 것처럼 보이지만, 도함수의 개념으로 연결하여 도함수의 그래프를 그리지는 못했다고 볼 수 있다. [활동 4]의 결과를 보면, $x=1$에서의 순간변화율의 정의를 이용하여, 풀이를 명확하게 보여주었다고 볼 수 있다. 따라서 위의 학생의 경우에는 그래핑 계산기의 사용이 개념적인 활용에 적용 되기보다는 단순한 계산에 국한되어 활용되었다고 볼 수 있다.

7.6 논술형 문제에서 평가

다음은 그래핑 계산기의 활용을 중심으로 논술형 문제에 대하여 평가기준을 먼저 제시하고, 학생의 답안을 예를 들어 점수화할 것이다.

〈표 4〉 분석적 채점기준표의 점수화(NCTM, 1999, 수정)

<table>
<tr><th colspan="2">평가요소</th><th>평가기준</th><th>점수화</th></tr>
<tr><td colspan="2" rowspan="3">문제이해</td><td>문제를 완전히 이해하여 모델을 잘 선택하거나 문제의 골격에 대해 그림으로 잘 설명함</td><td>2</td></tr>
<tr><td>문제를 잘못 이해한 부분이 있음</td><td>1</td></tr>
<tr><td>이해를 했다는 증거가 거의 없음</td><td>0</td></tr>
<tr><td colspan="2" rowspan="3">전략수립</td><td>(공학도구를 활용해서) 바른 해답을 이끌어낼 수 있는 올바른 전략을 선택함</td><td>2</td></tr>
<tr><td>(공학도구를 활용해서) 해답을 이끌어내기에 가능한 전략을 선택했으나 순서에 있어서 많은 오류가 있거나 불충분함</td><td>1</td></tr>
<tr><td>(공학도구를 활용해서) 선택한 전략이 적절치 않음</td><td>0</td></tr>
<tr><td colspan="2" rowspan="3">전략수행</td><td>(공학도구를 활용해서) 올바른 전략에 따라 올바르게 수행함</td><td>2</td></tr>
<tr><td>부분적으로 올바른 전략을 수행했거나 또는 올바른 전략을 선택했으나 수행에 오류가 있음</td><td>1</td></tr>
<tr><td>부족한 전략으로 부족하게 수행을 했거나 전략은 올바르게 세웠으나 수행을 하지 않음</td><td>0</td></tr>
<tr><td rowspan="6">반성</td><td rowspan="3">쓰기</td><td>(공학도구를 활용해서) 풀이과정에 정확한 수학적 식, 기호를 사용하여 정당화를 잘 표현함</td><td>2</td></tr>
<tr><td>(공학도구를 활용해서) 시도를 하지만 부정확한 수학적 식, 기호를 사용하여 풀이에 부족한 부분이 있음</td><td>1</td></tr>
<tr><td>풀이과정이 앞뒤가 맞지 않아 읽는 사람이 이해할 수 없음</td><td>0</td></tr>
<tr><td rowspan="3">가산점</td><td>(공학도구를 활용해서) 기발한 발상을 하여 문제를 잘 해결함</td><td>2</td></tr>
<tr><td>(공학도구를 활용해서) 기발한 발상을 하였지만 오류가 있음</td><td>1</td></tr>
<tr><td>기발한 발상을 제시하지 못함</td><td>0</td></tr>
<tr><td colspan="3">점수</td><td></td></tr>
</table>

1. 논술형 평가 (1)

$y=x^n\,(n\in N)$ 꼴의 다항함수에 대하여 n을 변화시키면서, 공학적 도구를 이용하여 $x=1$에서의 기울기를 구하여라. 이를 이용하여, $y=x^n\,(n\in N)$ 꼴의 다항함수의 차수와 그래프의 기울기와의 연관성을 조사하여 이를 기술하시오.

풀이
- **문제이해** 이 문제는 다항함수 중에서도 가장 기본적인 함수 $y=x^n$ $(n\in N)$에 대하여 차수 n의 증가에 따른 $x=1$에서의 기울기의 관계를 알아보는 것이다.
- **전략수립** 미분계수는 주어진 점에서의 함수의 기울기이다. 직관적으로 $y=x^n$에서 차수 n이 증가함에 따라서 그래프는 점점 y축에 밀착하게 된다. 따라서 기울기가 커지므로, 미분계수가 커질 것으로 예상하였다. 왜냐하면 주어진 점에서의 미분계수란 곧, 그 점에서의 접선의 기울기와 일치하기 때문이다.
- **전략수행**

다음은 $y=x, x^2, x^3$의 그래프를 그래핑계산기를 이용하여 나타낸 것이다. 차수 n이 커짐에 따라서 그래프가 점점 y축에 가까워진다는 것을 볼 수 있다.

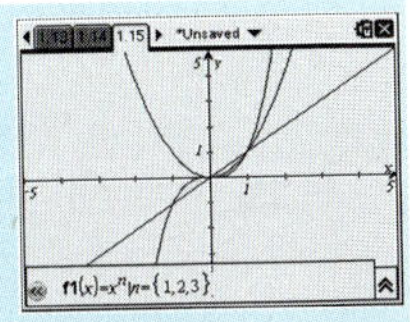

[on] [⊞] [enter] $f1(x)=x^n \mid n=1, 2, 3$라고 입력하면 그래프의 변화는 오른쪽 그림과 같다. 이를 이용하여 $x=1$에서의 기울기를 다음과 같이 두 가지 방법으로 구할 수 있고 $y=x^n\,(n>3)$에 대한 대수식을 예측할 수 있다.

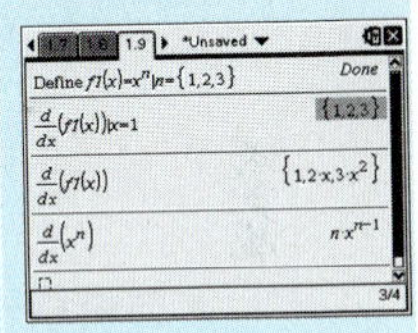

방법 1. 대수적 방법

[menu] [1:Actions] [1: Define] $f1(x)=x^n$ [|] $n=\{1, 2, 3\}$ [enter]

[4:Calculus] [Derivative at a Point] [x] [1] [enter] $f1(x)$ [|] $x=1$

$y=x^n\,(n>3)$인 경우를 보기 위해 $\dfrac{d}{dx}(x^n)$을 입력하면 nx^{n-1}임을 알 수 있다. 따라서, $x=1$일 때, 기울기는 n임을 알 수 있다.

방법 2. **그래프적 방법**

[Derivative at a Point][x] [1] [enter] $f2(x)=\dfrac{d}{dx}(f1(x))$ [|]

$x=1$ $y=x$, $y=x^2$, $y=x^3$에 대해서만 $x=1$에서의 기울기를 조사해본 결과, $y=1$, 2, 3으로 그래프가 나타났고, 미분계수는 차수가 높아짐에 따라 점점 커짐을 알 수 있다. 즉, $x=1$에서의 미분계수(기울기)는 곧, 자신의 차수와 일치됨을 알 수 있다.

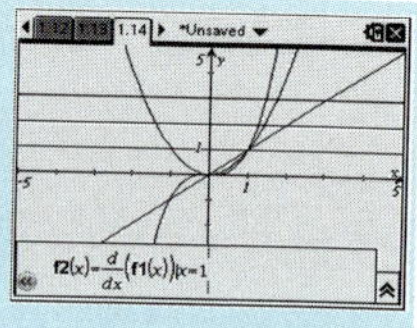

- **반성**

– **쓰기** n이 커짐에 따라서 $x=1$에서의 기울기는 증가한다.

2. 논술형 평가 (2)

정비례를 나타내는 함수인 $f(x)=x$에 대하여, 원점에서 x축 상의 1, 2, 3, 4까지의 삼각형의 넓이를 구하시오. 이를 이용하여, t의 증가에 따른 $\int_0^t f(x)dx$의 변화 관계를 유추하시오.

풀이 • **문제이해** 적분 가능한 함수 $y=f(x)$에 대하여 $F(t)=\int_a^t f(x)dx$, $\exists\, a\in D(f)$, $t\in D(f)$를 함수 $y=f(x)$의 한 부정적분이라고 한다. 위의 문제는 $a=0$이며 피적분함수가 $f(x)=x$일 때의 부정적분과 원함수 $y=f(x)$의 넓이의 관계를 유추하는 문제이다.

- **전략수립** 폐구간 $[a,\ b]$에서 $f(x)\geq 0$일 때 $\int_a^b f(x)dx$는 곡선의 아래의 넓이이다. 그런데 $[0,\ t]$에서 $t>0$일 때 $f(x)=x$는 $f(x)\geq 0$이며, t가 증가함에 따라 $\int_0^t f(x)dx$는 점점 커질 것으로 예상된다.

- **그래핑 계산기를 이용한 전략수행**

그래핑 계산기를 이용하여 함수 $f(x)=x$의 그래프를 그려보고, 구간의 변화에 따른 넓이를 구해 보면 다음과 같다.

$f1(x)=x$ [enter] [menu] [6: Analyze Graph] [7: Integral] [enter] 방향키 [enter] 방향키를 움직이면서 상한(lower bound)과 하한(upper bound) 값을 $0 \le x \le 1$, $0 \le x \le 2$, $0 \le x \le 3$, $0 \le x \le 4$로 정해주면 넓이가 아래에 있는 그래핑 계산기 화면에서 보여 주고 있는것과 같이 각각 $\int_0^1 xdx = \frac{1}{2} = 0.5$, $\int_0^2 xdx = \frac{4}{2} = 2$, $\int_0^3 xdx = \frac{9}{2} = 4.5$, $\int_0^4 xdx = \frac{16}{2} = 8$ 이 된다.

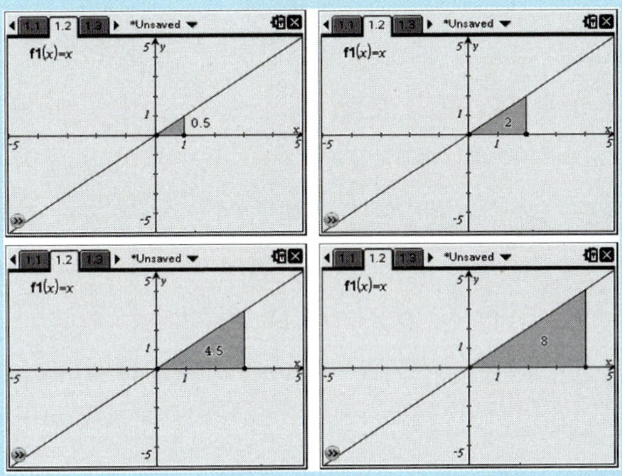

• **반성**

— **쓰기** 각각의 삼각형의 넓이는

$x=1$일 때, $1 \times 1 \times 1/2 = 0.5$,

$x=2$일 때, $2 \times 2 \times 1/2 = 2$,

$x=3$일 때, $3 \times 3 \times 1/2 = 4.5$,

$x=4$일 때, $4 \times 4 \times 1/2 = 8$이므로,

$x=t$일 때, $t \times t \times \frac{1}{2} = \frac{t^2}{2}$라고 할 수 있다.

t가 증가함에 따라 $\int_0^t f(x)dx = \frac{t^2}{2}$

3. 논술형 평가 (3)

문제 아랫변에서 윗변까지의 길이가 같은 세 개의 도형에 대해서 왼쪽에서부터 도형(가), 도형(나), 도형(다)라고 하고 다음과 같이 나타낼 때, 각각의 넓이를 비교하시오. (그래핑 계산기를 이용하여 추론하시오.)

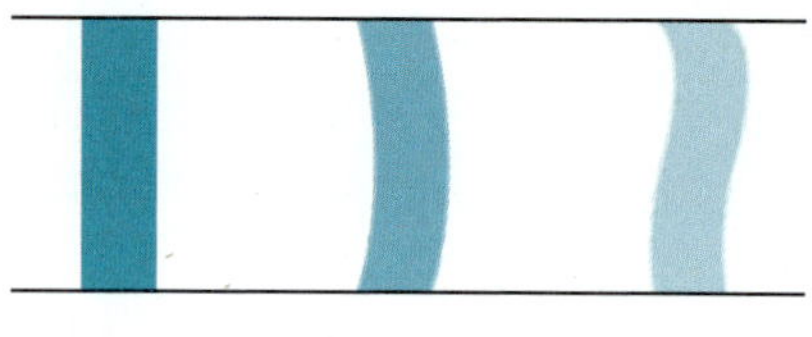

(가) (나) (다)

풀이 • **문제이해** 주어진 문제는 우리의 직관이 틀릴 수도 있다는 대표적인 문제이다. 얼핏 보기에는 도형(다)가 가장 넓이가 클 것 같지만, 실제로 전략 수행하면 적분의 넓이가 같다는 것을 보이는 것이다.

• **전략수립** 넓이는 일반적으로 선이 모여서 이루어진다. 그런데 위의 세 도형에 대하여, 아랫변에서 윗변까지의 길이가 같으므로 결국 도형(가), 도형(나), 도형(다)의 넓이는 같을 것으로 유추할 수 있다.

• **전략수행** 그래핑 계산기를 이용하여 접근을 해보자. 아랫변의 길이를 1로 두자. (1은 단위길이이므로 합당한 수치라고 볼 수 있다.) 적분을 이용하고자 하므로 위 세 도형을 아래와 같이 함수로 나타낼 수 있다.

도형 (가)의 넓이	도형 (나)의 넓이	도형 (다)의 넓이

$y=1,\ y=0$ $[-1, 1]$	$y=x^2,\ y=x^2+1$ $[-1, 1]$	$y=x^3,\ y=x^3+1$ $[-1, 1]$

일반적으로 $f(x) \geq 0$일 때, $\int_a^b f(x)dx$의 값은 폐구간 $[a,\ b]$에서의 $y=f(x)$에 대한 넓이와 같다는 사실을 바탕으로 다음과 같이 그래핑 계산기를 이용하여 적분을 이용하여 각각의 넓이를 구할 수 있다.

(1) 도형 (가)의 넓이 구하기

$f1(x)=1$과 $f2(x)=0$의 그래프를 그리고 [menu] [6: Analyze Graph] [7: Integral]에서 상한과 하한의범위를 -1과 1로 정하여 각각의 넓이를 구하고 그 넓이의 차를 다음과 같이 구해본다.

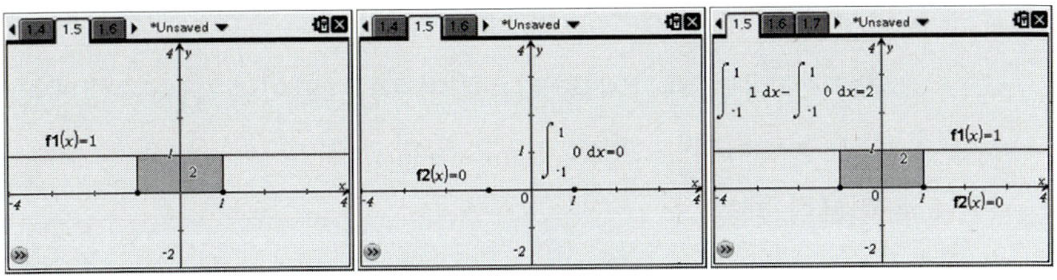

따라서 $\int_{-1}^{1} 1dx - \int_{-1}^{1} 0dx = 2-0=2$임을 알 수 있다.

(2) 도형 (나)의 넓이 구하기

$f1(x)=x^2+1$과 $f2(x)=x^2$의 그래프를 그리고 [menu] [6: Analyze Graph] [7: Integral]에서 상한과 하한의 범위를 -1과 1로 정하여 각각의 넓이를 구하고 그 넓이의 차를 다음과 같이 구해본다.

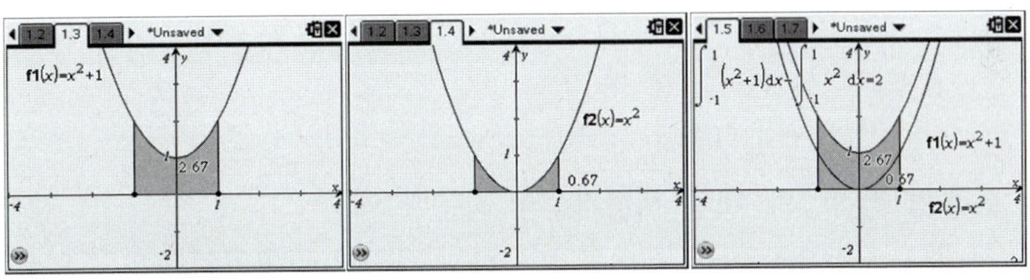

따라서, $\int_{-1}^{1} x^2+1dx - \int_{-1}^{1} x^2dx = 2.67-0.67=2$임을 알 수 있다.

(3) 도형 (다)의 넓이 구하기

$f1(x)=x^3+1$과 $f2(x)=x^3$의 그래프를 그리고 [menu] [6: Analyze Graph] [7: Integral]에서 상한과 하한의범위를 -1과 1로 정하여 각각의 넓이를 구하고 그 넓이의 차를 다음과 같이 구해본다.

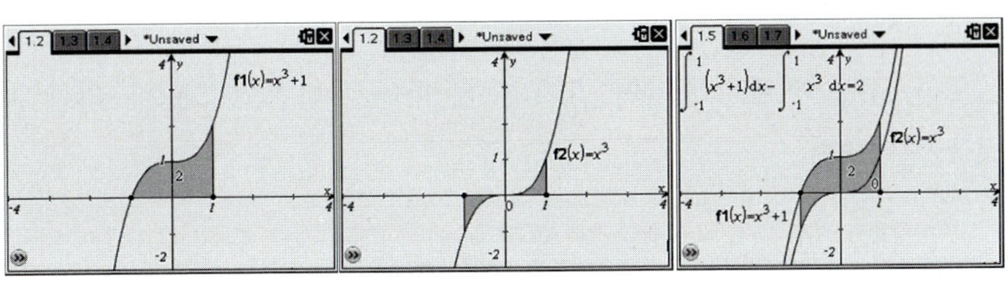

따라서 $\int_{-1}^{1} (x^3+1)dx - \int_{-1}^{1} x^3dx = 2-0=2$임을 알 수 있다.

- **반성**

— **쓰기** 그래핑 계산기를 이용하여 적분 넓이를 전략수행해본 결과 모두 2로써 동일하다는 것을 알 수 있다.

— **이론적 해석**

$$\frac{d}{dx}(f(x)+g(x))=\frac{d}{dx}f(x)+\frac{d}{dx}g(x)\text{이고,}$$

$$\int_a^b(f(x)+g(x))dx=\int_a^b f(x)dx+\int_a^b g(x)dx\text{이므로,}$$

$$\int_{-1}^1 1dx-\int_{-1}^1 0dx=\int_{-1}^1(1-0)dx=\int_{-1}^1 1dx=2$$

$$\int_{-1}^1(x^2+1)dx-\int_{-1}^1(x^2)dx=\int_{-1}^1(x^2+1-x^2)dx=\int_{-1}^1 1dx=2$$

$$\int_{-1}^1(x^3+1)dx-\int_{-1}^1(x^3)dx=\int_{-1}^1(x^3+1-x^3)dx=\int_{-1}^1 1dx=2$$

가 성립함을 알 수 있다.

논술형 평가 3에 대한 채점기준표 적용의 예

학생 A가 다음과 같이 문제를 풀었다고 가정하에 평가기준을 적용해 보도록 한다.

- **문제이해** 도형의 넓이를 구하는 문제이다. 밑변의 길이에서부터 윗변의 길이까지가 모두 같다는 점에 착안하여, 구부러진 정도가 넓이를 판별하는 주요 요소가 된다.
- **전략수립** 일반적으로 직선은 두 점을 잇는 가장 짧은 곡선이다. 다음과 같은 논리적 과정을 거치면 도형(다)의 넓이가 가장 클 것으로 예상한다.

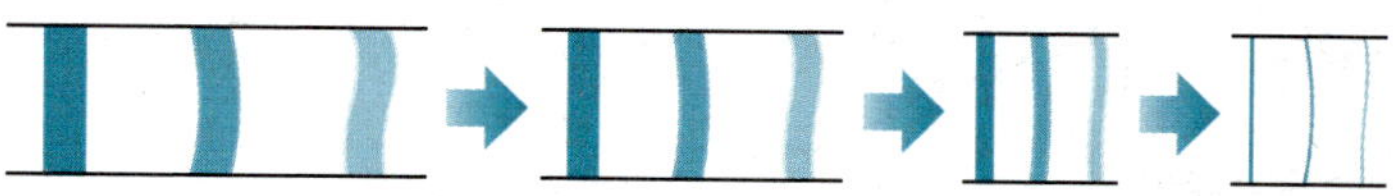

또한, 선을 무한히 합치면 면이 된다. 따라서 다음의 그림에 의한 논리가 옳다는 것을 보여준다.

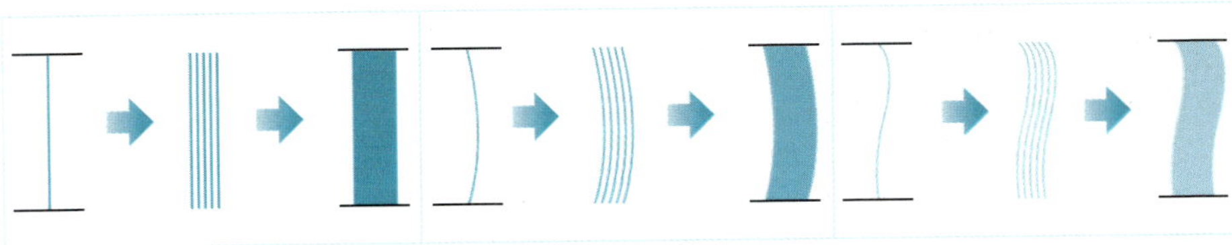

• **전략수행** 도형(가), (나), (다)를 이루는 단위 선의 길이의 크기는 | <) < ≀ 의 관계가 있다. (가)의 단위 선의 길이를 1, (나)의 단위 선의 길이를 2, (다)의 단위 선의 길이를 3이라고 가정한다면, 도형 (가)의 넓이는 단위 선의 길이를 1억 번 정도 더하면 될 것으로 1억으로 가까워진다. 이와 같은 방법으로 도형(나)의 넓이는 2억, 도형(다)의 넓이는 3억이다. 다음과 같이 그래핑 계산기를 이용하여 간단하게 구하였다.

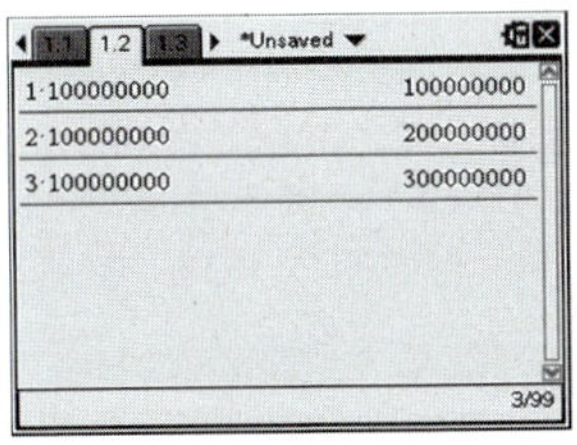

• **반성**

– **쓰기** 도형의 넓이 비교는 도형(가) < 도형(나) < 도형(다)이다.

다음 〈표 2〉는 위의 학생 A의 답안을 바탕으로 평가기준을 실제로 적용한 예이다. 따라서 학생 A는 문제를 잘 이해했지만, 해법의 방향을 잘못 잡았다는 것을 알 수 있다. 왜냐하면, 유클리드 원론에 의하면, 평면의 요소는 선이 될 수 있지만 곡선이 될 수는 없기 때문이다. 하지만, 문제를 풀기 위한 발상은 기발하였다고 볼 수 있으며, 전략수행을 통한 추론 과정 또한 논리적이었으나, 공학도구를 이용하여 전략수행하는 과정은 부정확하였다고 볼 수 있으므로 10점 중 5점으로 저조한 점수를 얻게 된 경우를 보여준 예이다.

〈표 5〉 분석적 채점기준표의 점수화

<table>
<tr><th colspan="2">평가요소</th><th>평가기준</th><th>점수화</th><th>학생 A의 획득 점수</th></tr>
<tr><td colspan="2" rowspan="3">문제이해</td><td>문제를 완전히 이해하여 모델을 잘 선택하거나 문제의 골격에 대해 그림으로 잘 설명함</td><td>2</td><td rowspan="3">1</td></tr>
<tr><td>문제를 잘못 이해한 부분이 있음</td><td>1</td></tr>
<tr><td>이해를 했다는 증거가 거의 없음</td><td>0</td></tr>
<tr><td colspan="2" rowspan="3">전략수립</td><td>(공학도구를 활용해서) 바른 해답을 이끌어낼 수 있는 올바른 전략을 선택함</td><td>2</td><td rowspan="3">1</td></tr>
<tr><td>(공학도구를 활용해서) 해답을 이끌어내기에 가능한 전략을 선택했으나 순서에 있어서 많은 오류가 있거나 불충분함</td><td>1</td></tr>
<tr><td>(공학도구를 활용해서) 선택한 전략이 적절치 않음</td><td>0</td></tr>
<tr><td colspan="2" rowspan="3">전략수행</td><td>(공학도구를 활용해서) 올바른 전략에 따라 올바르게 수행함</td><td>2</td><td rowspan="3">1</td></tr>
<tr><td>부분적으로 올바른 전략을 수행했거나 또는 올바른 전략을 선택했으나 수행에 오류가 있음</td><td>1</td></tr>
<tr><td>부족한 전략으로 부족하게 수행을 했거나 전략은 올바르게 세웠으나 수행을 하지 않음</td><td>0</td></tr>
<tr><td rowspan="6">반성</td><td rowspan="3">쓰기</td><td>(공학도구를 활용해서) 풀이과정을 정확한 수학적 기호를 사용하여 잘 표현함</td><td>2</td><td rowspan="3">1</td></tr>
<tr><td>(공학도구를 활용해서) 시도를 하지만 부정확한 수학적 기호를 사용하여 풀이에 부족한 부분이 있음</td><td>1</td></tr>
<tr><td>풀이과정이 앞뒤가 맞지 않아 읽는 사람이 이해할 수 없음</td><td>0</td></tr>
<tr><td rowspan="3">가산점</td><td>(공학도구를 활용해서) 기발한 발상을 하여 문제를 잘 해결함</td><td>2</td><td rowspan="3">1</td></tr>
<tr><td>(공학도구를 활용해서) 기발한 발상을 하였지만 오류가 있음</td><td>1</td></tr>
<tr><td>기발한 발상을 제시하지 못함</td><td>0</td></tr>
<tr><td colspan="4">점수</td><td>5</td></tr>
</table>

7.7 외국사례

다음은 일찍부터 국가적 평가에서 그래핑 계산기를 활발하게 사용하고 있는 나라들의 사례를 소개하여 미래 수학교육의 평가에 대비하고자 한다.

1. 뉴질랜드의 대학수학능력시험(NCEA)

뉴질랜드에서는 교육부에서 학교의 교육과정을 제공하고 있지만 국정 교과서제도는 채택하고 있지 않다. 그러므로 교사들은 교육부가 제공하는 교육과정을 참고하여 학습과제와 자료를 직접 고안하여 수업에 사용하고 있다.

뉴질랜드의 수학과 교육과정은 수(Number), 측정(Measurement), 도형(Geometry), 대수(Algebra), 통계(Statistics)의 5개 영역으로 구분하여 1-13학년까지의 학습내용을 8개의 수준 (Level 1-Level 8)으로 분류하고, 각 수준마다 학습목표를 제시하고 있으며, 이러한 각 수준별 학습목표들은 학생들이 수학 학습에서 도달해야 할 최소한의 수준을 의미하는 것으로 각각의 수준간의 엄밀한 구분보다는 통합적인 접근을 강조하는 것이 특징이다. 또한 교육과정에 있어서의 평가는 학생 스스로의 교수·학습 활동을 제고하기 위한 진단적 성격의 형성평가에 초점을 두고 있다. 이러한 평가는 학생의 순위를 정하기 위한 것이 아니라 수학적 개념 이해와 수학의 효용성을 강조한다. 이를 통하여 학생들은 학교 밖에서도 수학적 사고를 할 수 있으며 이를 일상 생활에서도 응용하는 방식을 습득하도록 한다(Ministry of Education, p. 3, 1992).

NCEA(National Certificate of Education Achievement)는 기존의 Bursary라는 기존의 학업능력 평가방법을 대체한 것이다. 2002년부터 뉴질랜드 고등학교 과정에 새로이 도입된 대학 입시제도이며, 2004년 Year 13학년 (고등학교 3학년) 학생들이 새로운 대입제도의 첫 대상자가 되었다. 기존의 Bursary 방법이 지나치게 경쟁심을 유발하고 13학년 말에 단 한 차례에 시행되는 Bursary 시험 성적만으로 대입수학능력을 평가 받는 데에 따른 약점을 보완하고자 NZQA(New Zealand Qualification Association)라는 국가기관에서 시행하는 평가방법으로, 한 번의 시험만으로 평가를 하는 것이 아니라 11학년(고등학교 1학년)에서 13학년 (고등학교 3학년)에 까지 Level 1, 2, 3으로 나누어 여러 차례에 걸쳐서 평가하는 방법이다. NCEA는 뉴질랜드 대학은 물론 호주, 영국을 비롯한 다른 나라의 대학에 진학하기 위한 고교 졸업 증명 및 성적 증명의 기초 자료로 활용할 수 있으며, 매년 학년말에 실시하는 국가 시험 및 학교에서 평가하는 내신 평가는 기존 평가제도와 동일하지만 내신의 비중이 한층 높아졌다.

NCEA의 특징은 과목별 점수는 물론 세부평가항목(standard)에 합격하면 배정된 학점(credit)을 받게 된다는 것이다. NCEA시험제도에서는 기존에 적용되던 상대평가를 위한 스케일링(scaling)이 없어지고, 세부평가항목별로 불합격(Not Achieved), 합격(Achieved), 우수(Merit), 그리고 탁월(Excellence) 이라는 4가지 평가로 구분되는 절대평가를 기본으로 하고 있다. 이러한 평가 후에는 국가 학력 평가기관(NZQA)에서 관리하는 개인별 학습기록부(Record of Learning)를 가지게 된다. 최종시험(NCEA Level 3)은 기존제도(Bursary)와 마찬가지로 가장 큰 비중을 차지하며, 내신평가(Internal Assessment)는 필기 시험으로 평가 할 수 없는 연구 프로젝트나 실기와 같은 항목에 적용된다.

고등학교 11학년(15세) 학생들은 영어 및 수학과목에서는 최소한의 수준에 도달해야 한다. 나머지 학과목은 학교와 학생에 따라 다르나, 대부분의 학생들은 5-6개의 NCEA Level 1 과목을 공부하게 된다.

고등학교 12학년(16세) 학생들은 최소 6개의 NCEA Level 2 과목을 공부하며, 대부분의 학교에서는 이 단계에서 정규 과목 외에 다양한 선택과목을 포함시켜 학생들의 선택의 폭을 넓혀 준다.

고등학교 13학년(17세) 학생들은 NCEA Level 3 및 뉴질랜드 scholarship을 공부하며, 일반적으로 진학 후에 전공할 분야와 연관이 있는 최대 5개 과목을 선택할 수 있으며 필수과목은 없다. 다만 13학년의 언어나 과학과목은 11-12학년 때 이 과목들을 공부한 학생에 한하여 선택할 수 있다.

NCEA 합격 기준을 보면 다음과 같다.

NCEA Level 1 – 최소 80학점 취득(수리 및 언어 영역에서 각각 최소 8학점 포함)

NCEA Level 2 – Level 1: 0 ~ 20 + Level 2: 60 ~ 80학점 취득 = 최소 80학점 취득

NCEA Level 3 – Level 2: 0 ~ 20 + Level 3: 60 ~ 80학점 취득 = 최소 80학점 취득

뉴질랜드의 대입평가문항에 대한 평가기준

다음은 그래핑 계산기의 사용을 허용하고 있는 뉴질랜드의 대학 학력평가시험에 출제된 문제를 예문으로 살펴보고 그에 대한 평가기준을 제시하고자 한 것이다. 평가문항에 대한 기준은 합격(Achievement), 우수(Merit), 탁월(Excellence)과 같이 세 가지 등급으로 나누어 평가한다.

평가문항기준

합격(Achievement)	우수(Merit)	탁월(Excellence)
문제이해와 문제 해결 가능성을 보여준다.	문제풀이에서 개념 이해와 더불어 유형이나 과정의 이해를 보여준다.	문제 개념을 논리적으로 이해하여 그것을 바탕으로 문제풀이과정을 보여줌

답안지의 평가는 평가자들에게 다음과 같이 세분화하여 제시되어진다.

1. O	풀이과정에서 오답에 표시한다.
2. ^	풀이과정 중에서 누락된 것을 표시한다.
3. NS	점수를 부여하기에는 부족한 답안
4. CON NC	과정에 일관성이 있으나 오답인 경우 잘못된 과정에 의한 오답인 경우
5. CAO	정답이지만 풀이과정에 대한 증명이 필요한 경우
6. #	정답이지만 불필요한 풀이과정이 더해져서 잘못된 오답이 도출된 경우
7. RAWW	정답이나 잘못된 풀이과정을 나타낸다.
8. U	틀리거나 누락된 단위
9. MEI	핵심적이지 않는 부분에 대한 사소한 실수가 있거나 간과된 경우

대수부분의 평가기준 예

대수부분에 있어서 평가기준을 3가지로 살펴보면 다음과 같다.

합격(ACHIEVEMENT)

학생들은 다음과 같은 기술과 지식을 익히고 이해해야 한다.

1. 대수식의 인수분해와 전개

2. 일차방정식과 이차방정식의 해
3. 지수법칙의 이해

우수(ACHIEVEMENT WITH MERIT)

Achievement(합격) 등급에서 갖추어야 할 지식과 기술에 더하여 다음과 같은 사항을 포함해야 한다.

1. 방정식들을 정리하고 인수분해 할 수 있다.
2. 구한 해들 중에서 주어진 문제의 기준에 맞는 해를 선택할 줄 알아야 한다.
3. 구한 해에 대한 올바른 해석을 했는지를 확인한다.

최우수(ACHIEVEMENT WITH EXCELLENCE)

Merit(우수) 등급에서 갖추어야 할 지식과 기술에 더하여 다음 사항을 포함해야 한다.

1. 2차 방정식을 만들고, 풀고 실생활 문제와 같은 응용문제에서 음수값을 제거해야 한다는 것을 아는지를 확인한다.
2. 여러 단계에 거쳐 풀어야 하는 문제에 사용되는 다양한 대수적 기술을 보여준다.
3. 논리적이고 명확한 형태의 모든 대수적 근거를 제시한다.
4. 서술형문제를 대수식으로 알맞게 바꿀 수 있고 풀 수 있어야 한다.

다음은 2010년 NCEA 고등학교 1학년(Level 1)에서 출제되었던 대수문제를 중심으로 그에 대한 평가기준과 풀이의 예를 세 가지로 구분하여 살펴보고자 한다.

문제 아래 그림과 같이 집 앞에서부터 뒤쪽으로 길을 만들려고 한다. 길의 폭은 x m이다. 길을 낼 수 있는 전체 넓이는 $9\,\text{m}^2$라고 할 때, 식을 세우고, 집 주변에 낸 길에 대한 폭에 대한 길이를 구하시오.

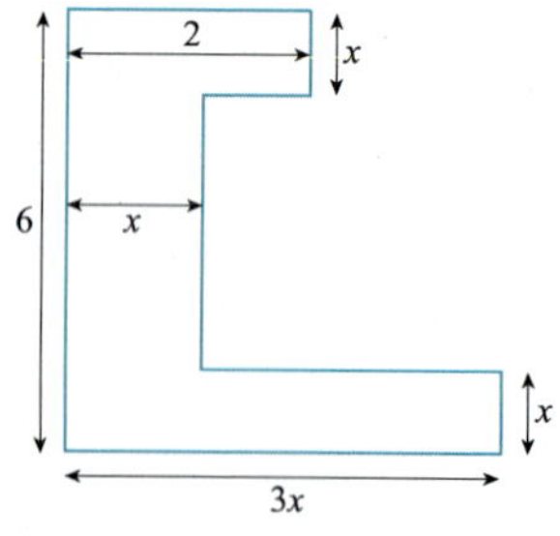

(출처: NCEA Level 1Mathematics and Statistics 91027(1.2), 2010)

평가기준

	Achievement	Merit	Excellence
$2x+(6-2x)x+3x^2=9$ $2x+6x-2x^2+3x^2=9$ $x^2+8x-9=0$ $(x+9)(x-1)=0$ $x=-9$ or 1 x는 음수가 될 수 없으므로 폭의 길이는 1m이다.	• 정확한 대수식의 표현 또는 주어진 그림에서의 한 부분의 넓이, 즉, 맨 위쪽 부분 중의 하나 • 답만 기재한 경우에는 점수 없음.	• 부분적 대수식의 풀이에 있어서 다른 개념적인 연결, 예를 들어, 양수해만을 제시한 경우	• 논리적인 이유를 연결고리로 문제 풀이에 적용한 경우

Excellence 풀이의 예를 보면, 제시한 모범 답안대로 전체 넓이를 구하기 위해 세 부분으로 나누어 합을 구하였고, 그 값이 9라는 논리로 방정식을 풀었고, 구한 해 중에서 음수인 $x=-9$에 대한 해석도 "길의 길이는 음수가 될 수 없다."라고 $x=1$만이 해가 되는 이유를 잘 설명하였다.

Excellence 풀이

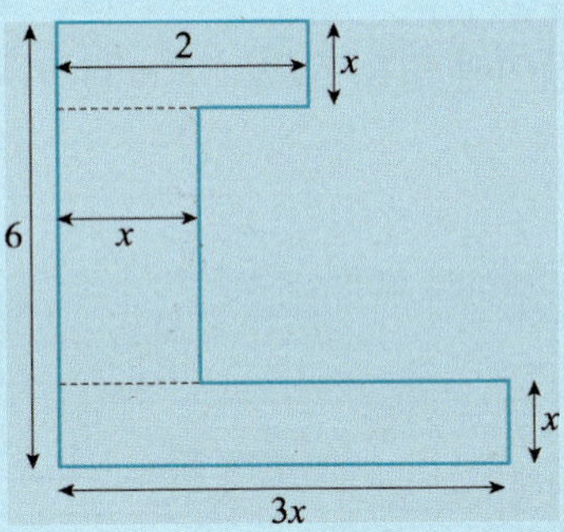

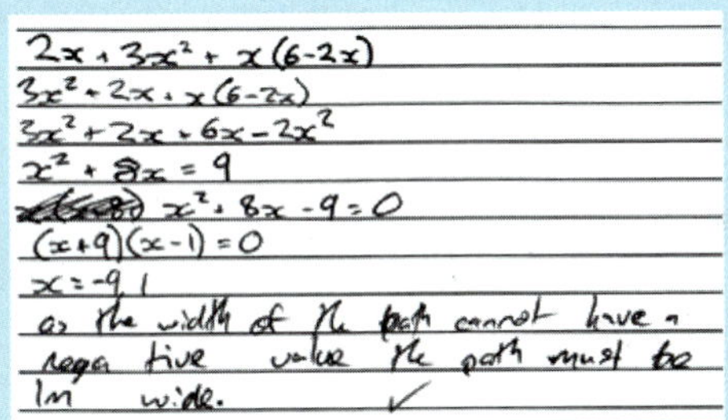

Merit 풀이의 예를 보면, 넓이를 세 부분으로 나누어 그 합이 9와 같다고 하는 대수식을 정확하게 표현하였고, 구한 $x=-9$를 $x>0$라고 함으로써 음수는 안 된다 것을 명시하였다. 그런데, $x=1$이라는 것을 구했음에도 불구하고, 그림에서 각 변의 길이를 구하고, 모든 변의 합을 통하여 둘레의 길이를 구하여 20이라고 답을 했다. 이는 문제에서 구하라고 했던 폭의 길이를 둘레의 길이로 생각한 오개념에서 비롯된 것이며, 논리적인 개념연결고리가 결여된 풀이를 보여준 한 예라고 할 수 있다.

Merit 풀이

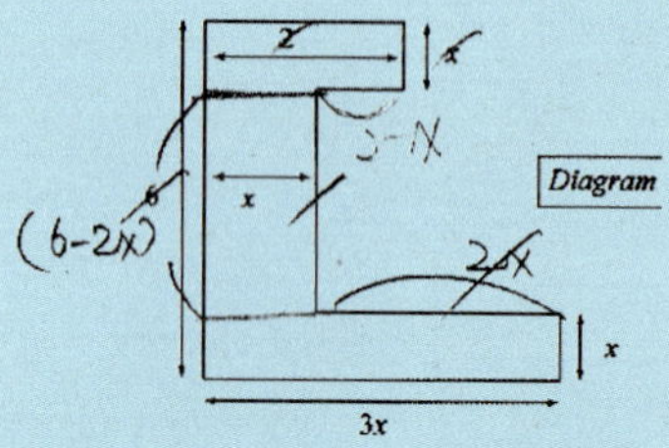

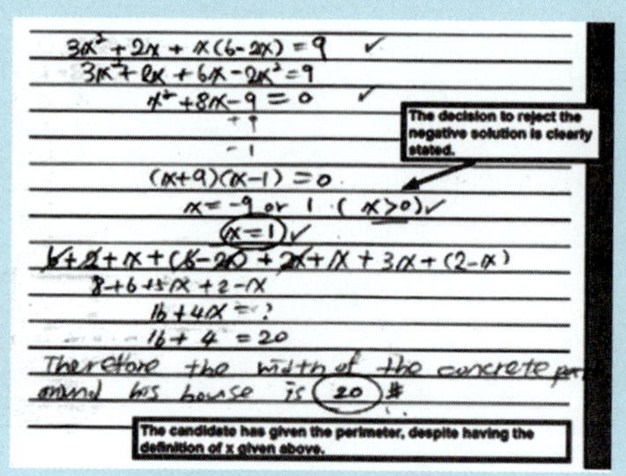

Achievement 풀이의 예를 보면, 넓이를 세 부분으로 나누어 그 합이 9라는 대수식에 대한 시도는 제대로 되었지만, 표현에 있어서 가운데 부분의 넓이를 $(6-2x)x$가 아닌 $6x-2x=4x$로 잘못 생각하여 $9=6x+3x^2$이 되었다. 그런데, 운이 좋게도 x에 관한 방정식을 풀면 $3x^2+6x-9=0$, $3(x+3)(x-1)=0$, $x=1$이다. 즉, 대수식은 틀렸고 틀린 대수 식에 대한 풀이과정과 음수 값에 대한 논리적인 이유도 설명하지 않았다. 이것은 정답이지만 잘못된 풀이과정(RAWW: Right Answer Wrong Working)을 보여준 경우이다.

Achievement 풀이

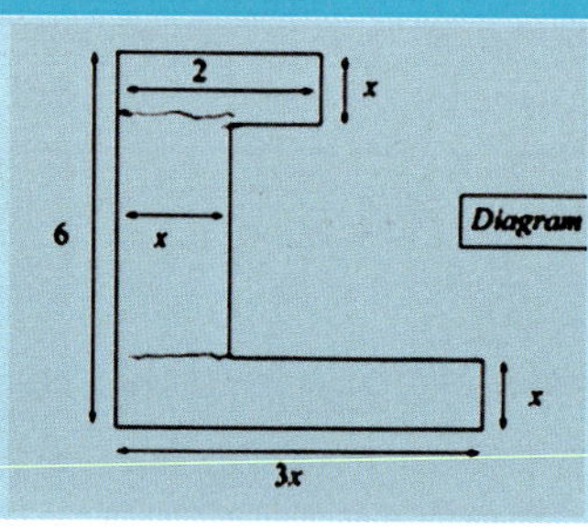

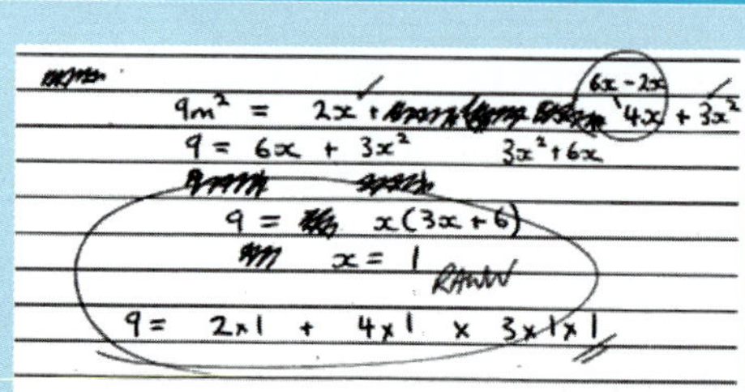

▦ 그래핑 계산기를 이용한 다양한 풀이

위의 예제를 그래핑 계산기를 사용하여 풀이를 하면 다음과 같이 세가지 방법으로도 풀 수 있음을 알 수 있다.

키 누르기	계산기 화면	설명
방법 1. [menu] [3:algebra] [1:solve] $2x+(6-2x)x+3x^2=9$ [,] x [ )] [|] $x>0$ [enter]	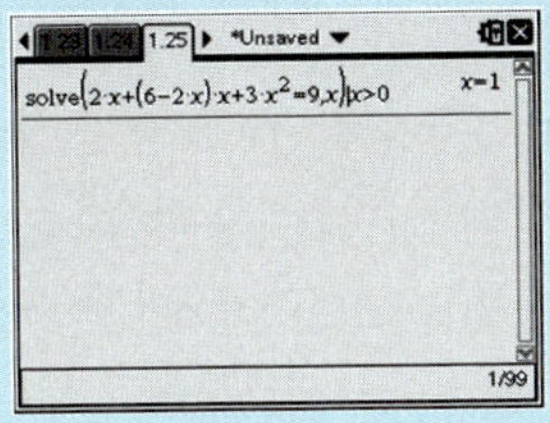	대수식 화면에서 $2x+(6-2x)x+3x^2=9$를 x에 대하여 풀고, x는 음수가 될수 없으므로 [|]을 이용하여 $x>0$이라는 조건 넣어주면, $x=1$이 나온다.
방법 2. [menu] $f1(x)=2x+(6-2x)x+3x^2$ [enter] $f2(x)=9$ [enter] [menu] [6:Analyze Graph] [4:Intersection] [lower bound?] [upper bound?]	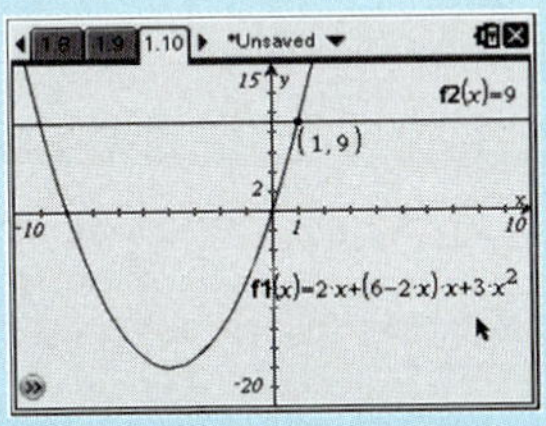	그래프 화면에서 세 부분의 합을 함 수 $f1(x)=2x+(6-2x)x+3x^2$라고 정의 하고, 전체 넓이를 함수 $f2(x)=9$로 정의 하여 그래프를 그린다. 교점을 포함하는 구간을 정의하면, 두 함수가 만나는 교점 (1, 9)를 찾을 수 있고, 그래프에서 두 함수의 교점이 두 개임을 알 수 있지만 $x=1$은 양수이지만 다른 교점은 음수임을 알 수 있다. 폭의 길이는 양수이므로 $x=1$이다.
방법 3. [menu] [2: View] [A: Show Table]	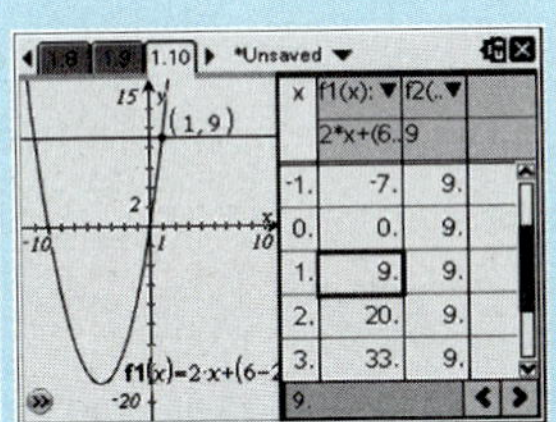	그래프를 표로 나타내면 방향키를 위와 아래로 움직여보면, 두 함수 $f1(x)$와 $f2(x)$가 $x=-9$와 1에서 일치함을 알 수 있다. 하지만 그래프와 표에서 보는 것처럼 폭의 길이는 음수가 될 수 없으므로 $x=1$이다.

2. 미국의 대학수학능력시험

미국의 수학 교육의 특징은 호주, 뉴질랜드와 마찬가지로 수업시간에 계산기를 사용할 수 있다는 것이다. 그러나 초등학교에서는 학생들의 계산기 사용을 금지하고 있으며, 중학교에서도 간단한 계산을 할 수 있는 과학용 계산기만을 허용하고 있는 반면에, 고등학교와 대학에 진학해서는 학생들로 하여금 수업시간에 그래핑 계산기의 사용을 허용하고 있으며, 우리나라의 대학 수학능력시험과 같은 SAT(Scholastic Aptitude Test)와 ACT의 수학과목시험뿐만 아니라 고등학교에서 이수하는 대학과정시험인 AP에서도 그래핑 계산기의 사용을 허용하고 있다. 우리나라의 경우에는 아직까지는 계산기의 사용이 수학 학습에 좋지 않은 영향을 끼친다는 고정 관념이 존재하는 반면에, 미국의 경우에는 수학교육과 관련하여 계산기의 사용은 단순히 문제를 풀기 위한 하나의 학습도구로 생각한다는 점이 다르다고 할 수 있다. 우리나라의 수학교육에서는 수학문제 풀이에 있어서 정확한 해법과 답을 찾는데 주력한다면, 미국의 수학교육에서는 해법을 찾아가는 과정을 더욱 중요하게 평가한다는 관점에서 계산기의 사용도 하나의 과정으로 간주하여 그 사용여부에는 큰 의미를 두지 않는다고 할 수 있다. 예를 들어 살펴보면, 우리나라의 수학 문제의 경우 삼각함수 또는 지수·로그 단원에서 답이 정수 값으로 정확하게 맞아떨어지도록 출제하기 위해 복잡한 각도와 지수·로그 값들이 포함되어 있는 문제는 제외하고, 공식의 사용을 유도하는 문제들이나 인수분해가 되는 문제, 그리고 계산기를 사용하지 않아도 풀 수 있는 문제들 위주로 출제되는 경향이 있으며, 'π'와 같은 기호도 단위처럼 사용하게 하고 있다. 반면에, 그래핑 계산기의 사용을 허용하는 다른 여러 나라와 마찬가지로, 미국의 수학 문제는 실제 생활 속에서 있을 수 있는 현상적인 문제들이 출제 되기 때문에 'π'와 같은 기호의 경우도 계산기로 계산된 숫자로 사용하게 함으로써, 그 답이 정수 값으로 정확하게 떨어지지 않는 경우가 많다고 할 수 있다. 또한 고등학교의 미적분이나 통계학의 경우에는 계산기를 사용해야만 그 풀이가 가능하다고 여겨지는 문제들로 구성되어 있다고 할 수 있다.

SAT는 미국의 대학에 입학하기 위해 치르는 수학능력평가시험으로, 미국의 대학 입학에 지원하기 위해서는 고등학교 성적과 학업성취도를 평가하는 SAT 점수가 필요하다. SAT 시험점수는 입학을 희망하는 학생들의 수학능력을 평가하는 자료로써 활용된다. 미국의 The College Board SAT Program과 ETS(Educational Test Service)에서 공동주관하며 1년에 8~10차례 실시된다.

SAT는 추리력 시험(Reasoning Test)인 SAT I과 과목별 시험(Subject Test)인 SAT II로 나누어진다. SAT I은 언어(Verbal)능력시험과 수학(Mathematics)능력시험으로 이루어진다. SAT II는 학교에서 배우는 학과목 중에서 특정 과목을 선정하여 각 과목에 관한 지식 또는 기술을 측정하고, 배운 내용들을 어떻게 적용할 수 있는가를 측정하는 시험으로, 필수 시험인 영작문과 2개의 선택 과목으로 이루어진다. 대부분의 대학의 경우 3개의 과목을 기본적으로 요구하며, 영작문 과목과 수학 과목을 필수과목으로 지정하고 추가로 한 과목을 요구한다. 추가 과목은 대학이 지정하거나 학생이 선택할 수도 있다.

SAT는 우리나라의 대학 입학 수학능력시험과 비교하면, 우리나라의 경우 고등학교 전반에 관한 이해도를 측정하는 데에 중점을 두지만, 미국의 SAT는 대학 수준의 교육을 받기 위한 언어적 능력과 수학적 능력을 갖추고 있는가를 측정한다는 점에서 다르다고 할 수 있다. SAT I의 수학영역에서의 내용과 구성을 보면 등식, 부등식 등과 같은 개념을 강조하는 5지 선다 정량 비교(Five-choice quantitative comparison)문제, 그리고 수험자 응답형(Student-Produced Response) 문제와 같은 주관식 문제들로 구성된다. SAT II는 다섯 가지의 주제군으로 구성되어 있으며 수학의 경우 수준(Level) I과 II로 나뉘고, 수준(Level) I과 II 모두 그래핑 계산기의 사용이 가능하다.

다음은 Baron's The Leader in Test Preparation (2009)을 참고로 하여 SAT의 Math Level 2 문제유형을 살펴보고, 그 풀이과정을 일반적인 방법과 그래핑 계산기를 활용하는 방법으로 나누어 비교해 보고자 한다.

문제 그래프 $(x^2-1)y=x^2-4$는

(A) 한 개의 수평 점근선과 수직 점근선을 갖는다.

(B) 두 개의 수직 점근선과 수평 점근선은 존재하지 않는다.

(C) 한 개의 수평점근선과 두 개의 수직 점근선이 존재한다.

(D) 두 개의 수평 점근선과 두 개의 수직 점근선이 존재한다.

(E) 수평 점근선도 존재하지 않고 수직 점근선도 존재하지 않는다.

풀이 정답 (C)

주어진 식을 y에 대하여 풀면, $y=\dfrac{x^2-4}{x^2-1}=1-\dfrac{3}{x^2-1}$

분모가 0일 때, 수직 점근선을 가지므로 수직 점근선은 $x=1$과 $x=-1$이다.

$x\to\infty$일 때, 수평 점근선은 $y=1$이다.

그래핑 계산기를 이용한 다양한 풀이

키 누르기	계산기 화면	설명
방법 1. [menu] $f1(x)=(x^2-4)/(x^2-1)$ [enter]	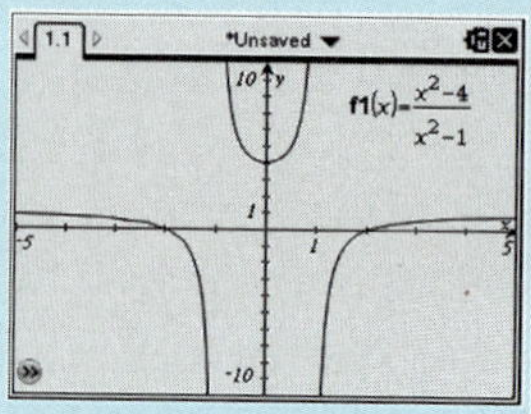	주어진 $(x^2-1)y=x^2-4$을 y에 대하여 풀면, $y=\frac{x^2-4}{x^2-1}$이므로, 그래프 화면에서 $f1(x)=(x^2-4)/(x^2-1)$을 입력하고, 그래프를 그리면 수직 점근선 2개와 수평 점근선 1개가 존재한다는 것을 직관적으로 알 수 있다.
방법 2. [menu] [2: Number] [7: Fraction Tools] [1: Proper Fraction] $f1(x)$ [enter] [3:algebra] [1:solve] $x^2-1=0$ [,] × [ )] [enter] [4: Calculus] [4: Limit] $x\to\infty$ $f1(x)$ [enter]	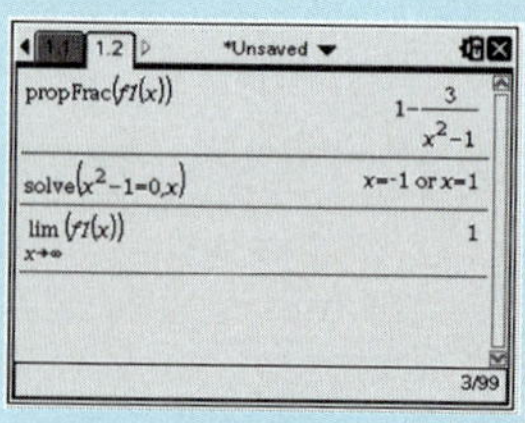	그래프 화면에서 정의한 함수 $f1(x)$를 대수화면에서 ProperFraction을 활용하면 $1-\frac{3}{x^2-1}$으로 식을 간단히 정리할 수 있다. 수직 점근선을 구하기 위하여 분모=0이라고 놓고, solve를 이용하여 x에 대하여 풀면, $x=1$과 $x=-1$이다. $x\to\infty$에 대한 극한값을 구하면, 1이므로 수평 점근선은 $y=1$임을 알 수 있다.

문제 $2\sin^2 x-3=3\cos x$이고 $90°<x<270°$일 때, 방정식을 만족하는 교점의 개수는 몇 개인가?

(A) 0 (B) 1 (C) 2 (D) 3 (E) 4

풀이 $2\sin^2 x-3=3\cos x$에서 $\sin^2 x=1-\cos^2 x$이므로

$$2(1-\cos^2 x)-3=3\cos x$$

$$(2\cos x+1)(\cos x+1)=0$$

$$\cos x=-\frac{1}{2},\ \cos x=-1$$

이다. 따라서 $90°<x<270°$에 대하여, $x=120°,\ 240°,\ 180°$이므로 교점의 개수는 3개이다.

그래핑 계산기를 이용한 다양한 풀이

키 누르기	계산기 화면	설명
방법 1. [menu] $f1(x)=2(\sin(x))^2-3$ [enter] $f2(x)=3\cos(x)$ [enter] [7:Points & Lines] [3:Intersection Point(s)]	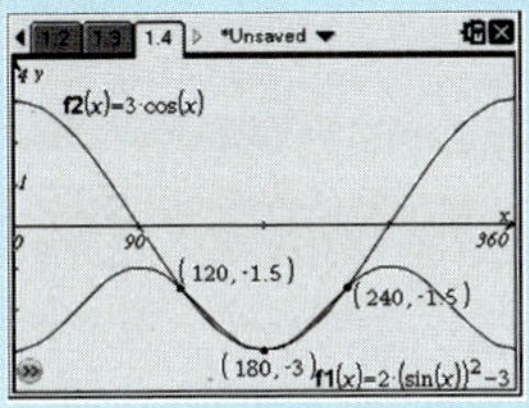	주어진 조건의 범위가 $90°<x<270°$이므로 먼저 계산기의 [Settings]에서 [degree]로 바꾸어 주고, 방정식의 좌변과 우변을 각각의 함수 $f1(x)=2(\sin(x))^2-3$과 $f2(x)=3\cos(x)$를 그린다. 교점의 개수를 찾기 위해 [Intersection Point(s)]를 선택하면 3개의 교점 $(120,\ -1.5)$, $(180,\ -3)$, $(240,\ -1.5)$이 그래프상에 나타난다. 따라서 교점은 3개임을 알 수 있다.
방법 2. $f3(x)=2(\sin(x))^2-3$ $-3\cos(x)$ [enter] [7:Points & Lines] [3:Intersection Point(s)]	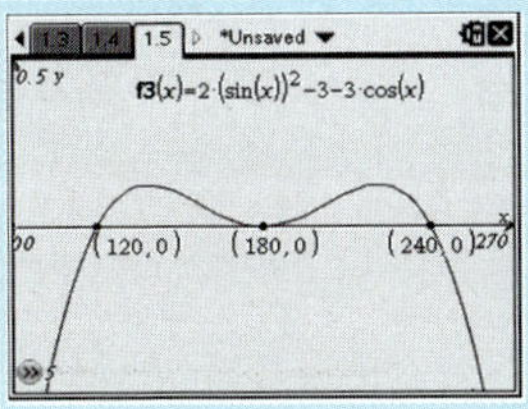	$f3(x)=2(\sin(x))^2$ $-3-3\cos(x)$을 입력하고, 그래프를 그리고 x축과의 교점을 찾으면, 3개임을 알 수 있다.
방법 3. [menu] [3: Algebra] [B:Trigonometry] [1:Expand] [enter] [3: Algebra] $-2(\cos(x))^2-1=3\cos(x)$ [,] x [|] $90°<x<270°$ [enter]	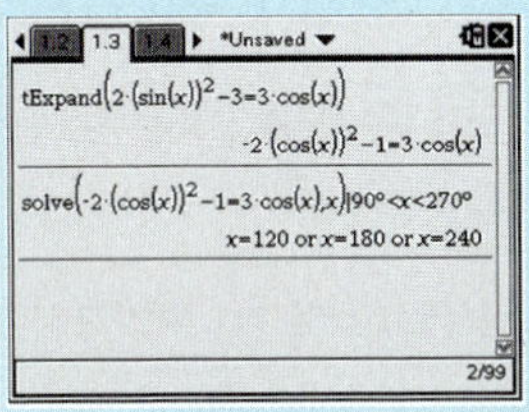	삼각함수로 이루어진 방정식을 풀기 위해 [Expand]를 이용하여 전개하면, $-2(\cos(x))^2-1=3\cos(x)$이다. 이것을 주어진 범위 $90°<x<270°$ 내에서, x에 대하여 풀면, 3개의 해 $x=120,\ 180,\ 240$가 나온다는 것을 알 수 있다.

7.8 결론

그래핑 계산기의 사용을 긍정적인 입장에서 보면, 고등학교까지 기초가 없는 학생들이 교육과정을 따라가는데 있어서 계산기의 사용이 도움이 된다고 할 수 있다. 수학에 대한 성취도가 낮은 학생들의 경우에는, 수학 자체를 싫어하고 심지어 숫자 자체에 부정적인 학생이라도 테크놀로지의 사용이라는 것에 긍정적인 반응을 보이면서 문제 이해력과 해결력에 뛰어난 향상을 보이는 경우가 있다. 한편 수학에 대한 성취도가 높은 학생들의 경우에는 계산에만 치중하지 않고 더 어려운 단계의 문제들도 도전해 볼 수 있다는 자신감을 형성할 수도 있다(Hong, Thomas, & Kiernan, 2000). 따라서 그래핑 계산기의 도입이 학생들의 탐구·학습에 주는 이점들을 살펴보면 다음과 같다.

- 시각화를 통하여 직관력을 향상시키고 역동적인 학습을 가능하게 한다.
- 교사 중심의 일방적인 수업이 아니라 교사-학생간의 상호작용을 유도하여, 학생들의 탐구적인 사고를 가능하게 할 수 있다.
- 과정 중심의 문제 해결에 중점을 둘 수 있으며 개념적 이해에 도움을 줄 수 있다.
- 학생들에게 실생활 문제를 제시하여 수학적인 모델링을 가능하게 한다.
- 그래핑 계산기의 다양한 표현 방법이 개념적 탐구와 일반화를 더욱 강화시킬 수 있다.

뉴질랜드에서 그래핑 계산기를 허용한 새로운 대학수학능력시험 제도인 NCEA (National Certificate of Education Achievement)가 시행 된 이후에, 학습현장에서 그래핑 계산기를 도입 함에 따른 변화에 관하여 교사와 학생들을 대상으로 한 연구(Neil, & Maguire, 2006)를 통하여 다음과 같이 언급하였다. 첫째, 교사들은 그래핑 계산기를 이용하여 문제풀이 하는 과정을 학생들에게 보여주고, 학생들은 이를 관찰하고 각자의 의견을 제시하도록 함으로써 기존의 일방적인 수업 방식에서 상호소통적이고 좀 더 학생 중심적인 수업 진행이 가능하였다. 둘째, 계산기를 활용함으로써 더욱 탐구적인 수업이 되었으며 학생들로 하여금 좀 더 폭넓고 심도 있게 수학적 개념을 이해할 수 있도록 유도 하였다. 셋째, 질문과 토론의 시간이 많아지고 학생들은 상호 협동적인 태도를 보였으며 학생들 스스로 문제를 해결하고자 하는 태도를 보였다. 이러한 학생들의 주목할 만한 변화들은 학생들이 CAS에 대해 좀 더 긍정적인 태도를 보이는 것은 물론 계산기 사용에 대해 더욱 확신을 가지게 되었다는 것을 의미한다고 하였다.

우리나라의 경우, 중등 수학교육에서도 "컴퓨터나 계산기를 수학교육에 적극 활용"(교육부, 2000, p. 281)하라는 제7차 수학과 교육과정의 권고와 "공학적 도구와 다양한 교구를 확보하여 활용"(교육인적자원부, 2007, p. 280)하라는 개정 교육과정의 권고에도 불구하고 교육현장에서 그래핑 계산기를 활용하는 수학교육은 현실적으로 거의 이루어지지 않고 있는 실정이다. 또한 수학 학습의 평가에서는 평가하는 학습 내용에 따라 학생에게 계산기, 컴퓨터와 같은 공학적 도구와 다양한 교구를 이용할 수 있는 기회를 제공할 수 있다(교육인적자원부, 2007, p. 31)고 언급하여 수학학습 평가에 계산기의 사용을 허용할 수 있는 좀 더 적극적인 이론적 근거를 마련하였지만, 교육현장에 공학도구를 사용할만한 환경이 충분히 갖추어져 있지 않기 때문에 실행 가능성이 적다고 판단하여, 효과를 기대할 수 없는 교육과정이 구성될 수 밖에 없다(장경윤, 2007).

최근에 교육과학기술부는 이와 관련하여 수학교육을 암기나 계산 중심에서 논리적·창의적 사고능력을 키우는 방향으로 전환하겠다는 계획을 세우고, 우선 고등학교 수학 시험에 전자계산기의 사용을 허용하는 방안을 검토 중이며, 2011년 3월에 교육과학기술부는 전반적인 수학교육 개선방안을 마련하기 위한 '수학교육 개선위원회'를 출범시켰다. 그러나 '전자계산기 사용 허용'이라는 방안에 대하여 전문가들의 견해는 찬반 양론으로 나뉘어져 있는 상황이다. 또한 고교 수학시험이나 대학수학능력시험에 계산기의 사용을 허용하는 문제도 함께 검토되고 있기는 하지만, 현실적인 많은 제약과 문제로 인하여 이러한 각급의 시험에 계산기를 허용하는 방안이 실현되기는 쉽지 않은 실정이다. 이러한 상황은 교육현장의 많은 열악한 원인에 기인한다고 할 것이다. 아직은 교육현장과 각급의 수학 평가시험에 그래핑 계산기를 도입하는 것이 현실적으로 어려운 실정인 것은 사실이나, 다른 한편으로는 우리나라의 ICT(Information & Communication Technology) 환경은 세계 어느 나라보다도 잘 조성되어 있다고 할 수 있으며, 대부분의 학생들은 컴퓨터와 인터넷 같은 환경에 익숙하기 때문에 수학교육현장에 그래핑 계산기의 사용을 도입 한다면 어렵지 않게 잘 적응할 수 있을 것으로 생각한다.

그래핑 계산기의 도입을 위해서는 우선 교육현장에 그래핑 계산기의 보급이 원활하게 이루어지도록 국가적인 차원에서의 적극적인 지원이 필요할 뿐만 아니라, 수학적 환경에서 그래핑 계산기와 같은 CAS의 활용에 대한 교사의 전문성과 지속적인 교육내용의 변화가 수반되어야 한다(Guin, & Trouche, 2000; Guin, Ruthven & Trouche, 2004; Thomas, Monaghan & Pierce, 2004)고 제시한 것과 같이 무엇보다도 교사들을 대상으로 CAS에 관한 교육이 선행됨으로써 교사들로 하여금 전문성을 갖추고 수학교육의 교수·학습에 관한 새로운 관점을 갖도록 하여야 하며, 교과과정의 조정 및 공학도구의 활용이 실질적으로 가능한 내용이 포함된 교과서와 자료들이 제공되어야 한다. 또한 그래핑 계산기의 교육현장으로의 도입과 활용은 필연적으로 수학 평가시험에도 그래핑 계산기의 사용을 허용하는 문제를 수반하게 되며, 그러므로 이에 부합되는 연구와 검토는 병행되어야 할 것이다.

국내에서 계산기나 컴퓨터 등 테크놀로지를 활용한 교수·학습에 대한 연구는 꾸준히 이루어지고 있지만 아직까지 평가에 대한 방안을 구체적으로 제시한 연구는 그리 많지 않다. 한편, 평가가 교수·학습의 방향을 주도한다고 볼 때 개정교육과정에 따른 평가방안을 모색하는 것은 교육과정 개정과 동시에 반드시 수행되어야 하는 과제이다. 본 서에서 제공한 평가에 적용할 수 있는 다양한 사례를 통하여 교육현장에서 그래핑 계산기의 사용이 가능한 학습환경을 조성하고, 학생들로 하여금 계산기와 같은 공학도구의 활용을 통하여 새로운 것을 이끌어내는 논리적이고 창의적인 능력을 고양하며, 학교수학 교육의 방향제시 및 학습능력 평가방법의 변화를 구현하고자 하는 것이 앞으로의 우리가 꾸준히 노력해나가야 할 과제임을 알 수 있다.

정리하면서

01 2009 개정교육과정에서 제시한 '함수와 방정식의 연계성 강화'를 위해 그래픽 계산기를 활용할 수 있는 구체적인 예를 제시하고 그에 대한 방법을 3가지로 제시하시오.

02 교사와 학생간의 상호작용, 학습 내용간의 연결고리 형성, 학생들의 자기주도적인 탐구학습 형태를 부각시키기 위한 테크놀로지의 활용방안을 제시하시오.

03 '도함수'영역에서 컴퓨터나 그래핑 계산기를 활용한 수준별 수업지도 방안을 예를 들어 제시하시오.

04 문항 3에서 수준에 따른 평가방안을 제시하시오.

05 함수 $P(m) = m^2 - 8m + 18$ ($0 \le m \le 11$)를 이용한 중립문제를 제시하고, 그에 대한 평가기준을 제시하시오.

참고문헌

고상숙 (2005). 수학을 하려면 엑셀을 밟아라! 서울: 경문사.

고상숙, 한혜숙, 김현주, 이동근, 이창연, 박우홍 외 3인 (2020). 고등학교 신규 수학 교재 모형 개발 연구. 연구보고서 BD20020005. 서울: 한국과학창의재단.

교육부 (2015). 2015 개정 수학과 교육과정. 교육부.

교육인적자원부 (2000). 수학과 고등학교 제7차 교육과정, 교육부 고시 제 1997-15호 [별책 4]. 서울: 대한교과서주식회사.

교육인적자원부 (2007). 2007 개정교육과정 해설, 교육인적자원부 고시 제 20006-75호 및 제 2007-79호.

교육과학기술부 (2011). 2009 개정 교육과정에 따른 교과 교육과정, 교육과학기술부 고시 제 2011-361호 [별책 8].

나귀수, 박미미, 김동원, 김연, 이수진 (2018). 미래 시대의 수학교육 방향에 대한 연구. 수학교육학연구, 28(4), 437-478.

장경윤 (2007). ICT 시대의 대수교육의 방향과 과제, 대한수학교육학회지, 학교수학, 9(3), 409-426.

조정수, 김진환 (2010). CAS의 도구발생과 수학지식의 발견관점에서 고찰한 일차함수의 합성 성질 탐구. 수학교육논문집, 24(3), 611-626.

Atrigue, M. (2002). Learning mathematics in a CAS Environment: The genesis of a reflection about instrumentation and the dialectics between technical and conceptual work. *International Journal of Computers for Mathematical Learning*, 7(3), 245-274.

Blum, W., & Ferri, R. B. (2009). Mathematical Modelling: Can It Be Taught and Learnt?. *Journal of Mathematical Modelling and Application,* 1(1), 45-58.

Duncan, A. G. (2010). *Teachers' Views on Dynamically Linked Multiple Representations and Multiple Representations and Representations and Relational Understanding of Mathematics an Investigation into the Use of TI-Nspire in Scottish Secondary Schools*, School of Education Research Report, Published by University of Aberdeen, Scotland, UK.

Guin, D. & Trouche, L. (2000). Thinking of new devices to make viable symbolic calculators in the classroom, *Proceedings of the 24th Conference of the International Group for the Psychology of Mathematics Education*(Vol 3, pp. 9-16), Hiroshima, Japan.

Guin, D., Ruthven, K. and Trouche, L. (Eds.) (2004). The didactical challenge of symbolic calculators: turning a computational device into a mathematical instrument, Dordrecht: Kluwer Academic Publishers.

Hong, Y. Y., Thomas, M. O. J & Kiernan, C. (2000). Super-calculators and university entrance calculus examinations. *Mathematics Education Research Journal*, 12(3), 321-336.

Hoyles, C., & Lagrange, J. B. (Eds.). (2010). *Mathematics Education and Technology—Rethinking The Terrain.* New York: Springer.

Kaput, J. J. (1992). Technology and matheatics education. In D. A. Grouws(Ed.), Handbook of Research on Mathematics Teaching and Learning(pp. 515-556). NY: Macmillan Publishing Company.

Kemp, M., Kissane, B. & Bradley, J. (1996). Graphics calculator use in examinations: Accident or design? *Australian Senior Mathematics Journal*, 10(1), 36-50.

Kissane, B., Bradley, J., & Kemp, M. (1994). Graphic calculators, equity and assessment, *Australian Senior Mathematics Journal*, 8(2), 31-44.

Lave, J. & Wenger, E. (1991). Situated Learning: Legitimate peripherical participation. Cambridge, MA : Cambridge University Press.

Ministry of Education. (1992). *Mathematics in the New Zealand Curriculum.* Wellington: Learning Media.

National Council of Teachers of Mathematics (1989). *Curriculum and Evaluation Standards for School Mathematics*, Reston, VA: National Council of Teachers of Mathematics

Neil Maguire (2006). An Evaluation of the CAS pilot Project Welington: Ministry of Education.

Oldknow, A., & Flower, J. (Eds.) (1996). *Symbolic Manipulation by Computers and Calculators.* London: The Mathematical Association.

Richard Ku &Howard P. Dodge (2009). *Baron's SAT Subject Test Math Level 2, Baron's Educational Series*, INC.

Skemp, R. R. (1976). Relational understanding and instrumental understanding, *Mathematics Teaching*, 77, 20–26.

Tall, D. O., Thomas, M. O. J., Davis, G., Gray, E. & Simpson, A. (1999). What is the object of the encapsulation of a process? *Journal of Mathematical Behavior*, 18(2), 1–19.

Thomas, M. O. J., & Hong, Y. Y. (2001). Representations as conceptual tools: process and structural perspectives. *Proceedings of the 25th International Conference of the International Group for the Psychology of Mathematics Education, Utrecht, Netherlands, 4*, 257–264.

Thomas, M. O. J., Monaghan, J., & Pierce, R. (2004). Computer algebra systems and algebra: Curriculum, assessment, teaching, and learning, In Stacey, K., Chick, H. & Kendal, M.(Eds.). *The Teaching and Learning of Algebra: The 12th ICMI study*(pp. 155-186). Norwood, MA: Kluwer Academic Publishers.

Trouche, L. (2004). Managing the complexity of human/machine interaction in a computerized Learning Environments : Guiding Students' command process through instrumental orchestrations. *International Journal of Computers for Mathematical Learning,* 9, 281-307.

부록

1 부록1

1 다음에 대해 정의하시오.

> 삼각형, 이등변삼각형, 정삼각형, 직각삼각형, 사각형, 사다리꼴,
> 평행사변형, 마름모, 직사각형, 정사각형, 등변사다리꼴

2 삼각형의 합동조건은 어떤 것들이 있는지 자세하게 설명하시오.

3 평행사변형의 네 변의 중점을 이으면 어떤 사각형이 되는가? 그렇게 생각하는 이유를 설명하시오.

4 등변사다리꼴의 네 변의 중점을 이으면 어떤 사각형이 되는가? 그렇게 생각하는 이유를 설명하시오.

5 직사각형의 네 변의 중점을 이으면 어떤 사각형이 되는가? 그렇게 생각하는 이유를 설명하시오.

2 부록2

1 다음 중 오른쪽 〈보기〉의 △ABC와 합동인 삼각형을 모두 찾고, 각각의 합동조건을 말하시오.

〈보 기〉

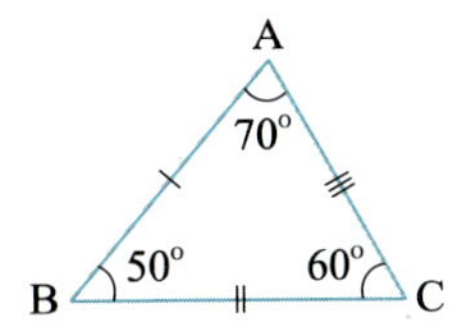

(1)

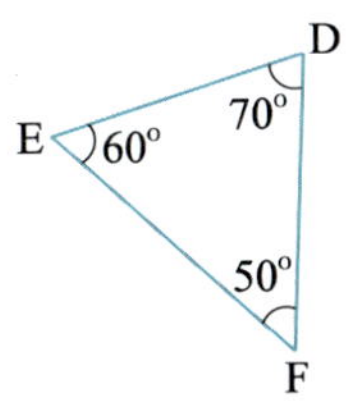

(2)

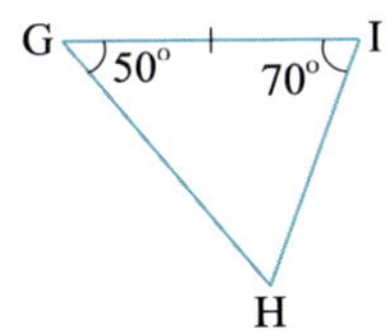

(3)

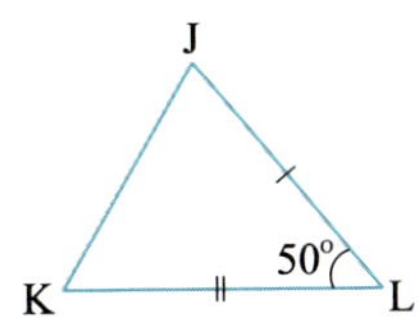

(4)

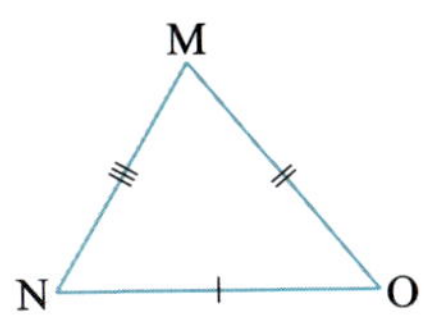

(5)

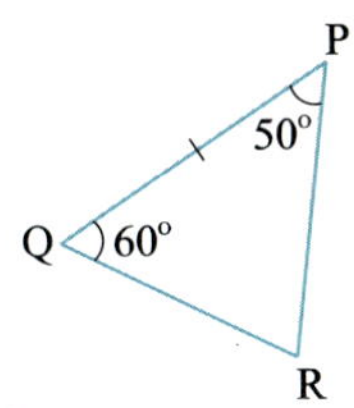

2 오른쪽 그림의 정삼각형 ABC에서 $\overline{AD}=\overline{BE}=\overline{CF}$가 되도록 세 점 D, E, F를 잡았다.

(1) △ADF와 합동인 삼각형을 모두 찾고, 합동조건을 말하시오.

(2) ∠DEF의 크기를 구하여라.

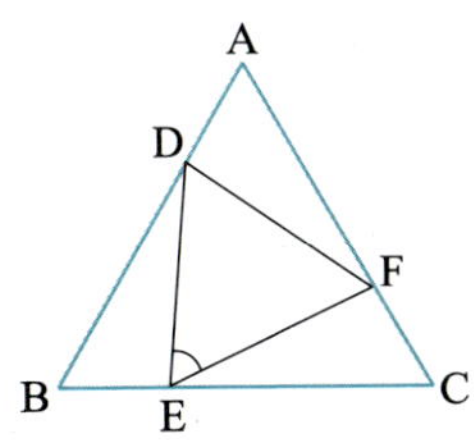

3 오른쪽 그림과 같은 평행사변형 ABCD에서 $\overline{AE}=\overline{CF}$, $\overline{BG}=\overline{DH}$일 때, □EGFH가 평행사변형임을 설명하시오.

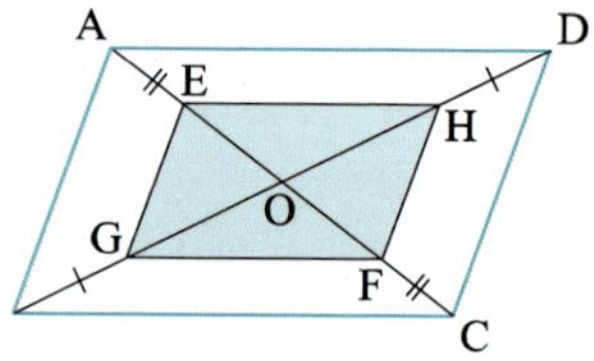

4 오른쪽 그림과 같이 평행사변형 ABCD의 꼭짓점 B, D에서 대각선 AC에 내린 수선의 발을 각각 P, Q 라고 하자. $\angle DPC=50°$일 때, $\angle x$의 크기를 구하시오.

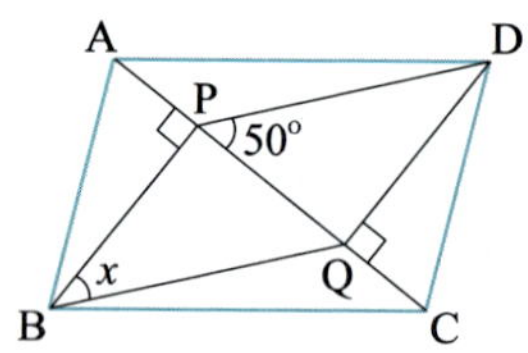

5 오른쪽 그림과 같이 평행사변형 ABCD에서 $\overline{AD}$, $\overline{BC}$의 중점을 각각 M, N이라고 하자. $\overline{AD}=2\overline{AB}$일 때, □MPNQ는 직사각형임을 설명하시오.

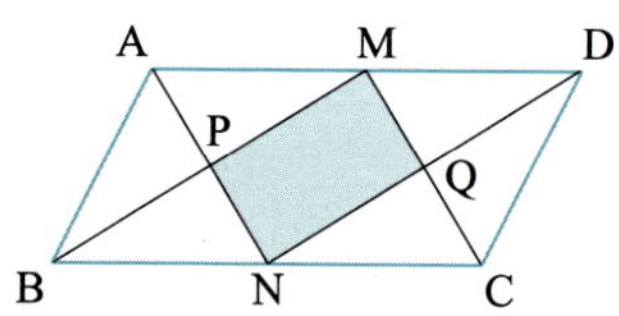

3 부록3

1. 정의적 태도 설문지[3)]

문항	① 매우 그렇다	② 그렇다	③ 그렇지 않다	④ 전혀 그렇지 않다
1) 반 친구들에 비해 수학을 더 어렵게 느낀다				
2) 수학은 내가 잘하는 과목이 아니다				
3) 나는 수학 내용을 빨리 배운다				
4) 나는 대체로 수학을 잘한다				
5) 나는 수학 공부하는 것이 즐겁다				
6) 나는 수학을 좋아한다				
7) 나는 학교에서 수학 수업을 더 많이 했으면 한다.				
8) 수학은 지루하다				
9) 원하는 직업을 얻기 위해 수학을 잘해야 한다				
10) 대학에 들어가기 위해 수학을 잘해야 한다				
11) 다른 과목을 배우는 데 수학이 필요하다				
12) 수학을 배우는 것이 일상생활을 하는 데 도움이 된다				

3) TIMSS(2007) 수정

2. 정의적 특성 평가 설문지[4)]

문항	① 매우 동의한다	② 동의한다	③ 동의하지 않는다	④ 매우 동의하지 않는다
1) 수학과 관련된 것을 읽는 것을 좋아한다.				
2) 수학 수업 시간이 기다려진다.				
3) 나는 수학을 좋아하기 때문에 한다.				
4) 수학에서 배우는 것들에 대하여 흥미가 있다.				
5) 수학을 열심히 하는 것은 내가 장래에 하고자 하는 일을 도울 수 있기 때문에 가치가 있다.				
6) 수학을 배우는 것은 내가 나중에 공부하려는 과목에 도움이 되기 때문에 중요하다.				
7) 수학은 내가 나중에 공부하고 싶은 것들을 위해 필요하므로 중요한 과목이다.				
8) 내가 직업을 얻는데 도움이 되는 많은 것들을 수학에서 배울 수 있을 것이다.				
9) 나는 그냥 수학을 잘하지 못한다.				
10) 나는 수학에서 좋은 성적을 얻는다.				
11) 나는 수학을 빨리 배운다.				
12) 나는 수학이 내가 가장 잘하는 과목 중의 하나라고 믿어 왔다.				
13) 수학 수업 시간에 나는 가장 어려운 내용까지도 이해한다.				
14) 나는 수학 수업이 어려울 것이라는 걱정을 종종 한다.				
15) 수학 숙제를 해야 할 때 나는 매우 긴장한다.				
16) 나는 수학 문제를 풀 때 매우 긴장한다.				
17) 나는 수학 문제를 풀 때 무기력함을 느낀다.				
18) 수학 과목에서 나쁜 성적을 받을까봐 걱정이 된다.				

4) TIMSS(2007) 수정

3. 정의적 영역 설문지[5)]

문항	① 전혀 그렇지 않다	② 그렇지 않다	③ 보통이다	④ 그렇다	⑤ 매우 그렇다
1) 수학을 하는 것을 즐거워한다.					
2) 수학에서 배우는 것들에 대해 흥미가 있다.					
3) 수학 수업 시간을 기다린다.					
4) 수학에 대한 것을 읽기를 좋아한다.					
5) 수학의 개념이나 원리를 알려고 한다.					
6) 수학 공부에 자신감을 가지고 있다.					
7) 수학에서 좋은 성적을 받을 것이라고 생각한다.					
8) 수학에서 어려운 내용까지도 잘 이해할 수 있다.					
9) 수학을 가장 잘하는 과목 중의 하나로 생각한다.					
10) 수학 수업이 어려울까봐 걱정한다.					
11) 수학 성적이 나빠질까봐 걱정한다.					
12) 수학 문제를 풀 때 긴장한다.					
13) 수학이 우리의 생활에 많은 도움을 준다고 생각한다.					
14) 수학이 사고력을 기르는 데 도움이 된다는 생각한다.					
15) 수학이 나중에 공부하는 데 필요하므로 중요한 과목이라고 생각한다.					
16) 수학이 나중에 직장 생활을 하는데 도움이 된다고 생각한다.					
17) 수학 공부를 열심히 한다.					

5) 이미경 외(2004)

문항	① 전혀 그렇지 않다	② 그렇지 않다	③ 보통이다	④ 그렇다	⑤ 매우 그렇다
18) 수학 시간에 배운 내용을 확실히 알려고 노력한다.					
19) 수학 문제를 풀 때, 답을 구할 때까지 중단하지 않고 열심히 하려고 노력한다.					
20) 수학 공부를 잘하기 위해 계획을 세우고 스스로 노력한다.					
21) 다른 사람의 방법을 그대로 따라하는 것보다는 스스로 생각하고 탐구한다.					
22) 수학 문제를 풀 때 다른 사람과는 다른 독특한 방법을 찾아보려고 한다.					
23) 수학 문제를 풀 때 한 가지 방법으로 해결하는 것보다는 다양한 방법을 찾아보려고 한다.					
24) 수학 문제를 풀 때 내가 알고 있는 방법 중에 어떤 것이 더 적절한지를 생각한다.					
25) 수학 수업 시간에 모둠 활동에 적극적으로 참여한다.					
26) 수학 수업 시간에 다른 생각을 한다.					
27) 수학 수업 시간에 발표를 많이 한다.					
28) 수학 문제를 풀 때 아이디어를 다른 학생들과 공유한다.					

4. 정의적 특성 평가 설문지[6)]

문항	① 전혀 그렇지 않다	② 그렇지 않다	③ 그렇다	④ 매우 그렇다
1) 나는 수학을 좋아한다.				
2) 수학은 공부를 할수록 재미있다.				
3) 나는 다른 과목 수업 시간보다 수학 수업 시간이 더 좋다.				
4) 나는 학교에서 수학 수업이 좀 더 많아졌으면 좋겠다.				
5) 나는 수학시간이 다른 과목 시간보다 더 짧게 느껴진다.				
6) 나는 다른 과제보다 수학 과제를 먼저 하고 싶다.				
7) 나는 수학과 관련된 책을 읽는 것을 좋아한다.				
8) 나는 수학이 재미없고 지루하다.				
9) 나는 다른 과목보다 수학이 더 공부하기가 싫다.				
10) 나는 수학이 재미있어서 공부한다.				
11) 나는 대체로 수학을 잘한다.				
12) 나는 수학을 빨리 배운다.				
13) 나는 어려움 없이 수학 문제를 풀 수 있다.				
14) 나는 처음 보는 수학 문제를 푸는 것이 두렵지 않다.				
15) 나는 복잡한 수학 문제도 풀 수 있다.				
16) 나는 수학 시간에 배우는 내용을 이해한다.				
17) 나는 다른 사람의 도움 없이 수학을 공부할 수 있다.				
18) 나는 친구들에 비해 수학을 더 어려워한다.				
19) 수학은 내가 잘 하는 과목이 아니다.				
20) 나는 수학 성적이 좋다.				

6) 한국교육과정평가원(2010)

문항	① 전혀 그렇지 않다	② 그렇지 않다	③ 그렇다	④ 매우 그렇다
21) 수학은 일상생활의 문제들을 해결하는 데 도움이 된다.				
22) 수학은 공부할만한 가치가 있는 과목이다.				
23) 수학은 창의적으로 생각하는데 도움이 된다.				
24) 다른 과목을 배우는 데 수학이 필요하다.				
25) 원하는 직업을 얻는 데 수학이 도움이 된다.				
26) 원하는 대학에 가는 데 수학이 도움이 된다.				
27) 나는 내가 원하는 대학에 가기 위해서 수학을 공부한다.				
28) 나는 내가 원하는 직업을 얻기 위해서 수학을 공부한다.				
29) 나는 쉽게 풀리지 않는 수학 문제를 풀 수 있을 때까지 끝까지 도전한다.				
30) 나는 수학시간에 이해하지 못한 내용이 있으면, 수업 시간이 끝난 후에도 그것에 대해 계속 생각한다.				
31) 나는 수학 수업이 어려울까봐 종종 걱정된다.				
32) 나는 수학 수업 시간이 두렵다.				
33) 수학 문제를 풀 때 긴장된다.				
34) 나는 수학 성적이 나쁠까봐 걱정된다.				
35) 나는 수학 시험을 보는 것이 두렵다.				
36) 평소에는 풀 수 있는 문제도 시험지를 받아들면 아무생각도 나지 않는다.				
37) 수학을 공부할 생각만 하면 부담스럽고 가능하다면 수학 공부는 피하고 싶다.				

5. 정의적 성취 검사 설문지[7)]

문항	① 전혀 그렇지 않다	② 그렇지 않다	③ 그렇다	④ 매우 그렇다
1) 복잡하고 어려운 수학 문제에 도전하는 것이 재미있다.				
2) 틀리더라도 어려운 수학 문제를 푸는 것이 더 좋다.				
3) 쉬운 문제를 여러 개 푸는 것보다 어려운 수학 문제 하나를 푸는 것을 좋아한다.				
4) 낯선 수학 문제에 도전하는 것이 즐겁다.				
5) 시간이 많이 들더라도 깊이 생각하게 만드는 수학 문제가 재미있다.				
6) 싫어하는 수학 내용을 배울 때에도 주의집중을 할 수 있다.				
7) 어떻게 수학을 공부하는 것이 효과적인지를 안다.				
8) 수학 공부를 해야 할 때 미루지 않고 바로 시작한다.				
9) 수학 시험 문제가 어려워도 끝까지 침착하게 시험을 치를 수 있다.				
10) 누가 시키지 않아도 스스로 수학 공부를 한다.				
11) 수학 공부를 시작하면 끝까지 열심히 한다.				
12) 수학 시험을 치르기 전에 시험을 망칠 것 같은 생각이 자꾸 든다.				
13) 수학 시험이 다가오면 불안해서 잠을 이룰 수가 없다.				
14) 수학 시간에 발표를 할 때 실수를 할 것 같아 불안하다.				
15) 수학 시간에 앞에 나가서 문제를 풀 때 실수를 할 것 같아 불안하다.				

7) 이종희 외(2011)

문항	① 전혀 그렇지 않다	② 그렇지 않다	③ 그렇다	④ 매우 그렇다
16) 수학은 재미있는 교과이다.				
17) 수학 공부가 싫다.				
18) 수학은 지루하다.				
19) 수학 시간에 집중하다 보면 수업이 너무 빨리 끝나버리는 것 같은 생각이 들 때가 많다.				
20) 수학 공부 시간이 즐겁다.				
21) 수학 성적이 좋은 학생들은 미래 직업에서 더 성공적일 것이다.				
22) 수학을 잘 하는 학생이 더 좋은 대학을 갈 것이다.				
23) 수학은 일상생활에서 매우 필요한 학문이다.				
24) 수학을 배우면 논리적으로 사고하는 데 도움이 된다.				
25) 수학은 학교에서 배우는 중요한 과목 중 하나이다.				
26) 수학을 배우면 장래 여러 직업에서 쓸모 있을 것이다.				
27) 내가 노력만 한다면 수학을 잘 할 수 있다.				
28) 수학 공부는 쉽다.				
29) 수학 공부만큼은 잘 할 수 있다.				
30) 나는 수학을 잘 하지 못한다.				

6. 자기효능감 체크리스트8)

번호	질문내용	0	1	2	3	4
1	나는 복잡하고 어려운 문제에 도전하는 것이 재미있다.					
2	나는 깊이 생각해야하는 문제보다는 쉽게 풀 수 있는 문제를 더 좋아한다.(R)					
3	비록 실패하더라도 다른 친구들이 풀지 못한 문제에 도전하는 것이 즐겁다.					
4	시간이 많이 들더라도 깊이 생각하게 하는 문제가 더 재밌다.					
5	만약 여러 문제 중 몇 문제만 선택할 수 있다면 쉬운 문제만을 선택할 것이다.(R)					
6	수학공부는 무조건 쉬울수록 좋다.(R)					
7	쉬운 문제보다는 조금 틀리더라도 어려운 문제를 푸는 것이 좋다.					
8	나는 쉬운 문제를 여러 개 푸는 것보다 어려운 문제 하나를 푸는 것을 더 좋아한다.					
9	나는 새로 배운 것들을 이미 알고 있는 것과 쉽게 연결시킬 수 있다.					
10	나는 보통 수학공부를 시작하기 전에 계획을 세우고 거기에 맞추어 공부한다.					
11	나는 수학수업시간 중에 중요한 내용을 잘 기록할 수 있다.					
12	내가 싫어하는 수학내용에도 집중을 잘 할 수 있다.					
13	나는 복잡하고 어려운 내용을 기억하기 쉽게 바꿀 수 있다.					
14	나는 수학수업시간에 배운 내용을 잘 기억할 수 있다.					
15	나는 어떻게 수학 공부하는 것이 효과적인 방법인지 잘 안다.					
16	나는 정해진 시간 안에 주어진 수학과제를 잘 마칠 수 있다.					
17	나는 수학수업시간에 배운 내용 중에 내가 무엇을 알고, 무엇을 모르는지 정확히 판단할 수 있다.					
18	나는 수학수업시간에 배운 내용 중에 중요한 것이 무엇인지를 잘 파악할 수 있다.					
19	수학수업시간에 선생님과 친구들 앞에서 발표하는 것은 내게 큰 스트레스를 준다. (R)					
20	수학시험을 치르기 전에는 시험을 망칠 것 같은 생각이 든다.(R)					
21	수학수업시간 중에 선생님이 문제를 풀라고 시킬까봐 불안하다.(R)					
22	수학시간에 토론을 할 때 혹시 창피를 당할까봐 내 의견을 제대로 발표하지 못한다.(R)					
23	수학수업시간에 발표를 할 때 실수를 할 것 같아 불안하다.(R)					
24	선생님이 수학에 대해 질문을 할 때 답을 알아도 대답하지 못한다.(R)					
25	수학시험이 다가오면 불안해서 잠을 이룰 수가 없다. (R)					
26	나는 수학시험 때만 되면 우울해진다.(R)					

※ 1. 전혀 그렇지 않다 2. 그렇지 않다 3. 그렇다 4. 매우 그렇다 0. 무응답
(R) 표시를 한 문항은 역채점 문항임.

8) 김아영, 박인영(2001)을 수학교과 평가에 맞게 수정함.

7. 수학불안 설문지[9)]

문항번호	질문 내용	매우그렇다	그렇다	보통이다	아니다	전혀아니다
1	지문이 긴 문항을 보면 풀기도 전에 벌써 불안해진다.					
2	서술형/논술형 문제를 풀 때 불안하다.					
3	계산한 답이 간단한 수가 아니라 복잡한 답이 나왔을 때 불안하다.					
4	문제에 주어진 조건이 많으면 이를 어떻게 활용해야 할 지 몰라 불안하다.					
5	한 가지 개념이 여러 가지 다양한(또는 다른 형태의) 문제들로 제시될 때가 많아 불안하다.					
6	사용해야 할 수학적인 개념은 알고 있는데 문제에 어떻게 적용시켜야 할지 모를 때 불안하다.					
7	여러 가지 복합적인 개념을 다루는 문제를 접하면 불안해진다.					
8	수학 문제가 물리, 화학, 음악 등 다른 과목과 연계되어 나오는 문제를 접하면 불안감을 느낀다. 물리, 화학, 음악 등 다른 과목과 연계된 수학 문제를 접하면 불안하다.					
9	문제에 복잡한 그림이 주어지면 불안하다					
10	전에 풀었던 비슷한 문제가 생각나지 않으면 어떻게 문제에 접근해야할지 몰라 불안하다.					
11	수학적 용어, 정의, 정리, 공식 등 외워야 할 것이 많이 나오면 불안해진다.					
12	2, 3과 같은 숫자 대신에 α, β와 같은 문자를 포함한 식을 대할 때 더 불안을 느낀다.					
13	$A=\{x \mid \|x-5\| \le 1\}$과 같이 기호로 가득한 문장을 읽을 때 불안하다.					

9) Ko, H. K, & Lee, H. S. (2011).

문항번호	질문 내용	매우그렇다	그렇다	보통이다	아니다	전혀아니다
14	계산 과정이 길어지면 불안하다.					
15	나는 문장으로 주어진 문제를 식이나 그림, 수식, 기호 등으로 나타내어 푸는 것이 어려워서 불안하다.					
16	보는 것 없이 듣는 것만으로 수학적 내용을 이해해야하는 상황에서는 불안해진다.					
17	수학적 내용을 글로 잘 표현해야 할 때 불안해진다.					
18	나는 수업 내용 중에 내가 모르는 내용이 나오면 불안함을 느낀다.					
19	일상생활에서 쓰지 않는 수학 용어를 대할 때 불안해진다.					
20	수학 개념이나 용어를 접했을 때 구체적인 예가 제시되지 않으면 불안해진다.					
21	눈으로 확인할 수 없고 머릿속으로만 생각해야하는 수학적 내용을 접했을 때 불안해진다.					
22	수학적 개념, 원리 법칙 등을 이해하지 못해서 불안하다.					
23	나는 문제 풀이 과정을 차분히 써 내려가지 못할 때 불안하다.					
24	수학에 대한 기초 지식이 부족하여 따라가기 힘들다는 생각으로 불안하다.					
25	수학 공식을 외워도 무슨 뜻인지 의미를 이해하기 어려워 불안하다.					
26	수학은 학습량이 많다고 생각되기 때문에 불안하다.					
27	스스로 개념, 원리, 법칙을 찾고 해를 구할 수 있는 시간이나 환경이 제공되지 않아 불안하다.					
28	힌트나 풀이 없이 혼자서 문제를 풀려고 하면 불안해진다.					
29	수학 공부에 몰입할 수 없어 불안하다.					
30	수학을 어떻게 공부해야 하는지 몰라서 불안하다.					
31	수학 수업시간에 질문을 받을까봐 불안하다.					
32	수학 수업이 집중을 할 수 없는 환경이어서 불안하다.					

문항번호	질문 내용	매우그렇다	그렇다	보통이다	아니다	전혀아니다
33	다른 과목은 열심히 외우면 되는데 수학은 외운다고 되는 것 같지 않아 부담스럽다.					
34	예전에 수학을 못한다고 선생님이나 부모님께 꾸중을 들은 적이 있어서 수학공부할 때 불안해진다.					
35	수학은 이해하기 어려운 과목이라고 생각하기 때문에 불안을 느낀다.					
36	나는 수학에 소질이 없는 것 같아서 불안하다.					
37	수학적 재능을 가진 사람이 따로 있다고 생각하기 때문에 불안하다.					
38	수학은 아무리 열심히 해도 노력한 만큼 결과가 나오지 않아 잘 할 수 없다고 생각하기 때문에 불안하다.					
39	수학에 대한 관심과 흥미가 없어서 불안하다.					
40	왜 수학을 공부해야 하는지 몰라서 불안하다.					
41	수학문제를 보면 풀어보고 싶은 마음이 생기지 않아서 불안하다.					
42	어려운 문제를 보면, 풀고 싶은 의지가 생기지 않아서 불안해진다.					
43	내 스스로 개념, 원리, 법칙을 찾고 해를 구해야 하는 것이 부담스럽다.					
44	수업내용보다 시험내용이 어려워 성적에 대해 불안하다.					
45	대학에 들어가기 위해 수학 성적이 좋아야 한다는 말을 들을 때 불안하다.					
46	상급학년으로 올라갈수록 수학 성적이 떨어져서 불안하다.					
47	수학은 짧은 시간 내에 성적을 올릴 수 없기 때문에 불안하다.					
48	수학은 공부한 만큼 성적이 나오지 않아서 불안하다.					
49	시험을 위해 수학 공부를 어느 정도 해야 충분한지 몰라서 불안하다.					
50	수학 시험 시간이 부족할 것 같아 불안하다.					

문항 번호	질문 내용	매우 그렇다	그렇다	보통이다	아니다	전혀 아니다
51	예전에 풀었던 수학 문제를 시험시간에 못 풀 것 같아 불안하다.					
52	시험 볼 때마다 수학 성적이 떨어질 것 같아 불안하다.					
53	수학 시간에 친구들이 내가 모르는 것을 알고 있을 때 불안하다.					
54	내가 푸는 방법과 다른 기발한 방법으로 문제를 푸는 학생들을 보면 불안하다.					
55	내 수학 성적을 다른 아이들이 알게 될까봐 불안하다.					
56	수학 선생님으로부터 인정받지 못하였을 때 불안하다.					
57	시험을 잘 못 보면 선생님께 꾸중을 듣게 될 것 같아 불안하다.					
58	수학수업에서 배운 법칙이 어떻게 이용되는지를 충분히 설명해 주지 않기 때문에 불안하다.					
59	교과서 진도가 너무 빨라서 불안하다.					
60	수업시간에 응용문제를 충분히 다루지 않아 불안하다.					
61	수업시간에 혼자 생각하거나 해결할 시간을 주지 않아 불안하다.					
62	학교 진도와 학원(과외 등) 진도가 다르면 불안하다.					
63	학원을 다니지 않으면(혹은 과외를 받지 않으면) 다른 학생들 보다 뒤떨어질까봐 불안하다.					
64	학교에서 배운 수학 내용이나 풀이 방식이 학원이나 과외에서 배운 것과 다르면 불안하다.					
65	학교에서 배웠더라도 나는 학원이나 과외들을 통해 복습을 하지 않으면 불안해진다.					

찾아보기

ㅇ

ㅈ

ㅊ

ㅌ

ㅍ

ㅎ

기타

제2판
수학교육 평가론

지은이 고상숙 · 고호경 · 김현주 · 박만구 · 한혜숙 · 홍예윤
펴낸이 조경희
펴낸곳 경문사
펴낸날 2012년 9월 1일 1판 1쇄
2020년 3월 2일 2판 1쇄
등 록 1979년 11월 9일 제1979-000023호
주 소 04057, 서울특별시 마포구 와우산로 174
전 화 (02)332-2004 팩스 (02)336-5193
이메일 kyungmoon@kyungmoon.com
facebook facebook.com/kyungmoonsa

값 28,000원

ISBN 979-11-6073-338-9

★ 경문사 홈페이지에 오시면 즐거운 일이 생깁니다.
http://www.kyungmoon.com

한국과학기술출판협회 회원사